伊賀流忍者博物館所蔵・沖森文庫
忍者浮世絵セレクション

沖森文庫は、伊賀上野の古書肆であった沖森直三郎（一八九八～一九九〇）が収集した伊賀上野に関係する典籍・文書を中心とする蔵書である。特に忍者忍術関係資料の収集では、全国屈指の内容を誇る。その中から、忍者忍術関係の浮世絵の優品を紹介する。

天竺徳兵衛《てんじくとくべえ》

TENZIKU TOKUBE

江戸時代初期に南方貿易に従事した実在の町人・天竺徳兵衛の伝記から劇化された人物。十八世紀中頃から歌舞伎に登場し、朝鮮人の遺児であり、父から譲られた蝦蟇の妖術をつかい、日本転覆を企む謀反人とする設定が多い。

▲歌川豊国③画。安政四年（1857）２月森田座「入船曽我和取楫《いりふねそがにほんのとりかじ》」市川市蔵③。

仁木弾正《にっきだんじょう》

NIKKIDANJO

伊達騒動の原田甲斐をモデルとする歌舞伎・人形浄瑠璃の登場人物。御家乗っとりをもくろむ極悪人として、十八世紀中頃から歌舞伎に登場し、『伽羅先代萩《めいぼくせんだいはぎ》』（一七七七）『伊達競阿国戯場《だてくらべおくにかぶき》』（一七七八）により有名になった。妖術で鼠に化けることができる。「足利家御殿床下の場」で巻物を銜え、手に印を結び、花道のスッポンよりせり上がる。座頭級の役者が勤める大役である。詳しくは本書の光延真哉「歌舞伎のなかの忍術」を参照。

▲右上　豊原国周画。尾上菊五郎⑤。明治 21 年（1888）1 月発行。▲中上　守川周重画。仁木弾正＝市川団十郎⑨、鳶嘉藤治＝尾上菊五郎⑤。明治 15 年 10 月届。▲中下　安政 2 年（1855）9 月市村座「木下蔭硯伊達染《このしたかげまさごのだてぞめ》」仁木弾正＝市川高麗蔵⑥、政岡＝尾上菊五郎④、松ヶ枝的之助＝中村芝翫《しかん》④。

児《じ》雷《ら》也《いや》

JIRAIYA

美図垣笑顔《みずがきえがお》らによる長編小説『児雷也豪傑譚《じらいやごうけつものがたり》』（一八三九〜一八六八）の主人公。河竹新七（黙阿弥）が嘉永五年（一八五二）に劇化してより、歌舞伎でも知られるようになる。謀反の罪を着せられて滅亡した九州筑紫の尾形家の遺児周馬弘行《しゅうまひろゆき》が成人して盗賊の頭児雷也となる。妙香山で仙素道人から蝦蟇の妖術を譲られ、以後変化の術を駆使して敵を討つ。蝦蟇の児雷也、大蛇《おろち》の大蛇丸《おろちまる》、蛞蝓《かつゆ》（なめくじ）の綱手《つなで》の三すくみの関係が有名。本書の佐藤至子「『児雷也豪傑譚』から『NARUTO』へ」を参照。

▲中上　豊原国周画。児雷也＝市川団十郎⑨、綱手＝助高屋高助④。明治 16 年頃。

▲中下　豊原国周画。左より綱手＝助高屋高助④、大蛇丸＝市川左団次①、児雷也＝市川団十郎⑨。明治 16 年届。

石川五右衛門《いしかわごえもん》 ISHIKAWA GOEMON

◀豊原国周画。石川五右衛門＝中村芝翫④、木下藤吉＝市川小団次⑤。

安土桃山時代の盗賊石川五右衛門をもととした小説や芝居の登場人物。劇化は十七世紀後半と早かったが、もともと忍術をつかう人物ではなかった。実録『賊禁秘誠談』などをもとに忍術をつかい、国家転覆を狙うスケールの大きな悪人に造型される。木下藤吉（真柴久吉とも。羽柴秀吉のこと）は五右衛門の父の殺した仇敵であり、五右衛門のライバルにあたる。詳しくは本書、吉丸・光延論文を参照。

犬山道節《いぬやまどうせつ》 INUYAMA DOSETSU

◀守川周重画。犬山道節は市川団十郎⑨。右端図上で刀を銜え、印を結ぶ。

曲亭馬琴『南総里見八犬伝《なんそうさとみはつけんでん》』に登場する八犬士の一人。本郷円塚山《まるつかやま》で修行者に身をやつし、火定《かじょう》で果てるといいつつ、火遁の術で生き残り、喜捨を集めて、復讐のための軍用金としていた（第二十八回）。口に銜えているのは宝刀村雨丸。同じく八犬士の一人である犬川荘助と村雨丸をめぐって争う。歌舞伎でこの場面は「丸塚山だんまりの場」として知られる。

忍者文芸研究読本

はじめにかえて

吉丸雄哉

忍者は天狗のようなものだと、考えている。天狗を見たことがある人間はほとんどいないだろう。にもかかわらず、天狗はどのような姿で、どのような特徴を持っているのか、ほとんどの人が知っている。

忍者を見たことがある人間も、ほとんどいないだろう。けれども、江戸時代にはすでに一定の忍者のイメージができていた。そのイメージの形成にかかわったのが、小説や芸能に登場する忍者である。それらを通じて虚構の忍者像が広まっていった。

忍者は、日本の文化のなかでも特に注目されるもので、「Ninja」として世界中に知られている。日本では、江戸期では石川五右衛門や児雷也といった忍術使い、大正期では猿飛佐助に代表される立川《たつかわ》文庫や尾上松之助の忍術映画の流行、戦後では、司馬遼太郎や山田風太郎の小説、あるいは白土三平や横山光輝の漫画などが流行し、『NARUTO』は翻訳されて世界中に読者を持っている。忍者と聞いてまったくイ

狗の
のだ

メージもつかない人は日本人ではほぼいないだろう。

従来の忍者研究では、事実面のアプローチがまず優先され、フィクションのなかの忍者たちはつねに「小説や芸能でよく知られている忍者は嘘であって、実は……」という切り口で扱われてきた。しかも残念なことに、事実面の忍者研究すら、歴史学の分野ではまともな研究対象とされることはほとんどなく、忍者愛好家の熱意によってリードされてきたため、資料の扱い方や評価、またそこからくる結論などあやふやなものも少なくない。フィクションの忍者たちについては、言うに及ばない。

本書では、事実面だけではなく、小説・芸能・漫画・映画などフィクションの分野で、忍者がどのように描かれてきたかを明らかにしたいと思う。

忍者の実像を明らかにすることは大事である。それと同様に、人々の心をとらえ、娯楽として楽しまれてきたフィクションの忍者の姿の研究もまた、大事である。人々が愛してきたその姿こそ、本当の忍者といえるのではないだろうか。フィクションのなかの忍者を研究することは、日本の文化や精神をあきらかにすることにつながり、また世界の中で忍者が、あるいは日本と日本人がどのように見られているのかを知る手がかりにもなると考えている。

目次

わたしたちを
魅了してやまない
忍者という存在。

なぜわたしたちは
これほどまでに、
忍者に惹かれるのか。

創作の世界、継承の世界、
史実の世界において

過去、そして現代における
「忍者像」を発信する
三人が語り合う。

これまでの忍者とは、
これからの忍者とは——

史実の魅力、小説の魅力

忍者小説の新たな地平

参加者

和田竜　作家

川上仁一　伊賀流忍者博物館名誉館長・三重大学特任教授

山田雄司　三重大学教授

2013.3.2（土）於 ハイトピア伊賀（三重県伊賀市）

はじめに■

山田　今日はたくさんお集まりいただき大変ありがとうございます。本日トークイベントを開催するに当たりまして、いろいろな方々にご支援いただきました。この場を借りてお礼の言葉を申し上げたいと思います。どうもありがとうございました。それではこれから一時間余り、お二人にいろいろお話を伺っていきたいと思います。まず和田さん、伊賀に来られるのは三回目ということで。

和田　三回目です。

山田　どうでしょう。伊賀の印象は。

和田　やっぱり城下町という感じがしますよね。関西本線で来たんですけど、伊賀に近づくにつれて霧がものすごくなってきて、何かもう忍者感満載でした（笑）。

山田　『忍びの国』を書かれる時に、伊賀を調査して回られたということですが、どういうところを回られたんでしょうか。

和田　『忍びの国』で書いている天正伊賀の乱【▼1】は、伊勢の国から織田方の軍団が伊賀に攻めてくるという戦闘なので、その経路だったり、伊賀の百地砦《ももちとりで》【▼2】だったり、丸山城【▼3】だったり。あとは伊賀上野城に平楽寺【▼4】があったので、その形状を見たりだとか。伊勢と伊賀を行ったり来たりしながら、その拠点を探りつつ、戦場となった山々を見て回りました。それが初めて来た時です。

山田　それで今回が三回目ということですね。

和田　そうですね。二回目は観光で来て。

山田　川上さんは最後の忍者と言われていますが、その経緯についてお話をしていただけますでしょうか。

川上　最後というのは、江戸時代に大成された忍術を学んで、修行をして、今もその修行を続けているという意味合いです。もう今の時代にそういった方が他におられないという意味で、最後ということですね。

　もともと偶然六歳のころに出会いがありまして、それ以来よく分からずにずっと続けていたんですけど、気が付いたらもう今年六十三歳になりました。近年やっと忍者・忍術が学問的にも注目されつつあって、非常に喜ばしく思っている次第です。

『忍びの国』で伝えたいこと■

山田　和田さんのお書きになった『忍びの国』には、天正七年に起こった天正伊賀の乱を中心に、その前後のことが書かれているわけですが、まず小説についてお伺いしたいと思います。和田さん、この本はどういうことを読者に訴えたいと考えてお書きになったんでしょう。

和田　テーマというのは基本的に面白いと言わせることなんです。面白いと皆さんに思ってもらうためには、いわゆる作品における、例えば愛だとか平和だとかの〝テーマ〟があって、かつ史実をきっちり押さえているということも必要。そういう一切合切の条件をクリアした時に、面白いという感想が出てくると思うのですが、この作品の狙いは何ですかと言われると、面白いと思ってくださるのが一番です。

とはいえ、作品の中のテーマの一つとしては、この当時は派遣社員の問題がクローズアップされた時代でもあったので、そんなことも盛り込みました。

山田　この本の読み方はいろいろあると思うんですが、今までの天正伊賀の乱を扱った作品や他の忍者ものと比べて、和田さん独自というか、新たな主張はありますか。

和田　天正伊賀の乱を扱った小説はあるんですけれど、それはとあるストーリーの中の一つのファクターとしてしか書かれていなかったりする。例えば司馬遼太郎の『梟の城』【▼5】の中でも、天正伊賀の乱のことは書かれているわけですけど、それは情報として書かれているだけで、ストーリーとしては書かれていない。

僕は忍者ってどこかに単身で忍び込むとか、基本的に個人で諜報活動をするイメージが強かったので、この天正伊賀の乱の史実を知った時に、軍団を組んで織田信雄の軍団にぶつかっていく、大合戦を行うという側面もあったことが新鮮で。伊賀者はそ

和田 竜（わだ・りょう）

1969年大阪府生まれ。早稲田大学経済学部卒業。2003年に、脚本「忍ぶの城」で城戸賞を受賞。2007年に同作と同内容の小説『のぼうの城』を刊行し、作家デビュー。2008年に『のぼうの城』で直木賞候補、本屋大賞二位となる。以後、天正伊賀の乱を扱った『忍びの国』など優れた歴史小説を続々と著し、若手歴史小説家の旗手と目されている。最新作『村上海賊の娘』で第35回吉川英治文学新人賞・2014年本屋大賞受賞。

1 天正伊賀の乱　織田氏の二度にわたる伊賀侵攻を天正伊賀の乱と総称する。織田信雄との間で、天正七年（一五七九）におきた第一次天正伊賀の乱は織田の大敗に終わる。天正九年（一五八一）に織田信長が四万の兵を率いて、伊賀を掃討する。これを第二次天正伊賀の乱という。和田竜『忍びの国』は、第一次天正伊賀の乱を扱った小説。

2 伊賀の百地砦　天正九年（一五八一）の織田信長の伊賀攻めに敗れた伊賀国人百地丹波守の砦。現三重県伊賀市喰代、百地丹波守は『賊禁秘誠談』や立川文庫に登場する忍者百地三太夫としばしば混同されるが、後者は架空の人物である。

3 丸山城　現在の三重県伊賀市枅川にあった城。もともと北畠具教が天正三年（一五七五）に築いた城で、のちに織田信雄が天正六年（一五七八）に伊賀侵攻の拠点とすべく、家臣の滝川雄利に修築を命じた。三層の天守を持ち、この地域では大規模な城であった。丸山城を脅威とみた伊賀の国人衆の攻撃にあって、滝川雄利は敗走する。これが第一次天正伊賀の乱の緒戦となった。

4 伊賀上野城・平楽寺　平安時代に平楽寺という真言宗の大寺院が建立され、戦国時代には国人の衆議の場となったほか、非常時には砦としても利用された。天正伊賀の乱で平楽寺は損壊し、その跡地に現在の伊賀上野城が築かれた。

5 司馬遼太郎『梟の城』　司馬遼太郎（大正十二〜平成八）は歴史小説家。戦国・幕末・明治前期といった変革期の人間像を描き、人気を得た。『梟の城』は、伊賀の組織に属し、豊臣秀吉の暗殺を狙う葛籠重蔵と、伊賀を捨て武士として立身出世を目指す風間五平という対照的な二人の生き様を描いた忍者小説。昭和三十三・三十四年に発表され、昭和四十年に直木賞を受賞した。一度のテレビドラマ化（昭和三十五）、二度の映画化（昭和三十八、平成十一）がなされた。

ういう風に書かれたことがないいんじゃないのかなと思ったので、そこを前面に据えました。それが違うところかな。

山田　私も天正伊賀の乱を扱った映画のDVDを見たんですけれども、本当にだまし合いばっかりで、おどろおどろしい、誰も信じられない、非常に後味の悪さを感じる話だったんです。

　でも、『忍びの国』は、最後に主人公である無門《むもん》のヒューマニティーみたいなところが出てきて、救われる感じがしたんですが、いかがでしょうか。

和田　そうですね。この物語を書く時に、一種のヒーローものを書きたいと思ったんです。この物語は僕の中では、かなりよく出来たヒーローものなんです（笑）。僕は、ヒーローものの主人公は、どこかダークな面がないといけないと考えていて。『忍びの国』をお読みになった方はお分かりかと思いますけど、無門という主人公はダークな面だけでずっと描かれていくんですが、最後の最後に良心がちらりと見えるんです。それを見せないという作劇方法もあるし、ちらっと見えたほうが物語としては締まるという側面もあるので、どっちがいいのか分かりませんが、僕としては、もっとも僕の好みが出ている小説だと思っています。

山田　焦点の置き方や、切り口によって全然作品が変わってきますから、難しいと思います。例えば天正伊賀の乱の第一次のことを扱うのか、第二次まで含むのか、とか。小説を書くに当たっては全体的な構想が非常に大事ですよね。

和田　そうですね。僕の小説って今のところ全部そうなんですが、扱っている期間が短いんです。例えば『のぼうの城』でしたら、メインになるのは戦闘が始まる前から終わるまでの二、三カ月ですし、『忍びの国』も途中、一年ぐらい間はあくんですけど、メインどころは数カ月ですからね。

　例えば二時間半の映画で十年間を描いたとすると、ドラマが薄味になっちゃうんです。一方、三カ月間を二時間半で描いたとすると、ぎゅっと詰めることができます。かつ、それぞれのシークエンスというんですけど、お話のくだりの連結度というんですか、密接度というんですか、それが上がってくるんです。従来の歴史ものって、大体登場人物が生まれてから死ぬまでの一代記として描かれているので、歴史ものが苦手な人たちは、薄味なドラマだという認識を持たれている方も、結構いるんじゃないかと思います。僕はそれが歴史ものの不利な点だと思っていて。アクション映画のように、シーンの密接度が高い形で書こうと思っていました。

二十一世紀の忍者像 ■

山田　小説の中ではいろいろな忍術についても書かれていますよね。例えば吹き矢に馬銭《まちん》［▼6］という毒を塗って吹くとありま

6 馬銭《まちん》　フジウツギ科の常緑小高木の一種。種子がホミカ、馬銭子《まちんし》などと呼ばれる猛毒。ストリキニーネを精製し、強壮薬や殺虫剤を作ることができる。江戸時代では、犬や鼠を殺すのに使われた。

和田竜の著作

忍びの国（新潮社）

伊賀忍者団vs.織田信雄軍。
騙し騙され討ち討たれ最後に誰が残るのか—。

時は戦国。忍びの無門は伊賀一の腕を誇るも無類の怠け者。女房のお国に稼ぎのなさを咎められ、百文の褒美目当てに他家の伊賀者を殺める。このとき、伊賀攻略を狙う織田信雄軍と百地三太夫率いる伊賀忍び軍団との、壮絶な戦の火蓋が切って落とされた——。破天荒な人物、スリリングな謀略、迫力の戦闘。「天正伊賀の乱」を背景に、全く新しい歴史小説の到来を宣言した圧倒的快作。

■ISBN　9784101349770／定価 580円
■発売日　2011/03/01（初版 2008/05/30）

のぼうの城（小学館）

この男の奇策、とんでもない！
天下の豊臣軍に喧嘩を売ったでくのぼうがいた！

戦国期、天下統一を目前に控えた豊臣秀吉が唯一、落とせない城があった。武州・忍城。周囲を湖で取り囲まれた「浮き城」の異名を持つ難攻不落の城である。城代・成田長親は、領民たちに木偶の坊から取った「のぼう様」などと呼ばれても泰然としている御仁だが、底の知れないスケールの大きさで、人心を掌握していた。武・智・仁で統率する従来の武将とは異なる、新しい英傑像を提示したエンターテインメント小説。

■上　ISBN 9784094085518／定価 480円
■下　ISBN 9784094085525／定価 480円
■発売日　2010/10/06（初版 2007/11/28）

小太郎の左腕（小学館）

少年が、
左構えの銃を手にした瞬間、
世界は変わる。

一五五六年。戦国の大名がいまだ未成熟の時代。勢力図を拡大し続ける戸沢家、児玉家の両雄。「功名漁り」こと林半右衛門、「功名餓鬼」こと花房喜兵衛は終わりなき戦いを続けていた。そんななか、左構えの鉄砲で絶人の才を発揮する11才の少年・雑賀小太郎の存在が「最終兵器」として急浮上する。半右衛門の謀により、小太郎は全幅の信頼を置いていた要蔵を失う。この出来事が発端となり、怒気に震える小太郎は、鬼神と化すが——。

■ISBN　9784094086423／定価 690円
■発売日　2011/09/06（初版 2009/10/28）

すが、川上さんは忍術の修行の中で、毒を作ったりされるんですか。

川上　毒はかなり研究されていたと思います。ただ、実際日本の歴史では、ヨーロッパのような毒殺は頻繁には行われていないですよね。倫理観が違うせいか、理由はよく分からないですが。でも、やっぱり忍術の中に毒があることは事実なんです。植物や鉱物から採るもの、先ほどの馬銭のたぐいですね。鉄と混合するとか、青酸ガスを出させる、青梅とか、ヤマモモみたいなもの、あれの中の実とか、そういったものを利用して作る。血液を使う場合もあります。具体的な製法は、秘伝書類には詳しく出てこないんです。そういう世界ですから、実際にどれだけ使われたかは、よく分からないと思います。

山田　やはり『万川集海《まんせんしゅうかい》』【▼7】などの忍術書に書かれていない世界で、忍者にはずっと口頭伝承のように伝えられてきたものがあるということですかね。

川上　そうです。特に書いたもので残らないものは、体を使ってうんぬんとか、今言ったように薬物の配合とか、そういったものです。確かに箇条書きで名前だけ出てくるんですけども、どういうふうに作るのか分からないとか、詳しくはほとんどが口伝になっています。

山田　いろいろな術がありますが、和田さん、物語に出てくる術は、『万川集海』とか、『正忍記《しょうにんき》』【▼8】を基にしているんですか。

和田　そうです。そのあたりから引っ張ってきています。とはいえ、僕が創作したのも何箇所かはあります。忍術書を読んでいると、現代の物語に盛り込むには、術としてはちょっと甘いものも結構あって。ですから、この二十一世紀の忍者の物語として素直に納得できるような技であれば、盛り込んだという形ですね。

川上仁一（かわかみ・じんいち）
約500年前から伝わる忍術を受け継いだ甲賀伴党21代宗師家。現代に生きる「最後の忍者」とも呼ばれ、三重県伊賀市の「伊賀流忍者博物館」の名誉館長を務める。2011年12月より、三重大学社会連携特任教授に就任。

山田　具体的には、どういう術がありますか。

和田　例えば、無門が這いずりながら城に潜入していくシーンがあるんですけど、人が通ったところかどうかを調べるために、土をべろっとなめるんです。『正忍記』に、人が普段通っているところはしょっぱいと書いてあって。それってリアリティーもほのかに感じられるし、あと滑稽な感じがして面白いし、忍者が摩訶不思議なものにあまり見えない。そういう術の選び方をしました。

山田　川上さん、そういうこともやられるんですか。

川上　僕も、人間の通るところはしょっぱいと教えられたけども、全然しょっぱくなかった（笑）。当時の道というのは、動物、例えば牛や馬を使ったり、それらが尿意も催すし、塩分類が多かった可能性はありますね。板の間であれば、はだしで動いていることが多いですから、当然汗が付いていて、ほかの部分よりはしょっぱい。理屈には合うんですよ。ただ、顕著に分かるかというと、机上論のように思いますね。

山田　普段の修行では、においや音に敏感になるための訓練もあるんですよね。

川上　そうです。

山田　例えばどういうことをするんですか。

川上　単純なことですけど、結局は一点に集中するということなんです。聴覚や視力そのものを向上させることなんて不可能ですよね。だから集中して雑音を取って音を聞こうとするとか、集中してきちっとその部分だけ見るとか、そういう集中法になると思うんです。音だと、小さい音を遠く離れて聞く。針を落としたりするんですけどね。見るときは、針で穴を開けたような遠くの光の差し込むようなところとか、小さい円を描いて、じっとそこに集中して見る。そういうやり方なんです。

和田　今のお話を聞いて思い出しましたけど、僕が『忍びの国』を書く時に考えていたのは、そういう感じなんですよね。忍者

山田雄司（やまだ・ゆうじ）
1967年静岡県生まれ。1991年京都大学文学部史学科卒業。1998年筑波大学大学院博士課程歴史・人類学研究科史学専攻（日本文化研究学際カリキュラム）修了、博士（学術）。現在、三重大学人文学部教授。

7『万川集海』（写真右）　伊賀国および近江国甲賀郡に伝わる忍術書。読みは「ばんせんしゅうかい」とも。伊賀の人藤林保武により、延宝四年（一六七六）に成立。写本で伝わり、諸本が存在する。忍術書としては、最大規模の本であり、伊賀・甲賀に伝わる忍術・忍器から、和漢の名将の軍略・戦術までを記し、忍術百科事典の趣がある。

8『正忍記』（写真左）　名取流（新楠流）軍学の忍術の伝書。読みは「せいにんき」とも。紀州藩軍学者名取三十郎正武の著作で、天和元年（一六八一）成立。書名のとおり、忍術の虚像を正して、根本の心構えを説くことを眼目とする。『万川集海』と同じく写本で伝わった。

（画像＝伊賀流忍者博物館所蔵）

ブームが今から何十年か前に起こった当時は、多分忍者は視力とか聴力が著しく良いという認識で描かれていたと思うんです。でも、もうこの二十一世紀で忍者を書くときには、それでは通用しない。そうじゃなくって、みんな分かっているから。でも、集中力によってあるものが聞こえるとか、あるものが見えるというふうに解釈すると、現代の人間にも納得できますよね。そういうふうに、現代の人間にも腑に落ちるような忍者像に変えているということはありましたね。

史実と創作のあいだで■

山田　私も『忍びの国』を読んでいて、奇想天外さより、歴史史料に基づいて書かれていると非常に感じたんです。巻末の参考文献でもいろいろな歴史史料を挙げられていますが、小説の書き方としてどのように検証されたんでしょうか。

和田　先ほども述べたとおり、僕は三カ月とか四カ月ぐらいの一つの戦闘が、こんなふうに始まってこんなふうに終わりましたということを書いていて。歴史はもう決まっているから、書こうと決めた瞬間に結末が分かっているので、まず予断があるんですよね。例えば『忍びの国』なら一回は伊賀側が勝つんで、こういう形で勝ってほしいって願望があるわけです。

まず自分の願望があって、調べながら、実は敵方にはこんな事情があったんだとか、具体的な史実が分かってくる。それでストーリーをアレンジしていくというような形ですかね。史実は、二転三転して、結末がどうなるか分からないものではないので、物語の大筋は変わりようがないわけです。まず自分の思い描いたものから大きくはずれない感じですね。

山田　その中に、事実だけでは補えられないものを、創作として入れているということになりますね。

和田　そうですね。僕はその当時の人間たちの感情を現代風に解釈するんじゃなくて、現代人とまるで違うモラルを持って乱世に生きた人たちが、この事態に遭ったらこんなふうに考えるということで書き進めています。登場人物がそれぞれの抱えた問題やら事情やらを解決するために動いていく、ということでしょうか。

山田　戦闘の場面でも、興味深い対決が描かれていますが、その中に手裏剣を打つ場面があるんですけれども、川上さん、手裏剣というのは、どのくらいまで古くさかのぼることができるんでしょう。

川上　もっとも古くは、つぶてですよね。物を投げ付けて動物を傷つけて獲ったり。一番最初は原始の時代からあるわけです。手裏剣術そのものは源平の時代ぐらいから、手裏剣として出てくるわけじゃないけども、得物を打ち付けることが行われます。それが武術として使われて、ある時代において大成され、手裏剣術と言っているんであって、物を投げ付ける手段というのは非常に古く、人間が出てきたころからやっているということですよね。

忍びの者が手裏剣を打つのは、いかにも頻繁に行われたかのようだけども、恐らくなかっただろうと思います。まず鉄が非常に貴重なものだし、敵を倒すならもっと有効な手段がある。手裏剣のレベルなら、石つぶてでもいいかもしれないし。だから実際は合戦とかで手裏剣が使われたことは、まずあり得ない。もしあったとしたら記録にも出てくるはずなんですが、そういった記録はないですから。ただ、一概に全くそれをなかったと否定することはできないと思います。

山田　川上さんは、手裏剣を打つ修行もされたんですか。

川上　ええ。手裏剣術というのは武術の一つですから。侍の職として忍者があって、忍術があるわけですから、手裏剣は必須のものになるわけです。まず、相手をひるませて逃げるとか、倒すために手裏剣は役立つわけです。そのもので殺すのは、なかなか難しいことです。だから専用の剣じゃなくて、そのあたりの有り合わせのものを打ち付けるにしても、そういうトレーニングをしていないと実用にならないですから。

山田　和田さん、やはり手裏剣をばんばん投げるのが、一番忍者らしいところですよね。

和田　そうですね。さっき二十一世紀の忍者像ということでお話ししましたけど、いわゆる十字手裏剣だとか八方手裏剣だとか、手裏剣というのは、忍者のイメージには欠かせないアイテムなんで、それはもう違うと言われようが何だろうが、物語としては盛り込まなくちゃいけないんですよ。手裏剣はいっぱい持ったらがちゃがちゃいうんで、一枚しか持ち歩きませんでしたっていう、まことしやかな話も本に書かれていて、なるほどそうかと思ったりもしたんですが、そこはフィクション、小説の醍醐味ですので、ばんばん投げないと、物語としてはつまらないです。

　主人公の無門は体中に手裏剣を持っていて、身体を撫でたらぱっと出てくることにしました。そこはもう一種のファンタジーですから、それはそれで必要なんです。でも肝心のところで、例えば十メートルもジャンプするだとかはやらない。そういう虚実の組み合わせ方は、やっぱり三十年か四十年前の忍者像とは変えているんです。リアリティーとファンタジーの割合というか、融合ですかね。

山田　私は歴史学が専門ですが、歴史家は史料に基づいてしか書かないので、忍者自体の研究さえこれまでされていなかったところがあります。忍者自体いなかったたんじゃないかという考え方もあるし。そういう歴史的な見方と文学的な見方は、結構乖離があると思うんです。でも一般の人からすると、歴史家の書いた歴史書より、文筆家の方が書いた歴史小説のほうが人気があって影響が強いので、そこに書かれているものを忍者なんだと思う方も結構いらっしゃると思います。

　それはそれで別に悪いことではないと思うんですけれども、間違った歴史が刷り込まれてしまうという危惧も、歴史をやっている人間としてはちょっとあるんです。

和田　それは本当に昔から言われていることで、海音寺潮五郎なんかも、史実なのかどうなのか学者と論争しているんですよね。海音寺潮五郎は『天と地と』【▼9】の中で、上杉謙信が武田信玄に単身で切り込んだ場面を描いているんですけど、これは史実ではない、どこの史料にもないではないかという話があって。それは、海音寺潮五郎が、この状況だったら必ずそうしたと想像して描いているんですけど。海音寺潮五郎が言っているのは、一般の人は「歴史を物語の中から知っていく」ということなんです。昔の人って、ヒーローといえば戦国武将だったり、いわゆる英雄豪傑だったりしたんですね。そういう物語の中から、歴史を認識していたんだと。僕はその言葉に、なるほどと思わされたんですけど。

　その一方で、山田さんの書かれるような、事実として確認できないものは書かない本がないと、僕たちは困るんですよね。一般の人は読まないかもしれないけれども、僕らにとっては非常に大切なものなんです。そういう研究もしてくれなくちゃ困ると、僕は思っているんですけど。そういう本や、先生たちが基にした原典にも当たりながら、僕たちは想像を膨らませて書いていくんです。

忍者の実態——記録と伝承 ■

山田　日本の近代歴史学が発展した明治二十年代に、いわゆる大学でやる歴史学というのはアカデミズム史学と言われて、『太平記』などの軍記物【▼10】を否定していくところから始まるんです。『太平記』に出てくる人物は実際にいなかったとか、『太平記』は史学に益なしとか、そういう論文があったりして。

　一方では民間史学があって、山路愛山《やまじあいざん》【▼11】とか、徳富蘇峰《とくとみそほう》【▼12】とか、ジャーナリズムから出て作品を書くという世界があるわけです。その流れの中で司馬遼太郎なども位置づけることができ、一般の人はそうした作品を読むのが主だと思うんです。

　歴史学は政治と関わることで生じたいろいろな事件があったために、史料に書かれていることだけを書いていけばいいんだ、という風潮になっていきました。でも、やっぱり歴史家の書いたものはつまらないですよね。

和田　いや、そんなことはないですよ。何かを調べようと思って読むと、めちゃくちゃ面白いし、知るべき情報ががんがん書いてあるので、インプットする喜びもあります。でも、小説の読者は自分が書くわけじゃないんで、目的を持って読む場面は少ないと思いますけれども。

山田　よく、歴史書に書かれるのは非日常的な出来事であって、当時の人にとって当然のことは書かれないと言われます。またしのびのように秘密裡に行われたことに関しては、秘伝や口伝の部分が非常に多いですよね。ですから、史料があまり残らないと思います。川上さん、紙に書いたものではなくて口頭で伝えられてきた世界もあるんですよね。

川上　そうですね。忍術を含む武術をはじめ、日本の芸事の多くは伝承の世界が重要視されるんです。だから、記録にはあまり残らないです。むしろ用法や実技ですね。それを忘れぬように記録することはあっても、具体的な内容を残すことはありません。

　かなり極論にいえば一子相伝とか、一子不伝とかで実際伝えないというようなものまであるんです。秘伝思想というのは、秘密伝承法の一つです。江戸時代は特にそういう傾向が強いと思うんですけども。あらゆる人たちに知ってもらうための芸事を、武術を含む芸事ですね。忍術もその中に含むとしたら。公にみんなに伝えるものじゃなくて、一つの家族とか、一族とか、そういった中で伝えられていったものが多かったんじゃないかと思うんです。だから実技が残っていく。

　数は少ないですけども、秘伝書は今も案外残っているんです。でも記されていることのほとんどは、荒唐無稽なことや、取るに足らない常識論です。これは武術とか兵法も一緒ですが、例えば剣術の実技を記録に書けといったら、刀を持って切る、突く、薙《な》ぐ、受けるくらいしかないですよね。細かく書くことは何もなくて、あとは口伝であり、体で覚えていくことになります。忍術もそういった傾向があるんです。

　確かに秘伝書で謀略や策略を巡らすという手法があるんですけども、これだって、人を見たら泥棒と思え、という思想ですよね。それを子どものころから積み重ねていくと、性格がねじ曲がるかも分からないけど、人の心理の裏を見ようとする、そういったものが自然と身に付いてくる。それに「何とかの術」って名前を付けて、『万川集海』などは書いているわけです。そこまでしなくても、本能のまま、自分に益するように考えていくと、大体そういった技になるとは思います。

和田　それは確かにありますね。

川上　『忍びの国』は、その通りですよね。人間が欲望に基づいて、いろいろな活動をする。

山田　『万川集海』には、縄で縛られたときは関節を外して抜けると書かれていて、『忍びの国』では無門があばら骨まで外し

9 海音寺潮五郎『天と地と』　海音寺潮五郎（明治三十四〜昭和五十二）は歴史小説家。『天と地と』は上杉謙信を主人公にした海音寺の代表作。昭和三十五〜三十七年に発表され、昭和四十四年に大河ドラマ、平成二十年にテレビドラマ化され、平成二年に映画化された。川中島の戦では、謙信と武田信玄の一騎打ちを描く。この一騎打ちは、『甲陽軍鑑』をはじめ、実録・講談で語られ続けた有名な話だが、虚構とする見解も多い。海音寺の意見は歴史学者桑田忠親との対談（『戦国乱世』）に見える。

10 軍記物　合戦を中心にすえ、その時代や人物の活躍を描いた文学作品。主に鎌倉・室町時代に作られた『平家物語』『太平記』などをいう。近代に入り、実証的な歴史研究が進むとその内容の正確性に疑いの眼差が向けられるようになった。久米邦武の「太平記は史学に益なし」（『史学会雑誌』二、明治二十四）がその代表。

11 山路愛山　山路愛山（元治一〜大正六）は明治・大正初期の新聞・雑誌に活躍したジャーナリスト。史論、政論を数多く発表し、歴史家としても著名。晩年に書いた『源頼朝』『徳川家康』『足利尊氏』などの英雄伝が広く耳目を集めた。

12 徳富蘇峰　徳富蘇峰（文久三〜昭和三十二）は明治から昭和にかけてのジャーナリスト・歴史家・評論家。歴史家としては『近世日本国民史』が有名。織豊時代から西南戦争までの通史で全百巻の大著。史料をふんだんに掲出して、時代・事件・人物を描き、独特の文体も魅力で、広範な読者を得ていた。

て縄を抜けていますけれども、川上さんは肩の関節を外すことができると伺っていますが、よろしかったらここで、やっていただけませんか。（拍手）

川上　戦前、戦中、それから戦後に藤《ふじ》田《た》西《せい》湖《こ》【▼13】という、最後の忍者を自称された方がおられました。最後というのは、いつの時代にもいるんですけどね。その方がよく手首の関節を外されています。外そうと思ったら、どこでも外すことは可能なんです。脱臼ですから痛いし腫れてしまいますけど、我慢すればいいんですから。でも小さい時から練習すると、案外できるんですよ。

三重大学長　（肩に触る）うん、外れとる。

川上　肩を外したって、別に縄抜けできるわけじゃないです。

和田　できないんですか。

川上　ちょっとすき間が出来るので、有利ではありますけど、縄抜けできないようにくくる方法はいくらでもあるんで、意味を成さないです。ただ、例えば当たり屋とか、情を誘うとか、そういうことに使おうと思ったら利用できる。ただ、しょっちゅうやっていると、何かの拍子によく外れてしまうんです。僕は寝てる時によく外れてしまって、朝痛くてどうしようもないことがあるので、あまりよろしくはないです。

山田　最初に『忍びの国』を読んだ時、本当にこんなことができるのかなと思いましたが、さすがにあばら骨は外れないんですね。

和田　肩を外して縄抜けする描写は、司馬遼太郎の忍者ものにあったんで、それだけじゃつまらないだろうなと思って、あばら骨まで外すことにしたんです。でも、肩関節を自在に外すことすら僕は信じていなかったので、本当に出来るというのはびっくりしました。

山田　その他に、普通の人間ではできないようなことはあるんですか。

川上　トレーニングをしたからといって、常人をはるかに超える能力が出るわけないです。その証拠に、オリンピックを見ていても、世界中でトレーニングを積んだ選手が、0コンマ何秒を競うんですよ。忍者だって当然そうです。ただ、そういうふうに見せるということなんです。それと道具類を利用することですね。こういう形を皆さんに見ていただくと忍者的であるというのは、なかなか表現しにくい部分なんです。

山田　藤田西湖さんはお酒の飲み方についても、五合からが二升までを、かぐでしたっけ。それこそ何升も飲まなきゃいけないみたいに書かれていて【▼14】。やっぱりお酒を飲む修行もあるんですか。

川上　修行はないですが、なるべく酔わないようにする薬や、わずかに飲ませるだけで非常に酔っぱらう薬は存在します。これはどんな薬学効能か、僕は全然分からないですけどね。敵地に行った時に、酒は社交に一番便利ですので、そういう時に薬を使うわけです。酔うと大体皆さん不必要にしゃべりますから、自分は酔わずに、相手を酔わせてしまえばいいわけです。

山田　『忍びの国』には他にもいろいろな術が書かれていますよね。囁きの術、何て書いてありましたっけ。

和田　ああ、葉擦《はず》れ【▼15】。

山田　人には話していないように見える、そういう術があるんですか。

川上　そういうのではないんですけど、これはスパイの学校だった、中野学校【▼16】でも教えたと聞いています。ひそひそ話をする時には、息を全部吐いてしゃべる。そうすると、もう腹は全部縮まっていて声を大きく出せない。なるべく小さく話すように練習するわけです。

　それを聞く方法は、先ほど言いました意識の集中です。できるだけ小さい声で意思伝達するための手法ですね。

山田　『忍びの国』に盛り込まれている忍術は、歴史学の方面からは史料が残っていないので確認できないですけれども、現在伝わっている忍術の方面には残っていて、非常に面白いと思いました。

■戦国時代の忍者像

山田　『忍びの国』は戦国時代の忍者のお話ですが、当時忍者という言葉は恐らく使われなくて、十七世紀になってから使われるようになると思うんです。当時の忍びや、甲賀衆、甲賀者は、現在私たちが想像する忍者と同じと考えていいんでしょうか。どうでしょうか。川上さん。

川上　かつての忍びはわれわれが思っている忍者じゃないと思うんです。恐らくは江戸時代から近代に至るまでの間に形成されてきたイメージですよ。皆さんのミステリアスなロマンの中で想像で出来た産物だと思うんです。もともと忍びというのは、悪くいえば盗人、盗賊なんです。現にこの伊賀を治めていた藤堂家でも、最初は忍びの衆、後に伊賀者、伊賀役と名前が変わるんです。忍びというと盗賊的なイメージがあるので、良くないということです。

　忍びの働きというのは敵地へ潜入して、略奪も撹《かく》乱もするし、いいイメージではな

13 藤田西湖　藤田西湖（明治三十二〜昭和四十一）は甲賀流忍術第十四世を名乗った忍術家・武術家。戦時中は陸軍中野学校（注16参照）で忍術の指導をしたほか、中国大陸で諜報活動を行った。自伝『最後の忍者どろんろん』（新風舎、平成十六年。初版は日本週報社、昭和三十三）により、その経歴がうかがえる。武術文献収集家としても知られ、小田原市立図書館と伊賀流忍者博物館にその蔵書が遺されている。

14　藤田西湖『忍術秘録』（千代田書院、一九三六年）

15 葉擦れ　『忍びの国』に登場する忍術。「『葉擦れの術』は微《かす》かな声で話す術に過ぎない。だが、傍《はた》で聞くと、葉と葉が擦れ合うかのごとき音にしか聞こえないことからこの名が付いた」（文庫版一七二頁）。

16 中野学校　陸軍中野学校。旧日本陸軍の機関で、軍事諜報の知識・技術を教え、軍事諜報員（いわゆるスパイ）を養成した学校。名称は東京の中野に校舎があったため。市川雷蔵を主人公とする同名の映画シリーズ（全五作。昭和四十一〜四十三）により有名になった。

かったと思うんです。そういう戦時中に必要な撹乱奇襲の戦法や、諜報謀略の手法は、いろんな人が行ってきたと思うんですが、それを得意としたのが恐らく甲賀衆、伊賀衆と言われるこの地域の人たちではないかと。だからそれが代名詞となって、伊賀者、甲賀者というとすぐ忍びと結び付けてしまう。

　そういう専門集団がいたかどうかは、これは僕もよく分からないんです。そういう仕事が存在して、それを行ってきた者がいたことは間違いないです。それが今皆さんが想像されているような、超人的イメージの秘術を駆使するものとは、ちょっと違うような。かといってスパイでもない。むしろ各国にいる特殊部隊のようなイメージが、かつて戦国時の忍びの者ではなかったのかなと思っています。

山田　和田さんの考える、この時代の忍びのイメージというのは、どういうものでしょうか。

和田　今、特殊部隊とおっしゃったんですけど、まさにそういうイメージですよね。『忍びの国』は、『伊乱記《いらんき》』【▼17】や『勢《せい》州《しゅう》軍記《ぐんき》』【▼18】といった戦記物をベースにして書いているんですけど、ちょっと意外だったのは、そこには忍者という言葉が全然出てこないんです。文言として出てくる時には、伊賀衆として書かれているんです。それらの戦記物は江戸時代に書かれたものですけど、その当時の人間、それを書いた人間にとって、伊賀に住んでいる人＝忍者ではなくて、ただ伊賀に住んでいる人、武士たちという認識だったということが新鮮でした。

　もう一つ意外だったのは、そこで描かれている伊賀の人たちは、忍者的なクールなイメージというよりも、いがみ合っていて、他国からもかなり武張ったイメージで捉えられていたということです。要するに、力の強い、武力のある人たちが伊賀盆地の中でひしめき合って、お互い我を張り合っているお土地柄だったんだろうな、というのが僕の解釈です。

山田　小説では、お金のためなら何でもする存在として描かれていますけれども。

和田　それはだいぶ誇張しているんですけどね。『伊乱記』の中に、丸山城を築く時、伊勢方が伊賀方に金銀財宝を与えるくだりがあるんです。そこから、さっきのテーマの話にうまい具合に結び付くなと思って、ピックアップして物語に盛り込んだんです。

山田　そもそも、伊賀のどういうところに注目して、この小説を書こうと思われたんですか。

和田　実は、僕から忍者ものを書こうと思って書いたわけじゃなくて。僕は『のぼうの城』の映画の脚本で、城戸賞という新人賞をもらって、そこから脚本家としての仕事が来るようになるんです。二〇〇三年の十二月に取って、二〇〇四年の頭ぐらいにとある映画会社に呼ばれて、その当時、白土三平だったかの服部半蔵の漫画があって、これをベースにして忍者ものの脚本を書いてくれないかという依頼があったんです。でも、その漫画が時代に合わないな、面白くないなという思いが僕の中にあって。史実から伊賀忍者を扱った話をオリジナルで書きたいから、取材をするということで伊賀の歴史について調べ始めたら、この織田信雄が攻めてきたという史実にぶつかったんです。

先ほどお話ししたように、忍者が軍団で戦うイメージがなかったので、これは新しい忍者像が描けると思ったし、一方で忍者の持つイメージを踏襲すれば、集団がサルのように森を駆け巡って織田軍を翻弄していくシーンが描けるなとか、そんなことを思いながら、第一次天正伊賀の乱をピックアップして書きました。ですから、最初に脚本があるんです。

忍者を生んだ伊賀の風土 ■

山田 伊賀者とか甲賀者が、ほかの地域とは違ってこの地域に生まれてくる背景を、和田さんはどのようにお考えになったでしょうか。

和田 何でしょうね。少なくとも江戸時代になってから『万川集海』などが書かれて、忍びのイメージが作られていったとは思うんですけど、その元となるものは戦国時代にないとおかしいと思うんです。だから、忍びとも忍者とも呼ばれていなかったかもしれないですけど、伊賀や甲賀の人は、いわゆる武士とはちょっと違った戦い方をするぞ、という認識があったんじゃないのかなと思います。

山田 その点、川上さんはどうでしょうか。

川上 忍者の起源については、古代からあったといってみたり、中国兵法の影響だといってみたり、修験道から来たといってみたり、いろんな考え方があるんですけれども、スパイ、間諜というのは、どこの国や民族でも、人間がいれば同じことを考えるんですよね。敵の挙動を知って乱し、自分の方を有利にする方法としてね。

特に伊賀、甲賀がなぜこれほどまでに有名になったかは、和田さんもおっしゃったように、この地域独特の風土や人情や、地政学でいう地政、そういったものが全部含まれると思うんです。特に、かつては都に近かったし、街道が幾つも通る。それから皇室の伊勢神宮の参拝経路でもあり、いろんな情報が交錯するから、先進の文化も、当然流れ込んできますよね。

それと、ここは山に囲まれていて、農耕の方が非常に多かったし、自存自衛の信条を、いまだに皆さん持っておられると思います。一人一人の方が自分の意見を持っておられる。これは昔からずっと続いているんじゃないかなと。だから、かつて余所から攻められた時には、皆ですぐ守る。内では村社会での紛争、小競り合いなどはやら

17『伊乱記』 伊賀の国学者菊岡如幻（寛永二～元禄十六）の編著といわれる天正伊賀の乱の戦記。『伊陽安民記』『伊賀乱記』『伊賀軍記』など別名がある。天正伊賀の乱の推移について詳しく記し、天正伊賀の乱を知る上で欠かせない資料である。

18『勢州軍記』 北伊勢の神戸一族の出身である神戸良政による軍記。戦国時代末期から豊臣秀吉の天下統一に至るまでの伊勢国の兵乱を記した。寛永十二・十三年（一六三五・一六三六）ごろ成立。軍記物のため誇張と思われる部分もあるが、客観的な見方で執筆しており、史料価値が高い。天正伊賀の乱に関する必須資料の一つ。

れているんじゃないかなと思うんです。その中で練られてきたものが忍者であり、忍術であると先人の研究ではなっているわけです。これが本当かどうか、恐らく忍びというのは中世に確立してきたものであろうと思われますので、ご専門の山田先生に、ぜひ解明していただきたいと思いますね。

山田　そうですね。『大《だい》乗《じょう》院《いん》寺《じ》社《しゃ》雑《ぞう》事《じ》記《き》』【▼19】でしたかね、笠《かさ》置《ぎ》城《じょう》に伊賀衆が忍び込むという記述があったり、あと『日《にっ》葡《ぽ》辞《じ》書《しょ》』【▼20】には「しのび」という項目があったりして、「しのび」という形で登場するわけですね。それから、『軍《ぐん》法《ぽう》侍《じ》用《よう》集《しゅう》』【▼21】の中には、伊賀者とか甲賀者が忍びのブランドとしてあって、十七世紀の初めぐらいには広まっているということまでは、言えると思うんです。

　ですから、実際にどういう風に戦っていたのかというのはなかなか出てこないことで、ちょっと時代が下らないと忍術書というものも出てこないし、『伊乱記』などはもうちょっと時代が遅れた時に、まとめられたものなので、なかなか同時代史料として戦国時代のことを描いている史料は少なく、歴史家のほうからは結構難しいところがあるんですね。

川上　甲賀、伊賀で一次史料の中に忍びの活動を見つけ出すのはなかなか難しいなと。特に伊賀の場合は、天正伊賀の乱で焼かれてしまっているということもありますので。小田原の北条は忍びについて、若干出てきますけども、具体的にどういった活動というのは、想像はできてもなかなか難しい部分がありますよね。同時代の文書というのは非常に少ないです。ただ、黒田の悪党【▼22】が忍者の原型かのように、僕らもよく話すんですけども、やっぱりそういう独立自衛の信条が長くこの伊賀の地にあり、それが甲賀にも影響して、甲賀はまた同じような背景の中で、同じようなものが培われていったんじゃないかと類推できると思うんです。

山田　今、川上さんが、現代までそうした忍者のような人がいて、独立自尊でほかの人になびかない、そういう風土があるということを話されましたけど、和田さんは伊賀に来られて、そう感じることはありますか。

和田　実際、地元の方が口々にそうおっしゃっていたんで、そうなんだろうなと思いました。

山田　また伊賀の小説を書かれる予定はあるんですか。

和田　今のところは考えてないです。ただ、小説をお読みになった方はお分かりかもしれませんが、次に続く感じで終わっているんですよね。だから、構想ないことはないんですけど、今のところ予定はないです。

山田　この地方だと、神君《しんくん》伊賀《いが》越《ご》え【▼23】という話が非常に有名ですが、その話は題材になりますか。

和田　正直ないですね。これは物語を作る者としての意見なんですけど、まずあまり戦闘がなさそうだということが一つ。もう一つは戦の場合は結末が分かっていても、そのプロセスで楽しむことができるので、物語として成立するんですけど、神君伊賀越えの場合は、家康が生き延びることができるかどうかが物語の中で占めるウェートが大きい。でも、それは読む前から皆さんご存じのこと。結末が分かっている戦闘の少ない逃走劇は、物語にしにくいと感じます。やるんだったら、ドキュメント的なテレビ番組で扱った方が楽しめる題材なんじゃないかなと思います。

山田　第二次天正伊賀の乱の可能性は？

和田　分からないですが、ないこともないのかな。でも滅びちゃうところに悲壮感がありすぎるので、ちょっと難しいかなと思います。

山田　第一次天正伊賀の乱は、伊賀が力でもって織田信雄軍を退散させた戦ですから、描きやすいでしょうか。

和田　そうですね。僕は、ゲリラである忍びの軍団が、正規軍を打ち破るというイメージで書いたんです。ゲリラたちが勝利する、ある種の面白さを描きたいなというのもあったんで。この小説でそういう目的を達成しちゃったんで、第二次伊賀攻めは何か別の切り口を考えないといけませんが、今は思い浮かばないですね。

19『大乗院寺社雑事記』　室町時代の興福寺大乗院門跡尋尊《じんそん》の日記。宝徳二年（一四五〇）から永正五年（一五〇八）に至る間の、興福寺・春日神社関係の諸事実を記録する。応仁・文明の大乱や下剋上の世相などを詳細に描く。

20『日葡辞書』　ポルトガル語で日本語を解説した辞書。イエズス会宣教師らが編纂し、本編が慶長八年（一六〇三）・補遺が翌九年に刊行された。約三万二千八百の日本語を和漢・雅俗の区別なく収録する。室町時代の日本語を知るうえで、不可欠な資料である。

21 軍法侍用集　兵学書。承応二年（一六五三）刊。頼朝以来の軍法の秘伝五百五十巻を小笠原昨雲が十二巻にまとめたもの。巻六・七・八が「窃盗《しのび》の巻」であり、当時の忍びについて詳細に記す。

22 黒田の悪党　黒田悪党《くろだのあくとう》。鎌倉時代中期から南北朝時代中期まで伊賀国黒田荘で活動した悪党。悪党とは、荘園における反領主的な武士・荘民らの集団。応安二年（一三六九）にその活動を終えるが、北伊賀悪党とともに、のちの伊賀国人一揆の母体となった。

23 神君伊賀越え　天正十年（一五八二）の本能寺の変の際に、徳川家康が堺から領国の三河まで、伊賀国を経由して帰還したこと。明智光秀軍や落武者狩りの一揆を避け、無事帰国するのは困難が伴い、家康生涯の危機の一つであった。今でも伊賀には家康の伊賀越にまつわる逸話が多々伝わる。

山田　先日まで『週刊新潮』で連載されていたのは、村上水軍のお話ですね。

和田　そうですね。ちょうどこの間最終回を迎えたんですが、「村上海賊の娘」【▼24】という話を書いていました。織田信長が木津川の河口を封鎖して、大坂本願寺を兵糧攻めにした史実を元に書いています。村上水軍を中心とする毛利家の水軍が織田方の水軍と激突して…という。この話もこれまでと同じように、一つの戦闘、戦争がこんなふうに起こって、このように結末を迎えましたというお話です。三カ月ぐらいの戦闘を、二年近くにわたって連載しました。

移り変わる時代のモラル ■

山田　和田さんは戦国のいろいろなお話しを書かれていますが、戦国時代の魅力はどんなところですか。

和田　やっぱり型破りな人間が非常に多いのが魅力ですよね。あとは乱世に生きている人たちは、今のわれわれと違う感覚を持っていて、そういう感覚の違いを味わうのが僕は好きなんです。小説の登場人物たちも、現代のモラルとか考え方に従って動くわけじゃなくて、その時代のモラルとか、その時代だからこその考え方で動いていくことを、常に注意しながら書いています。ともすればその当時の人物の行動原理を、現代風に解釈したくなるんです。でも、それじゃあその時代の空気を描いたことにならないと思っているんで、絶対に現代風な解釈をする人間は出さないようにしています。

山田　戦国時代は人と人との殺し合いが続くわけですけれども、当時の人は人を殺す、人を切ることを、どのように考えていたんでしょう。

和田　戦とただの人殺しとは違うと思うんですけど、それが人の命を奪うことであろうとも、戦において手柄を上げるということに何の疑問も抱いていないですよね。たまに疑問を抱く人もいるといえばいますけども。もっぱら自分が強いことをひけらかしたいというか、それを確認したい人間たちの巣窟だったんだろうなと思います。子どもたちも、乱暴なほうが行く末頼もしい子と好まれた節もありますし、子どもも、戦場に行って手柄を上げるにはどうするんでしょうかと大人に聞いたり、他人と戦って打ち取ることが、至上の価値だったんだなと痛感します。

　そういう価値観の下に生きているから、人を殺すことも、例えばひところの受験世代でいう、偏差値が高いとかそういう感覚と同じなだったんじゃないかなと思いますね。何個首を取りましたとか、何個首を取るポテンシャルをその人は持っているんです、ということに置き換えられるんじゃないのかなと思います。

山田　首だけを出して地面に人を埋めて、それを切ったりしたようですね。

和田　それを通行人に切らせたりとか、そういう残酷なことが割と平気だった時代ですよね。女の人も死骸の化粧をしたり、髪をすいたりするのが籠城戦での役割だったというんですけど、最初は怖いと思ったけど、次第に慣れましたと書いてあって。そういうことに慣れている時代だったんだなと思います。そういうことを物語の中に盛り込んでいくと、今のわれわれが持っている常識は、意外に脆弱な基盤しか持っていないのではないかと思えたりして、考えさせられる部分があるんじゃないのかなと考えて、書いているんですけどね。

山田　小説の中では、戦国時代の伊賀者はお金で動く存在として描かれていますが、一方、忍術書の中では「正しい心を大事にする」という儒教的な道徳観念が入ってきて、全然、違うんですよね。川上さん、その辺はどうでしょう。

川上　『万川集海』自体が、江戸の朱子学を中心にした儒教の教えが入った後にまとまっていますからね。やっぱり徳川幕府や大名に仕える者は忠誠を誓うというのが背景にありますから、どうしてもそういう風に書かざるを得ないんだと思います。

ただしよく見ると、やっぱり『万川集海』の中にも忍者の心を「誠の道」や「正しいこと」というような言葉に置き換えてみたりしています。そうじゃないと、神も仏も守ってくれないというようなね。ということは、その当時も、今の倫理観に多少近いところがあるのかも知れないです。人を殺めてはいけないとか、盗ってはいけないとか。反面、正しい心さえあれば、そういったことをやってもいいというような部分をうかがい知ることができるんです。だから、やはりその時代に出来た忍者なんですよ。和田さんが描かれていた、戦国期の忍者とは全然違うと思うんです。

ただ、江戸期には人間の体を薬にして、それを売っていたわけです。それはもう江戸時代ずっと続いて、明治近くまで、それを買って飲んでいる人もいたわけですよね。だからわれわれとは全く違う感情、感

24「村上海賊の娘」　週刊新潮に平成二十三年五月から平成二十五年三月まで連載された和田竜作の長編歴史小説。戦国末期の村上水軍村上武吉の娘・景を主人公にし、石山合戦から第一次木津川口の戦いまでを描いた。平成二十五年十月単行本化。

覚があったんですよね。倫理観も含めてですが。だから伝承だけでかつての忍者の心を知るというのは、なかなか難しいです。

　僕らがいう正しい心、正心、「せいしん」というのか「しょうしん」と読むのか、どちらがいいのか分からないんですが、あれはそういうわれわれが思う正しい心じゃないんです。大義なんです。大義が正しい心なんです。己の利じゃないというんです。和田さんが描かれた忍者は、己の利によって動きますが、それも大義というふうにするんです。そのほうが自分が納得するのに都合がいいですから。

　だから結局はかつての戦国と同じような忍びの考え方が、『万川集海』にも、表面では分からないけど、出てきているんじゃないかなと思っています。

山田　中世的な世界と近世的な世界は、全然違うところですよね。私の専門である中世というのはいい加減な世界で、でもそのいい加減なものが微妙なバランスで成り立っているところがあるんですね。裁判をするにしても、普段から奉行人にお金をあげておいて、裁判で自分を有利にしてもらうとか、そういう形も成り立っているんです。それが近世になってくると儒教的な観念に変わってくる。戦国時代というのは価値観が変わってくる、面白い時代ですよね。

川上　戦う時にも、お金は持っているわけですけど、二人きりで周りが見ていなかったらお金でやり取りして、首を取るのをやめたりしていたと言われているわけです。人間の首を取ったら、臓物を薬屋に売ったりできるからね。だからわれわれの感覚とは全く違うし、至って合理的、実利的ですよね。無駄がないですから。

山田　薬といえば、当時刀で傷がたくさんつきますけれども、それを治す薬として、身ごもった赤ちゃんを堕ろさせて胆を取って、それをすりつぶして塗るというのが結構出てきますね【▼25】。実際、中世社会ではやっていたみたいです。

川上　頭の傷には霊天蓋《れいてんかい》というしゃれこうべを薬に使う、というのは必ず出てきますね。忍術書にも霊天蓋は出てきます。頭蓋骨に薬効があるはずがないんですけど、そのように信じられているんですね。人の脂を人油膏《じんゆこう》と名付けて、それを金創術、要するに刀傷とか鉄砲傷に対する治療に使ったりするのも出てきます。人間の体だからといって、抵抗はなかったみたいですね。

山田　四〇〇年前、今とまったく違う世界が繰り広げられていたことは、非常に面白いですね。

和田　そうですよね。そういうまるで違う感覚を持った人間たちが行動する際に、原始的な、人間が本来持っていたような価値観が露骨に出てくるという部分が案外現代の人にも通じていたりするというところも面白いと思って書いています。

忍者は日本人にとっての財産 ■

山田　最近きゃりーぱみゅぱみゅが「にんじゃりばんばん」【▼26】という歌を歌うとか、世間では忍者ブームが巻き起こりつつあるような気がしますが、ブームについて、和田さん、何か意見はありますか。

和田　伊賀に来ると、すごい忍者ブームが起きているなと思うんですけども（笑）。関東では実感することは少ないです。随分前ですけど、品川庄司の品川さんと対談した時に、実は忍者大好きなんですよとおっしゃっていて、時々、そういう人もいるんだなとは思いますけども。

　ちょっと話がずれるかもしれないんですけど、僕は歴史小説を書いていて、今の風潮として一級の史料で確認できないものは全部なしとする感覚が濃くなっていると常々思います。例えば長篠の合戦で、織田信長が三段に鉄砲隊を分けて順繰りに連射した逸話は、江戸か明治ぐらいから本で始まったもので、実際にはありませんでしたと今はなっています。僕は忍者という存在も、その波に襲われる可能性があると思っているんです。信長の三段撃ちにしても、例えば秀吉が信長の草履を温めた話にしても、戦記物という江戸時代の一種の小説にある話ですが、そういうお話って、日本国民は面白いから持っておくべきだと思うんです。それが文献や一次史料で確認できないからありませんというのは、非常にもったいない気がするんです。

　今の人ってあんまり歴史に関心がないから、そもそも信長の三段撃ちすら知らない人のほうが圧倒的に多いと思うんです。でも、そういうものが昔、日本で語り継がれていたことを知ると、なるほど面白いなと思ってもらえる、そのフックになるはずなのに、それをなくしてしまうのはもったいない。もちろん、それが史実かどうかというのを確認する作業は一方で必要ですけども、それが史実として確認できなかったから、まるっきり日本国民が全部忘れちゃうのはもったいないと思うんです。

　忍者も同じで、忍者というのは一次史料の中で確認できないので、これは日本人にとってはなし、とするのは非常にもったいないと思います。これはもう江戸時代ぐらいからずっと創ってきた日本人の財産ですから。僕はそれを利用させてもらって、微妙な変化をつけつつ『忍びの国』を書いたわけです。だから、ずっと何らかの形で大切に取っておくべき財産だと思います。

山田　確かに歴史学も、例えばこれは偽文書だからもう信じられない、研究する価値はないとすることが以前は割とあったんです。最近だと、それが偽物なら、偽物がどういう背景で作られたのかを研究することに意義があるんだ、と。

和田　そのアプローチの仕方は面白いですよね。

山田　そうですね。忍者もそうだと思うん

25『今昔物語集』二九―二五

26「にんじゃりばんばん」　きゃりーぱみゅぱみゅ（平成五～）は女性歌手。ファッションモデルから歌手へと活動を広げ、平成二十四年1stシングル「つけまつける」以降「CANDY CANDY」「ファッションモンスター」などヒットを連発。「にんじゃりばんばん」は5thシングルとして平成二十五年三月二十日に発売され、オリコンで最高三位となった。

です。忍者の実像はこうだ、ではなくて、時代ごとの背景や人々の考え方の変化によって、どういうふうに忍者像は変化を遂げてきたのか。そこを考えていくのが大事なんじゃないかなと、私は思っているんですけど。川上さんはどうでしょう。

川上　忍者は、ミステリアスでロマンなんですよ。自分にできないことができる。夢が膨らむんですよね。忍者・忍術は、日本文化の誇るべきものです。昔、海外では日本と言えば「ゲイシャ」「フジヤマ」でしたけど、今は「ニンジャ」が一番に出てくるかもしれないぐらい認識されていますよね。その発祥の地が、この伊賀であり甲賀であるわけですから、これは大きな財産です。今もどこかに秘密の家が存在しているかもしれない。お客さんの中にもひょっとすると、忍者の末裔がいるかもしれない。それぐらいロマンであり、神秘の世界なんです。

　少なくとも江戸時代には忍者・忍術が大成されていたんですから、われわれの認識する忍者像を切り捨てるのではなく、どう変遷したのか、ぜひ学問の世界で追究していただきたいと思います。正しい姿を伝えるのと同時に、ブームを通して世界に発信していくことも必要だと思います。

山田　私どもも現在、忍術書の写真撮影や解読を進めています。またその成果も、ご披露させていただきたいと思っております。本日は貴重なお話をどうもありがとうございました。

各論を読む前に知っておきたい

忍者関連作品史

●吉丸雄哉

要チェック

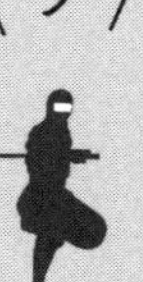

各論を読むにあたって全体的な道筋を示したい。以下、現在までに生み出された忍者に関連する作品を「小説」「映画・テレビ」「漫画・アニメ」にわけて解説する。

I 小説

近世小説において、実際に戦場で活躍した忍びを描いたのが軍記や実録である。なかには事実を記したつもりのものもあったかもしれないが、内容は史書というより歴史物語である。『太閤記』や『難波戦記』など、**「忍者関連主要作品年表●江戸時代」**［200ページ］の「軍記」や「実録」の多くがそれにあたる。

江戸時代での、戦場から離れてひとりの忍者を描く場合の主流な話型の一つは「忍者が忍術を用いて貴重なものを盗んで戻ってくる」である。これは本書の**吉丸雄哉「忍者とは何か―ある忍者説話の形式を通じて―」**［48ページ］で詳しく述べた。「窃盗」で「しのび」と読んだように、御家の重宝など大事なものを盗む悪人という描かれ方であった。本書の**山田雄司「「しのび」の実像」**［35ページ］が紹介するような忍びの姿が小説や芸能にも影響している。

もうひとつ主流だったのが、御家乗っとりや天下転覆を謀る大悪人の姿である。忍術・妖術を駆使するその姿は主に芝居で熟成されていった。本書の巻頭口絵**「伊賀流忍者博物館所蔵・沖森文庫　忍者浮世絵セレクション」**や、**光延真哉「歌舞伎のなかの忍術」**［71ページ］を参考にしてほしい。

開化の世になり、江戸時代と同じような忍術使いを登場させにくくなったのは確かである。本書の**延広真治「三遊亭円朝と忍術」**［83ページ］はそのような事情を伝える。しかし忍者はフィクションの世界から消えることはなく、新たな魅力を備えて主役となっていく。

実録の難波戦記物は明治期に入って、より自由になり、講談の分野で発展する。そのうち、もともと難波戦記物では端役であった猿飛佐助や霧隠才蔵を主人公に据えたのが、立川文庫である。立川文庫の成立事情やその特徴は足立巻一『立川文庫の英雄たち』（文和書房、昭和55）に詳しい。立川文庫の最大の特徴は、江戸時代では後ろ暗い存在であった忍術使いを、正義の味方として活躍させたことである。忍者文芸における大転換であった。本書の**牧藍子「芭蕉忍者説の検討」**［55ページ］では、芭蕉忍者説を芭蕉賛美の伝統の中に位置づける。江戸時代には芭蕉忍者説はないので、文芸を通じて忍者が好意的な目で見られるようになったことが大きいといえる。

こういった状況のなかで、白井喬二・国枝史郎らが登場し、大人向け時代小説にも忍者が描かれるようになった。立川文庫自体は講釈師の玉田玉秀斎が大正八年に亡くなってから衰えるが、忍術を駆使した活劇を描く講談・立川文庫系の小説は昭和二十年代末頃まで続いた。吉川英治『鳴門秘帖』、野村胡堂『隠密縁起』のように隠密として描かれる例もあり、忍術色は薄くともこれも忍者小説といえようか。戦中期は全般的に出版点数が減少するが、忍者小説も時局柄ほとんど見られなくなる。

戦後になって、織田作之助、林芙美子、檀一雄、坂口安吾といった著名な作家が忍者小説を書いているのが目を引く。近くでは、三田誠広、花村萬月、森村誠一、万城目学など、時代小説家でない人たちが忍者小説を書いている。忍者小説は一度は書いてみたくなるものなのか。

さて、戦後の忍者小説は五味康祐『柳生武芸帳』（昭和31）の登場が画期的であった。集団としての忍者やその非情さを描いた点やリアルな描写に特徴がある。続いて登場した司馬遼太郎『梟の城』（昭和34）や柴田錬三郎『赤い影法師』（昭和35）、村上知義『忍びの者』（昭和37）により、忍者小説ブームが起こった。昭和二十年代後半から流行していた剣豪小説からの発展である。これらは新聞や週刊誌に掲載されたように、サラリーマンが主な読者である。上下関係の厳しい組織の一員としての忍者の姿が、サラリーマンの共感をよんだと思われる。村上知義『忍びの者』に関しては、本書の**尾西康充「村上知義『忍びの者　序の巻』」**［87ページ］を参考にして欲しい。五味・司馬・村上らの忍者小説が現実路線であったのに比べて、山田風太郎は違う分野の忍者小説を継承した。『甲賀忍法帖』（昭和33）など、山田風太郎の忍者小説は忍法小説といわれる。人間能力の拡張の範囲内におさまる忍術ではなく、超能力的な忍法が使われることがその特徴である。立川文庫など、非現実的な忍術の系譜につらなるものといえる。忍者小説は、現実路線と忍法路線があって、そのどちらかに位置する。忍者小説としては、五味康祐・司馬遼太郎・柴田錬三郎・村上知義・

山田風太郎・池波正太郎が大家であって、時代小説ではおおよその類型におさまっている印象がある。山田風太郎に関しては本書の**谷口基「山田風太郎が描いた忍者」**〔100ページ〕や、同『戦後変格派・山田風太郎』などの著述を参考のこと。

忍者小説は時代小説の一角を占め、コンスタントに書かれ続けている。二〇〇〇年代に入ってからは、綿密な調査をおこない緻密な構成を練り上げる和田竜と、山田風太郎の系譜につらなる伝奇小説の書き手である荒山徹が目立つ。和田竜の創作技法やその作品の魅力を、和田竜・川上仁一・山田雄司による本書所収の**「鼎談 史実の魅力、小説の魅力—忍者小説の新たな地平」**〔6ページ〕がよく伝える。

日本のみならず中国でも日本の忍者小説は受容されている。本書の**関立丹「中国における日本の忍法文学」**〔171ページ〕に詳しい。

時代小説ではない忍者小説は、児童文学・ジュブナイル（十代向け小説）である。本書の**石井直人「児童文学と忍者」**〔112ページ〕を参照してほしい。現代的な社会のなかに、忍者というキャラクターが入っていくパターンがすでに確立されているといっていいだろう。とくにジュブナイルでは、漫画化やアニメ化と連動しており、時代小説に比べて広範な影響を持っていると考えられる。

Ⅱ 映画・テレビ

映画技術により、消える現れるといった忍術が描きやすく、立川文庫の影響の強い忍者映画が大正期に大量に作られた。「目玉の松っちゃん」こと尾上松之助主演の作品群が有名である。忍者映画は基本的に時代小説の映画化・テレビドラマ化といったパターンが多く、忍者映画のブームも忍者小説のブームと同調している。二〇〇〇年代に入ってから、忍者映画は目立ったヒットがない。これは時代小説のなかで忍者小説のヒットが少ないことも理由だろう。映画もテレビもここ十年の時代劇は、昭和後期に比べて低調であり、個々の作品の出来不出来のみならず、そういった社会情勢があるのは否めない。

忍者映画に関しては、日本製以外のものも多く、世界における忍者像はそれらの影響を受けて形成されている。本書の**井上稔浩「Ninjaになった日本の忍者」**〔131ページ〕や、**秦剛「中華圏映画に暗躍する忍者」**〔145ページ〕を参照にして欲しい。また、関連して、本書の**クバーソフ・フョードル「外国人の目から見た忍者」**〔150ページ〕も忍者ファンなら知っておきたい内容である。

映画もテレビも脚色が多く、史実の忍びからは離れた描き方をされているのだが、それが忍者の魅力を生み出していることも間違いない。

Ⅲ　漫画・アニメ

江戸時代には『児雷也《じらいや》豪傑譚《ごうけつものがたり》』のような草双紙があるが、どちらかといえば漫画より絵本といえよう。忍者漫画に関しては、戦前期に関してよくわかっていないことが多い。**「忍者関連主要作品年表●明治時代以降」**〔205ページ〕には昭和二十二〜二十四年の漫画を多く記したが、これはメリーランド大学プランゲ文庫に多く残っているためである。これらの多くは貸本漫画であり、公的機関が保存していないからである。戦前は山田みのる・榎本松之助・宮尾しげをらが書いているが、今のようなコマ割りをしたマンガではなく、絵本である。戦後の忍者漫画といえば、杉浦茂をまず欠かすことはできない。昭和二十八年以降、『猿飛佐助』や『少年児雷也』など多数の忍者漫画を描いた。丸みのある独特の絵柄や立川文庫の忍術小説につらなる融通無碍な忍術で多くの少年読者を楽しませた。漫画の主流は劇画に移り、昭和三十四年の『忍者旋風』以降、『忍者武芸帳』や『カムイ伝』を描いた白土三平が代表的な作者となる。『カムイ伝』は階級闘争の物語として、全共闘の学生に強く支持された作品であった。ちなみに『カムイ伝』は未だ完結していない。また、横山光輝の『伊賀の影丸』（昭和36〜41）と『仮面の忍者 赤影』（昭和41・42）は、黒装束に鎖帷子という忍者像の普及させた。このころ白土三平『風のフジ丸』、横山光輝『仮面の忍者 赤影』、吉田竜夫『少年忍者部隊月光』など、テレビドラマ・実写映画・アニメなどになり、いわゆるメディアミックスされる例が現れた。子ども向けの忍者漫画である藤子不二雄Ⓐ『忍者ハットリくん』（昭和39〜43）や尼子騒兵衛の漫画『落第忍者乱太郎』（朝日小学生新聞、昭和61〜）と、そのアニメ化作品『忍たま乱太郎』（平成5〜）も強い影響力を持っている。白土や横山の忍者漫画が暗く厳しく冷酷な印象があるのに対し、藤子や尼子の忍者漫画は明るくユーモアに溢れている点に特徴がある。

白土三平・横山光輝以降の忍者漫画については、とくに相原コージ『ムジナ』を中心に、本書の**小澤純「忍者漫画の〝革命〟—白土三平から相原コージ『ムジナ』へ」**〔116ページ〕を見て欲しい。

忍者漫画として、過去最大の発行部数となったのが『NARUTO』（平成11〜）である。翻訳され、全世界で読まれている。黒装束ではなく、忍術も忍法系のものだが、まぎれもない忍者漫画である。『NARUTO』が過去の忍者作品をどのように包摂し、新たな作品となっているかは、本書の**佐藤至子「『児雷也豪傑譚』から『NARUTO』へ」**〔59ページ〕を見て欲しい。忍者像は過去の蓄積からなり、また日々更新されているのである。

2

日本のなかの忍者

時に超人的な存在として、時に現実を映し出す鏡として、江戸時代以来、日本人は忍者作品を生み出し続けてきた。ここでは忍者の実像をふまえ、フィクションの忍者の姿に日本人が何を求め、何を託したのかを探る。

「しのび」の実像

山田雄司●Yamada Yuji

現在「忍者（ニンジャ）」と呼ばれる存在は、戦国時代までは「シノビ」、江戸時代初頭には「忍者（シノビノモノ）」と呼ばれ、基本的に忍び込んで情報を得ることを職能としていた。その存在は南北朝時代から確認される。中世的な兵法書は呪術的側面が強く「しのび」の要素も見られるが、江戸時代になると「兵学」にとってかわり、呪術的な「しのび」の記述は淘汰される。その要素は、その後仮名草子や歌舞伎などで大きく取り上げられ、呪術を使って姿を消したりする「忍術使い」が創作されてゆく。そうした変幻自在な「しのびのもの」が忍者へとつながっていくのである。

はじめに

しのび・忍者・忍術に関する研究はこれまでも数多く行われてきた[▼1]。草創期の忍者研究を担ったのは伊藤銀月（一八七一～一九四四）であり、その著書は現在に至るまで大きな影響を与えている[▼2]。さらに、甲賀流忍術第一四世を名乗る藤田西湖（一八九九～一九六六）は、陸軍中野学校でも指導し、自分の習得した忍術を開陳した書は現在でもバイブル的存在となっている[▼3]。

現在忍者・忍術に関する本は巷にあふれているが、その多くはこれまで出版されたものの焼き直しであり、学術的側面からはほとんど検討されてこなかったといってよい。歴史学等のいわゆるアカデミズム側からは、忍者についての史料は残っておらず、そうしたものを扱うのは好事家にまかせておけばよいとして、学問の俎上にあげるまでもなく無視されてきた[▼4]。

しかし、今や日本文化として世界にまで広がり、多くの若者を魅了している忍者に関して、学問的裏付けのないことは不幸なことであり、忍者とはどのような存在なのか、結局わからないまま何となく忍者について知ったつもりでいる。それだからこそ、未解明な部分の多い忍者・忍術について多様な側面から検討していく余地は多いにあり、忍者に関連する史料も少なからず存在している。

　本稿においては、これまで三重大学伊賀連携フィールドにおいて行ってきた調査・研究をもとに、「忍者」につながっていく「しのび」とはいつから存在し、どのような活動を行ったのか、兵法書や具体的史料に基づいて考察し、今後の忍者研究の端緒としたい。

一　「しのび」とは

間諜

　日本史上の「間諜」の初見は、『日本書紀』推古天皇九月戊子（八日）条に見られる「新羅之間諜者迦摩多到二対馬一、則捕以貢之、流二上野一」という記事であり、新羅の間諜者《うかみひと》迦摩多が対馬にやってきたので、捕らえて上野に流したことを記している。

　中国においては『孫子』用間篇に「因間」「内間」「反間」「死間」「生間」の五つを記し、開戦前には間諜による情報が大変重要であり、「間を用いざる所無きなり」のように、将軍が間諜を重視していたことが知られている（湯浅邦弘）。

　間諜の存在は、おそらく各国にあったであろうが、日本のそれは史書に見られない。しかし、『日本書紀』の記述では新羅の間諜に対してウカミ（窺見）という和語をあてはめていることから、そうした存在が日本にもあったことをうかがわせる。『孫子』以後も中国の兵法書においては間諜に関する記述が見られるが、日本の史書においては間諜に関する記事は見られない。

史料上の「しのび」

　管見の限り、「しのび」に関する最も古い記述は、『太平記』[▼5]巻第二十「八幡宮炎上の事」である。そこでは、足利軍が男山の城を攻め落とすことができずにいたところ、新田義貞の弟である脇屋義助が叡山勢と上京するということを高師直が聞き、建武五年（一三三八）七月五日、突如男山を攻め落とすことになった。そのときの記述に、「ある夜の雨風のまぎれに、逸物の忍びを八幡山へ入れて、神殿に火をぞかけたりける」とあり、普通には入り込めないところに特に秀でた「しのび」の者をひそかに忍び込ませ、社殿に火をかけて敵を大混乱に陥れたことを記している。こうしたことから、南北朝期には「しのび」と呼ばれる職能の者が存在していたことがわかる。

　これら「しのび」の者がどのような出自をもっていたのか不

明であるが、おそらくは傭兵として雇われたのだろう。すでに九・十世紀から律令国家の軍隊の中に傭兵が存在しており、村の紛争解決にそうした集団が利用されたとされている（福田豊彦）。

「しのび」の定義

「しのび」に関する定義としては、『日葡辞書』［▼6］に明確に記されている。

Xinobi. シノビ（忍び）戦争の際に、状況を探るために、夜、または、こっそりと隠れて城内へよじ上ったり陣営内に入ったりする間諜。

そして、用例として二つあげられている。

Xinobiuo suru.（忍びをする）上述のように探索をするために入り込む。

Xinobiga itta.（忍びが入つた）間諜が入り込んだ。

これらの事例から、戦国時代には「忍び入る」「忍び込む」という動詞が名詞化した「しのび」という職能が成立していたことがわかる。そしてその内容としては、城壁によじ上って城に入り込み、敵方の情勢を探ることをあげている。『日葡辞書』にも記されていることから、「しのび」の存在が戦国時代には一般に認知されていたといえよう。

さらに、『御成敗式目』の注釈書で天文二十三年（一五五四）八月中旬の奥書のある『御成敗式目注 池邊本［▼7］』「強竊二盗罪科事」には以下の注を載せている。

強竊トハ、強盗、竊盗ノ二也、強盗ト云ハ、賊盗律ニ云、以二威力一奪二人ノ財宝一者也、竊盗ト云ハ、賊盗律云、無二威力一竊二盗人ノ物一者也、世間ニシノビト云是也、

「しのび」とは竊盗であって、強盗とは違って力尽くでなく人の物を盗む人のことをいうとしている。すなわち職能としての「しのび」とともに、盗みを働く者についても「しのび」と呼ばれていたことがわかる。

二 兵法書の中の「しのび」

日本中世の兵法書

「しのび」に相当する記述については、戦闘の方法について記した兵法書に記されている。このことから、戦闘の際の一要素として「しのび」がとらえられていたと言えよう［▼8］。

南北朝時代に成立したと考えられる『張良一巻書』［▼9］は、

全体に呪術性が強いが、「闇夜明眼ノ秘術」「白日闇眼ノ秘術」「人心ヲ転変スル秘術」「無窮ニ身ヲ変スル秘術」「隠身ノ秘術」「飛行自在霧鞭之大事」など、「しのび」が用いるのにふさわしい秘術について具体的に記されている。

また、『張良一巻書』とほぼ同時期に成立したと考えられる『兵法秘術一巻書』【▼10】においては、戦いの際にはまず最初に軍神を勧請して出立の作法を行ってから戦いに向かうことが述べられ、戦闘におけるさまざまな呪術的作法について記されているが、「隠形の秘術の事」として以下のように記述されている。

左の手を胸《ムネ》にあてて仰《アヲケ》ておく。右の手を上《ウエ》にうつぶけて中《ナカ》をすこし屈《クツ》して摩利支《マリシ》天の隠形《ヲンキヤウ》の秘印明を用者《モチヰルモノ》也。呪に曰く、

唵謝摩利伽陀羅《シヤマリキヤタラ》ソハカ

是《コレ》を摩利支《マリシ》天の隠形《オンキヤウ》の三魔地門《サマチモン》に入ると云也。

又曰、後代《コウタイ》の名匠《メイシヤウ》の口伝に云、印《イン》は上《カミ》に同《おな》じ。呪に曰く、

唵魔利支寧諦《マリシネイテイ》々々阿奈隠陀羅《アナヲンタラ》ソハカ

この呪を七反みつべし。かならずかくるる秘伝《ヒテン》也。

摩利支天は帝釈天の眷属で、猪に乗って武具を携えた三面六臂の姿であらわされ、武士の守護神とされる。この秘術を行ったならば身を隠すことができるとされ、こうしたあり方は印を結んで呪文を唱えると消える忍者というイメージと結びついていくのではないだろうか。

中国の兵法書との関係

この他の項目も呪術性の強い内容で、『張良一巻書』『兵法秘術一巻書』『義経虎之巻』『兵法霊瑞書』などの兵法書は、古代中国に成立したものを大江維時や吉備真備が日本に伝え、その後大江氏に伝えられたなどとされる。しかし、現在伝わっているこれらの兵法書は、太公望呂尚、張良、黄石公などに仮託されるものの、日本で作成された「偽書」と考えてよい。例えば、『兵法秘術一巻書』は、もとは開化天皇十九年に中国から日本に将来されたが、後に伝えられなくなり、承平元年（九三一）大江維時が再び将来して大江家に伝えられていたところ、源義家が奥州平定のために大江匡房に依頼して、肝要な部分を抜き出して四十二箇条の和文に改めて書き直されたものとされる。しかし、その内容は、インド起源の仏教占星術を概説した『文殊宿曜経』の影響が色濃く、真言密教系の僧侶の手になる偽書だとされている（深沢徹）。

中国古代の代表的兵法書である『孫子』は、早くは『日本書紀』に記述が見られ、宇多天皇の寛平年間（八八九〜八九七）に撰された『日本国見在書目録』にも見られる。また、『古今著聞集』武勇第十二に記す、源義家が後三年の役の際、飛雁が列を乱すのを見て伏兵があるのを知り、勝利を得たという故事は、『孫子』

行軍第九の叙述に基づくものであり、そこでは源義家が大江匡房に兵法を学んだとされている（石岡久夫）。

そうした中国伝来の兵法書とは別に、「日本独自」の兵法書が院政期以降作成されていった。このような兵法書は密教・陰陽道・修験道などの呪術性が強く、多分に「中世的」側面を有していた[▼11]。この段階では、戦闘の際の作戦が体系だって述べられることはなく、個人の戦い方について記述されており、「しのび」的な要素も含まれているといえる。

『訓閲集』

『兵法秘術一巻書』とともに古伝兵法書に分類される書として『訓閲集』[▼12]があげられる。『訓閲集』は熊本細川藩新陰流師範林家に伝えられている兵法書で、弓馬礼法によって室町幕府に使えた甲斐源氏の小笠原家に伝えられ、さらに小笠原氏隆から上泉信綱に相伝されたとされ、日本において間諜についてまとまって記された最も古い書と言える。『訓閲集』は十世紀はじめ大江維時が唐からもたらした『六韜』『三略』『軍勝図四十二条』等をもとに陰陽五行説と結びつけて作成されたとされるが、近世初頭までに増補されていき、百数十巻に及ぶ大部の兵法書となった。

その巻三斥候には「間諜の術」として以下のように記されている。

> およそ間諜とは軍を興すべき二三年も前より、職人・商人、或いは芸能のある遊士の類を敵国へ遣わして、その国の士・町人の風俗、大将・物頭の賢愚、軍法の嗜《たしな》み、兵粮・水・薪の有無、山川地形の険易《けんえき》、道路の迂直を計り知りて後、軍兵を出すべし。この役人を間諜と云うなり。この術とは天下無事の時、他国の寺社に祈願と号して金銀を遣わし、神主・住僧に親しむときは、その国の風俗を聞き、便となるものなり。またその国にもてあそぶ器物を取り寄せ見て、人の心を探り知るに、国主の好む道具、国中に必ずもてあそぶものなり。よく〳〵思量して謀略に用うべきことなり。その国の政道、直なるときは万民安楽にして、人の雑談、打ちはやる詩歌までもたのしき言多し。政道ただしからざれば、怨み悲しむ述懐の言多し。
>
> （中略）
>
> それ兵家の肝要は斥候にしくはなし。けだし兵法は詭道なり。秘をもつて法となし、勝利はその中にあり。歴代の賢相これを伝えて、これを秘す。あえて妄伝することなかれ。

『訓閲集』の他の部分では、戦いの陣形や築城のあり方、軍器、さらには首実検や戦いの日取り等について書かれている。『訓閲集』は『兵法秘術一巻書』などと比べて兵法書として体系化されていて、『孫子』の影響を受けていることがすでに指摘されているが、「斥候」の部分の具体的内容については、『孫子』用間篇からの影響は見られない。ここでは、「間諜《かんちょう》」「斥候《ものみ》」という漢語が用いられているが、その内実は、敵国に忍び込んでその地の風俗や地形、政情などについて知るべしという日本的「しのび」の内容である。

『軍法侍用集』

近世になるとさまざまな兵法書が編纂されるが、そのなかでも小笠原昨雲『軍法侍用集』は早い時期に成立したもので、「しのび」の重要性について記している。『軍法侍用集』十二巻は、元和四年（一六一八）に成立し、承応二年（一六五三）に刊行された兵法書であり、巻六・七・八では「しのび」について言及している［▼13］。そして、巻六第十には、巻六・七・八の竊盗三巻は、甲陽武田信玄の臣下である服部治部右衛門の工夫に基づいて書かれたことが記されているほか、服部治部右衛門相伝の書を利用していることが各所に記されている。

竊盗《しのび》の巻上
第一、諸家中に伊賀甲賀の者あるべきの事
一、大名の下には、竊盗の者なくては、かなはざる儀なり。大将いかほど軍《いくさ》の上手なりとも、敵と足場とをしらずば、いかでか謀《はかりごと》などもなるべきぞや。其上番所目付用心のためには、しのびを心がけたる人然るべし。されば伊賀甲賀に、むかしより此道の上手あつて、其子孫に伝はり今に之あるといふ。然る間、国所《くにところ》の名を取りて、伊賀甲賀衆とて諸家中にあり。
第三、しのびに遣はすべき人の事
一、しのびに遣はすべき人をば、よく〳〵吟味あるべし。第一、智ある人。第二、覚《おぼえ》のよき人。第三、口のよき人なり。才覚なくてはしのびはなりがたかるべし。但し其役人と定まり、常々此道の心がけある人は他事には不才覚なりとも、吟味あるゆへに、ただ人の才覚よきほどは之あるべきなり。されば前にいふごとく伊賀甲賀衆然るべきなり。

ここでは、大名の下には「しのび」がいなくては成り立たず、「しのび」は敵の情勢や地理を偵察する存在であったことが記されている。さらには「しのび」の中でも伊賀・甲賀者を重要視していることが注目される。そして、しのびには才知あることが求められていた。

三 「しのび」の実際

朝鮮史料にみる「しのび」

「しのび」の具体的行動については、『朝鮮王朝実録』［▼14］中宗七年五月戊申条の中に記載があることが村井章介によって指摘されている。一五一二年に慶尚道漆原《チルウォン》で囚禁されていた倭人の要時羅（与四郎）が通詞に語り、慶尚道観察使によってソウルに急報された情報に忍びに関する記述が見られる（原漢文）。

島主（宗盛順）曰く、「若し永く和せざれば、則ち先ず巨済を攻むる事、これを議せん」と。今年の内に出兵して来攻めせんこと明らかなり。（中略）独り此れのみにあらざるなり。深遠の国花加大国に在る所の時老未なる者、能く形体を変作し、陣中に入帰する時は則ち鼠に似たり、還出する時は則ち烏鳥の如く、変行窮まり無し。稠人例びて左右に在りと雖も、解見するを得ず。此の人を求請して城柵・屋舎を焚焼せんと欲して設計する事、対馬の人紛紛として開説す。予、乃ち聞知して出来せり。

要時羅は、一五一〇年に起こった三浦の乱で戦死した倭人の遺族の求めによって対馬島主宗盛順が花加大（博多）にいる「時老未」の助けを得て巨済島を攻めようとしていることを伝えている。村井によれば、「時老未」は시노미（シノミ）であって、「しのび」の音写と考えてよいという。この「時老未」は、姿形を変作するのに巧みであって、陣中に入り込むときは鼠にも似て、出るときは烏のようであって、誰にも見つけることができなかった。そして対馬では彼らに助けを求めて城柵や屋舎を焼き払おうとしていると伝えたのであった。この記述からは、「しのび」は単なる情報を得るための人員ではなく、姿態変容して敵方に忍び込み、火をつけたりする存在だったことがわかる。

ここでは博多の「しのび」だが、おそらく戦国時代には各大名が同様の「しのび」を抱えていたことが推測できる。そうした中、伊賀の「しのび」の活動も見られる。

伊賀の「しのび」

『多聞院日記』[▼15]天文十年（一五四一）十一月二十六日条には、伊賀衆が木沢長政軍が楯籠もる山城国笠置城へ忍び入り、放火を行ったことが記されている[▼16]。

今朝伊賀衆笠置城忍ヒ入テ少々坊舎放火、其外所々少屋ヲヤキ、三ノツキノ内一ツ居取ト云、或ハ二ト云篇々也、

また、織田信雄軍による伊賀への侵攻である「天正伊賀の乱」について記した「伊賀の国にての巻」[▼17]滝野か城の事では、「伊賀の者ハしのひ夜うち上手ニ候へは」のように、伊賀者が敵城に忍び込むのにすぐれていたことが記されており、天正八年（一五八〇）八月四日金剛峯寺惣分沙汰所一臈坊書状では、伊賀衆が大和国宇智郡坂合部兵部大夫の城に忍び入った際には、水堀を

越えて一番に城に侵入し、城内でも比類なき働きをしたことが記されている［▼18］。

和州宇智郡坂合部兵部大夫城江、夜中ニ伊賀衆忍入候処、南より水堀ヲ越、諸口一番乗、於城中無比類働共、諸人之目渡リ其かくれなき儀、難申尽候事、

こうした伊賀衆の活動に関しては、惣国一揆としてよく知られており、『大乗院寺社雑事記』文明十四年（一四八二）十月二十二日条には、大和国人らの抗争に関わって、伊勢国司北畠政勝の舎弟坂内房郷が大将となって長谷寺に出陣した際の軍勢の大略は伊賀衆であり、また、同十七年十月十四日条には、山城国内にあった畠山義就方の城のうち、二ヶ所の城を「伊賀国人」が守備し、伊賀衆が南山城へ出陣したことが記されていることから、伊賀衆が周辺の大名に合力して闘う「傭兵」といった側面を有していたことが指摘されている（小林秀）。こうした伊賀の「しのび」の者については、「伊賀衆」という呼び名が定着していた。

さまざまな「しのび」

戦国期の「しのび」については他にさまざまな呼び名があったことが指摘されている。『当流奪口忍之巻註』［▼19］には、

此當流ト云ハ、則楠流ノ事也、奪口ト云ハ忍ノコトニテ、其家々ニ依テ名ノ替リアリ、既ニ甲州武田家ニハスツハト云テ盗人ヲ用ユ、北条家ニハ風間ト云テ盗賊ヲ用タリト云、俗ニスツハノ如クナト云コト、是武田家ノ忍ヨリ出ツ、雨フリ風間ニ忍ナトヽ云コト、是北条家ノ忍ノ上手ノ手ヨリ出タル詞也、

のように記されているほか、透波・乱波・草・饗談・軒猿・やまくぐり衆などの名称もあったことが知られている。

例えば「すつぱ」という語を調べてみると、『文明本節用集』［▼20］には、「水破胡乱義」と記されていることから、遅くとも十五世紀後半には「すつぱ」という語が用いられていたことがわかり、『日葡辞書』にも、Suppa. スッパについて、「欺瞞、または、虚言」との説明があり、Suppana mono. スッパナモノについては、「浮浪者、または、人をだます者、など」とあり、戦国時代には疑わしかったり、人をだましたりすることを示す語として「すつぱ」が定着していたといえる。

年未詳（天正十年カ）十月十三日北条氏邦書状写には、「自信濃、すつは共五百ほと参、其地可乗取之由、申来候、昼夜共ニ能々可用心候」とあり、信濃から「すつは（透波）」どもがやってきて乗っ取ろうとしているという情報を記している［▼21］。

また、『北条五代記』［▼22］昔矢軍の事では、

其比は其の国々の案内をよくしり、心横道なるくせ者おほかりし、此名を乱波と名付、国大名衆ふちし給へり、夜討の時は彼らを先立つれは知らぬ所へ行に、灯を取て夜行か如く道に迷わす、足軽共五十も百も二百も三百も伴ひ、敵国へ忍ひ入て、或時は夜討・分捕高名し、或時はさかひ目へ行、薮原草村にかくれゐて、毎夜敵をうかゝひ、何事にもあはされは、暁かた敵にしらせす帰りぬ、是をかまり共、しのひ共、くさとも名付たり、過し夜ハしのひに行、今朝ハくさより帰りたるなとゝいひし、

のように、「乱波」「かまり」「しのび」「草」などと呼ばれ、本隊が攻め込む前に敵方に潜入して情報を収集する役を務めていたことが記されている。

『義盛百首《よしもりひゃくしゅ》』

さらには、「しのび」の歌についてまとめられた『義盛百首』に掲載される歌からも、「しのび」の実際についてうかがうことができる。『義盛百首』は、源義経の郎党で『平家物語』には鈴鹿山の山賊とされる伊勢三郎義盛が作者に仮託される道歌で、実際には十七世紀初頭に成立したとされる[▼23]。伊勢三郎義盛は、『万川集海』忍術問答でも、楠木正成父子・武田信玄・毛利元就・越後謙信・織田信長と並んで忍術使いの筆頭にあげられる人物で、「中ニモ義盛ハ忍ビノ事ヲ歌百首ニ詠ジ置キ、今ニ伝フ」と記されるなど、義経との関係から忍術使いとして重要視されており、兵法の奥義をまとめた『義経百首』に対応して『義盛百首』も編まれたのだろう。『義盛百首』の初出は『軍法侍用集』巻第七第二十「よしもり百首の事」であり、以下の引用もそれによる。

12 ようちにはしのびのものを先立てゝ敵の案内しりて下知せよ

13 軍には窃盗《しのび》物見をつかはして敵の作法をしりてはからへ

14 窃盗者《しゃ》に敵をとひつゝ下知をせよたゞあやうきは推量のさた

15 はかりごとも敵の心によるぞかししのびを入れて物音をきけ

こうした歌では、まず敵方の事情を知ってから攻め込むことが重要であると詠っており、「しのび」の重要性を説いている。

4 いつはりもなにかくるしき武士《もののふ》は忠ある道をせんとおもひて

33 しのびとて道にそむきしぬすみせば神や仏のいかでまぼらん

38　窃盗《しのび》には三つのならひのあるぞかし論とふてきと扨《さて》は智略と

これらの歌では、「しのび」は盗みとは違い、「武士」であって、「忠」なる心が大事であったことを主張している。また、「しのび」は「論」すなわち口が上手いことと、「不敵」すなわち何事も恐れることのない勇気と、「智略」すなわち才覚が必要であると説いており、これらは先に述べた『軍法侍用集』の記事につながるところである。さらに、次の歌が「しのび」の特徴を示している。

25　敵にもし見つけられなば足はやににげてかへるぞ盗人《ぬすびと》のかち

現在、忍術といえば武術の一種だと考えられている節があるが、「しのび」が闘うことはほとんどなかったものと思われる。この歌でも、敵に見つけられたら足早に逃げて帰るようにと詠われている。

このような『義盛百首』に収められる歌は、戦国時代から江戸時代初頭にかけての「しのび」の実像をうかがうことのできる好史料といえよう。

おわりに

忍術書の代表とされる延宝四年（一六七六）に藤林長門守の子孫である藤林左武次保武によって著された『万川集海』巻二には、「正心第一」として以下の記述がある。

夫レ忍ノ本ハ正心也、忍ノ末ハ陰謀・佯計也、是故ニ其心正ク不治時ハ臨機応変ノ計ヲ運ス事ナラサル者也、孔子曰、ソノ本乱テ而末治者否シ也、所謂正心トハ仁義忠信ヲ守ルニアリ、仁義忠信ヲ不守、則強ク勇猛ヲナス事不成ノミニアラズ、応レ変謀計ヲ運ス事ナラサル者也、

「忍（しのび）」にとって大事なのは仁義忠信を守る「正心」であり、それがなくては単なる盗みになってしまうといい、江戸時代の儒教的観念に多分に影響されて『万川集海』が編まれたことがわかる。

十七世紀初頭には、中世的で呪術的な『張良一巻書』『兵法秘術一巻書』『義経虎之巻』『兵法霊瑞書』などの兵法書は淘汰され、『六韜』『孫子』『呉子』『司馬法』『三略』『尉繚子』『李衛公問対』の『武経七書』の出版が行われるなど、統治術としての「兵学」が成立し、それに基づいて日本においても、「近世的」な兵学書が続々と編まれていった（野口武彦）。

その一方で、分離して切り捨てられた呪術的側面、個人的戦闘、しのびの方法といったあり方が、伊賀・甲賀などで生き続けた「忍術」の中に残されていったのではないだろうか。もちろんそれらは「中世」の残存であるだけでは存在し得ず、近世の精神性を獲得していかなければならなかったことは当然なことである。

近世人にとって前時代的で不思議な存在である「シノビノモノ」であるからこそ、仮名草子や歌舞伎などで好奇の目をもってとりあげられ、呪術を使って姿を消したりする「忍術」を創作することができたのであろう。

安政三年刊の木下義俊『武用弁略』巻之二「武兵之弁」では、「忍者」に「シノビノモノ」というルビがふられ、以下のように叙述されている。

是ハ自国他国《シコクタコク》ニ身ヲ隠《カクシ》或敵城《テキジヤウ》ノ堅固《ケンゴ》ナルエモ忍入《シノビイリ》テ密事《ミツジ》ヲ知者ナリ、或書ニ云、敵国ヘ往来セシメテ事ヲ聴《キク》ヲ忍ト云、人ノ撰忍ノ習之《エヲミシノビナラヒコレ》アル事ナリ、是又敵ノ事ヲ窺知《ウカヽヒシル》ノ一品《イッヒン》也ト云云、近来云トコロノ伊賀甲賀ノ者ノ類ナリ、昔ヨリ伊賀甲賀ニ此道ノ上手アリテ其子孫ニ伝アル故ニ云爾《シカイフ》、

戦国時代までは「シノビ」と呼ばれていた存在は、江戸時代初頭には「盗賊」と区別して「忍者（シノビノモノ）」と呼ばれるようになり、それは江戸時代を通じた呼称であり、「ニンジャ」とは呼ばれていなかったと思われる。そしてその職掌は、『武家名目抄』第二「忍者」にも記されるとおり、身を隠して他国へ忍び入り、敵の情勢をさぐったり撹乱したりし、ときには火を放ったり刺客となって人を殺すこともあった存在なのである。

注

▼1 忍者・忍術に関する文献は、三重大学伊賀連携フィールドにおいて作成した忍者関係資料データベース（日本・海外）http://www.human.mie-u.ac.jp/kenkyu/ken-prj/iga/index.html を参照されたい。

▼2 『忍術の極意』（武侠世界社、一九一七年）、『忍術と還金術』（南光社、一九二二年）、『現代人の忍術』（巧人社、一九三七年）など。その他大正年間には、忍術に関するさまざまな書が出版された。

▼3 藤田西湖の代表的著作として、『忍術秘録』（千代田書院、一九三六年）、『最後の忍者どろんろん』（日本週報社、一九五八年）などがあげられる。またさまざまな術については、『藤田西湖著作集』全四巻（名著刊行会、一九八六年）としてまとめられている。

▼4 近年は、磯田道史『歴史の愉しみ方―忍者・合戦・幕末史に学ぶ―』（中央公論新社、二〇一二年）など、氏による一連の研究や、藤田和敏『〈甲賀忍者〉の実像』（吉川弘文館、二〇一一年）等の研究が行われてきている。

▼5 長谷川端校注『太平記』〈新編日本古典文学全集〉（小学館、

一九九六年)。

▼6 土井忠生・森田武・長南実編訳『邦訳日葡辞書』(岩波書店、一九八〇年)。

▼7 池内義資編『中世法制史料集』別巻(岩波書店、一九七八年)。

▼8 日本の兵法全体については、石岡久夫『日本兵法史』上下(雄山閣、一九七二年)に詳しい。

▼9 『張良一巻書』『兵法秘術書』ともに堂谷衛編訳『兵法虎之巻詳譯』(闡玄台、一八九六年)所収。なお、本書では、「国法ノ許サザル所ナルヲ以テ今爰ニ公示スルコト能ハス」として欠字にしている部分が間々見られる。

▼10 深沢徹編『日本古典偽書叢刊 第三巻 兵法秘術一巻書・簠簋内伝金烏玉兎集・職人由来書』(現代思潮新社、二〇〇四年)。

▼11 合戦の際の呪術的側面については、小和田哲男『軍師・参謀』(中央公論社、一九九〇年)に詳しい。

▼12 赤羽根大介・赤羽根龍夫編『上泉信綱伝新陰流軍学『訓閲集』』(スキージャーナル株式会社、二〇〇八年)。

▼13 古川哲史監修・魚住孝至・羽賀久人校注『戦国武士の心得―『軍法侍用集』の研究』(ぺりかん社、二〇〇一年)。

▼14 『朝鮮王朝実録』(國史編纂委員會、一九八一年)。

▼15 竹内理三編『多聞院日記』〈増補続史料大成〉(臨川書店)。

▼16 伊賀衆の活動については、『伊賀市史』第四巻 資料編 古代・中世(伊賀市、二〇一二年)に史料が集められている。

▼17 神宮文庫所蔵。『伊賀市史第四巻 資料編古代・中世』六四五。

▼18 犬飼家文書(奥野高広『増訂織田信長文書の研究 下巻』吉川弘文館、一九八八年)。

▼19 伊賀流忍者博物館所蔵。本書に翻刻した。

▼20 中田祝夫『文明本節用集研究並びに索引』(勉誠社、一九七九年)。

▼21 『戦国遺文 後北条氏編』二四三一。

▼22 『新訂増補史籍集覧』第六冊(臨川書店、一九六七年)。

▼23 『義盛百首』については、土井大介「忍術道歌―校本「伊勢三郎義盛忍百首」」(『三田国文』三一、二〇〇〇年)、同「忍歌の来歴―道歌集「伊勢三郎義盛忍百首」と忍術伝書『万川集海』を中心に―」(『三田国文』三四、二〇〇一年)に詳しい。また、Antony Cummins, Yoshie Minami *"The Secret Traditions of the Shinobi: Hattori Hanzo's Shinobi Hiden and Other Ninja Scrolls"* Blue Snake Books (2012) に英訳と解釈が掲載されている。

【付記】忍術史料閲覧に際しては、伊賀上野観光協会ならびに伊賀流忍者博物館に多大な御配慮をいただいた。ここに記して感謝いたします。

参考文献

• Antony Cummins, Yoshie Minami *"The Secret Traditions of the Shinobi: Hattori Hanzo's Shinobi Hiden and Other Ninja Scrolls"* Blue Snake Books (2012)
• 『伊賀市史』第四巻 資料編 古代・中世(伊賀市、二〇一二年)

・石岡久夫『日本兵法史』上下（雄山閣、一九七二年）
・磯田道史『歴史の愉しみ方—忍者・合戦・幕末史に学ぶ—』（中央公論新社、二〇一二年）
・小和田哲男『軍師・参謀』（中央公論社、一九九〇年）
・小林秀「伊賀衆、傭兵として大和に出陣」（『発見！三重の歴史』新人物往来社、二〇〇六年）
・土井大介a「忍術道歌—校本「伊勢三郎義盛忍百首」」（『三田国文』三一、二〇〇〇年）
・土井大介b「忍歌の来歴—道歌集「伊勢三郎義盛忍百首」と忍術伝書『万川集海』を中心に—」（『三田国文』三四、二〇〇一年）
・野口武彦『江戸の兵学思想』（中央公論社、一九九一年）
・深沢徹編『日本古典偽書叢刊 第三巻 兵法秘術一巻書・簠簋内伝金烏玉兎集・職人由来書』（現代思潮新社、二〇〇四年）
・深沢徹「偽書と「兵法」」（『日本古典偽書叢刊 第三巻 兵法秘術一巻書・簠簋内伝金烏玉兎集・職人由来書』（現代思潮新社、二〇〇四年）
・福田豊彦「古代末期の傭兵と傭兵隊長」（安田元久先生退任記念論集刊行委員会編『中世日本の諸相』上、吉川弘文館、一九八九年）
・藤田和敏『〈甲賀忍者〉の実像』（吉川弘文館、二〇一一年）
・藤田西湖a『忍術秘録』（千代田書院、一九三六年）
・藤田西湖b『最後の忍者どろんろん』（日本週報社、一九五八年）
・藤田西湖c『藤田西湖著作集』全四巻（名著刊行会、一九八六年）
・赤羽根大介・赤羽根龍夫編『上泉信綱伝新陰流軍学『訓閲集』』（スキージャーナル株式会社、二〇〇八年）
・古川哲史監修・魚住孝至・羽賀久人校注『戦国武士の心得—『軍法侍用集』の研究』（ぺりかん社、二〇〇一年）
・村井章介「朝鮮史料にあらわれた「忍び」」（『古文書研究』四三、一九九六年）
・湯浅邦弘『孫子の兵法入門』（角川学芸出版、二〇一〇年）

忍者とはなにか——ある忍者説話の形式を通じて——

吉丸雄哉● Yoshimaru Katsuya

実在した忍者は、いつから創作の世界に登場したのだろうか。実像としての「忍び」と、虚像としての「忍者」について考えるとき、まず重要視されるのは、その資料がどちらを対象としているか見極めることだと言える。ここでは、忍者が登場する話・説話のなかからパターンをとりあげ、その発生と継承のなかで「忍者のイメージ」がどのように作られ、受け継がれていったのかを述べる。

一　はじめに

忍者を簡単に定義するなら、十四世紀以降に活躍した、平時に敵地に侵入して偵察・情報収集を行い、戦争時には偵察のほか、敵陣・敵城に侵入して放火などの破壊活動や暗殺を行った者といえる。史書から忍者の記録を集め、最初の忍者研究といえる塙保《はなわほ》己一《きいち》編『武家名目抄』（万延元年（一八六〇）ごろ成）第二「職名部三十四下」で「忍者」は、

按忍者はいはゆる間諜なり、故に或は間者といひ又諜者とよふ。さて其役する所は他邦に潜行して敵の形勢を察し或は仮に敵中に随従して間隙を窺ひ其余敵城に入て火を放ち又刺客となりて人を殺すなとやうの事大かたこの忍がいたす所なり。

と定義されている。

今では「忍者」の用字が「忍び（の者）」より、多く使われるが、ほぼ昭和の戦前期にまで「忍び」の表記ほうが「忍者」よりも一般的であった。「しのび」という呼称は、易林本《えきりんぼん》『節用集』（慶長二年（一五九七）刊）「竊盗《しのび》」、『軍法侍用集《ぐんぽうじようしゅう》』（承応二年（一六五三）

刊）など数多くの資料に見える。「忍者」の用字は『万川集海《まんせんしゅうかい》』（写本、延宝四年〔一六七六〕成）・『武用弁略』巻二（貞享元年〔一六五四〕刊）・『近江輿地志略《おうみよちしりやく》』（写本、享保十九年〔一七三四〕成）・『武家名目抄』第二（写本、万延元年〔一八六〇〕成）などに見える。ただ、用例として少なく、『近江輿地志略』や『武用弁略』が「忍者」に「しのびのもの」とルビを降るように「忍者」は「にんじゃ」と読まず「しのびのもの」と読んだはずである。大正期の立川《たつかわ》文庫では『真田三勇士忍術名人　猿飛佐助』（立川文明堂、大正五年〔一九一六〕刊）のように「忍術の名人」「忍術使い」「忍術の達人」などあるが「忍者」は使っていない。大正・昭和戦前期に活躍した忍者研究家の伊藤銀月は「忍術使い」の呼称を用いていた（『忍術の極意』、武侠世界社、大正六）。「忍者」が広まる前までは「忍術使い」が人口に膾炙していた。藤田西湖《せいこ》は『忍術秘録』（千代田書院、昭和十一年）に「忍者」の表記を用いている（ルビがないので読みは不明）。藤田は「忍者」の表記のある『万川集海』をよく参照していたためかもしれない。藤田は戦前の忍者研究に大きな影響力をもっており、このあたりから「忍者」の用字が増えてくるようである。

忍術書には忍者の起源を古代に求めるものがある。『伊賀問答忍術賀士誠』は『日本書紀』の神武天皇の家臣道臣命《みちのおみのみこと》が忍術を用いたとし、『忍術応義伝巻』は聖徳太子の家臣である大伴細入が「志能備」として活躍したとする【▼1】。『正忍記《しょうにんき》』は源義経の用いた「勇士」（『軍法侍用集』に忍術和歌を収める伊勢三郎義盛か）が「忍び」であったとする。戦いにおいて諜報活動や破壊工作は必須であり、「忍び」の行為自体は人類に争いが始まって以来生じていただろう。実際に専門化された職種としては『太平記』巻二十「八幡炎上の事」に高師直が石清水八幡宮にいる敵兵にむかって「或夜《あるよ》の雨風の紛《まぎれ》に、逸物《いちもつ》の忍《しのび》を八幡《やはた》山へ入れて、神殿に火を懸《かけ》たりける」という記述があるあたりが、われわれが想像する忍者だといえよう。

現在の忍者研究で、重要視すべきは資料の扱いであろう。典拠もなく、これこれこういう話だったと記すのでは、情報としてまったく信頼できない。よしんば典拠となる資料名が明示されていても、それが客観的で事実性が高い資料ではない場合がある。事実から遠くお話の要素が強いのではないか、慎重に検討してから利用すべきだろう。

実在した歴史的な忍者、すなわち実像としての忍者を「忍び」と呼び、フィクションに登場する忍者は「忍者」と呼び、資料に関しても「忍び」の資料なのか、「忍者」の資料なのか分けて考えるべきだと思っている。「忍び」については、本論集の山田雄司「「しのび」の実像」を参考にしてほしい。本稿では忍者が登場する話、忍者説話のなかからあるパターンをとりあげ、その発生と継承のなかでどのように忍者のイメージが作られ、受け継がれていったのかを述べる。

二　虚像の忍者像のパターン

フィクションのなかの忍者には話にいくつかのパターンがある。江戸時代の小説（仮名草子・浮世草子・草双紙・読本・実録）・芸能（歌舞伎・人形浄瑠璃・講談）でよく見る話型は「忍者が忍術を用いてしのびいり、大事なものを盗んで戻ってくる」というものである。

これに関しては以前、「近世における「忍者」の成立と系譜」という論文にまとめた【▼2】。その要旨は次の通り。

忍者は歴史的に実在するが実像よりも、小説や演劇などに登場する虚像の姿で把握されていることが多い。虚像としての忍者は、忍術がつきものであり、それが登場する忍者説話は一定の型を持つ。浅井了意《りょうい》『伽婢子《おとぎぼうこ》』（寛文六年（一六六六）刊）は「飛加藤」【図1】と「窃《しのび》の術」の二つの忍者説話を収める。該話はそれぞれ中国の『五朝小説』の構成を参考にし、原話に出てくる剣侠のかわりに、超人的な忍術を使う忍者を登場させた。「超人的な忍術を駆使して忍者が大事なものを奪うために潜入する」という構成の話の嚆矢にあたる。その後、この構成は井原西鶴『新可笑記《しんかしょうき》』などに継承され『賊禁秘誠談』で一定の完成が見える。虚像としての忍者像は広く膾炙し、史実を述べることが前提の由緒書にもその影響が見える。

この論文の発表ののち、『伽婢子』よりさらに古い『聚楽物語』（寛

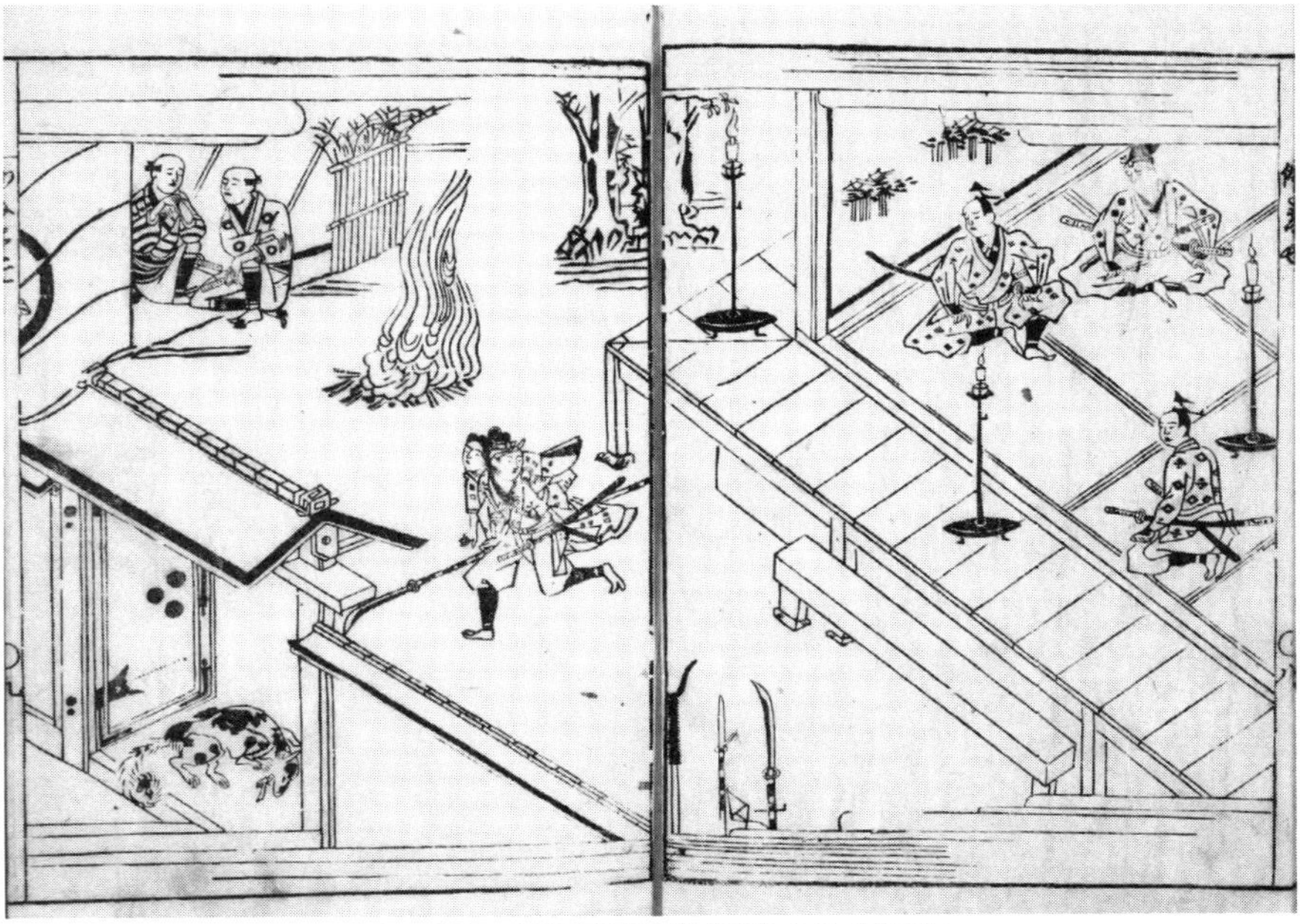

図１　早稲田大学図書館蔵『伽婢子』より「飛加藤」

永頃成）が、賊禁秘誠談物の祖であることを発見した。『聚楽物語』に秀次の家臣であり、忍びとして有名な木村常陸介がその技量を見せるために大坂城へ忍びいる場面があり、虚構の「忍び」の説話として、また賊禁秘誠談物の説話として最古のものといえる【▼3】。

『伽婢子』の「飛加藤」と「窃の術」中の「熊若」がそれ以降の忍者説話に強い影響を与えているのは間違いないが、この発見により論文の内容を一部修正せねばならない。『聚楽物語』が先に存在したため、すなわち「忍びの達人が大事なものを奪うために潜入する」話がすでにあったため、『五朝小説』の「崑崙奴《こんろんど》」と「田膨郎」の主人公である剣侠のかわりに、「忍び」を『伽婢子』に登場させることを浅井了意が思いついたと考えられる。木村常陸介や石川五右衛門が秀吉の城に忍び込むという話（賊禁秘誠談物）と『伽婢子』からはじまる不思議な術を使って大事なものをとって戻ってくる話は似ているが、前者のほうがシチュエーションが狭く、また後者のほうが忍術を詳しく描いており、二つは別の話型と見るのが適当だといえる。もっとも賊禁秘誠談物が完成形の『賊禁秘誠談』に至るまで、『伽婢子』で成立した忍者像の影響があるとみるのが自然だろう。

「忍者が超人的な忍術を使い大事なものをとって戻ってくる」という形式は、浮世草子にも引き継がれる。江島其磧《きせき》『風流軍配団《ふうりゆうぐんばいうちわ》』五の一・二（元文元年刊〔一七三六〕）【図2】では、非人に身をおとしていた飛加藤が、八的隼人《やつまと》に、北条早雲のもとにある三浦大介着用の鎧を盗み出すよう頼まれ、飛加藤は焼飯で番犬を殺し、鎧をとってくる。加藤が風間の弟子といった設定から、『伽婢子』七の三「飛加藤」十の四「窃の術」を直接参考にしたのではなく、この二話を合わせて、さらに情報を増補した『北越軍談』巻十七（元禄十一年〔一六九八〕成、宝永八年〔一七一一〕刊）を参考にしたのだろう。

同じく江島其磧の『風流《ふうりゆう》東大全《あずまたいぜん》』一の二（享保十六年刊〔一七三一〕）では、安倍貞任宗任兄弟が沼太郎久清という忍びの術を得たものに、源頼義の鬼丸蜘蛛切の二剣を盗みとらせようと

図２　早稲田大学図書館蔵『風流軍配団』

する。浮世草子の大作家である江島其磧の著作に「忍者が忍術を用いてしのびいり、大事なものを盗んで戻ってくる」という話型が登場したことにより、さらにそのイメージが広まったといえるだろう。

三　忍術について

黒の忍び装束で忍び込み、盗みを行うだけでは、「忍び（の者）」と呼べるかもしれないが忍者とはいえない。忍術をつかってこそ忍者である。忍術も現実的な忍びの忍術と、超人的な忍者の忍術と分けて考えるのが適当であろう。『万川集海』や『正忍記』などが記す忍術は現実に習得・実行の可能性が高いものが多い。それに比べて、小説・随筆・芸能で描かれてきた忍術は普通の人間が容易には体得・実行しえない内容である。

忍者の忍術は、人間の能力を拡張した超人的な体術と、超自然的な変化の術の二つに分けられる。前者は暗闇で目が見える（『武道張合大鑑《ぶどうはりあいおおかがみ》』巻二の三、『甲子夜話《かっしやわ》』巻二十七）、遠距離への早駆（『伽婢子』巻十の四）、塀を飛び越える（『伽婢子』巻七の三、小川渉『しぐれ草紙』）、遠くまで泳ぐことができる（『明良洪範《めいりょうこうはん》』続編巻十五）などである。いずれも通常の人間の能力をこえた行いである。人間の能力の拡張なので、超自然的な忍術に比べて、忍術書の忍術に近く、まだ体得の可能性は残されているかもしれないが、超人的だといえよう。

後者は鼠などの動物に変化したり（『新可笑記』巻五の一、『和漢《わかん》三才図会《さんさいずえ》』人倫部「游偵」）、姿を消したり（『甲子夜話』巻五十五）、まぼろしを見せる（『伽婢子』巻七の三、『甲子夜話』巻五十五）といった行為である。後者の超自然的な忍術は妖術とほぼ同じである。妖術とは現実にありえない不思議な術のことであり、江戸時代の文芸・芸能作品にどのように描かれていたかは、佐藤至子『妖術使いの物語』（国書刊行会、二〇〇九年）に詳しい。そのなかで、主な術とその使い手をあげると次の通り。

隠形の術　石川五右衛門・稲田東蔵。
飛行の術　役小角・七草四郎・児雷也・若菜姫。
分身と反魂の術　鉄拐仙人・姑摩姫・安倍晴明。
蝦蟇の術　天竺徳兵衛・耶魔姫・児雷也。
鼠の術　頼豪・仁木弾正。
蜘蛛の術　若菜姫。
蝶の術　藤浪由縁之丞。

また、妖術使いの種類とその例をつぎのようにあげている。

高僧　役小角。堕落僧　頼豪。キリシタン　森宗意軒。
武士　仁木弾正。盗賊　石川五右衛門・稲田東蔵。

これらがつかうものは妖術である。このなかであきらかに忍術をつかうのは、石川五右衛門と稲田東蔵である。石川五右衛門は『艶競石川染《はでくらべいしかわぞめ》』大序「山崎天王山の場」（辰岡万作作、寛政八年〔一七九六〕八月、大坂角の芝居）では「草臥の法」という隠形の術をつかい、『木下蔭狭間合戦《このしたかげはざまかっせん》』（寛政六年〔一七九四〕二月大坂北堀江座初演。若竹笛躬《ふえみ》・並木千柳作。収録は文政七年六月河原崎座の台本）大詰では人を動物に変える術をつかっている。稲田東蔵は『けいせい忍術池《しのばずがいけ》』四段目「木曽兵衛内の場」（天明六年十二月大坂角の芝居）で遠霞の術を得ている。石川五右衛門と稲田東蔵、どちらも伊賀流の忍術であり、秘伝の巻物が所持し、九字を切って使う。

忍術と妖術の関係だが、忍術は妖術の一つだが、妖術は忍術であるとは限らない。石川五右衛門や稲田東蔵といった忍術使いは妖術使いのなかのひとつであって、児雷也や天竺徳兵衛や仁木弾正は妖術使いであって忍術使いではない。ところが、児雷也はもちろんのこと、天竺徳兵衛など、一部の妖術使いも後世では忍術使いとみなされているのである。

たとえば、三代目三遊亭金馬『蛙茶番』（CD『三代目三遊亭金馬名演集（六）』〔ポニーキャニオン、平成二・二〕。昭和二十九から三十九あたりか）では、「天竺徳兵衛」の「赤松満祐忍術譲り場」と言っている。また児雷也ものの映画に、『忍術児雷也』（新東宝、昭和三十年〔一九五五〕。萩原遼・加藤泰監督、賀集院太郎脚本。大谷友右衛門主演）という作品がある。歌舞伎の『児雷也豪傑譚話《じらいやごうけつものがたり》』や、そのもととなった草双紙『児雷也豪傑譚』にもとづく作品である。

先に述べたとおり、児雷也は妖術使いであって、忍術使いではない。映画のなかでも、蝦蟇の仙人に秘伝の一巻を譲られ、術がつかえるようになるが、それを映画の中で、忍術の秘伝書とは呼んでいない。それでもタイトルは『忍術児雷也』なのである。

ではなぜ、忍術が妖術の代名詞になり、妖術を忍術とみなすようになったのか。

ひとつには、妖術の根拠として、伴天連の妖術、仙人の力などの説得力が小さくなって、忍術が適当とみなされるようになったのはあるだろう。吉澤英明『講談作品事典』中（「講談作品事典」刊行会、平成二十年）が紹介する『自来也義侠禄』（邑井貞吉〝演芸倶楽部〟三の七号 大正三年・七月）に出てくる児雷也は、「小西行長の臣・尾形周庵の倅、周馬は文武両道に優れ、その上森宗意軒から学んだ忍術も極意に達している」（傍線筆者）という設定である。森宗意軒といえば、天草軍記などに登場するキリシタンであり、本来なら忍術にそぐわないものである。明治維新になってバテレンの妖術という説得力が落ちたためかもしれない。

また、ひとつは印を結ぶ、巻物で術を譲る点が共通するためであろう。また、忍術書には修験道からの影響が見られ【▼4】、忍術と妖術と、ともに超自然的な要素があることが混同される理由かもしれない。

最も重要であるのは、大谷友右衛門の映画『忍術児雷也』を見ればよくわかるが、「忍び」の行為に妖術が使われていることである。大谷友右衛門の演じる児雷也は作中で、敵城への潜入や敵大名の息子の誘拐のために妖術をつかうのである。児雷也そのものが「忍び」の行為を行い、それを助ける術として妖術をつかうのである。そのため、妖術が忍術と認識されたのだと考えられる。

四　おわりに

以上のように、「忍者が忍術を用いてしのびいり、大事なものを盗んで戻ってくる」という忍者説話の成立とその展開を見てきた。この話型は多く見られ、有力ではあるが、すべてではない。また、昭和三十年代に入り、現実面での忍者研究を反映した村上知義『忍びの者』や司馬遼太郎『梟の城』などが出てくると、この伝統的なパターンは下火になっていく。

忍者の「忍び」の行為に付随するものと長く見られてきた隠形の術や変身の術も、その話型から離れることで、より自由で闊達な不思議な術として忍術が描かれるようになる。

山田風太郎の小説では、忍術ではなく忍法という言葉が使われるのはもっともなことである。忍術では忍びの行為に限定されてしまうが、忍法はより融通無碍な内容をあらわせる。現代のアニメや漫画に見られる忍者の術は、忍法といってさしつかえないだろう。

今では、ほとんど見られなくなった「忍者が超人的な忍術を用いてしのびいり、大事なものを盗んで戻ってくる」という話型も、忍術を用いることや「忍者」の基本的性質が「忍び」であるという点で、我々の「忍者」像の根本をなしている。我々の「忍者」のイメージは永いあいだのイメージの積み重なりをもとに築かれてきた。そして、それを土台にして現在も忍者像は日々更新されている。

注

▼1 川上仁一監修『イラスト図解 忍者』（日東書院、二〇一二年）一八〇～一八四頁。

▼2 拙稿「近世における「忍者」の成立と系譜」（『京都語文』一九、二〇一二年十一月）。佛教大学論文目録リポジトリから本文を読むことができる（http://archives.bukkyo-u.ac.jp/repository/baker/rid_KG0019000007314）。

▼3 黄昭淵「『伽婢子』と叢書―『五朝小説』を中心に―」（『近世文芸』六十七号、一九九八年）。岩波新日本古典文学大系75『伽婢子』（松田修・渡辺守邦・花田富二夫校注、岩波書店、二〇〇一年）の脚注。

▼4 本論集収録、山田雄司「「しのび」の実像」。

column★

芭蕉忍者説の検討

牧 藍子● Maki Aiko

現在の芭蕉研究においては、芭蕉忍者説は完全に否定されている。芭蕉が伊賀出身であれ、江戸幕府の隠密となった伊賀者と芭蕉がつながっていると主張しうる資料は、今のところ全く見いだせない。しかし近年でも、芭蕉は忍者かといった話題が取り上げられることは多い。その際、理由としてよく挙げられるのが、芭蕉が伊賀の無足人（村落に居住し、士分ではないが苗字・帯刀を許され、具足一領・槍一筋を所持して戦時には出陣する特殊な農民）の子であったということと、生涯に幾度も旅を重ねて非常に健脚であったということである。そこで本稿では、この二点について検証してみたい。

芭蕉忍者説が荒唐無稽であるにもかかわらず、今なお取り沙汰される背景には、これまで人々が作り上げてきた偶像化された芭蕉像がある。芭蕉の門人の編んだ俳諧撰集を見ると、芭蕉は四十代で既に翁《おきな》と呼ばれたことが知られるが、芭蕉の弟子の去来が著した俳論書『旅寝論《たびねろん》』によると、芭蕉を翁と呼んで敬ったのは弟子だけではなく、他門の俳人たちも同様で、俳諧の集に翁とさえあれば、みな芭蕉を指すことがわかったという。

このように、生前から人々に一目おかれていた芭蕉とその俳諧は、後世の蕉風《しょうふう》復興運動において一層理想化されることとなった。蕉風復興運動とは、十八世紀後半、全国各地の俳家が芭蕉の精神と元禄の俳風の再生を求めて、それぞれの立場から蕉風の復興を唱えたもので、寛保三年（一七四三）の芭蕉五十回忌、宝暦十三年（一七六三）の七十回忌、寛政五年（一七九三）の百回忌などを契機に盛り上がった。特に蕪村の活躍した安永・天明期は俳諧中興期と呼ばれ、運動が全国化して新しい多様な俳風が展開した。しかし、百回忌の頃になると、俳諧人口の急激な増加にともない、芭蕉句碑の建立や追善句集の刊行といった顕彰事業が盛んに行われる一方、大衆化によって運動の質が変化した結果、俳風は停滞して芭蕉の権威化がすすんだ。そして百五十回忌には、神道の吉田家から「花本大明神」の号を許されるなど、芭蕉はもはや神格化されるにいたる。

こうしたことを背景に、宝暦頃からは芭蕉の伝記に対する関心が高まり、多くの芭蕉伝が書かれるようになった。田中善信氏『芭蕉 転生の軌跡』（若草書房、一九九六年）第二部第六章「江戸時代の芭蕉伝―深川移住まで―」では、土芳著『芭蕉翁全伝』、竹人著『蕉翁全伝』、梨一著『奥細道菅菰抄《おくのほそみちすがごもしょう》』（芭蕉の紀行文『おくのほそ道』の注釈書。巻頭に「芭蕉翁伝」が付される）、冬李著『蕉翁略伝』、蝶夢著『芭蕉翁絵詞伝《ばしょうおうえことばでん》』、竹二坊著『芭蕉翁正伝』、臼人著『芭蕉伝』、湖中著『芭蕉翁略伝』等、二十一点の資料により江戸時代の芭蕉伝の流れが概観されている。ただし、それぞれの内容にはくい違いや誤りがあり、そのまま信用することはできない。たとえば竹人著『蕉翁全伝』は、篤実な学者である竹人が、主人である伊賀国上野城代家老職の藤堂采女元甫の命によって著したものであるという点で、高い信憑性をもつ資料である。しかし、本書にも地元の伝承を取り入れたと推定される誤伝が見られ、また完成後は秘蔵され公開されることがなかったため、江戸時代の芭蕉伝記研究にはほとんど寄与することがなかった（田中善信a）。他に、系譜・系図の類も残るが、特に幕末期の伊賀では、芭蕉を自家の系譜と結びつけようとした疑わしいものも多く作られ、扱いに慎重を要する。

こうした事情をふまえた上で、芭蕉の出自の検討に移る。芭蕉は藤堂藩《とうどうはん》伊賀《いが》付《つき》侍《さむらい》大将《だいしょう》藤堂新七郎家に仕えた武士であるというのが長年の通説であったが、現在では今栄蔵氏によって「農人」と呼ばれる階級に属していたことが明らかにされている（今栄蔵a）。芭蕉は寛永二十一年（一六四四）に伊賀国上野の松尾家に生まれ、その実家があった上野赤坂町《あかさかちょう》は、寛文年中から延宝五年（一六六一～七七）までの間に作られた官製の古絵図によると「農人」、すなわち農民の居住区にあたっていたというのがその根拠である。また近年田中氏によって、寛永年間（一六二四～一六四四）に作成された図絵では、同地区は「百姓町」と記されていることが指摘されている（田中善信b）。

では、芭蕉の父が農民の中でも無足人であったかというと、これも否である。芭蕉の松尾家が上野赤坂町に移ったのは父与左衛門の代のことで、与左衛門はそれまで柘植《つげ》に住していた。藤堂藩では土着の郷士の懐柔策として無足人制度を敷いており、柘植地方の松尾家といえば、中世以来郷士として強い勢力をもつ家であったが、もし仮に与左衛門の柘植の実家が有力な郷士の家であったとしても、与左衛門自身が無足人であった可能性はない。

藤堂藩の定めた無足人の資格は、由緒ある家筋の者で、かつ村に定着していることが条件で、次男以下には認められなかったからである（藤堂藩正史『宗国史』）。柘植から上野に移住し、次男以下と推定される与左衛門は、既に無足人の資格を失っていると目される。

ところで、上野は藤堂藩の支城があった城下町で、農民が農村に居住せず城下町に住むのは異例なことといえる。この点について田中善信氏は、赤坂町に住む農民は、自分の土地を持たず、小作や日雇い、行商などで生計を立てた貧しい水呑百姓で、芭蕉の家もそうした水呑百姓のうちの一軒であったと推定する（田中善信b）。この説は、今氏が芭蕉の実家が苗字を持っていることなどから、下級の農民ではないとしたのと対立する（今栄蔵）。今後の新資料の発見が待たれるところである。なお、芭蕉自ら「ある時は仕官懸命の地をうらやみ」（『幻住庵記《げんじゅうあんのき》』）と告白するように、芭蕉は藤堂新七郎家に武士として仕官していたのではない。芭蕉の直門破笠からの伝聞を記した『老《おい》のたのしみ』等の記述から、現在では台所方の奉公人であったと推定されている。

次に、芭蕉忍者説において必ずといってよいほど言及される、芭蕉の健脚さについての検討に移る。たしかに芭蕉は日本各地を旅してまわっており、旅に生きた漂泊の俳諧師というイメージが強い。しかしどの旅にも、隠密としての活動と結びつけられるべき積極的な理由は見いだせない。旅先で詠まれた句の数々や、『野ざらし紀行』『かしまの記』『笈《おい》の小文《こぶみ》』『更級紀行《さらしなきこう》』『おくのほそ道』といった優れた紀行文を見れば、芭蕉の旅が風雅の実践であったことは明白であろう。

蕉風俳諧の根本理念の一つに不易流行《ふえきりゅうこう》というものがある。「不易」は変わらないこと、「流行」は変化することで、俳諧の本質は絶えず変化し続けることにあり、常に風雅の誠を追求して新しく変化し続けることによってこそ、不変の価値が生み出されるという理念である。『おくのほそ道』冒頭に示された「日々旅にして、旅を栖とす」という旅の哲学は、俳諧の不変の価値は、旅人としての不断の自己脱皮を通じて実現されるという点で、不易流行の理念とつながっており、旅が芭蕉にとって、旅人即詩人という風雅の道の究極の実践であったことを物語っている。

芭蕉が健脚であったかどうかを検証することは非常に難しい。なぜなら江戸時代の旅人が一日に歩いた距離を知ることは思いの外困難であるからである。板坂耀子氏は、実際の歩行距離を記した紀行はごく少ないこと、通常一里は約四キロとされるが地域によっては距離が一定でないこと、敢えて意識して歩行距離を記すときは特に長距離を歩いた日が多いことなどを断った上で具体的な数字を挙げているが、それを見ると五里から十里前後が一日の行程である場合が多いようで、中には日に二十里を歩いた例も見える（板坂耀子）。芭蕉の場合、「おくのほそ道」の旅の他、「更級紀行」の旅における短期間長距離移動なども目をひくが、必ずしも無理な距離とはいえず（馬を使った場合があることも考慮に入れる必要がある）、これだけ健脚であれば忍者であるという議論はそもそも成り立たない。

　最後に芭蕉忍者説と関連するものとして、村松友次氏の曽良忍者説ともいうべき論考を紹介しておきたい（村松友次a・b）。曽良は「おくのほそ道」の旅で芭蕉に同行した門人であるが、吉川《きつかわ》惟足《これたり》門下の神道学者でもあり、後に幕府の諸国巡見使の随員となって九州に赴いている。村松氏は、元禄二年（一六八九）夏から翌三年夏にかけての日光山の改修工事をめぐって幕府と伊達藩が緊張関係にあったことから、芭蕉と曽良が「おくのほそ道」の旅において現地の情報収集にあたったのではないかと推測している。しかし、同行者がもともと予定されていた路通という人物から急遽曽良に代わった理由が、路通が出立直前になって行方も告げずに旅に出たという事情によるものであったことが、近年発見された書簡によって明らかになるなど（田中善信b）、この説はあくまで推測の域を出ないものといえる。

　芭蕉を忍者であると仮定してその作品を解釈しようとするのは、正しい姿勢とはいえない。しかし、芭蕉忍者説の背景には、ある種の芭蕉賛美の伝統のようなものがある。現在も芭蕉忍者説が話題に上るというのは、芭蕉に対する敬愛の念が今なお多くの人々の中に息づいていることの表れでもあろう。

参考文献

・板坂耀子『江戸の旅を読む』（ぺりかん社、二〇〇二年）
・今栄蔵『芭蕉伝記の諸問題』（新典社、一九九二年）
・田中善信a『芭蕉＝二つの顔』（講談社、一九九八年）
・田中善信b『日本人のこころの言葉 芭蕉』（創元社、二〇一三年）
・村松友次a『芭蕉の作品と伝記の研究』（笠間書院、一九七七年）
・村松友次b『謎の旅人曽良』（大修館書店、二〇〇二年）

『児《じ》雷《らい》也《や》豪《ごう》傑《けつ》譚《ものがたり》』から『NARUTO』へ

佐藤至子● Sato Yukiko

合巻『児雷也豪傑譚』とマンガ『NARUTO』は主人公（ナルト・児雷也）の造型に共通点がみられ、『NARUTO』に脇役で登場する自来也には『児雷也豪傑譚』の児雷也の面影と仙素道人の役回りが与えられている。『児雷也豪傑譚』における三竦みの構図も『NARUTO』に継承されている。『NARUTO』は合巻『児雷也豪傑譚』の外伝として読むことができる。『NARUTO』以前の『児雷也豪傑譚』の受容作では児雷也（自来也）が孤高・神出鬼没のヒーローであったのに対し、『NARUTO』のナルトは集団のなかのヒーローである点で異色である。

一　はじめに

幕末のベストセラー小説のひとつに『児雷也豪傑譚《じらいやごうけつものがたり》』がある。蝦蟇の妖術を使う児雷也こと尾形《おがた》周《しゅう》馬《ま》弘行《ひろゆき》を主人公とする未完の長編合巻《ごうかん》で、作者は美図《みず》垣《がき》笑《え》顔《がお》の後を一筆庵主人《いっぴつあんしゅじん》（渓斎英泉《けいさいえいせん》）・柳《りゅう》下《か》亭《てい》種員《たねかず》・柳水亭種清《りゅうすいていたねきよ》らが順次嗣作。天保十年（一八三九）から明治元年（一八六八）にかけて四十三編まで刊行された。合巻は近世後期から明治初期にかけて大量に出版された絵入りの小説であり、子どもから大人まで幅広い読者層を獲得していた。『児雷也豪傑譚』は歌舞伎としても上演されたから、幕末の江戸を中心に広く知られた作品だったと言えるだろう。

ある六十代の男性と話していた時、その『児雷也豪傑譚』の話になったのだが、その方は「ぼくたちが子どもの頃は、児雷也と言えば杉浦茂の『少年児雷也』だったよ」とおっしゃった。『少年児雷也』は少年忍者の児雷也を主人公とする少年向けのマンガで、一九五六年から翌年にかけて雑誌『少年』に連載された。その方はまさに少年時代にそれを読んでおられたのだ。

二〇一四年の今、十代・二十代の若者が「じらいや」という名前を聞いて思い浮かべるのは、おそらく岸本斉史のマンガ『NARUTO』に登場する忍者の「自来也」だろう。『NARUTO』は一九九九年から「週刊少年ジャンプ」に連載されているマンガで、連載をまとめた単行本（ジャンプ・コミックス、集英社）は二〇一三年七月時点で六十五巻まで刊行されている。テレビアニメ、劇場用アニメ映画、ゲームなども制作され、海外での人気も高い。

その『NARUTO』に登場する自来也は、主人公うずまきナルトを導く長老的忍者である。同じ「じらいや」ながら『児雷也豪傑譚』の児雷也とは漢字が異なるが、人物造型において両者には共通点がある。そして、この点以外にも『NARUTO』と『児雷也豪傑譚』にはいくつかの関連する点が見いだせる。本論文では、それらについて具体的に述べつつ、『NARUTO』を『児雷也豪傑譚』の外伝として位置づける。また、『NARUTO』に到るまでの『児雷也豪傑譚』の受容作を概観し、それらにおける児雷也（自来也）像について考察する。

二　主人公の造型

まず、『児雷也豪傑譚』と『NARUTO』のあらすじを示す。脇役の挿話は省き、前者については児雷也、後者については自来也をめぐる筋立てを中心にまとめる（『NARUTO』はコミックス一巻から自来也の死をナルトが乗り越える四十四巻までを対象とする）。

○『児雷也豪傑譚』

信濃の国鼠の里で成長した太郎は、かつて謀叛を起こして滅亡した尾形家の遺児であり、本名は尾形周馬弘行という。養父の没後、みなしごとなった太郎は持丸長者の家に奉公し、獰猛な雷獣を倒したことから「児雷也」と名乗る。尾形家再興の志を抱いて放浪の折、妙香山で仙素道人《せんそどうじん》という異人から妖術を伝授される。ある日、児雷也の夢に異人が現れて助けを求める。児雷也が妙香山に入ると大きな蝦蟇が蟒蛇に苦しめられており、仙素道人の正体は蝦蟇だったことがわかる。児雷也は大蛇を撃ち殺すが、仙素道人は力尽きて死ぬ。児雷也は蝦蟇の妖術を使って月影家から尾形家の系図を奪い、悪人を懲らしめて善人を助ける。児雷也に殺された大蛇の怨念は龍巻荒九郎と遊女菖蒲の身体に入り込み、児雷也に復讐しようとするが、失敗して成仏する。尾形家の血筋を引く怪力の少女綱手《つなで》は蛞蝓仙人《かつゆせんにん》から武芸と水練を学び、将来は豪傑を夫とするという予言を受けて、当代の豪傑と噂される児雷也を捜す旅に出る。大蛇の母と人間の父の間に生まれた大蛇丸《おろちまる》は長じて盗賊となり、児雷也の山塞を奪おうとする。大蛇丸は権力掌握の野望を抱き、悪人らと共謀して月影家・更科家の打倒と鎌倉管領の転覆を企てる。児雷也は尾形家再興のために管領に忠誠を示そうと逆賊の打倒に注力する。ガマはヘビに弱く、ヘビはナメクジに弱く、ナメクジはガマに弱いという三竦みの構図のもと、蝦蟇の術を使う児雷也は蛞蝓の術を使う綱手の支援を得て、蛇に守られた大蛇丸に対抗する。

○『NARUTO』

主人公うずまきナルトは木ノ葉隠れの里の少年忍者である。かつて里を治めていた四代目火影《ほかげ》の子であるが、既に両親は亡く、その身体には九尾の妖狐が封じ込められている。ナルトは忍者学校の落ちこぼれだが、将来は火影の座に着くと豪語し、サスケ・サクラと共に上級忍者カカシのもとで修行する。ある日、抜け忍の大蛇丸《おろちまる》が里を襲い、サスケに呪いをかける。大蛇丸は自来也・綱手と共に「三忍」と称された伝説の忍者であった。ナルトの父の師匠だった自来也は仙術も会得しており、現在は作家として放浪生活を送っていたが、里に立ち寄ってナルトの素質を見抜き、蝦蟇を呼び寄せる術などを教えて鍛え上げる。大蛇丸が里を急襲し、三代目火影が命と引き替えにこれを防ぐ。自来也は綱手を探す旅にナルトを同伴する。蝦蟇を使役する自来也は蛞蝓を使役する綱手と共闘し、蛇を使役する大蛇丸に立ち向かう。サスケは里を抜けて大蛇丸のもとに走る。怪力の美女綱手は同じく怪力のサクラに医療忍術を教える。「暁」を名乗る謎の忍者集団が、ナルトの身体に封じ込められている九尾の妖狐を狙って暗躍する。他者の身体に転生して延命してきた大蛇丸はサスケを次のターゲットとするが、逆にサスケに倒される。サスケは復讐を遂げるために独自に「暁」に接触する。自来也は「暁」と戦って命を落とす。ナルトは妙木山に入り、自来也の師匠でもあった蝦蟇仙人フカサクから仙術を教わる。

一読してわかるように、この二作の主人公（児雷也・ナルト）にはいくつかの共通点がある。箇条書きにすると、次のようになる。

①由緒ある血筋を引くが、孤児である。
②異獣を凌駕する力を持っている。
③自分が共同体の長となることを意識している。
④仙人的人物から特殊な術を伝授される。
⑤ライバルの男と協力者の女がいる。

②について補足する。児雷也は落雷の折に空から落ちてきた雷獣を倒し、それが児雷也という通称の由来となっている。ナルトはその身体にかつて里を脅かした九尾の妖狐のエネルギーが封じ込められており、ふだんはそれが表に出ないように制御している。③についても補足する。児雷也は尾形家の嫡子として御家再興を

志している。ナルトはいつか里を治める立場に就いて火影の名を名乗ることを公言している。これは亡き父親と同じポジションを獲得するということでもある。

ちなみに①③④は、近世文芸における複数の〈妖術使いの物語〉においても、主人公をめぐる設定としてたびたび採用されてきたものである。筆者はそれを「妖術使い版の貴種流離譚」と名づけた(佐藤至子a)。これにあてはめるなら、『NARUTO』は「忍者版の貴種流離譚」ということになる。

なお、『NARUTO』でナルトのライバルとして登場するサスケもまた、由緒ある忍者一族の血を引く孤児と設定されている。サスケは一族の衰退を引き起こした人々を恨み、復讐心から里を抜け、自分を誘いだした大蛇丸のエネルギーを逆に取り込んで成長する。このプロットには前掲①④に類似した要素が見られ、その点でナルトと対になる人物と言える。一方、『児雷也豪傑譚』では児雷也と対立する大蛇丸の場合、生まれながらに蛇性をそなえており、①④の要素はない。したがって児雷也とは善・悪の対立関係にはあるものの、ナルトとサスケのような対の関係を構成してはいない。

三　自来也の造型

次に『NARUTO』の自来也の造型を検討したい。自来也は高度な忍術をナルトに伝授した後、謎の強敵「暁」と戦って死ぬ。『児雷也豪傑譚』では、これと同様の運命をたどるのは児雷也ではなく、仙素道人である。自来也と仙素道人には、次のような共通点が見いだせる。

①主人公の若者に蝦蟇の術を教え、強敵と戦って死ぬ。

②老人である。

③「仙素道人」の名を持つ。

②について補足する。『児雷也豪傑譚』の仙素道人は、白髪のいかにも老人らしい外見で描かれている。『NARUTO』の自来也は口元にシワがあり、初老の男性のイメージで描かれている。また、自来也は作務衣に似た衣服と袖無し羽織を身につけ、下駄を履き、ここぞという時に歌舞伎役者のような見得を切る。せりふは一人称に「ワシ」、語尾に「…じゃ」「…のォ」を用いており、役割語(金水敏)でいう典型的な「老人語」の使い手である。こうした外見や言動が総合的に「伝統的な日本文化を体現する老人」という印象を醸し出している。

③についても補足する。『NARUTO』の自来也は、初登場のシーン(コミックス十一巻)でナルトに向かって「妙木山蝦蟇の精霊仙素道人　通称・ガマ仙人と見知りおけ!!」と叫んでいる。『児雷也豪傑譚』の仙素道人は「妙香山」に住んでおり、「妙木山」

はそれをふまえた名称と推察される。

一方で自来也には、『児雷也豪傑譚』の児雷也をほうふつとさせる要素も備わっている。それは次のような点である。

①蝦蟇から術を学んだ経験がある。術を使って蝦蟇を使役する。

②他人に転生する蛇と戦う。蛇を使役する大蛇丸と対立関係にある。

③蛞蝓を使役する怪力の美女綱手と協力関係にある。

④綱手・大蛇丸との力関係は拮抗している。

②について補足する。『児雷也豪傑譚』では大蛇丸が登場する以前に、殺された蛇の怨念が人間たち（荒九郎・菖蒲）に取り憑き、児雷也に挑んでくる筋立てがある（佐藤至子b）。『NARUTO』では大蛇丸自身が人間に取り憑く蛇であり、かつ、蛇を使役する悪人でもある。④についても補足する。『NARUTO』の自来也・大蛇丸・綱手は「三忍」として並び称された忍者だった。『児雷也豪傑譚』では、ガマはヘビに弱く、ヘビはナメクジに弱く、ナメクジはガマに弱いという三竦みの構図をふまえて児雷也・大蛇丸・綱手の関係が構築されている【図1】。市振浜の戦いのシーン（十四編）では、蝦蟇に乗った児雷也が蛇の援護を受けた大蛇丸に負けそうになるところに、蛞蝓に乗った綱手が現れて危急を救う。『NARUTO』にも自来也・大蛇丸・綱手がそれぞれ巨大な蝦蟇・蛇・蛞蝓の上に乗り、自来也・綱手が共闘して大蛇丸と戦うシーンがある（コミックス十九巻【図2】）。

以上をまとめれば、『NARUTO』の自来也は『児雷也豪傑譚』の児雷也の面影を宿しながら、作中では仙素道人と同様の役まわりを演じているということになる。そして『NARUTO』の大蛇丸・綱手は、その造型や自来也との関係において『児雷也豪傑譚』の大蛇丸・綱手をほうふつとさせる存在である。

ところで周知のとおり、『児雷也豪傑譚』自体にも典拠がある。それが読本『自来也《じらいや》説話《ものがたり》』（感和亭鬼武《かんわていおにたけ》作、文化三・四年〔一八〇六、〇七〕刊）である。この読本には自来也と妙香山の異人が登場し、それらがすなわち『児雷也豪傑譚』の児雷也と仙素道人の原型である。「自来也」という表記の原拠は、そもそもは『自来也説話』の自来也にさかのぼる。

『自来也説話』では、自来也こと尾形周馬寛行はかつて三好家に仕えた浪人で、現在は富む者から奪い、貧しい者に与える盗賊である。自来也は妙香山で異人に出会い、手に呪文を書いて味方を呼び寄せる術を学ぶ。ある日、自来也は偶々知り合った侶吉《ともきち》の敵討ちを支援する。自来也の夢に異人が現れて助けを求める。自来也が妙香山に分け入ると巨大な蝦蟇が蟒蛇《うわばみ》に苦しめられており、異人の正体は蝦蟇であったことがわかる。自来也は蟒蛇を撃ち殺すが、異人は力尽き、術を記した巻物を自来也に譲って死ぬ。

図１　柳下亭種員作・三代目歌川豊国画『児雷也豪傑譚』12 編　和泉屋市兵衛　1850 年
右から綱手（蛞蝓）・大蛇丸（蛇）・児雷也（蝦蟇）の三竦み。

図２　岸本斉史『NARUTO』19 巻（ジャンプ・コミックス）　集英社　2003 年
右から自来也（蝦蟇）・大蛇丸（蛇）・綱手（蛞蝓）の三竦み。

自来也は賊を働いて軍資金を集め、三好家の仇である石堂家を討つ準備を進めるが、石堂家の万里野破魔之助によって蝦蟇の術を破られ、自刃する。

『自来也説話』から『児雷也豪傑譚』へ継承された要素をまとめると、次のようになる。

①自来也（児雷也）は山中で異人（仙素道人）から蝦蟇の術を伝授される。
②異人（仙素道人）の正体は蝦蟇で、蛇にさいなまれて死ぬ。
③自来也（児雷也）は御家再興を志し、賊を働くが貧しい者からは奪わない。
④自来也（児雷也）の蝦蟇の術は、蛇には弱い。

では、これら①〜④の要素は『NARUTO』においてはどのように扱われているだろうか。

①は「人間が仙人的人物から蝦蟇の術を伝授される」という点で、ナルトが自来也から蝦蟇を呼び寄せる術を教わるシーンや、自来也の死後に妙木山で蝦蟇仙人フカサクから蝦蟇の術を伝授されるシーンが、これに似ている。②は「暁」と戦うシーンで自来也が蝦蟇の仙術を使う「仙人モード」になり、相貌が蝦蟇に似てしまうという描写がある。かつ、自来也はその戦いによって命を落とす。蛇（大蛇丸）にさいなまれて死ぬわけではないが、「蝦蟇の姿に変じて死ぬ」という点は②に類似すると言えるかもしれない。③は『NARUTO』のナルト・自来也は盗賊ではないので、あてはまらない。④は『NARUTO』ではガマとヘビの対立ではなく、ガマ・ヘビ・ナメクジの三竦みの構図をふまえて自来也・大蛇丸・綱手の関係が構築されている。三竦みの構図は『自来也説話』にはなく、『児雷也豪傑譚』独自の要素である。

つまり、『NARUTO』には『自来也説話』から『児雷也豪傑譚』へ継承された要素も取り入れられているが、『児雷也豪傑譚』で新たに創出された要素も取り入れられている。「自来也」の表記の源流は『自来也説話』だが、作品としての関連度が高いのは『児雷也豪傑譚』のほうだと言えそうである。

四　『児雷也豪傑譚』外伝としての『NARUTO』

『NARUTO』の自来也には、『児雷也豪傑譚』の児雷也の面影と、仙素道人に相当する役割の両方が付与されている。あえて言えば、自来也は児雷也が老成し、仙素道人に変じたものである。

前述したとおり、『NARUTO』に登場する自来也は既に老いている。仙術を使う老いた忍者として若者を導き、死ぬ。自来也がそのように仙人的老人＝仙素道人としての役割を担うとき、導かれる若者＝児雷也の立場にあるのはナルトである。

しかし自来也は、若かった時に自らも蝦蟇仙人フカサクから仙術を学んでいた。そのことは自来也の死後、フカサクの口から回想的に語られる（コミックス四十四巻）。つまり、かつて仙素道人の役割を担ったのはフカサクであり、かれに導かれる若者＝児雷也の立場にあったのは自来也であった。

　蝦蟇の術を学ぶ若者という立場は、自来也からナルトへと手渡された。コミックス四十一巻には、自来也が「仙人モード」で「暁」と戦いながら、若き日に大ガマ仙人から授けられた予言を思い起こすシーンがある。予言の内容は、「自来也はいずれ弟子を持つが、その弟子は忍びの世に変革をもたらす者となる。自来也はその変革者を導く立場となり、いずれ大きな選択を迫られる時が来る」というものだった。自来也の死後、フカサクはその「予言の子」がナルトではないかと考え、自らナルトに仙術を伝授する。フカサクは再び仙素道人の立場に立ち、今度はナルトが、かれに導かれる若者＝児雷也となる。

　「暁」に破れた自来也が、死の淵に沈みながら執筆中の自伝とその続編に思いを馳せるシーン（コミックス四十二巻）でも、自来也からナルトへの〈主役交代〉ははっきりと意識されている。自来也は自伝「自来也豪傑物語《じらいやごうけつものがたり》」のことを思い、続編のタイトルは「うずまきナルト物語」がいいと考えながら死ぬ。自伝と続編という比喩によって、自来也がナルトを自らの後継者と見なしていることが表現されている。

　ところで、ここで使われた自伝・続編の比喩は『NARUTO』という物語のあり方に一つの解釈を与えてくれる。「自来也豪傑物語」が書き手の死によって断絶し、未だ書かれぬ「うずまきナルト物語」がその続編として位置づけられることは、未完のまま断絶した『児雷也豪傑譚』と、目下進行中の（未だ完結していない）『NARUTO』との関係をはからずも連想させるものではなかろうか。「自来也豪傑物語」が若き日の自来也を主人公にした物語であるのなら、それはまさに児雷也を主人公とする『児雷也豪傑譚』と二重写しになる。そして「自来也豪傑物語」の主人公がナルトへと交代した物語として「うずまきナルト物語」を想定するなら、それは『NARUTO』そのものだ、と考えることができる。

　自来也からナルトへの〈主役交代〉に関連して、三竦みの構図の継承についても述べておきたい。『NARUTO』の自来也と『児雷也豪傑譚』の児雷也との共通点のひとつにガマ・ヘビ・ナメクジの三竦みに立脚する人間関係があることは前述した。興味深いのは、『NARUTO』ではそれが「三忍」の関係だけにとどまらないことである。自来也・大蛇丸・綱手はそれぞれに老人化しつつも、いまだに拮抗する力関係を保っている（大蛇丸と綱手は外見こそ若々しいが、実際は自来也同様に年老いている。綱手は忍術を使って若作りをしている設定で、実際には五十才を過ぎており、ナルトからは「綱手のバアちゃん」と呼ばれている。大蛇丸は不老不死の術を試み、他人の身体に転生して若返りを図っている）。そしてこの三人の関係は、同じ木ノ葉隠れの里に生い育った若い世代、ナルト・

サスケ・サクラの関係へと継承されていく。大蛇丸にとってのサスケ、綱手にとってのサクラが、自来也にとってのナルトと同様の立場にある。綱手は自分と同じ怪力の少女に、自分の得意とする医療忍術を伝授する。これは自来也―ナルトにおける忍術伝授の構図と同じである（その意味で、綱手も仙素道人的な役割を担っていることになる）。大蛇丸の場合は、サスケを次の転生先として確保したつもりが逆にサスケに倒され、自身のエネルギーはサスケに取り込まれてしまう。これは単純な忍術伝授の構造ではないが、滅びる者のエネルギーが次の世代に受け継がれていくという点で、自来也の術がナルトに受け継がれたことと似ていなくもない。これも一種の世代交代であることには違いない。

『NARUTO』では登場人物の造型に際して『児雷也豪傑譚』の世界が参照され、固有名詞と人間関係が取り入れられている。そして、その登場人物たち（自来也・大蛇丸・綱手）が表舞台から去った後も、かれらの関係性を継承した登場人物たち（ナルト・サスケ・サクラ）が引き続き物語を牽引していく。高木元が『南総里見八犬伝』の受容作のうち「八犬伝とは別のプロットに八犬伝の世界を背景化した登場人物が固有名詞を伴って登場するもの」を「外伝」に分類したこと（高木元）にならって言えば、『NARUTO』は「『児雷也豪傑譚』とは別のプロットに『児雷也豪傑譚』の世界を背景化した登場人物が固有名詞を伴って登場するもの」であり、すなわち、『児雷也豪傑譚』の外伝的性格を備えた忍者マンガであると言えよう。

五　ヒーローとしての児雷也（自来也）

『NARUTO』と『児雷也豪傑譚』との関連について述べてきたが、筆者は合巻『児雷也豪傑譚』が直接『NARUTO』に影響を与えていると主張したいわけではない。近代以降、『児雷也豪傑譚』はしばしば講談・映画・マンガ・小説などの原拠となってきた（詳しくは後述）。それらは『児雷也豪傑譚』の世界の流布に寄与し、結果的に、必ずしも合巻を読まなくても『児雷也豪傑譚』の主要人物や筋立てを知りうる状況が生まれている。『児雷也豪傑譚』の原本がくずし字で書かれていること、また翻刻テキストは続帝国文庫『児雷也豪傑譚』（博文館、一八九八年）しかない現状を鑑みると、『NARUTO』が『児雷也豪傑譚』の世界を獲得したのは種々の受容作を通じてではなかったかと推察される。

ところで、『児雷也豪傑譚』と『NARUTO』には決定的に異なる点がある。それは『児雷也豪傑譚』の児雷也が浪人であるのに対し、『NARUTO』の自来也とナルトは忍びの者の集団に属する忍者であるという点である。

『児雷也豪傑譚』の児雷也は尾形家の再興をめざし、当初は鎌倉管領を倒そうと考えていたが、大蛇丸らの叛逆が明らかになると一転し、管領に忠誠心を見せることで御家再興を図るべく、管領の側について叛逆集団と戦う。しかし社会的にはあくまでも浪人である。蝦蟇の術は軍資金集めや系図の奪還、悪人の懲らしめなどのための手段であるに過ぎない。一方で『NARUTO』の自来也は放浪生活を送っているが、抜け忍ではなく、木ノ葉隠れの里の一員としてナルトを育て、里を守るために戦って死ぬ。忍術・仙術はかれにとって戦うための技術であり、次世代に伝えていくべき資材である。

浪人と忍者。蝦蟇の術を使うという共通点を持ちながら、両者には大きな相違点がある。しかし『児雷也豪傑譚』から『NARUTO』へ、一足飛びに児雷也（自来也）像が変化したわけではない。本節では『NARUTO』より前に作られた『児雷也豪傑譚』の受容作をたどり、それらにおける児雷也（自来也）の造型を確認しておく。なお、受容作と判断する基準は次の二点とする。

①児雷也（自来也）が主要人物のひとりとして登場すること。

②ガマ・ヘビ・ナメクジの三竦みが意識されていること。ないし、脇役に大蛇丸・綱手が登場すること。

管見の作品を年代順に示す。

○講談『怪傑児雷也』（評判講談）旭堂南陵口演、大日本雄弁会講談社、一九三二年

「はしがき」に『児雷也豪傑譚』を原作とすることを明記。ほぼ原作通りだが、物語を完結させるために終盤の筋立てが変更されている。大蛇丸は市振の浜の戦いで滅び、その叛逆の企てが露見する。児雷也は更科勢を率いて逆賊浦富士を倒す。その褒美として管領から肥後の国を賜り、尾形家を再興する。

○講談『怪傑自来也』（講談全集）大日本雄弁会講談社編著、大日本雄弁会講談社、一九五五年

自来也は豊臣家の旧臣小西行長の家来尾形周庵の遺児。養父から小西家再興を託され、仙素道人から蝦蟇の術を伝授される。殺した大蛇の腹から柴山要左衛門を救うが、蛇精を受けた要左衛門は自来也が蝦蟇に変じたのを見ると自ずと蛇に変じ、自来也に襲いかかる。自来也は蛞蝓の彫刻が施された刀で要左衛門から逃れる。終盤、自来也は毛利宗意軒に付いて島原一揆に加担する。以上、ガマ・ヘビ・ナメクジの三竦みは出てくるが大蛇丸・綱手は登場しない。自来也が蛇の腹から要左衛門を助けること、要左衛門が百々《もも》地《ち》流の忍術を使うこと、自来也が島原一揆に加担することは、講談『自来也』（神田伯治口演・吉田欽一速記、一八九六年、いろは書房）からの影響か。伯治の『自来也』には自来也が蝦蟇の妖術を会得する場面やガマ・ヘビ・ナメクジの三竦みは出てこない。

○映画『忍術自来也』萩原遼・加藤泰監督、新東宝、一九五五年

鯨波・諏訪のだまし討ちで滅亡した尾形弘澄の遺児周馬は、助けた蝦蟇から妖術を授けられ、児雷也と名乗る。児雷也が殺した蛇の怨念は山賊大蛇太郎に取り憑く。鯨波に加担する大蛇太郎は大蛇丸と名乗り、蛇の妖術をもって児雷也と戦う。大道寺の娘綱姫は周馬の妻になることを予言されており、蛞蝓の精から授けられた妖術で児雷也を助ける。児雷也は鯨波・諏訪両家への復讐と尾形家再興を志す若者として造型されている。続編に『逆襲大蛇丸』がある。

○**マンガ『少年児雷也』** 杉浦茂作、『少年』光文社、一九五六〜五七年

針山清海の遺児である児雷也は妙高山の仙素道人（ガマの精）から術を授けられ、飛騨剣岳の大蛇仙人（大蛇の精）の家来大蛇丸・黒姫山のポタポタ老人（ナメクジの精）の跡継ぎナメクジ太郎と戦う。ナメクジ太郎は仙素道人を殺し、児雷也はポタポタ老人に塩をかけて復讐する。児雷也はあちこちで悪人や怪物と戦いつつ、敵討ちを志す子どもやさらわれた姫を助けるなどする。

○**小説『自来也忍法帖』** 山田風太郎作、実業之日本社、一九六五年

藤堂家の鞠姫は伊賀忍者の服部一族による御家乗っ取りの謀略に巻き込まれるが、自来也と名乗る謎の忍者に守護される。藤堂家当主の側室綱手は服部一族出身で、服部蛇丸と共謀して鞠姫の婿徳川石五郎を殺そうと企てる。石五郎の従者甲賀蟇丸はそれを阻止しようと暗躍する。以上、三竦みにあてはめれば甲賀蟇丸がガマ、服部蛇丸がヘビ、綱手がナメクジとなる。綱手がヘビの側についている点は『児雷也豪傑譚』と異なる。自来也は最後まで正体がぼかされているが、鞠姫の側につき、蛇丸と対立することから、どちらかと言えばガマ（甲賀蟇丸）の側の人間である。

○**マンガ『豪談児雷也』** 永井豪作、中央公論社、一九九七年

尾形家の遺児周馬は養父から御家再興を託され、仙素道人の導きで内なる力を開花させる。周馬は児雷也と名乗り、蝦蟇の術を使い、義賊として領民を助ける。夜刄五郎もまた仙素道人によって内なる力を目覚めさせられ、大蛇丸と名乗り、大蛇を操って更科城へ乗り込む。虚空城の地図をめぐる児雷也・大蛇丸の争いに、蛞蝓を操る綱手が加わる。

以上を見るに、『NARUTO』以前に児雷也（自来也）を忍びの者として描いたのは『自来也忍法帖』のみである。その他の作品では、児雷也（自来也）は御家再興を志す浪人であり、『児雷也豪傑譚』の設定がほぼそのまま生かされている。しかし『自来也忍法帖』の自来也と『児雷也豪傑譚』の児雷也との間にも共通点がないわけではない。

一つは孤高のヒーローである点である。『自来也忍法帖』の自

来也は忍びの者ではあるが、忍びの集団に属しているわけではない。『児雷也豪傑譚』の児雷也もまた、最初から管領側についていたわけではない。もう一つは神出鬼没のヒーローである点である。児雷也も自来也も、不意に現れて人助けをする。組織に属さないことが自由な移動を可能にしているとすれば、孤高と神出鬼没とは連動しているとも言えるだろう。

顧みれば、この二つの点は杉浦茂『少年児雷也』の児雷也にも看取できる。『NARUTO』の自来也が放浪の作家であるという設定にも、孤高・神出鬼没という要素は含み込まれている。

そのような観点からすれば、ナルトは忍びの集団という組織に属している点で、これらとは異質なヒーローということになるのかもしれない。それは『NARUTO』がそもそも同世代の子どもの集団とそれを取り巻く大人たちを描くマンガであり、集団からはみ出しそうになりながらも集団に受け入れられていく少年としてナルトが造型されていることと無関係ではない。こうした設定はもはや『児雷也豪傑譚』とは無縁のものである。

しかし集団のなかでいかに日々を過ごすかが現代の子どもの関心事のひとつであるとすれば、かれらを読者層に含み込む『NARUTO』においては、主人公ナルトが孤高の存在ではなく集団のなかのヒーローであることが重要なのかもしれない。『NARUTO』ではさまざまな忍術によって忍者間の差異化がはかられ、蝦蟇の術は自来也とナルトの個性を際立たせるものとして機能している。『児雷也豪傑譚』を含め、日本の古典文学における蝦蟇の術は反権力と結びついているが（佐藤至子a）、『NARUTO』における蝦蟇の術には、もはやそうした伝統的な妖術のイメージを見いだすことはできない。

付記

『児雷也豪傑譚』全四十三編（和泉屋市兵衛版、一八三九～一八六八年）は、架蔵の版本を参照した。

『NARUTO』一～四十四巻は、ジャンプ・コミックス（集英社、二〇〇〇～二〇〇八年）を参照した。

参考文献

- 金水敏『ヴァーチャル日本語　役割語の謎』（岩波書店、二〇〇三年）
- 佐藤至子a『妖術使いの物語』（ぺりかん社、二〇〇九年）
- 佐藤至子b「『児雷也豪傑譚』における蛇の物語」（『日本文学』二〇一三年四月）
- 高木元「八犬伝の後裔」（『日本のことばと文化―日本と中国の日本文化研究の接点―』溪水社、二〇〇九年）

歌舞伎のなかの忍術

光延真哉● Mitsunobu Shinya

「忍び四天」という衣裳を身につけて登場する歌舞伎の「忍びの者」は、主君の命令を秘密裡に遂行するという点で、現実の「忍者」の姿が投影されている。その任務の多くは重宝を盗み取ることであり、御家騒動物の作劇パターンに組み込まれたものであった。主役級の役者が演じる「忍びの者」は、たとえば石川五右衛門のように謀反の張本として描かれ、舞台上でしばしば忍術を披露する。なかには化鼠の術のような現実にはあり得ない能力を発揮する場合もあり、その結果忍術は、忍び込むための技という本来のあり方から逸脱し、妖術と同化していくことになる。

一　隠密としての「忍びの者」

今日の我々が思い浮かべるような黒装束に身を包んだ「忍者〔▼1〕」は、歌舞伎においてどのように登場するのであろうか。現行レパートリーから例を挙げたい。

現在、歌舞伎十八番のひとつとして上演される『毛抜《けぬき》』は、寛保二年（一七四二）正月、大坂大西の芝居（佐渡島長五郎座）で初演された『雷神不動北山桜《なるかみふどうきたやまざくら》』（安田蛙文《あぶん》ほか作）の三ツ目が、一幕物《ひとまくもの》として独立したものである。幕末から上演が絶えていたのを、明治四十二年（一九〇九）九月の明治座において二代目市川左団次が復活させて今日に至る。

小野家の息女、錦の前は髪が逆立つという奇病に悩まされていた。主人公の粂寺弾正《くめでらだんじょう》は鉄製の毛抜や小柄がひとりでに立つという不思議な現象から、奇病の真相に気がつく。クライマックスの一場面を初演時の台帳によって示す〔▼2〕。

弾正　お気遣ひ被成升《なされます》な。病の根を断つてお目に懸《かけ》ませふ。
玄蕃　其療治が見たい。
弾正　療治の匙加減《さじかげん》、只今お目に懸ふ。
ト股立《ももだち》取、
玄蕃　サア、療治の仕方はどふじや。
弾正　身共が療治の。
ト使者の間に掛けて有鎗《やり》を取、天井を突く。天井の忍びの者、大きなる磁石《じじやく》をかゝへて、逃ふとする。弾正、取つて押《おさ》へる。

天井裏から、巨大な磁石【▼3】で錦の前の鉄製の髪飾りを引きつけていたため、髪が逆立っていたのである。悪臣八剣玄蕃《やつるぎげんば》の密命を受け、その役目を担ったのが「忍びの者」であった。現行では、この「忍びの者」に「忍びの奴運平」という役名が与えられている。

近松半二ら作の『近江源氏先陣館《おうみげんじせんじんやかた》』は、明和六年（一七六九）十二月、大坂竹本座で人形浄瑠璃の作品として初演された。翌七年五月には、大坂中の芝居（中山与三郎座）で歌舞伎化され、今日では八段目の「盛綱陣屋《もりつなじんや》」が専ら上演される。大坂の陣を題材に、設定を鎌倉時代に移すという構想が採られた本作では、兄弟でありながら徳川方、豊臣方へと袂を分かった真田信幸・幸村が、佐々木盛綱・高綱兄弟に擬せられている。北条時政（徳川家康に見立てる）の面前で弟高綱の首実検を行うことになった兄盛綱は、我が子小四郎を犠牲にまでした高綱の計略に心動かされ、高綱の贋首を本物と偽る。しかし、実検は無事収まるものの、疑い深い時政は保険を掛けていた。明和七年の歌舞伎の台帳を掲げる。

和田　ヲヽ、和田兵衛《わだびようえ》が習ひ得し南蛮流の懐《ふところ》鉄砲、受けてみよ。
〽受けてみよやと、どふと打。ねらひは外《そ》れて鎧櫃《よろいびつ》、内に忍びし榛谷《はんがい》十郎、太腹射抜かれのた打たり。
和田　見よや盛綱、底の底迄疑ひ深き北条の隠し目附《めつけ》、汝が手にかけざれば不忠にもならず、彼めが不運。（後略）

豊臣方の後藤又兵衛に見立てられた和田兵衛が、短筒で鎧櫃を打ち抜くと、その中からは「隠し目附（付）」の榛谷十郎が転がり出る。時政は首の真偽を確かめるため、密かに監視の目を用意していたのである。隠し目付は、江戸幕府の職制で言えば、諸国の動静、旗本の行状、諸役人の勤務状態などを偵察した徒《かち》目付や小人《こびと》目付、あるいは将軍の内命を受けて諸国に侵入した御庭番《おにわばん》などがこれに該当する。一方でこの榛谷は、人形浄瑠璃、歌舞伎ともに初演時の絵尽し【▼4】において「しのびのもの」とも表記されている【図1】。本文で「隠し目附」とされるのは、彼が北条（徳川方）という体制側に属する人間であることに由来するかと思われるが、実質的

図1 『近江源氏先陣館』歌舞伎初演時の絵尽し（慶應義塾大学図書館斯道文庫蔵、『歌舞伎台帳集成』第二十四巻）

な働きは「忍者」と何ら変りはない。

『毛抜』の運平、「盛綱陣屋」の榛谷のどちらも、現行では「忍び四天《よてん》」という衣裳を身につけて登場する[▼5]。「四天」は動きやすいように左右の裾が割れている衣裳で、全身黒くなっているものは「黒四天」と言い、捕手がよく着用する[▼6]。この「黒四天」に馬簾《ばれん》と呼ばれる裾飾りのふさが付いたのが「忍び四天」である。このように衣裳にこそ歌舞伎ならではの装飾性が認められるものの、芝居の世界の「忍びの者」が、主君の命令を秘密裡に遂行する影の存在としての域を逸脱することはない。その点において現実世界の「忍者」の姿がある程度忠実に投影されているとしてよかろう。

二　盗賊としての「忍びの者」

以上、二例を挙げたが、現行歌舞伎のレパートリーにおいて、こうした「忍びの者」を見かけることは実はあまり多くない。一方で、広く近世期の作品に視野を広げてみると、彼ら「忍びの者」が、概ねある共通した役割を果たしていることに気がつく。一例を示す。初代桜田治助作の『大商《おおあきない》蛭《ひるが》子島《こじま》』は、伊豆配流時代の源頼朝が平家打倒の旗揚げをするまでを描いた作品で、天明四年（一七八四）十一月、江戸中村座の顔見世狂言として初演された[▼7]。その一番目三建目《みたてめ》「伊豆権現の場」には次のような場面がある。なお、引用は『日本戯曲全集』による。

ト（注、三島の入道茯苓《ぶくりよう》が）裾《すそ》を引き上げ追つて入ると、本神楽《ほんかぐら》になり、バツタリと音して正面の廻廊を切り破り、盗賊、忍び頭巾、真黒出立《まつくろでたち》にて一通を咬《くわ》へ、抜身《ぬきみ》を引ツ下げ、ヌツと出て、あたりを窺ふ。向うにて「箱王丸《はこおうまる》参詣」と呼ぶ。矢張《やは》り本神楽にて、花道より祐安が一子箱王丸、好みの鬘《かづら》、大小、衣裳にて、ツカ〳〵出て来り、花道の中程にて本舞台の盗賊を見て、キツと思ひ入れ。扇子咬へ、しやんと股立ちを取り、振つて本舞台へ行く。盗賊は窺ひながら花道へかゝる。これを本舞台へ押し戻す。入れ替つて、しやんと見得になる。

箱王　黒ン坊め、待ちやアがれ。

盗賊　なんと。

箱王　顔回《がんかい》は飴を見て老《おい》を養はん事を思ひ、盗跖《とうせき》は飴を見て鍵を開かん事を思ふ。その心一《いつ》ならず、いつはならずと顔見世《みせ》の、一陽来復のつと出でたる、朝日に烏の真黒出立ち。いま箱王が参詣の、目に遮《さえぎ》るは百年目。遁《の》がれぬ所だ、曲者《くせもの》め、刀の引導《いんどう》受けぬうち、五臓六腑をそこへ巻き出せ。返答はどうだやい。

ト思ひ入れ。

盗賊　おやツかな。こりやア、顔見世のお定まり。大事のお爺《ちい》に頼まれて、神前の一通を、引ツ凌《さら》つて来た昼鳶《ひるとんび》。忍び姿の黒出立ちは、こりやアお泥棒様の附け目といふものだ。妨《さまた》げせずと、そこ退《の》いて通しな。

黒装束の「盗賊」が、伊豆権現の神前に納められていた一通[▼8]を盗み出したところに、河津三郎祐安《かわづのさぶろうすけやす》の子、箱王丸（後の曽我五郎）が来合わせるという場面で、この後、箱王丸が盗賊を引き据え、一通を取り返すという展開になる。箱王丸を当時数え年で七歳の四代目市川海老蔵（後の六代目団十郎）、盗賊を十一歳の初代松本米三郎が演じており、子供の役者同士のやり取りとしてこの場を仕組《しぐ》んだことが、作者の趣向となる。

さて、ここで注意しなければいけないのは、本来劇場の内部資料である歌舞伎の台帳が、貸本用に作成されたものなどの一部の例外を除き、原則、役名ではなく役者名で表記されるということである。右の引用で言えば、波線を引いた、ト書きや頭書《かしら》きの「盗賊」「箱王」といった部分は、原本[▼9]ではそれぞれ「米三郎」「海老蔵」の役者名が記されている。しかし、原本通りの表記では通読に不便である。そこで、活字翻刻する際には、役者名を役名に置き換えるという措置が一般的に採られる。『日本戯曲全集』の編纂者渥美清太郎は、原本の「米三郎」の部分に「盗賊」と当てたのであるが、実はこの役名は正確ではない。役割番付[▼10]を見ると、米三郎の役割には「しのびのものはつか鼠の忠」とある。米三郎が演じたのはあくまでも「忍びの者」であった。ただし、渥美がこれを「盗賊」としたのも故無しという訳ではない。引用の傍線部にもあるように、はつか鼠の忠は自らを「お泥棒様」と豪語する。「忍びの者」が「泥棒（盗賊）」と同義のようにして認識されている[▼11]ことは、芝居の世界の「忍びの者」が果たす重要な役割が「盗み」であることを如実に示している。

こうした盗賊としての「忍びの者」の登場は、先の引用に「こりやア、顔見世のお定まり」というセリフもあるが、何も顔見世狂言に限らず、御家騒動物の枠組みを採る時代物の作品であればお馴染みのことであった。すなわち、御家横領を企む悪臣が、忠臣を追い落とす策略として、忠臣が管理する御家の重宝を「忍びの者」に盗み取らせるというのが、筋立ての一つのパターンだったのである。忠臣は様々な犠牲を払いながらその重宝を取り返すべく奔走し、そこにドラマが生まれる。盗賊としての「忍びの者」は、当時の作者が編み出した作劇法にあって、物語の発端となる事件を引き起こす重要な存在であった。

このようにある種の約束事と化していた芝居の盗賊を、曲亭馬琴は黄表紙『松株木三階奇談《まつのかぶきさんがいきだん》』で次のように穿《うが》った【▼12】【図2】。

> (前略)又盗人《ぬすびと》には黒繻子《くろじゆす》のどてらなどを着《き》たる奴《やつ》もあり。入《はい》る盗人《ぬすびと》は門口《かどぐち》から入り、出時はぜひ塀《へい》などを刀《かたな》にて繰《く》り抜《ぬ》いて出る。此国《くに》の盗人《ぬすびと》は家尻《やじり》を切《き》るにも他《ほか》のものは持《も》たず。やはり脇差《わきざ》しにて切《き》る也。盗人《ぬすびと》の入《はい》る家《うち》では塀《へい》なども随分入《ずいぶんはい》りよいやうに拵《こし》らへてをく。盗《ぬす》んだものは大願成就《ぐはんじやうじゆ》かたじけないとぜひいたゞくと後《うし》ろに人が見《み》てゐて、いつでも見付《みつ》けて取《と》り逃《に》がすなり。又その場《ば》で殺《ころ》されたり盗《ぬす》んだものをひつたくられる盗人《ぬすびと》もあれど、それには本名《ほんみやう》なし。よい盗人《ぬすびと》にはかならず本名《ほんみやう》があるものなり。

引用の前半部は、芝居の盗賊が塀や壁を切り抜いて逃走を図ることが多いのを揶揄する。先の『大商蛭子島』の例でも、はつか鼠の忠は「正面の廻廊を切り破」っていた。実際の「忍者」は、携帯用ノコギリの「錏《しころ》」や穴を開ける「坪錐《つぼきり》」等、開器《かいき》と呼ばれる特殊な道具を用いた(川上仁一)が、脇差し一本で事足りてしまうのが芝居である。また、屋敷に侵入する際にも、塀を軽やかに乗り越えるように見えて、その実、観客からは分かりにくいように設置された大道具の仕掛けを利用するのが、芝居の盗賊であった。

後半部では、こうした盗賊に二種類のタイプがあることが分析されている。すなわち、善側の人間に見咎められるもののまんまと逃げおおせる盗賊と、より上位の敵役に口封じのため殺された

図2 『松株木三階奇談』(国立国会図書館蔵)に見える「盗人」

り、あるいは迂闊にも第三者に盗品を横取りされたりする盗賊である。両者は前者に「本名がある」のに対し、後者が「本名なし」であるという点で大きく異なる。ここで言う「本名」とは役名のことで、後者のような盗賊は役の名前を与えられない下級役者が演じるのが常であった。先掲『毛抜』の「忍びの者」がまさにそうした例であって、今でこそ運平という役名が付けられてはいるが、初演時の台帳ではあくまでも名無しの「忍びの者」であった【▼13】。後者は端役なのである。

　では、前者の「本名がある」盗賊とはどのような存在であったか。「大願成就かたじけない」は彼らが盗みに成功した際に発するお定まりのセリフであるが、その「大願」とは御家の横領や天下の簒奪がほとんどである。つまり、この種の盗賊は謀反の張本その人であり、主役級の役者が演じるものであった。先に述べたように、重宝の盗難は物語の発端となる出来事であって、主役級の人物がここで捕まっては話にならない。謀反人としての悪の存在感を存分に見せつつ、彼らが難なく逃げおおせることで物語は動き出すのである。

三　石川五右衛門と忍術

　『松株木三階奇談』の先の引用箇所には、盗賊との関連で次のような穿ちも記載されている。

此国《くに》の手裏剣《しゆりけん》は刀《かたな》の柄《つか》、ぼんぼり、杓《ひしやく》で受《う》け止《と》めるゆへ、手《しゆ》裏剣《りけん》で殺《ころ》された人はなし。手裏剣《しゆりけん》を打《う》つにも手《て》のうちにその小柄《づか》を持《も》つてゐて打《う》つまねをすれど、向《む》かふへきつと当《あた》ることが奇妙《きめう》なり。

謀反人の盗賊は、逃走の際、それを見咎めた善側の人間に手裏剣を打ち込むことが多い。手裏剣と言っても、芝居の世界では、今日の我々が「忍者」ということでイメージするような十字や八方の手裏剣ではなく、文中にもあるように、刀の鞘に添える小刀の「小柄」が用いられる。もっとも、盗賊役の役者はあくまで投げたふりをするだけであって、受け止める役者は「刀の柄」「ぼんぼり」「杓」といった小道具の仕掛けによって、あたかもそれらの持ち物に小柄が突き刺さったかのように演出する。

　ところで、「杓」に手裏剣で連想されるのが、『楼門五三桐《さんもんごさんのきり》』の「南禅寺山門の場」である。盗賊石川五右衛門の「絶景かな、絶景かな。春の眺めは価《あたい》千金とは、小《ちい》せえ、小せえ」の名ゼリフで知られる一幕で、その幕切れでは五右衛門が投げた小柄を、順礼姿に身をやつした真柴久吉《ましばひさよし》（羽柴秀吉に相当）が「杓」で受け止め、「順礼に御報謝《ごほうしや》」と言う。

　本作は安永七年（一七七八）四月、大坂角の芝居（小川吉太郎座）において『金門五山桐《きんもんごさんのきり》』の名題で初演された【▼14】。作者の初代並木五瓶《ごへい》（当時は五兵衛）は、五右衛門を明《みん》の神宗《しんそう》皇帝の臣下、宋蘇卿《そうそけい》の子と設定し、父の天下掌握の野望を受け継ぐ謀反人としての五右衛門像を新たに創り出した。

さらに本作では、五右衛門に忍術使いとしてのイメージも付与されている【▼15】。秀吉の寝所に忍び込んだ五右衛門が、枕元にあった千鳥の香炉が音を出したために秀吉の暗殺に失敗し捕らえられる、というのは有名な逸話であるが、その場面が『金門五山桐』の台帳では次のように描かれる。

（前略）ト綟《もじ》張の障子開ル内に、久吉、衣装壺折《つぼおり》にて褥《しとね》、脇息《きようそく》にもたれ眠て居ル。此屋躰の後、高台寺時雨の間の通リにて、風柳の絵の襖《ふすま》宜しく有。五右衛門、廊下を伝い内を窺ひ、ずつとは入。久吉はやつぱり眠て居ル。ト五五右衛門こなし有て、鯉口《こいぐち》を湿《しめ》し、抜かふとする。五右衛門懐の内にて千鳥の香炉、音を出す。五右衛門びつくりして飛んで降り、懐を押さへる。

久吉　夕されば佐保《さほ》の川原の川風に、友まどわして千鳥啼《なく》なり。

五右　何と。

台帳を読む限りでは、五右衛門が忍術を用いたと判断することができないが、一方で、近世後期の狂言作者、西沢一鳳《いつぽう》が残した随筆『伝奇作書《でんきさくしよ》』の続編（嘉永三年〔一八五〇〕成立）下の巻「古名人役者に妙ある話」には次のようにある。

桃山御殿の場、片岡のせしを予幼き比見て、いとおもしろかりし。（中略）帰つて幼心に感心して咄ければ、亡父云、雛助のせしは中々さやふの物ではなし。其訳は五右衛門、此場は打裂《ぶつさき》、野袴《のばかま》、忍び頭巾にて出て、障子ひらく時、久吉梅幸《ばいこう》初菊五郎川風寒み衛《ちどり》なくなりと云ば、雛助、やゝなんとゝ高二重《たかにじゆう》よりふうわりと飛下り、つゝと下つて花道際へちよんと座す。尤影拍子木なりなしに居る事なり。是忍術にて忍び入りしかど、懐中にて千鳥の香炉啼て、久吉の眼力にて忍術あらわれし思入にて始終懐をおさへし侭《まま》にて和らかに云しとなり。片岡のは忍術の心なし。あゝ、衰へたるかなと歎息せられしゆへ、幼心にも又名人の心は違ひしものと聞しより、四十年の今にも忘れず、爰《ここ》に誌《しる》せり。

文中の「雛助」とは初代嵐雛助（後の三代目嵐小六）のことで、久吉を演じたのが「梅幸」、すなわち初代尾上菊五郎であることから、一鳳の父が語るのは本作の初演時の様子であることが分かる。対して一鳳が幼い時に見た「片岡」とは七代目片岡仁左衛門のことである【▼16】が、その演技については、中略した箇所に「やゝなんとゝ高二重よりぽんと飛下り、屹《きつ》となる」と記される。おそらく仁左衛門は、飛び降りた際に「影（陰）」、すなわち、ツケ入りで見得を切ったのであろう。それを父は「忍術の心なし」と批判する。万事目立たないように軽やかに動く。それが忍術を会得した五右衛門のあるべき身のこなしであった。

五右衛門を生涯の当り役とした雛助は、寛政八年（一七九六）四月、大坂角の芝居（藤川八蔵座）で上演される『艶競石川染《はでくらべいしかわぞめ》』（近松徳三《とくぞう》・辰岡万作ほか作）でも五右衛門を演じる予定であったが、その稽古中に急死してしまう。代役を勤めたのは子の二代目雛助であった。この作品での五右衛門は、父の四王天但馬守《しおうてんたじまのかみ》が遺した伊賀流忍術の巻物を使って、自分の姿を自在にくらませ人々を翻弄する（佐藤至子）。隠れ蓑のように自分の姿を消せる隠形の術は、重宝を盗み出すなどの隠密行動にもってこいの能力ではあるが、『金門五山桐』での忍術が初代雛助の身体能力に依拠する、ある意味で現実的なものであったのに対し、もはやこれが妖術にも近しい非現実性を帯びている点、注意してよかろう。

四　妖術と化す忍術

こうした非現実的な忍術の代表例が、化鼠の術である。文化四年（一八〇七）九月、大坂大西芝居で初演された人形浄瑠璃『八《はち》陣守護城《じんしゅごのほんじょう》』（中村漁岸《ぎょがん》・佐川藤《さがわとう》太《た》作）は、豊臣家に忠義を尽す加藤清正を主人公に据えた作品である。翌文化五年には京坂の舞台で歌舞伎化され、人形浄瑠璃では加藻朝清《かもうあさきよ》ともじられた清正の名が、佐藤正清となって今日に至る。北畠春雄《はるお》（徳川家康に相当）に毒酒を飲まされた正清が、毒に苦しみながらも琵琶湖を船で行く原作四冊目切の「湖水御座船の場」が有名であるが、化鼠の術が登場するのは、正清が居城へと帰還した八冊目切の「正清本城天守閣の場」である。明治二年（一八六九）十一月の市村座において、『高麗陣帰朝入船《こうらいじんきちょうのいりふね》』の名題で上演された時の台帳を掲げる。

軍次　正清、観念。
〽切り込む刀打ち落し、グッと引付け大音上げ、
正清　ヤア、鼠と変じ我が居間へ、間者《かんじゃ》に入りしは春雄の家来、忍びに名を得し轟《とどろき》軍次。
〽むんづと掴《つか》んで膝に引敷《ひっし》き、
首引抜くは易けれど、命を助け遣はす程に、正清が身に恙《つつが》なく、堅固に居ると都へ帰り、春雄にこの事申し聞けよ……命冥《みょう》加《が》な、うづ虫めが。
〽宙に握つてエイヤツと、投げ越す身体は庭の面《おも》、鼠となつて逃げ去つたり。（中略）
ト此うち、正清、軍次とちよつと立廻つて、トヾ軍次を柴垣の蔭へ投げ込む。切り穴より縫ひぐるみの鼠、ドロ〱にて顕はれ出て、向うへ走り入る。

正清暗殺を狙った轟軍次【▼17】は、この鼠に化ける術について次のように説明する。

聞きしに優《まさ》りしこの要害、堅固の崖へ其まゝに、畳み上げたる二重の石垣。たとへ鉄壁鉄《くろがね》の、筋塀綱戸《すじべいつなど》を立て置くとも、斯く申す轟軍次が、日頃得意の忍術の、奇特を以て姿を隠し、番卒どもの目を暗まし、忍び入るのは手間隙要らず。

敵地への潜入が求められる「忍者」が、もし神出鬼没の鼠に変身することができれば、任務の遂行は実に容易となる。ここに非現実的な能力である化鼠の術と忍術との接点がある【▼18】。

『伽羅先代萩《めいぼくせんだいはぎ》』の仁木弾正《にっきだんじょう》は鼠の妖術使いとして著名な存在である。鼠に化けて政岡《まさおか》の手から謀反の連判状を取り返した仁木は、荒獅子男之助《あらじしおとこのすけ》に額を割られながらも逃走に成功、連判状を口にくわえ印を結んだ姿で花道のスッポンから登場し、不敵な笑みを浮かべて悠然と立ち去っていく。本作の初演は安永六年（一七七七）四月、大坂中の芝居（嵐七三郎座）であるが、その内容は現行のものと大幅に異なっている。仁木弾正は登場せず、菅沼小助という人物が「常陸坊の家の仙伝化鼠といふ忍びの術」を用いて奥州鎮守府の御旗を盗み取る。常陸坊とは源義経の家来で、衣川の合戦で義経が死んだ後も生き延び、仙人になったとの伝説もある人物である。作中ではこの常陸坊の子の二代目海存《かいぞん》が敵役として登場し、鎌倉の評定所で善人側の伊達次郎顕衡《あきひら》と対決する。吟味役の畠山重忠のセリフには次のようにある。

海存が父常陸坊が家に伝わる遁行化鼠の術は、五雑組《ござつそ》に謂《い》ふ、隠淪《いんりん》出入するに門戸によらず、左慈《さじ》、干吉（于カ）、孟欽《もうきん》等が学びし仙術、俗に言ふ忍びの法。しかも符呪の秘文有て、名木に是を書付踏す時は、一心乱れて短気生ず。此法を用ひて経陸《つねむつ》を放埒《ほうらつ》惰弱《だじゃく》となす謀計。

左慈・于吉《うきつ》はともに後漢末の人である。銅の盆の中から鱸《すずき》を生じさせて曹操を愚弄した左慈は、怒った曹操から壁の中に入って逃れ、孫策の妬みを買って殺された于吉の死体は翌日消えたという（瀧本弘之）。また、晋の時代の孟欽は、皇帝苻堅《ふけん》に誅されようとしたところを旋風と化して逃げた（岩城秀夫）。「忍びの法」はこうした仙術と同列のものと見なされており、さらに傍線部のような「符呪の秘文」となると、もはや「遁行」の術の域を超えてしまっている。

現行の『伽羅先代萩』は、初代桜田治助・笠縫専助《かさぬいせんすけ》作の歌舞伎『伊達競阿国戯場《だてくらべおくにかぶき》』（安永七年閏七月、江戸中村座）と、松貫四《まつかんし》作の人形浄瑠璃『伽羅先代萩』（天明五年〔一七八五〕正月、江戸結城座）とを組み合わせて構成されている。後者の浄瑠璃で化鼠の術を使う常陸之助国雄《ひたちのすけくにお》は、謀反の連判状が暴露されそうになると、術の力でこれを白紙に変える。術の位置付けは忍術ではなく「妖術幻術」であった（佐藤至子）。このようにして、本来忍び込むための技術であったはずの芝居の忍術は妖術と同化していく。元々は蝦蟇の妖術を使う盗賊であった児雷也《じらいや》が、今日「忍者」としてイメージされるのも、こうした流れの延長線上にあると言えよう。

注

▼1 以下本稿では、歴史的実態に即した忍者、および今日の我々が一般的にイメージする忍者を言う場合には「忍者」、歌舞伎の世界に登場する忍者を言う場合には「忍びの者」の表記を用いる。

▼2 以下本稿では、資料の引用に際して私に傍線を付したほか、句読点や清濁、ルビなど適宜出典の表記を改めた箇所がある。

▼3 小道具の表現としては、現在、「磁石の塊」「羅針盤」「馬蹄形の磁石」を用いる三通りの演出がある（郡司正勝）。

▼4 絵尽しは各幕の主要な場面を絵で表した小冊子で、興行毎に作成された。絵尽しの呼称は上方でのもので、江戸では同種の資料を絵本番付と呼ぶのが通例である。

▼5 「盛綱陣屋」の榛谷については、明和七年五月の初演時をはじめ近世期の歌舞伎での上演では、忍び四天を着ていなかったと推測される例が絵尽しや絵本番付から多く窺える（【図1】参照）。なお、人形浄瑠璃の初演時の絵尽しでは、現行同様、忍び四天の姿で描かれている。

▼6 隠し目付が黒四天の姿で登場する例として、四代目鶴屋南北作『姿《すがた》花《のはな》江戸《あずまの》伊達染《だてぞめ》』（文化九年〔一八一二〕三月、江戸市村座所演）の序幕「盤提山の場」がある。台帳のト書きには次のようにある。

トこの時、さい前より、うしろにうかゞふ足利家よりのかくし目付、六人とも、黒よてん、手かう、もゝ引、忍び頭巾、大小、わらんじにて、十手をかまへ、ばら〳〵と出て、

この六人は謀反人の仁木弾正左衛門《にっきだんじょうざえもん》を捕縛しようとしており、捕手としての側面が強い。

▼7 江戸後期まで役者は劇場と一年毎に出演契約を結ぶのが原則で、年度初めの興行となる十一月の作品は、新たな座組を観客に披露するという意で顔見世狂言と呼ばれた。

▼8 この一通が、頼朝が平家打倒の味方を集めるための廻文状であったことが、一番目五建目《いつたてめ》で明らかになる。なお、一通を盗むことを命じた「大事のお爺」が何者であるかは作中で明記されていない。状況から推察するに、頼朝に敵対する伊藤祐親《すけちか》入道寂心か。

▼9 国立国会図書館蔵本（一一四 - 一一）を参照した。

▼10 役割番付は上演作品の配役を記した刊行物で、江戸では三丁（六頁）仕立ての小冊子の形態を取る。

▼11 同じく『大商蛭子島』の五建目においても、「二重舞台の蹴込みを切り破り、（中略）白黒の片身変りの忍びの形、手甲《てつこう》、股引《ももひき》、切り草鞋《わらじ》にて、抜き身を引ツ下げ、顕はれ出」た尾張太郎時広（中村音三、後の

五代目中島勘左衛門）のセリフに「こんな姿で忍び込むからは、云はずと知れたお泥棒様」というものがある。

▼12　北尾重政画、享和四年（一八〇四）刊。主人公が架空の不思議な国々を巡る『和荘兵衛《わそうびょうえ》』（遊谷子《ゆうこくし》作、安永三年〔一七七四〕刊）等の遍歴小説の構想を借り、芝居国へと迷い込んだ麁相兵衛《そそうびょうえ》が、芝居の世界のみで通用する、現実ではあり得ない現象を体験するという物語である。芝居の諸事象を穿つという点では、朋誠堂喜三二《ほうせいどうきさんじ》作の『羽勘三台図絵《うかんさんだいずえ》』（寛政三年〔一七九一〕刊）、式亭三馬作の『戯場訓蒙図彙《しばいきんもうずい》』（享和三年刊）といった先行作の影響も受けている。

▼13　立役の中で最も階級が低い下立役《したたちやく》（若い衆《しゅ》、稲荷町《いなりまち》とも）の役者が演じており、役割番付には該当役者の名前が掲載されていない。なお、一般に番付類に名前が載るようになるのは、一つ上の階級の中通《ちゅうどお》りからである。

▼14　『楼門五三桐』の名題が用いられるようになるのは、江戸での初演である寛政十二年（一八〇〇）二月の市村座からである。

▼15　五右衛門が忍術使いであるとの設定は、安永五年以前成立の実録体小説『賊禁秘誠談《ぞっきんひせいだん》』に早く見られるもので、五瓶はこの実録を典拠として用いた（菊池庸介）。

▼16　中略した箇所に「久吉 団蔵の父先団蔵なり」とあることに基づくと、一鳳が見たのは、四代目市川団蔵が久吉を勤めた文化元年（一八〇四）五月、京四条北側大芝居（早雲長太夫座）の上演であったことになる。ただし、享和元年（一八〇一）生まれの一鳳は当時数えで四歳の計算となり、ここまでの記憶が残るのかという点、また、一鳳の家が正本屋利兵衛と称する大坂の書肆であり、四歳という年齢で京都まで行けたのかという点で疑問が残る。仁左衛門が五右衛門、三代目中山新九郎が久吉を演じた、文化六年十月、大坂中の芝居（三枡粂三郎座）での上演の記憶違いとすれば、当時の一鳳は九歳という計算になり、引用部にある「四十年の今にも忘れず」という記述ともほぼ辻褄が合う。

▼17　原作の人形浄瑠璃に轟軍次は登場せず、鼠に化けて正清暗殺を狙うのは鞠川玄蕃《まりかわげんば》という人物である。

▼18　古くは、元禄元年（一六八八）刊の井原西鶴作の浮世草子『新《しん》可《か》笑《しょう》記《き》』巻五・一「槍を引く鼠の行方」に、化鼠の術を忍術と見なす例がある（佐藤至子）。

主要参考文献

・渥美清太郎編纂『日本戯曲全集 第十巻 初世桜田治助集』（春陽堂、一九三〇年）
・渥美清太郎編纂『日本戯曲全集第二十八巻 義太夫狂言時代物集』（春陽堂、一九二八年）
・板坂則子校訂『叢書江戸文庫33 馬琴草双紙集』（国書刊行会、一九九四年）
・岩城秀夫訳『東洋文庫617 五雑組3』（平凡社、一九九七年）
・大久保忠国編『鶴屋南北全集』第四巻（三一書房、一九七二年）
・歌舞伎台帳研究会編、沓名定・村越美穂子・河合眞澄校訂『歌舞伎台帳集成』第四巻（勉誠社、一九八四年）

- 歌舞伎台帳研究会編、井草利夫・坂根由規子・景山正隆校訂『歌舞伎台帳集成』第二十四巻（勉誠社、一九九一年）
- 歌舞伎台帳研究会編、河合眞澄・桜井美穂子校訂『歌舞伎台帳集成』第三十四巻（勉誠社、一九九七年）
- 歌舞伎台帳研究会編、鎌倉恵子・服部幸雄・土田衞・大橋正淑校訂『歌舞伎台帳集成』第三十六巻（勉誠社、一九九七年）
- 川上仁一『イラスト図解 忍者』（日東書院、二〇一二年）
- 菊池庸介『近世実録の研究—成長と展開—』（汲古書院、二〇〇八年）
- 郡司正勝校注『日本古典文学大系98 歌舞伎十八番集』（岩波書店、一九六五年）
- 国史大辞典編集委員会編『国史大辞典』第三巻（吉川弘文館、一九八二年）
- 国書刊行会編『新群書類従』第一（国書刊行会、一九〇六年）
- 佐藤至子『妖術使いの物語』（国書刊行会、二〇〇九年）
- 瀧本弘之『中国歴史人物大図典〈神話・伝説編〉』（遊子館、二〇〇五年）

column★

三遊亭円朝と忍術

延広真治● Nobuhiro Shinji

三遊亭円朝は、天保十年（一八三九）に江戸湯島（東京都文京区）に生まれ、明治三十三年（一九〇〇）、東京下谷（台東区）で没した不世出の落語家である。つまり、一身にして二生を経《ふ》るが如き体験をせざるを得なかった一人であり、自作自演の作品の数々に時世の変遷は反映されている。例えば、得意とした怪談咄も、幽霊の存在を否定する文明開化の時代に合せて、改変せざるを得なかったのである。

では忍術や忍術使いは、どうであろうか。実は、円朝の作中に、「忍術」の使用例も忍術使いの登場例も極めて少い。呪文を唱えて忽然と姿を消したり、印を結んで突如変身するのは目で見てこそ面白いのであって、活殺自在すべてを舌頭三寸で表現する舌耕芸では、忍術の効果が薄いのは当然であろう。

先ず、「忍術」は、『真景累《かさね》が淵』三十七席（五巻。以下巻数は岩波書店より刊行中の『円朝全集』による）、「昔から譬へにも千本の石塔を磨くと忍術が行なへるとも云から、其様《そん》な事も有まいが功徳に成から参詣なさい」と（以下引用の際、振り仮名は適宜略す）、和尚が新吉に勧める際に使用されている。本作は円朝の代表作の一で、羽生（茨城県常総市）などを舞台とする霊験譚（祐天上人が累の死霊を成仏させた）の末流に位置する。新吉を慕う女人は次々と悲惨な最期を遂げ、自らも自殺する。「忍術」が使われるのは、新吉が鎌で殺した、お久が葬られている法蔵寺（累の菩提寺）に参詣したところ、和尚から「お前は死霊の祟《たゝ》りのある人」なのでと、無縁の墓の掃除を勧められる件《くだ》りである。石塔磨きの横行に関しては、鈴木棠三『江戸巷談 藤岡屋ばなし』（二〇〇三年、筑摩書房）

に紹介されているが、改めて以下に略記しよう。須藤由蔵『藤岡屋日記』によると、文政十年（一八二七）九月の場合は、麻布、赤坂、飯倉（港区）や浅草（台東区）などの寺院に出現。松代藩主真田家では毎夜、足軽に見張らせてもいる。

とは言え『真景累が淵』との関連では注目されるのは、むしろ文政十三年の場合であろう。『武江年表』には「夏の頃、寺院に入て窃に石塔を磨き、戒名に朱を入るものあり。程なく止む」とあるに過ぎないが、『藤岡屋日記』には、八月朔日に下館（茨城県筑西市）領の寺院に現れ、「二日三日あたりハ昼も磨候よし、一昼夜ニハ何ヶ寺と申事無之、数百本の石塔一度ニ磨申候、音がり〱と聞候而も人目に見へ不申候、石塔奇麗ニ相成、其上朱墨等入替候抔も有之、其辺ニ足跡も無之、扨〱怪敷事共ニ御座候」。羽生と下館は近いところから持ち出し、姿も見えず音だけ聞こえるというので忍術と結び付けたのであろうか。文政十年の際には、「厳敷遂詮義、為召捕候筈」であったが犯人は判明せず、同十三年の場合も真相は究明できなかった。「千本の石塔」としたのは、文政十三年の際に記された「近年死人の沐浴を千人可致志願之者、諸方へ被頼行て沐浴も致し遣すよし」との評と関わるのであろうか。ともあれ聴き手の耳朶に残る昔語りの幽かな記憶を喚起し、「石塔磨き」を有り得ることと納得させ、「召捕」の対象となった行為を、「功徳になるから」と善行に転じたのは円朝の働きである。

次に忍術使いの登場する作品として、『菊模様皿山奇談』に触れたいが、実に複雑な成立過程を有する。先ず草双紙。三遊亭円朝作話、山々亭有人補綴、錦朝楼芳虎画、『菊模様皿山奇談』（明治四年、若狭屋刊）中本三編六冊（別巻二、収録予定）。三遊亭円朝口演、酒井昇造速記、大蘇芳年画、『菊模様皿山奇談』（『やまと新聞』連載、明治二十三年七月八日より十一月二十三日）百十七席（九巻）。単行本は二種あり、金桜堂版『菊模様千代亀鑑《ちよのてかがみ》』（国会本は明治二十四年十二月刊。拙蔵本は大川屋版、明治三十五年六月、七版）菊判一冊四十七席。春陽堂版（国会本の刊記は墨書で、明治二十六年七月刊。拙蔵本は同年七月再版）菊判二冊二十五回。金桜堂版の挿絵の画工名は不記ながら、『やまと新聞』を模したと思しい。春陽堂版の表紙と口絵は右田年英、挿絵を欠く。厄介なことに右の両者の本文は異なるが、『やまと新聞』連載に拠るのは春陽堂版。両社の牛耳を執ったのが条野伝平、つまり山々亭有人である以上、当然と言えよう。ともに酒井昇造速記の異同を端的に記せば、『やまと新聞』掲載分より適宜削除し、修正を施したのが、金桜堂版となろう。例えば、第一席（以下、席数は『やまと新聞』に従う）、本作を創ったのは二十二歳、鳴物入り芝居掛りで演じていたこと。五十六席、去る御方（井上馨）に随って、九代目市川団十郎とともに、箱根塔の沢、玉の湯に滞在していたこと。六十九席、美作国勝山藩主三浦家の内訌《ないこう》と設定して話して来たが、同家より「太《はなは》だ迷惑」との申し出があったので以後、皿山式部少輔などと改めること等、一方、春陽堂版は挿絵を欠く。つまりは一長一短、『円朝全集』第九巻（五月刊行予定）を待って全きを得るのである。

本作は演題が示唆するように、お菊の悲劇を描く皿屋敷物に属するが、草双紙と速記とでは、その性格を異にする。つまり前者は芝居咄、後者は人情咄を紙上に止めようとし、忍術を使う人物は前者にのみ登場する。その松蔭大蔵を中心に以下、粗筋を示そう（固有名詞には推測に拠り漢字を宛てた場合がある）。

松蔭大蔵の父、播州皿山の城主赤松義正は、足利殿よりの皿献上の命に背いたため、阿閉《あとぢ》式部大輔に討たれる。姉の胡蝶も阿閉の臣、若竹織江に害せられ皿も奪われる。成長して陰陽師となった大蔵は、ある日飛鳥山（北区）で織江の窮地を救ったのが縁となり、主君に推挙しようとの言質を取る。その帰途、数千の蝶に纏い付かれて悶絶。目を醒ますと胡蝶が現れ、阿閉家を滅ぼし皿を取り戻し家名を再興せよと、蝶の妖術を教える。大蔵は織江殺害の密談を立ち聞きした、お菊を斬るなど、悪事を重ねながら織江の後釜として家老に出世する。

相役の沖井《おきのい》新左衛門は誕生祝いの宴に事寄せ大蔵を招き、鉄炮を構えた組子どもに取り囲ませるが、大蔵は蝶となって飛び去る。後に残した一味の四郎次に、信州姥捨山山麓の時雨権現山門に潜んでいると蝶を使って知らせると、死を覚悟した旨を血書した片袖を、戻って来た蝶が落として行く。山門の下では父の仇を討とうと若竹曽五郎などが勢揃いし、名香の馬蹄香を薫《た》くと、術は破れて大蔵は滅ぶ。

本作について、円朝の高弟二代目三遊亭円橘は「後の業平文治」（別巻二収録予定）の冒頭で（『時事新報』明治三十六年一月十三日）、「円橘となりましたのが明治二年の五月で御座います。まだ其頃は円朝師も芝居掛り大道具といふので（略）新皿屋敷、下谷義盗の隠家、かさねヶ淵の三種《いろ》など」と述べている。「新皿屋敷」とあるのが本作で芝居咄の代表的な作の一と見做されていたことは、草双紙として板行された点にも裏付けられよう。芝居咄は大道具などを飾り落語家一人で歌舞伎さながらを演ずるもの。若き日の円朝はこの芝居咄で人気を博した。では草双紙が円朝所演の高座を忠実に再現しているかと言うと、そうではない。省略箇所が存するのである。三編の有人序に「八冊続《つづき》を纔《わづか》三日の三編に読切て」、同下に「有人つげたてまつる」として小笹、三平の件を略すので「三ゆうていがせきじよう江おはこびあるやう」と、寄席の来聴を勧めている。

大団円の山門の場は、並木五瓶作歌舞伎「金門五三桐」（安永七年〔一七七八〕、大坂角の芝居初演）の、二つ目返し南禅寺山門の場に酷似するが、松蔭大蔵に当る石川五右衛門も忍びの術を使い、妹の名は菊。また皿屋敷物のお菊が後手に縛られた姿に似ているので、お菊虫と呼ばれているのは蝶（麝香揚羽）の蛹という（中村楨里『動物たちの霊力』一九八九年、筑摩書房）。その蝶の妖術を使うので知られるのは、二代目為永春水他作合巻『北雪美談 時代加賀見』（安政二年〔一八五五〕より）の藤浪由縁之丞。本作が右の『時代加賀見』の影響下にあるのではとの示唆が越智治雄『近代文学成立期の研究』（一九八四年、岩波書店）にあり、佐藤至子『妖術使いの物語』（二〇〇九年、国書刊行会）により立証された。忍術ー石川五右衛門ーお菊ー皿ーお菊虫ー蝶ー藤浪由縁之丞ー忍術。このような連想の円環が円朝の脳裏に浮かんだのではあるまいか。

大団円が「楼門の場」として、三遊亭一朝を経て八代目林家正蔵に伝わり、ビデオに収録されたのは有り難いことであるが（伊東清『八代目林家正蔵正本芝居噺考』一九九三年、三一書房）、蝶と変ずる状況は本作と異なっている。つまり渡辺粗五郎と春部梅三郎の両人に禅寺の一室で追い詰められた大蔵が、蝶に変化して飛び去る（蝶を描いた幕が降り、幕外では大薩摩の演奏、幕が上ると山門がセリ上る）。なお正岡容『長篇小説 円朝』（昭和十八年、三杏書院）五話に「山門のセリ出しがあつたり、忍術使ひが大きな蝶へ乗つて登場したり、高座の前へ一杯水をたたへた水槽を置き、ザブンとそれへ飛び込んで高座へ抜け、首尾好く早替りを勤めたりした」と、円朝の演出を述べるが、草双紙に拠る限り蝶に身を変ずるのであり、水槽に飛び込む件りを欠く。

芝居咄や怪談咄で客を呼んだ円朝ながら、御一新の後、明治二年十月五日の町触による芝居咄の禁、同十一年一月二十八日の寄セ取締規則第三条の改正による怪談の禁に、遭遇せざるを得なかった（倉田喜弘『明治の演芸』一・二。昭和五十五年、国立劇場）。一方、速記術の創始普及により、『やまと新聞』は創刊以来（同十九年十月七日）、円朝物の速記で部数を伸ばした。かくして人情咄『菊模様皿山奇談』は『やまと新聞』に連載されるに至った。

芝居咄と人情咄とを比較する上の困難は、長さが異なる点で元来、芝居咄に存しなかったのか否か、判断がつかないのである。例えば、皿を割った下女の千代を救うべく下男の権六が残りの皿を総て割り、罪を一身に背負うとする件りは草双紙には無い。なお、この話型は伴蒿蹊『閑田耕筆』（享和元年〔一八〇一〕刊）二等に見え、講談では「一心太助」（大久保彦左衛門物の一部）となっている（拙稿「講談速記本ノート」六十三、『民族芸能』昭和六十三年四月号）。逆に草双紙にあって速記に存しない趣向は意識的に捨て去ったと思しい。忍術は、その最大の例。速記に取りにくく、かつ文明開化の世と合わなくなったからであろうか。

本稿を草すに当たり倉田喜弘氏、二又淳氏の御高配を賜りました。厚く御礼申し上げます。

村山知義『忍びの者 序の巻』

尾西康充● Onishi Yasumitsu

小説はもとより戯曲、美術、演劇、舞踊などの各ジャンルにおいて異彩を放った村山知義（一九〇一〜一九七七）の代表作「忍びの者」シリーズは、舞台化や映画化を通し大衆的な人気を獲得し続けた。本稿で取り上げる、シリーズ最初の「忍びの者」（序の巻）は、忍者を超人的存在として描くのではなく、科学的に分析して脱魔術化し、登場人物の矛盾や葛藤という心理に着目して描き出そうとする。忍者の掟では本来ありえない上忍への下忍の裏切りに、戦前の小説「白夜」（一九三四）で巧みに描き出した転向心理を描くモチーフが、どのように受け継がれているのかという視点から検討する。

一　異形の者

戦後の忍者ブームの火付け役となった村山知義「忍びの者」は、昭和三十五年（一九六〇）九月から三十七年（一九六二）五月まで『アカハタ日曜版』に連載された。最初は戯曲として構想されていたが、この小説は好評を博し、連載が終了して五カ月後の三十七年十月に『忍びの者』（序の巻）として理論社から出版された。元亀三年（一五七二）七月、伊賀上野の友生村喰代《ほおじろ》に砦を持つ上忍・百地《ももち》三太夫配下の下忍《げにん》・カシイが、伊賀一円の総鎮守である敢国《あいくに》神社の境内で襲撃される場面から小説がはじまる。カシイを襲ったのは、伊賀忍者の世界では南伊賀の三太夫と勢力を二分し、北伊賀の阿山村東湯舟に砦を持っていた上忍・藤林長門守配下の下忍・小一であった。上杉輝虎に雇われ、越中富山城に拠る一向一揆を偵察するという任務を終えて伊賀に帰ったばかりのカシイには、なぜ自分が襲われたのか、自分を襲ったのがだれであったのか、まるで見当がつかなかった。いかにも不気味な襲撃からはじめられるところに、忍者小説としての「忍びの者」の語り手の巧みさがある。

「忍びの者」は、近代小説である。近代小説であるということは、この作品の目的が基本的に、忍法や忍術の伝承にではなく、登場人物の心理や人間関係を描き出すところにあることを意味している。忍術が「人の虚につけ入り、自分の本性をかくし、他人をあざむき、だまし、それによって他人をほろぼす」ことを目指すという「人間性の理想の全く逆の方向へ向かって努力している術」である以上、忍者小説は、人間の理想を追究するという近代小説本来のテーマとは正反対の人物像を描き出すことになる。

正月の年賀を受け、諸国の報告を聞いた百地三太夫は、伊賀と敵対的な織田信長が「日本中の反信長勢力のために包囲され、風の一吹きで今にも消えてしまう灯」のようになっているのに「ほぼ満ち足りた心」を抱き、名張の錦生村滝口にあった百地屋敷に帰る。その道すがら彼はつぎのような風景を眼にする。

彼の満ち足りた心は青蓮寺の近くの田圃に立っている赤ん坊の死体を見ても、ちっとも曇らなかった。食えない百姓が、生まれた赤ん坊を殺し、着物を着せ、さかさまに竹にくくりつけて、田圃に立てて置く風景に、ここいらでは時々出会うことがあった。親に先立った親不孝者という意味で、こうしてさかさにくくって、さらし物にするのだ。

死児の悲惨な光景を目撃しても、それを気にもとめない百地三太夫の非人間性。親が殺したのにもかかわらず、殺された子どもを「親に先立った親不孝者」とする詭弁。忍者を生みだした伊賀の風土について、朝倉義景の軍団に出入りしている武器商・篠田頓兵衛は、義景に拝謁した折に「親子眷族《けんぞく》も互いに胸のうちを疑い、果ては人と人とみな仇同士となり、一眠りの間も心の安どすることなく、あるいは奸計を設けて横領し、あるいは火を放ち、人を殺して欲をとげまする。彼といい、これといい、手を尽し、品をかえて、他人を悩ますことを本意といたしまする」という。そして伊賀の気風は「性、かたくなで、人の言葉を全く信ぜず、専らおのれの心を隠して、人をだます事としまする。互いに党を結んで、他人の虚を突くことに心身を労し、争闘やむ時がございませんので、国中飢餓に迫る者数知れず」と説明する。

伊賀上野に生まれた頓兵衛は、タモを「くの一」として義景の許に送り込むのに手をかす。「十一年前、皮を仕入れに当地にまいった折、百姓の娘と通じて生ませた娘」がタモであると偽る。十三歳になったタモは、伊賀上野の「馬や犬の皮革を扱う人々」のなかで生まれ育ち、伊賀忍者の祖・服部氏の後裔であった観阿弥も同地の出身者であったように、タモの父親箕太夫の三代前は、猿楽一座で名の知れた演員であった。父親は零落し、長女タタエは伊勢へ女郎に、二女キネは細頸（松阪）へ旅籠の飯炊きにゆかせているのだが、キネは奉公先で「河原者」と呼ばれて蔑まれている。三女タモは、カシイの叔父カスミの養女となって、将来は「くノ一」になるべく修行を重ねている。さらにタモには二歳の双生児の弟がいた。

二十八歳のカシイは、義景のもとに送り込まれたタモをバックアップする「相談人」として、頓兵衛に皮革を売る商人に変装する。朝倉軍にいた女郎たちから「片輪どんの皮屋どん」と声をかけられる。「忍びの者」の特徴は、地域社会の周縁に追いやられて差別を受けてきた人びとの姿をとらえようとするところにある。作品の執筆に際して忍者に関する知識を村山に提供した奥瀬平七郎は、「忍術と未解放部落」という一文のなかで、「楠木流忍術―伊（甲）賀流忍術―観世の三角関係の発見から、現在この方面に、探究の曙光がさし初めている」と指摘している（奥瀬平七郎c）。〈異形〉の忍者の姿は、作品中繰り返し描かれている。百地三太夫の屋敷に集まった下忍三百名は「頭蓋骨が小さくて、三角形をなし、目、鼻、口が小さくて、顔色が渋紙色」であることが共通する。カシイもまた「頭が三角形で、目、鼻、口が小さくてお粗末で、色は渋紙色で、せいも低い」と描写されている。

二　奥瀬平七郎

「忍びの者」のなかで村山は、一般読者の眼には不可思議なものに映る忍法や忍術を、科学の視点から脱魔術化し、それらのカラクリを解き明かしながら忍者たちに使わせている。「いくら呪文を唱えても、印を結んでも、ドロンドロンと消え去ることのできないことを、一番身にしみて知っているのは忍者自身」であり、「効果が、実際に即時に現われないことに命をかけるわけにはゆかない忍者たちは、坊主たちよりはリアリスト」であったとされる。忍法や忍術の知識とそれらの科学的な分析は、「この方の教示がなければ本編は生まれ得なかった」と、伊賀上野の奥瀬平七郎の忍者研究にもとづいていることが作品のなかで明らかにされ、忍者小説の〈語り〉の信頼性を高めている。明治四十四年（一九一一）に伊賀上野で生まれた奥瀬は、早稲田大学政経学部卒業後、中国東北部に渡って満州電信電話会社に勤務する。海外植民地において情報通信の事業にかかわっていたという経歴は、少なからず奥瀬の忍者研究に影響していると思われる。敗戦にともなって帰国した後、昭和二十二年（一九四七）に上野市役所に入った。収入役、助役を経て昭和四十三年（一九六八）に退職。翌年四月の市長選で当選し、昭和五十二年（一九七七）まで市長職を二期務めた。平成九年（一九九七）に心不全で死去するまでライフワークとして忍者研究を続けた。奥瀬によれば、東京芸術座の岡崎杣男と村山の二人がはじめて伊賀上野を訪れたのは「たしか、昭和三十五年のまだ寒い頃だった」という。山本薩夫監督・市川雷蔵主演の大映映画「忍びの者」（昭和三十七年（一九六二））もヒットして忍術ブームが巻き起こるが、これらの成功は「忍術を徹底的にリアルなものとして表現」したことや、「従来のリアルな忍術愛好家の範囲（ごく狭いものだったと思う）をぐっと拡大して、労働者大衆まで包含したことにある」とする（奥瀬平七郎 a）。

忍法や忍術の個別的な分析にとどまらず、「忍びの者」がストーリー構成として奥瀬の忍者研究に大きく依拠しているのは、「百地・藤林同一人説」と「石川五右衛門伊賀出生説」であった。奥瀬によれば、村山は両説に「同意を示され、これを題材にして〝劇〟を書きたいと言うことで、東京へ帰られ、その後「万川集海」や「正忍記」などを読まれ「伊乱記」や「伊賀者大由緒」と言った一連の郷土的素材にも眼を通されて、「忍びの者」の執筆にかかられたようであった」とする（奥瀬平七郎 a）。

「百地・藤林同一人説」とは、地元で生まれ育った奥瀬ならではのユニークな仮説である。「忍びの者」の結末で、天正九年（一五八一）の第二次天正伊賀の乱に際し、織田軍の猛攻を受けて百地砦で戦死した百地三太夫の死骸が発見される。藤林砦では「二人の女の焼死体のほかには、男の屍体は見出されなかった」ことから、伊賀忍者の世界を二分する勢力を持っていた三太夫と長門守とが、実は同一人物であったのではないか、と疑われるようになった。作品最後の謎解きでは、長門守の死体がなかったことを含めて、「同一人説」の伏線となる五カ所があげられているが、作品をよく読めば、他に二つの手がかりが残されている。まず、義景軍にタモを潜入させて間もないカシイが、藤林長門守の傍にタモによく似た女性が仕えていたことを、藤林砦から逃げ帰った葉蔵から聞かされる場面である。カシイは、「藤林はキネがタモの姉だということを知り、タモがカシイのくノ一だということを知って、キネを手に入れたのであろうか？　もしそうだとすれば、これは油断のならぬこととなった」という恐れを抱く。そして石川五右衛門の感じていた疑問――藤林長門守の女小姓と密通したことが露見したために百地党に鞍替えした五右衛門の父親は、百地屋敷で製造中の火薬が破裂して爆死したといわれている。しかし実は百地三太夫に殺されたのではないか。それも恨みを持たれていた藤林長門守ではなく、なぜ百地三太夫に殺されなければならなかったのか――である。

「同一人説」の根拠として、奥瀬は百地家の青雲禅寺と藤林家の正覚寺を訪れ、両者の戒名が一字しか違わないことを発見したことをあげている。さらに服部・百地・藤林という上忍の三家には「重縁関係」があったり、「家を分かって、万一に備える習慣」があったりしたことや、天正伊賀の乱では、百地三太夫の活躍のみが伝わるばかりで、藤林長門守の消息は何ら記録されていないことなどを示している（奥瀬平七郎 a）。

三　忍者における〈内面〉

「いかにも平凡な、ボンヤリした顔」をして女色を好まず、「常に居所がわからなくなる」百地三太夫に対して、藤林長門守は「心の内を、生き生きと表情に出す」人で、「食物や鮭や女を楽しむ」性癖を持つ。作品の最後で「同一人説」の種明かしがなされて読者を驚嘆させるというストーリー構成が効果的に仕組まれたのは、両者に正反対の性格を持たされていたことによる。作品後半に描かれる織田信長の摂津石山城総攻撃の際には、百地三太夫は籠城抗戦説の教如派を支持し、配下の小一、よし助、エテギには抗戦を煽らせたのに対して、藤林長門守は講和退転説の門跡教如派を支持し、配下のネズミには信長と和議を結ぶように城内の雰囲気を変えさせようとしていた。

「忍びの者」は、正反対の性格を持つ人物を配することによって、生命の危険をともなうような厳しい使命に服する忍者の生涯を作品のなかに印象的に描き出そうとしている。たとえばカシイには「まだそこなわれない人間性」――「素朴さ」とか「純真さ」とかいう、忍術道から見れば、全く軽べつすべきものであり、根こそぎにしてしまわなければならない性質」――を残している。このようなカシイに比べ、石川五右衛門は、あろうことか自分の主人・百地三太夫の妻イノネを寝取り、密通が露見しそうになると、イノネを生きたまま井戸に投げ込んで殺し逐電してしまう。先祖は大陸からの渡来人であるが、カシイのような百地一党の人びとは「土着の者と混血」して「泥色の三角むすびの顔」になってしまったのに対し、五右衛門の血筋は「かなり長く混血せず、祖先の肉体的特徴を維持し続けた」結果、「色青白く、ひげの剃りあと青々とし、目が鋭く切れている」とされている。奥瀬の「石川五右衛門伊賀出生説」がこの描写の前提にある。作品の前半はカシイが主人公なのだが、第四章「ある暗殺」以降は五右衛門が主人公の座にすわる。

桂男の術、如影術（注：「桂男の術」桂男とは、月の中に住む仙人のことで、転じて月そのものの異名。玲朧たる月にもたとえるべき天下無敵の軍陣のなかに、スパイ・暗殺者・破壊分子を潜ませること。「如影術」急に戦争が起こりそうになって、桂男の術を施すような余裕のないとき、影の形に沿う如く、いち早く城下へ走って行き、仕官を望む。敵の虚を衝いて、多数の忍者を敵中に投入する秘術）を得意とする五右衛門は、年月を重ねてそれらの術を向上させると、どんな人に出会っても相手の心を見抜き、相手をだまさずにはいられなくなった。相手を自由に操ることで「精神的優位」を感じることが多くなると、かえって「自分の本体がわからなくなってしまった」のである。というのも「「わざとの演技」はもう「わざとの演技」ではなく、ひとりでに流れるように行なわれ、自分の本体からの自然な動きと、ちっとも区別がつかなくなってしまった」からであった。しかしこのような自縄自縛におちいっていたのは百地三太夫も同じで、彼は「とっさに全く逆の、異種の表情をするという術」を身につけている。この意味において五右衛門は「三太夫の内に、自分の性格と非常によく似た性格を認めていた」。

性格の似たもの同士、「三太夫も彼を愛し、彼もまた三太夫に親しみを感じていた」。五右衛門が三太夫の妻イノネを寝取ったのは、父親を殺されたことに対する「復讐の念」からであったのはたしかだが、それと同時に「露見すれば命があぶないというスリルもまた、かえって彼を駆り立てた」のであった。

本来、下忍は上忍の指示に忠実に生きることを求められる。五右衛門のように「復讐の念」を持つことはご法度である。だが「忍びの者」では、百地三太夫が五右衛門にわざとイノネを殺させ、背信の疚《やま》しさを巧みに利用することによって、五右衛門に織田信長を暗殺するように迫ったとする。まず五右衛門は、伊賀の忍者に対して神経質になっている信長の警戒感を弱めるために、三太夫の許から逐電し泥棒にまで落ち果てたという噂を立てるように命令される。そして命令通りに行動するものの、やがて五右衛門を名乗る贋物の泥棒が登場するようになったり、堺の荻屋という妓楼で馴染みになったマキという名前の妓女と生活をともにするようになったりしているうちに、これまで「すべて三太夫の計略の内にあったのではないか」と感じはじめる。

まさに肌に粟を生ずる疑惑である。

まさか、とは思いながら、その疑惑は、だんだんに確信に変じつつあるのだ。

何たる孤独であろうか？

この赤手空拳《せきしゅくうけん》をもって、いまや天下の主たる信長を狙う。

何のために？

自分の仇敵である三太夫の命令であるがゆえに。

これは全くの暗黒である。孤独である。

天守閣を見詰めている五右衛門の目がなえ衰えたのも当然である。

本来、「術に殉ずるの心」を持ち、「闇のさ中に生き、闇のさ中に死する」忍者にとって、孤独とは無縁に生きているはずである。だがある意味で究極の忍者ともいえる五右衛門は、自己の心を制御して「虚」に徹することができず、むしろ孤独感を抱くようになったのである。しかし壮麗な安土城天守閣をみあげた五右衛門の目のなかには「羨望の色」が現れた。

さらに光が加わった。

それは嫉妬の色であった。

きわめて不利な状況に置かれた人は、この情によって、やっと生気を取り戻す。言って見れば、嫉妬の情は、敗れて死のうとする人間の命の綱である。

孤独感を克服したのは「嫉妬の情」であった。百地三太夫が五右衛門の堺の隠れ家を突如訪れ、信長暗殺を催促する。だが前日、マキが懐妊したことを知らされていた五右衛門は「これまで何人もの人の命を奪い、主人の妻を生きながら井戸に投げこんだ彼が、いまは一つのなつかしい命と、もう一つのまだ生まれ出もせぬ小さな命のために、こうして、身をさかれるような思いに悩んでいるのだ」。忍者には不似合いな葛藤と苦悩――ここに近代小説としての「忍びの者」における〈内面〉の発生がみられるのである。

四　矛盾する人生観

忍者は自分の手柄が世間に知れ渡ると、身を隠して行動することができなくなるので、「隠微のうちに」、ただ、直属の上忍の評価のほかは自己満足というだけ」の覚悟をもって生きなければならない。だが「「手柄を立てる」という言葉の中に、すでに、人に知られる、感嘆される、という意味合いが含まれる、だから「人知れず手柄を立てねばならぬ」忍者は、すでに矛盾におちいっている」のである。矛盾に満ちた忍者の生き方に触れて、村山は「「忍びの者」連作について」という一文のなかで、つぎのように述べている。

> 忍者は醜い闘争の社会にのみ、やむなく要求される術であり、忍者はそういう社会で、生きるために、理想の人間像と全く逆なものに自分を練成することをやむなくされた人間である。彼らは他人を滅ぼしつつ、自分もまた滅びて行く。全く、悲劇的人間であり、否定の人間であり、暗黒の人間である。
> 私はこれらの作品で、「否定」を契機として、その反対物である「肯定」を浮き出させたいと思うのだ。（村山知義）

村山が主張する、「「否定」を契機として、その反対物である「肯定」を浮き出させ」るという弁証法的な発想は、葛藤と苦悩を抱えるようになった石川五右衛門の描き方に活かされている。忍者の矛盾に満ちた生涯を考えるために、彼以外の二人の下忍をさらにとりあげてみよう。百地三太夫配下で大山田村真泥《みどろ》に生まれたネジリは、女性の心理を巧みに操れることから、「くノ一」の術を得意としている。信長暗殺を命じられて美濃稲葉城下に忍びこむが、木下藤吉郎に見破られて捕縛されてしまう。取り調べの際の拷問によって、左耳を削ぎ落され、クギ抜きで右手三本の爪を引き抜かれ、左手の小指と薬指を切り落とされてしまう。「「忍者たるものは、いかなる拷問に会うとも、たとえ命を奪わるるとも、おのが素性、おのが使命について、一とこともしゃべってはならぬ」という、物心ついた時から教えこまれた無上命題」があった。しかしそもそも彼らには「なぜ？　その無上命題に従わなければならぬのか？」という問いに対する答えは用意されていない。「激烈な肉体的苦痛」の果てに、ついに「自分を腹の底から憎んでいる九度兵衛」が城下に潜んでいることを「密告」してしまうのである。あろうことか忍者の掟を破ったのである。

この後、ネジリは「子《ね》太郎」という名前に変えて、蜂須賀小六の部下になる。姉川の戦いで織田軍に敗れた浅井長政が籠城していた北近江の小谷城に忍びこむと、長政はお市の方を死なせまいと思い、お市の方も娘たちの将来を案じ、夫とともに討ち死にすることを思いとどまるという光景を目にする。本来ネジリのような「心の醜く、汚れたものは、美しい清いものを憎む」ものなので彼らの死を願うはずなのだが、藤吉郎には思わず、生き延びようとする彼らの意向に沿うような報告をしてしまう。「して見れば、ネジリの心のなかにも、まだ一片の正心があって、思いも寄らぬ無我の愛情に出あって感動し、それが彼の意識や感情を裏切って、踊り出たものであろうか？」と留保される。この後のネジリの運命は、石山城を落城させて京都に帰ろうとした織田信長が五右衛門によって狙撃された際、誤ってネジリが捕えられ、斬首されてしまうことになる。ネジリは矛盾に満ちた生涯をあっけなく終えたのである。

他方、ネジリに「密告」された九度兵衛は、たちまち藤吉郎に捕縛される。そもそもネジリを恨むようになったのは、不幸な結婚のためである。二十三歳のときに隣村の貧農の娘と結婚し、四年目になって子どもが授かるが、ネジリそっくりの顔をしていた。ネジリが妻にしつこく付きまとっていたことが広く知られていたので、九度兵衛は赤ん坊に毒を飲ませて殺してしまう。妻はそれを悲しんで行方をくらます。五年経って、前妻に面影の似ている女性と再婚する話がまとまるのだが、「無署名の、わざと金くぎ流の平仮名で書いた紙片」が家に投げ込まれる。妻に仔細を尋ねてみると、山のなかで出会ったときに性暴力をふるわれ、さらにその後も二回脅されて止むなく性交させられたのだという。毒薬の使い手であった九度兵衛は藤吉郎に捕縛されると、「一体、おれは何のために、毒薬にあたらぬ身体に自分を鍛えるために、長年、おのが肉体を責めさいなんで来たのか？」と絶望する。だがこの場をしのいで生き抜けば、ネジリに「スッパリと復しゅうすることができる。同時に、忍者道にたいして前代未聞の反逆を企てた奴を成敗し、大きないましめを示すことができる」と考える。そこで藤吉郎に自分の身許と使命を明かすと、藤吉郎から武田信玄暗殺の命令を受ける。

ネジリへの復讐心に燃えた九度兵衛は、武田信玄を暗殺するために画策する――「一つの使命を与えられ、しかも「なぜ？」という疑いを発する暇がないとなると忍者は強い」――折しも三河野田城攻防戦で鉄砲の流れ弾が信玄の左の耳朶を貫き、信玄は顔を腫らせて高熱を発するようになる。信玄が霊場鳳来寺で快癒祈願をすることを知ると、九度兵衛はさきに鳳来寺に忍びこんで本堂のハリに自分を縛りつけ、信玄を待つ。だが信玄は本堂の本尊の前で「思いの限りを念じ」終わると、「半刻あまり」で去ってしまう。九度兵衛は自分を縛った縄を解こうとするのだが、結び目が堅く、どうしてもほどけない。

爪がはがれて、血がにじみ出し、その血が結び目にしみ込み、凝固して、引けども引けども、いよいよかたくなるばかりだ。衰弱した指からも、腕からも、肩からも力が抜け、いまはただ、半ばさかさまのまま、苦しいいきをつくだけである。

最後の頼みの綱は、藤吉郎が「忍者ではないが手練の者に貴様のあとをつけさせる」といった言葉であった。その男が自分を救いに来てくれると思っていたのだが、その言葉は嘘で、藤吉郎は彼を脅したのにすぎなかった。〈人の言葉を信じる〉という忍者にはあるまじきことに一縷の望みを抱きながら息を引きとった九度兵衛の死体は、衆徒に発見されたときには「みずからしばったいましめの中で、すでに腐敗していた」という。村山は作品の執筆に関して「人物の肉体的特徴や外貌」の描写を大切にしていると語っているが、「おびただしいウジ」を湧かせて死体を「腐乱」させていた九度兵衛は、みずからの精神も腐り果てさせていたのである（村山知義）。

五　村山知義と転向

矛盾する信念のなかで死んだネジリと九度兵衛に比べて、「私利私欲のためではない、仏法の敵を退治しようとして戦う」という揺るぎない信仰の生涯を歩んだのは、小一であった。跳躍術にたけた小一とは、小説冒頭、敵国神社の境内でカシイを襲撃した藤林長門守配下の下忍であった。小一はカシイと同じように一向一揆を偵察するために富山城に忍びこんだが、そこで一向宗に帰依するようになった。カシイが門徒の中心であった武将柏木四郎兵衛を殺害したことが、カシイの命が狙われる原因になった。しかし次第に、小一によってカシイは「阿弥陀《あみだ》さまのお慈悲」を信じる小一には、「百地さまとか、伊賀忍者とか、そんなものは、阿弥陀さまの前では、何の意味もないわえ。わしは阿弥陀さまに救うていただいた人間の屑じゃ。阿弥陀さま有難やというほかに何もわきまえぬわ」と思われるようになった。伊勢長島や石山城でも織田軍と闘い続けた小一は、忍者のなかでも例外的な存在であった。

「忍びの者」のなかには、上忍から与えられた使命にひたすら忠実に生きるのではなく、嫉妬や復讐などの気持ちに左右され、ときには仲間を裏切って密告するという下忍の姿が描かれた。この裏切りという行為を描き出した背景には、村山にとって悲痛な転向体験があった。青年時代に内村鑑三の無教会主義からの棄教という〝第一の転向体験〟をした村山の略歴を以下に記してみよう（渡邉大輔）。一九二一年（大正十）東京帝国大学文学部哲学科を中退してドイツ・ベルリンに渡航する。表現主義や構成主義といったヨーロッパの前衛的な美術や演劇、舞踊に影響される。

二三年（大正十二）帰国すると柳瀬正夢や田河水泡とたちとともに前衛美術グループ「マヴォ」を結成。二五年（大正十四）河原崎長十郎や池谷信三郎たちとともに心座を結成。日本プロレタリア文芸連盟に参加、二六年（大正十五）千田是也たちと前衛座を結成する。マルクス主義的な芸術団体の離合集散のなか、日本プロレタリア芸術連盟、労農芸術家連盟、前衛芸術家同盟、全日本無産者芸術連盟に所属する。二八年（昭和三）東京左翼劇場を結成、二九年（昭和四）日本プロレタリア劇場同盟を結成すると、戯曲「暴力団記」を発表し、佐野碩の演出によって「全線」と改題されて左翼劇場にて初演される。三〇年（昭和五）五月日本共産党への資金提供によって検挙され、豊多摩刑務所の未決監に収監されるが、同年十二月二十二日釈放出獄する。三一年（昭和六）前進座を結成、三二年（昭和七）四月四日「志村夏江」の舞台稽古中に自宅で検挙され、戸塚、月島水上署など都内の留置場をたらい回しにされた後、豊多摩刑務所の未決監に収監される。このときすでに日本共産党に入党していた。一年八カ月経った三三年（昭和八）年の年末に懲役三年の第一審判決を受けた後に保釈出獄、三四年（昭和九）三月十五日東京控訴院にて懲役二年執行猶予三年の判決を受ける。控訴審において転向上申書を提出したことが村山にとっての〝第二の転向体験〟になった。マルクス主義運動にとって当時は、小林多喜二虐殺に続いて、佐野学・鍋山貞親による獄中からの転向声明「共同被告同志に告ぐる書」が発表されることによって転向者が続出したという〈敗北の季節〉であった。

村山は「白夜」（『中央公論』第四十九年第五号、一九三四年五月）を発表する。本多秋五によれば、中野重治「村の家」（『経済往来』第十巻第五号、一九三五年五月）とこの「白夜」以上に、「転向の内面心理に、とにもかくにも正面からペンをつけようと企てた作品、ある程度までそれを彷彿させえた作品は他にない」という（本多秋五）。本多が着目した「白夜」の一節をつぎに引用してみよう。投獄された左翼作家・鹿野英治の心境である。

かうして二年近くを暮し、まつたく風の通らない二度目の夏を越したころから彼の心は何か底の知れぬ敵対しがたいものに蝕まれはじめた。はかり知れぬ遠い昔からの、顔も名も生涯も滅び失せた父の母の、その父の母の、血が肉が、何とも名づけがたいものが、その末の小さな所産である彼をくらひつくすかに思はれた。どんなに泣きさけんで押しても叩いても、何の手答へもないものであつた。

独居拘禁房のなかで鹿野英治に転向を余儀なくさせた「何か底の知れぬ敵対しがたいもの」――「血」や「肉」という「何とも名づけがたいもの」――とは一体何であったのか。実はこれこそ「私は数年前から、現在の日本人という民族の性格がどういうふうにして形成されたか、ということに興味を持ち初めた。そしてそれを小説や戯曲の形で探究しようとし初めた」（『忍びの者』「あとがき」）という村山の忍者小説のモチーフにつながるものであった。島村輝氏が指摘するように、「六〇年代以降、社会全般に「民族独立」のテーマが後退する中で、村山知義が当初この作品制作に託した「日本人という民族の性格」についての問題意識性の共有は、表面上は希薄化したといえるかもしれない。しかし「哲学性」という面から見れば、この問題意識の存在と、その解明のために採用された文学的方法とは、この小説を他の忍者もの大衆小説と明らかに一線を画するものとしており、根本的には、単なる大衆のストレス解消のために消尽される小説ではなく、「忍者」の在り方を通じて、「日本人」とは何かというテーマを、また組織社会の中で人間性を抑圧されている今日の「日本人」の状況をも考えさせる論点を提供するような問題作であり続けてきた」のである（島村輝）。

タモが「くノ一」として送り込まれた朝倉義景は一族の裏切りにあって悲惨な最期を遂げた。第二次天正伊賀の乱の際にも、伊賀では「ぞくぞく裏切り者が出て、敵軍を引き入れた」。伊賀側が織田軍の筒井順慶を追い詰めるという局面があったにもかかわらず、三年前に伊賀から逃亡して順慶の家来になっていた菊川清九郎が秘策を講じ、織田軍を窮地から抜け出させた。元は百地三太夫配下の下忍であった清九郎は、「ネジリに女を取られ、自暴自棄になって脱走」していたのである。度重なる裏切りについて、村山は「一致団結だけが勝利の鍵だ、という決定的な瞬間になると、今の今までの味方の中から裏切り者が現われて、味方を破滅におとしいれるというのが、悲しいかな世のならいである」と嘆息をもらしている。

六　女性の描かれ方

「忍びの者」のなかには「忍者は女を見て、深く心を動かしてはならぬ」という掟が示され、「女は魔物」というセリフが繰返される。しかし多くの忍者は、女性との関係が忍者として生きる蹉跌《さてつ》となっている。思わぬ裏切りを眼の前にして朝倉義景が自害すると、彼が籠っていた越前賢松寺の本堂が焼けおちる。そこにいたタモも焼死したのではないかと思ったカシイは、「ああ、おれは何か大切なものを、失ってしまった。何か、おれが生きつづけるためには、なくてはならぬ、かけがえのない大切なものを、えいごうに失ってしまった」と絶望する。カシイには本来、忍者としての使命に忠実に生きることだけが求められていたはずなのだが、タモに自分の生きがいをみいだしていたのである。

ところが、タモは顔の左半面に大やけどを負いながらも生きながらえていて、伊賀笠取山の洞窟に潜んでいた。タモを発見したのは、戦火を逃れて伊勢に落ち延びようとしていた長姉タタエであった。藤林長門守の女小姓に取り立てられていた次姉キネからの仕送りをもらって、タタエは女郎をやめることができ、伊賀の実家に帰っていた。キネは藤林砦から一歩も出たことがないにもかかわらず、百地党であれ藤林党であれ、「見たこともない何百人の忍者たちの名前から特徴まで知っている」。さらに顔の角度を変えるだけで、どのような表情にもみせることができる「能面の秘儀」を身につけ、藤林長門守に胸中を見破られないようにしている。石山城攻防戦の際に、百地党と藤林党との対応が分かれたときにも「キネはこの長門守の矛盾した言葉を、疑惑の念を表に出すことなく、しかし注意深く心に止めた」とある。キネだけは早くから百地三太夫と藤林長門守とが同一人物であることを見抜いていたのかもしれない。藤林砦が落ちようとするとき、キネは自分を救出にきたカシイを拒み、藤林長門守の姿のみえないまま、砦と運命をともにする。

　ちなみに村山は「白夜」において、転向して出所した鹿野英吉には想像のできないような絶対的な場所に、妻のり子がいると描いている。非転向を貫いて刑務所に囚われたままの木村壮吉――木村のモデルは、プロレタリア文化運動の指導者・蔵原惟人とされている――は、鹿野にとって「到達しがたく自分よりもすぐれた人物であるが、自分の知らないうちに、のり子は木村との間に「たとへどんなことが起らうと絶対に変ることのないもの」を築き上げていた。「忍びの者」では、「女は忍者にはなれない。どんなに訓練したところで、筋肉も骨格もしょせん、男には及ばないし、その上、気持ちに変化が多い」と否定されている。しかしそれとは裏腹に、女性は忍者たちの男性社会を超越して支配する〈もう一つの陰の存在〉としても描かれているのである。

※「忍びの者」本文は『忍びの者1 序の巻』（岩波現代文庫、二〇〇三年）から引用した。

参考文献

・足立巻一『忍術』（平凡社、一九五七年）
・池田蘭子『女紋』（河出書房新社、一九六〇年）
・上野市部落史研究所『かくして伊賀水平社は生まれた―伊賀水平社創立七〇周年によせて』（解放出版社、一九九二年）
・奥瀬平七郎a『忍術―その歴史と忍者―』（人物往来社、一九五八年）
・奥瀬平七郎b『忍術秘伝』（凡凡社、一九五九年）
・奥瀬平七郎c『忍法―その秘伝と実例―』（人物往来社、一九六四年）
・奥瀬平七郎d『忍術の歴史 伊賀流忍術のすべて』（一九九二年、上野市観光協会）
・川崎賢子「『忍びの者』の周辺―戦後の村山知義と一九二〇―一九三〇年代の語り直し」（『村山知義 劇的尖端 メディアとパフォーマンスの二〇世紀1』、森話社、二〇一二年）
・佐藤義雄「「白夜」と「村の家」」（『稿』創刊号、一九七七年二月）

・島村輝「「忍者」という立場（スタンス）—『忍びの者』における「民族」と「大衆」」（「日語学習与研究」第一四〇号、二〇〇九年）
・社団法人部落問題研究所『部落産業の史的分析—三重県上野市八幡部落—』（一九五七年、社団法人部落問題研究所）
・高橋宏幸「詩と身体の交錯—村山知義とアヴァンギャルド時代の空間」（「術」第三号、二〇〇九年）
・本多秋五『転向文学論』（未来社、一九五七年）
・村山知義「「忍びの者」連作について」（「文化評論」第四四号、一九六五年）
・村山知義研究会『すべての僕が沸騰する 村山知義の宇宙』（読売新聞社、二〇一二年）
・四方田犬彦『白土三平論』（作品社、二〇〇四年）
・渡邉大輔「村山知義年表」（前掲『村山知義 劇的尖端 メディアとパフォーマンスの二〇世紀1』）
・林淑美「『演劇的自叙伝』は、１９３０年で終わっている」（「水声通信」第二巻第一号、二〇〇六年）

山田風太郎が描いた忍者

谷口 基●Taniguchi Motoi

山田風太郎（一九二二〜二〇〇一）のベストセラー「風太郎忍法帖」は、「戦中派」を自認した作者の歴史観、文化観、死生観を基底に、医学校出身の科学知識と膨大な読書体験に培われた教養、そして奔放不羈な〈奇想〉に支えられた類を見ない一大エンターテインメントとして、戦後文学においてきわめて重要な存在であることが指摘され、現在再評価が進められている。本稿では「風太郎忍法帖」の独創性を四点にわけて解説。「風太郎忍法帖」が時代をこえて読者を魅了し続ける秘密を解き明かす。更に、未来の「忍法帖」読者への手引きとして、初期長編九作品の紹介を付す。

一　「風太郎忍法帖」――その独創性について

戦後日本文学史上に稀有の物語山系を築いた小説家山田風太郎が、その〈奇想〉をもって広く読書界に認知される契機となった記念碑的存在が「風太郎忍法帖」と呼ばれる忍法小説の一大集積であったことは、今さら繰り返すまでもないだろう。室町時代から高度成長期の昭和まで実に五百七十年以上の時間域を背景に試みられた、長短百編をこす忍法・忍者の物語――単に規模と数量のみを対象としても、これに匹敵する文学的営為は著者歿後十余年を経た現在にいたるまで皆無だ。しかし無論のこと「忍法帖」の独創性は、数量の域にとどまるまるものではない。以下、四点にまとめて簡略に解説しておく。

まず第一に、「忍法帖」に属する諸作品はいわゆる〈正史〉に対する〈陰の歴史〉を復元する試みとみなされ得る。諜報、流言、暗殺、ゲリラ戦など、忍者たちが担った非情な仕事の全容は、〈英雄と権力者たちの歴史〉から構成された〈正史〉において、必ずしも明瞭に語られているものではない。従って、ごく少数の権力者のために汚辱にまみれてたたかい、死んでいった〈階級〉に光をあてるという行為は、〈英雄と権力者たちの歴史〉を相対化する叛骨の視点に立脚していると評価できる。また、誰もがその顛末を知る〈正史〉の一齣が「忍法帖」の俎上に載せられた場合、読者の視点はおのずと、定まった運命の中で死力をつくしてたたかう忍者たちの闘争——一種異様の美学とヒロイズムに貫かれたたたかいの図へと集中し、このとき、〈陰の歴史〉が放つ光輝は逆に、忍者たちをあいたたかわしめた動因——すなわち権力者たちの野心、気まぐれ、政治的権謀術数を低劣な俗事としてくろぐろと翳らせる。

第二に、忍者が生きたほぼ全ての時代を視野に入れ、忍者の前史から栄光と没落の時代を経て近現代に至るまでの全行程を描いたことに加え、忍法・忍者小説として想定し得るあらゆる種類の物語を創出したところにも、「忍法帖」の独創性は指摘できる。いわば「忍法帖」とは奇想をもってする、小説表現の広大なる実験場として開示されていたという事実があるのだ。

第三、「風太郎忍法帖」は同時代における合理主義やリアリズムを相対化するフィクションの優勢を証明しえた。——その方法論における最大の特徴としては、忍法をSF的に描いたこと、忍法にセクシュアルな要素をとりこんだことの二点をあげることができよう。

上野昂志は一九六〇年代の文化には「それまでの規範的な美学や紋切型の表現を否定する」という意味での「リアリズム」が志向されたと『肉体の時代 体験的60年代文化論』(現代書館、一九八九年)に述べているが、「忍法帖」における合理性や整合性の質はまさしくこの言を肯定するものだ。

一九六〇年代に勃興した忍者ブームにおいて、司馬遼太郎らが忍者の術をあくまでも合理的な運動能力(一般的な剣術の型や身体操作から逸脱した技法)や精神操作(強烈な暗示や催眠術)で説明し切ったことに対し、「風太郎忍法帖」でもまた、医学的・科学的データが忍者たちの身体能力や忍法の性質を理解するための尺度として提示されてはいるものの、披露されているのは、とうていそれだけではカバーしきれない怪物的身体特性を基底におく技術ばかりなのである。一見論理矛盾とも思われるこの方法論は絶妙な均衡で忍者・忍術をめぐるリアリズムとロマンの熔合を実現しているのだ。

第四、「風太郎忍法帖」には著者一流の歴史認識に基づく世界観が導入されることで、他に類をみない悽愴な美学を生み出すことに成功している。それは端的にいうならば、歴史資料に基づく〈正史〉や〈史実〉が語りえない、怨念の具現を意図したものだ。

表現者としては、歴史が帰結するところに改変を加えない、というルールを遵守しつつ、しかし山田風太郎は、歴史に埋没した無言歌——発せられなかった死者たちのことばに光をあてることに力を注いだ。発せられなかったことばに真実を聴く——それは現存する歴史資料の記載だけに事実をみようとする現代人の認識を指弾する風太郎の反逆、すなわち文学的抵抗なのである。この独自性は、風太郎自身の前半生の体験に基づく。

一九四四年三月、肺浸潤のため徴兵検査に不合格となった風太郎は、翌月東京医専（現・東京医科大学）に入学。戦地を知らぬまま終戦を迎えた。ゆえに彼は以後、自ら「不戦」の「戦中派」を名乗ることとなる。戦うための必然性を負わされて生まれた人びとが、さまざまな矛盾や窮状のなかで、あるいは苦悩し、あるいは喜びにうちふるえ、たたかい、死んでいくまでをつぶさに描くことは、「不戦」の「戦中派」にとってまず第一に、不可視であった兵士たちの死を可視のものとする行為に同等であったと考えられよう。

談話「戦中派の考える「侵略発言」」（『文藝春秋』一九九四年十月）において、風太郎はアジア太平洋戦争を「侵略戦争」と認め、「日本には侵略戦争をする資格がなかった」という歴史的判断を示しつつも、「いまや少数派となった戦中派は、私も含め大半がいまだにあの戦争をどう考えていいのかわからないというのが現状である」と打ち明けている。しかしただ一点、「戦争に携わった人間にもいくらかの理はある。その理を全面封殺することは、戦争をしたことと同じ意味合いの行為だろう」と語っていることは看過できない。「理」とは、「東亜解放」の〈大義〉に殉じた、という「理」である。その〈大義〉が権力者の方便、まやかしであったとしても、これを信じてたたかい、死んでいった人びとが少なからず存在していた事実を否定し去ることはできない、と。

敗戦後、「戦前」の価値観のいっさいが排斥され、「死を賭けた百何十万かの」犠牲とはまったく無縁に思われる繁栄が訪れたとき、歴史の〈非連続性〉を目のあたりにした「戦中派」たちは呆然とせざるを得なかった。「忍法帖」最盛期に並行して書かれた長編ミステリ『太陽黒点』（桃源社、一九六三年）に、風太郎は特攻基地知覧の生き残りであるひとりの男にこう言わせている。「あれはいったい何だったのか？」と。この言葉は、きわめて深刻な「戦中派」たちの喪失感を象徴してあまりあるものがある。

そして「風太郎忍法帖」には、〈大義〉に殉じたあまたの死が恥ずべき「犬死に」として刻印された戦後史観に抗う、「戦中派」の死生観が息づく。逡巡や選択の自由が許されない時代の中で、たたかい、死んでいく宿命を負った忍者たちは、何をもっておのれの生きた証としたか。「風太郎忍法帖」という歴史の中で、うつろいやすい〈大義〉の危うさに比して不動の存在感を主張するものこそ、彼らの分身たる忍法であった。〈陰の歴史〉における無数の無名の死を、風太郎はさまざまな趣向を凝らして描いた。〈大義〉のために死力をつくした彼らひとりひとりの死を、だ。たとえ歴史を変えることができなかったとしても、鮮烈きわまる忍法合戦は読者の心に食い入って離れない光彩を放つ。大量の無名の死のなかで、彼らの術＝忍法だけが彼らの名となり、生命となり、声高に死者たちの物語を謳い上げ、歴史の断層を乗り越えるのだ。いわば忍法は、戦前・戦後の断層に埋没した犠牲者たちの無念を未来永劫消滅させまいとする山田風太郎の祈りを象るものなのである。ゆえにわれわれは、敗戦体験という歴史に兆す究極の文学表現として「風太郎忍法帖」を評価していかなければならないのだ。

二 『山田風太郎忍法全集』第一期九長編を例に

既述したように、「風太郎忍法帖」には長短あわせて百を超える小説群が属している。ここでその全貌を詳述することは不可能であるが、山田風太郎の名を一躍江湖に知らしめ、「風太郎忍法帖」というブランドを読書界に定着せしめた講談社版『山田風太郎忍法全集』第一期全十巻収録の九長編を対象として、その特徴と魅力を論じておきたい。これから山田風太郎の文学に触れていきたいと考えている読書人の一助となることができれば幸いである。

『山田風太郎忍法全集』は当初、長編九作品を収録した全十巻が予定されていたが、刊行早々から凄まじい反響と売れ行きを示したため、講談社は全巻配本の完結と同時に急遽五巻を補填し、全十五巻とすることを決定。結果的に累計三百万部のベストセラーとなるに至った。第一期十巻のラインナップのみをここで記しておくと、一『甲賀忍法帖』、二『江戸忍法帖』、三『飛騨忍法帖』、四『くの一忍法帖』、五『忍者月影抄』、六『外道忍法帖』、七『忍法忠臣蔵』、八『信玄忍法帖』、九・十『風来忍法帖（上）（下）』である。

『甲賀忍法帖』（『面白倶楽部』一九五八年十二月〜五九年十一月）は風太郎が試みた忍法小説の第一作目にあたる記念碑的な作品であり、それゆえに忍者をめぐる歴史的背景やその集団的特性が念入りに叙述されている。なかんずく注目すべきは、「乱破」「素破」と呼ばれた室町時代に顕著であった、時の権力になびかない「叛骨」の性質に言及がされていることであろう。この性質ゆえに、忍者の名産地として知られる伊賀は織田信長の侵略を受けることになったのだ。

物語は「たがいにあいいれないばかりに、手をたずさえて世に出ることを拒否し、ふかく山国にこもっているという忍法の二「家」から十人ずつの忍者が、徳川三代目を決する代理戦争のために選出され、死力をつくしてあいたたかい、最後のひとりが斃れるまでを描く。これこそが、やがて「風太郎忍法帖」の代名詞となる「集団争忍譚」の皮切りである。「甲賀十人衆」「伊賀十人衆」と呼ばれる代表選手たちは「いま世にある忍者とはまったく類を絶するぶきみな秘術」の体得者とされ、その「秘術」のひとつひとつに科学的（医学的）解説が付される。その折には怪物のごとく描写される忍者たちであるが、各陣営内部においては、その〈人間〉としての魅力をもって仲間たちに慕われているさまが明記されることで、彼らの造型には血の通ったリアリティが付加されているのだ。

また、超人的な忍者を生み出す土壌が「四百年にわたる深刻濃厚きわまる血族結婚」であると結論づけられる中、伊賀の頭領・朧《おぼろ》の「破幻の術」は、生まれついての「無心」、無垢の目に備わったものとして、他の忍術との差異が明確にされていることは看過できない。あらゆる攻撃を即無力化する「破幻の術」は、敵の害意を鏡のごとく相手へと跳ね返す甲賀の頭領・弦之助の「瞳術」とともに最強の忍法を印象づけるが、弦之助を恋慕し、彼を敵とすることをためらい続ける朧を、他の伊賀者たちは「子供」「嬰児《あかご》のよう」と蔑む。しかし朧の体現する純真無垢の心と、そこを源泉とする行動原理は山田風太郎の初期忍法小説の総体を貫く大きなテーマへと結実していくのだ。それは第二作『江戸忍法帖』では早くも、作品世界を律する明朗なロジックに昇華し、披露されている。

前作の集団対集団の「争忍譚」に対し、『江戸忍法帖』(『漫画サンデー』一九五九年八月二十五日〜六〇年二月二十二日)では前将軍家綱の御落胤・葵悠太郎と、彼を亡き者にしようと謀る柳沢吉保配下の甲賀七人衆とのたたかいが描かれる。とはいうものの、本作の構造は単純なる〈一対七〉の闘争図におさまってはいない。何故ならば、悠太郎のたたかいは彼ひとりのものではないからだ。さらにいうならば、『江戸忍法帖』は〈「女子供」の勝利する物語〉という一言に総括しえる世界観を呈しているのである。

御落胤の出現によっておのれの野心が挫かれることをおそれ、吉保は悠太郎主従に刺客を差し向ける。忠臣三人を討たれても復讐を思わなかった悠太郎はしかし、少年獅子舞の丹吉が巻き添えとなって殺された時、すなわち男の世界の論理に基づく政争が「女子供」を蹂躙した時、憤然として起つ。そんな彼のたたかいを支えるのは、丹吉の姉・お縫と、父・吉保の標榜する「天下の大事」に公然と叛く鮎姫、甲賀町を統べる〈男の論理〉から逃れんとするお志乃ら――いずれも女たちなのだ。そもそも、悠太郎の母・お丸の方その人こそ、将軍家をめぐる男たちの権力争いを嫌忌し、悠太郎をともなって野に下った女性であったのだ。つまり、『江戸忍法帖』は一見、好青年・悠太郎を主人公とするヒーロー譚にみえながら、実際は男中心の社会において「女子供」と蔑まれた人びとによる、「女子供」の論理に基づく闘争劇がメインテーマとなっているのだ。物語のクライマックス、「天下」を弄び、「天下」の法を蔑ろにした吉保への怒りに我を忘れ、男の論理に基づき鮎姫を見殺しにしようとした悠太郎を翻意せしめたものもまた、お縫がしめした〈女の論理〉であった。甲賀七人衆を倒し、悠太郎はお縫とともに、かつて「母」と暮らした足柄山へ帰る。穢れはてた〈男の世界〉、謀略と権力闘争に明け暮れる江戸を捨て、醇乎たる「女子供」の領土へふたりは還るのである。日下三蔵氏からの直話によれば、風太郎自身は『江戸忍法帖』を「悠太郎のキャラクターを明朗に造りすぎたため、少年小説風になってしまった」ことをいささか後悔していたという。この反省ゆえか、第三作『飛騨忍法帖』ではもっと複雑でどろどろした人間関係の中に、同じテーマが投入されている。

『飛騨忍法帖』（『漫画サンデー』一九六〇年二月二十九日～九月二十四日、原題『飛騨幻法帖』）では、飛騨の忍者・乗鞍《のりくら》丞馬が砲術、連発銃、重装騎馬隊、軍艦などの近代兵術に練達した旗本五人を相手にたたかう。丞馬の武器は「古怪」な「心術」と、若き未亡人・美也に対する曇りない愛情だ。講武所天覧試合において、圧倒的な強さをみせた丞馬を破った主水正《もんどのしょう》。しかし、丞馬は主水正の剣に負けたのではなく、その背後で主水正の無事を必死に祈っていた美也の心に負けたのだという。ゆえに丞馬は、美也に対してのみ忠節をつくし、主水正が五人の旗本に謀殺された後は、彼女を助けて仇討ちの旅に出る。しかしふたりを阻んだのは、来たるべき薩長との戦《いくさ》、さらには諸外国との戦争が想定されていた回天の時代において、五人の旗本を国家有用の人材とみる転換期の思想であった。この巨大な〈男の論理〉を前に、丞馬と美也は同質の感性――圧倒的な火力と騙し討ちで個人の幸福を蹂躙する非人間性を正面から指弾する――で立ち向かうが、美也は病と丞馬に対する〈身分違いの恋〉に苦しみ、仇の最後の一人・烏帽子右近の前に膝を屈してしまう。絶望のうちに生命を絶たれた丞馬が、その死とともに解き放った「死恋幻法」は、無差別の破壊と死をもたらす近代兵器のごとく、右近の命乞いをした美也の願いもろとも、鋼鉄の軍艦を海の藻屑と葬る。旧時代に倍する〈男の論理〉に統べられた〈近代〉の訪れを前に朽ちていく男女の最期は果てしなくうつろで、哀しい。

第四作『くノ一忍法帖』（『講談倶楽部』一九六〇年九月～六一年五月）では、大坂落城前夜に千姫の意志を受けて豊臣秀頼の種を宿した五人のくノ一（女忍者）が、服部半蔵配下の伊賀鍔隠れ谷の精鋭五人とたたかう。この闘争は、人質同然に豊臣家に嫁がされたあげく、夫・秀頼をも暴力的に奪われた千姫が、すべての絵図をかいた祖父・家康に公然と宣言する「叛逆」そのものなのである。なんどか映画化され、その都度、エロチックな描写が話題になった本作であるが、千姫主従と、やはり大坂で滅ぼされた長宗我部盛親の妻・丸橋（懐妊中）と十四歳の少年・徳川頼宣（のちの紀州大納言頼宣）が合力して展開するこの〈少女妻と少年と妊婦たちの復讐譚〉で描かれるものは、兵器としての性器による、闘争としての性交のみであることは断っておかねばなるまい。くノ一たちの忍法はいずれも、性にかかわる男性主体の幻想をさかしまに顛倒せしめる破壊力に満ち、この物語の基底に潜まされたものがやはり、〈女の論理〉対〈男の論理〉であることを読者に教える。そして、男中心の世界の中核に参入し、のしあがっていく女・お福（春日局）が千姫らの対極に配置されていることも、特筆すべきことであろう。丸橋と最後のくノ一・お由比の子が生き延びることを暗示した結末は、成長した頼宣をも交えて、慶安の変にいたる〈陰の前史〉を形成しているのだ。

第五作『忍者月影抄』（『講談倶楽部』一九六一年六月〜六二年三月）は『甲賀忍法帖』以来の大規模集団闘争劇である。公儀お庭番七人対尾張家お土居下組忍者七人、江戸柳生流剣士七人対尾張柳生流剣士七人——この混戦の背景には、将軍徳川吉宗と尾張大納言宗春との、まさに深讐綿綿たる確執があった。庶民に対しては極端にすぎる奢侈禁令を強いる将軍吉宗の矛盾を摘発すべく、宗春は吉宗の醜悪な過去を証明する十人の女性に触手をのばす。これに対抗して、吉宗も子飼いのお庭番を用い、宗春の先手を打とうと謀る——しかし、将軍位をめぐっての確執に根ざす両者の対立はきわめて幼児的であり、ゆえに吉宗の暴政に異議申し立てをするという宗春の「大義」にも、私怨とみるべき不純な要素は少なからず散見できる。また、標的とされた十人の女のことごとくが無惨きわまる最後をとげる物語であるにもかかわらず、他の作品とは異なり、犠牲者たちはあまり同情的に描かれていないが、これは彼女らの大多数が、現将軍の寵を受けた過去を人生最高の栄誉として誇張し、現在の生活環境や人間関係において専横である点が、吉宗・宗春いずれにもみられる幼児性、ひいては非人間性に通じるものともみなされえることに起因しているものだろう。同様に、江戸と尾張、いずれが正系か、という命題のみを重視し、ほぼ同一の技術で斬り合う柳生流の剣士像は、アイロニカルな滑稽味を帯びているばかりか、テクストの随所にその「武士」、「剣豪」らしからぬ小人ぶりさえ露呈しているのである。

このように、主要登場人物に一人として感情移入できる性格づけがされていないという本作中で俄然光彩を放つものが、七対七の忍法合戦である。数ある「風太郎忍法帖」中でも、この物語は抜群の奇想に富んだ忍法がもっとも数多く登場し、かつ、絶妙な組み合わせでその闘争図が展開しているのだ。現代のビジュアルアートやゲームクリエーターの世界において何度となく〈本歌取り〉されている山田風太郎の「集団争忍譚」の白眉として、本作はそのエンターテインメント性において特記すべき仕上がりとなっているのである。また終幕においては、山内伊賀亮《いがのすけ》と天一坊の陰謀を顛覆せしめた〈陰の前史〉という、物語のもうひとつの貌が提示されていることも看過できない。

第六作『外道忍法帖』（『週刊新潮』一九六一年八月二十八日〜一九六二年一月一日）は、天正遣欧少年使節団副使であったジュリアン中浦が隠した百万エクーの金貨をめぐり、三つ巴のたたかい——マリア天姫を頂く十五童貞女（大友忍法体得者）、天草扇千代率いる天草衆（伊賀にて忍術を体得）、張孔堂隠密組（甲賀卍谷出身の忍者によって構成）の三派による闘争——が展開する。集団闘争劇としては、『忍者月影抄』を凌ぐ規模であるが、各集団十五人、合計四十五人の混戦は、週刊誌上で約四か月強の限られた紙幅ではほぼ臨界に達していたようだ。ゆえにそれぞれの忍法合戦の内容はやや薄味であることは否めない。しかし本作では、百万エクーのありかと、十五童貞女を支配する天姫の正体とを探る道筋が最後まで読者をとらえて離さない魅力となっている。ミステリ出身の作家たる山田風太郎の面目躍如たるものがあるといえよう。

本作も、たたかう女たちの物語であることはいうまでもないが、十五人の女性それぞれの日常や、隠れ切支丹となった背景などはほとんど解説されていないため、彼女たちは他の「風太郎忍法帖」に登場するくノ一同様、〈一人一芸〉の体現者として描写されているという特色がある。また、本作は山田風太郎の初期作品群に大きな位置を占めている切支丹小説の一変形とみなし得るが、そのために、風太郎独自のキリスト教観も物語の随所に確認することが可能だ。たとえば、ジュリアン中浦は切支丹でありながら悪魔学の導入によって信仰と金貨を守護する術を編み出しており、この人物造形は「忍法帖」最大の人気を誇る『魔界転生』（『大阪新聞』ほか一九六四年十二月十八日〜六五年二月二十四日、原題『おぼろ忍法帖』）に登場する忍者・森宗意軒を髣髴させるものとなっている。

かくれ切支丹にきわめて戦闘的な性格づけをしていることも注目され、これは切支丹禁制を「日本におけるアウシュビッツ」と批判しつつも、「剣をもたらすため」（『新約聖書』「マタイ伝福音書」第十章三十四節）地上に降誕したキリストの本来的性格を正確におさえている証左ともなり、風太郎の歴史認識におけるすぐれたバランス感覚を伝えている。

第七作『忍法忠臣蔵』（『漫画サンデー』一九六一年十一月二十五日〜六二年四月二十一日）は、国民的歴史劇の陰に蠢動する忍者たちの闘争を想定したユニークな物語だ。「風太郎忍法帖」には〈忍者がつくった歴史〉と〈忍者が敗北して完成した歴史〉のふたつの〈歴史〉がある。前者を代表する作品が『甲賀忍法帖』であるならば、後者の筆頭には本作をあげることができるだろう。

一編の主人公・忍者無明《むみょう》綱太郎の原型は、本作の連載に先行して発表された短篇「忍者帷子乙五郎」（『別冊アサヒ芸能』一九六一年九月）に認められる。しかし、組織の歯車たることを拒絶し、個としての意義と信念を貫くことで封建主義社会の不条理に一矢を報いた乙五郎に対して、「忠義」を楯に〈女の野心〉を逆らせた婚約者を憎悪から〈解体〉し、底なしの暗黒に墜ちた綱太郎は、〈傍観者〉にひとしいポジションと意識で物語に参与している。いわば、乙五郎の〈明〉に対し、綱太郎は〈暗〉の屈折を背負った人物として造型されているのだ。そして、このニヒリスティックな主人公に負けず劣らず、本作の構造は複雑によじれている。そもそも、「忠義がきらい」「女がきらい」な無明綱太郎率いる能登流くノ一六人と上杉能登流忍者十人との同族対決は、「松の廊下」を起点とする浅野・吉良の対立を象るものではないからだ。これは父を亡き者にせんと謀る赤穂浪士を殲滅すべく能登流忍者を放った上野介の息子・上杉綱憲と、彼の短慮を阻害すべく綱太郎らに命じた上杉家家老・千坂兵部との対決――すなわち、熱き親子の情愛と冷徹きわまる政治的判断とが暗闇のなかで潰しあう、いわば〈同士討ち〉の無惨画なのだ。

綱太郎らは、能登流忍者たちの浪士暗殺を阻むとともに、浪士たちを転向せしめるべく画策する。その内容は、くノ一の秘術をもって赤穂浪士を籠絡し、彼らの「忠臣」としてのイメージを地に堕とすというものであった。しかし、くノ一たちの夢魔的ともいうべき性的魅力に屈せず、「忠義」を貫く浪士も当然、いる。鉄石心ゆえ、純情ゆえに血にまみれて抗う男たちに、くノ一たちのなかには心を動かすものも出てくるが、綱太郎は容赦なくこれを粛正するのだ。

既述したコンセプトにより、本作に披露されるくノ一たちの忍法は性的な直喩・隠喩に満たされているが、曼荼羅図さながらに繰り広げられる忍法合戦のなかでも、特に読者の目を奪う術は、くノ一輌絵の「修羅車」であろう。これは大義の前に弊履のごとく捨てられた女たちを車に満載し、彼女らの怨念をもって「忠臣」たちを断罪するという凄まじい奇策であったが、意外にも女たちの怨念が不発に終わることで破綻をきたす。「忠臣」たちのエゴイズムに蹂躙しつくされたはずの犠牲者たちは、幽鬼のごとき姿になりながらも、大石内蔵助の前に跪き、彼らの「御本懐」を祈るのだ。敗れた輌絵は立ち腹を切り、大石は「全身全霊をおしひしがれるような鬼気と感動」をおぼえる。すべてを失い、ただ生存しているのみ、といっても過言でない女たちを支える唯一のものが、男たちの「本懐」を祈る心であったという事実は、綱太郎をも衝撃する。

もっともこの挿話は、未来や希望のみならず、知性や自意識すらも失われた女たちの脳髄のなかに唯一残された過去の〈痕跡〉が「忠義」であったにすぎない、と解釈するならば、たちどころに一種の怪談へと変ずる、瞬転のパラドクスとなりえるものだ。これは物語の終幕、過去の再現ともいうべきある人物の裏切りをまのあたりにして、綱太郎にも思い当たったはずのロジックではないか。だが、あたかも無限に循環するかのごとき世界に閉じ込められて、無明綱太郎はひとすじの光明をもえられぬ闇のなかを消えていくしかないのだ。

第八作『信玄忍法帖』（『講談倶楽部』一九六二年五月～十二月、原題『八陣忍法帖』）も前作同様、歴史上の大転換期というべき事件をあつかった物語である。ただし、本作では忍者たちのたたかいが一応の勝利をおさめるところが異なっており、その点では〈忍者がつくった歴史〉に属する一編といえよう。「三方が原の戦い」のさなかに急逝した武田信玄の死を隠蔽すべく策をめぐらすのは、なんと川中島で戦死したはずの山本道鬼斎。天下の趨勢を左右する信玄の生死、なんとしてもこれをみきわめたい徳川家康は、服部半蔵麾下の伊賀者精鋭七人を甲州に差し向けた。対するは道鬼斎の意を受けた真田源五郎、猿飛地兵衛、霧隠天兵衛の三人。……『甲賀忍法帖』同様、読者にとっては着地点が自明な歴史的背景をあつかいつつも、本作の妙味は、敵である伊賀者のみならず、味方までをも鎮め、あるいは欺かねばならない窮地に立った者たちの極限状態を描いたところにこそある。外にも敵、内にも敵、という渦中から、つぎつぎと対抗策を講じる道鬼斎の活躍も鮮やかな印象を残すが、彼の粉骨砕身の苦闘に正面から否をつきつける武田勝頼の猛々しいすがたも忘れがたい。特に、北条家に嫁いだ信玄の娘お夕とともに武田家を訪れた風摩一族に、勝頼の未来の妻となる八重垣姫が男装して忍んでいたという仕掛と、勝頼の一徹に惚れ込んだ姫のあでやかな活躍ぶりは、陰鬱きわまる作品世界のなかでは一服の清涼剤ともいえるだろう。父・信玄、そしてもうひとりの父ともいうべき道鬼斎の死によって、両者に「子供」あつかいされていた勝頼は、はじめての自由を獲る。その自由はいうまでもなく滅びの道へとつながるものであったが、陣頭に立つ勝頼のすがたは清爽な感動を誘う。本作は武田家存続を悲願とする父たちと自由の到来を待ち望む若者との闘争劇でもあるのだ。また他の「忍法帖」同様に、信康事変や若き日の大久保長安のエピソードなど、周縁的な事件もたくみに導入されており、読者を楽しませる。

『山田風太郎忍法小説全集』第一期の掉尾を飾る『風来忍法帖』(『週刊大衆』一九六三年三月十六日〜十二月二十六日)は、物語の中心に七人の香具師《やし》を据え、前半後半で大きくその風趣を違えるドラマチックな構造をみせている。

前半部に描かれる、気随気ままに生きるアウトサイダー＝香具師どもの日常はしかし、戦乱に乗じて女を犯し、売り飛ばすという獰猛無惨の性質を帯びている。力こそがすべての時代にあって、女性存在はモノ同然、否、モノ以下のあつかいを受ける。その上、加害者は香具師どもだけではない。随所に無惨きわまる戦時性暴力のシーンが差し挟まれる。この「戦国のならい」を嘆き、憤るヒロイン麻也姫の登場によって、本作はその真実の貌をあらわにし始める。「人のかたちをした者には、たとえ女なりとも人の魂がある」――麻也姫からの激しい叱責を受け、さらに護衛の風摩一族の精鋭三人に心胆脅かされ、香具師たちは復讐を誓う。それは天下に怖いものが何ひとつなかった彼らにとって、まさに晴天の霹靂ともいうべきカルチャーショックだったためである。女である前に人間であることを宣言する女――香具師どもは、その女に対して自分たちが抱いた強烈な感情の正体を見きわめることができない。しかし、姫に接近するための方便として風摩忍法を習い、姫の嫁ぎ先である武州忍城に近在の農民、女子供とともに籠城して後、それは日一日と明確なかたちをとりはじめるのだ。そして物語後半、石田三成率いる二万六千の兵を相手に麻也姫が指揮する女子供軍団が抗う、物量に対する知恵と勇気のたたかいの幕が切って落とされるのだ。忍の城が大勢によく堪え、これを凌ぎきったという史実に基づき、風太郎はさらに、城の守備がほとんど「女子供」であったという大胆な構図を展開、本作を忍法帖随一の痛快な物語に仕上げている。香具師たちは、姫と行動をともにするうち、「女子供」の力の凄さをまのあたりにし、新しい世界観を抱くにいたる。一途に信じることの凄さ、そして、それだけの信頼を抱かせる対象へ向けた底なしの愛、である。そして、侍たちの「だましっこ」の世界に「人間としてまっすぐな道を通そうとする」という決意をした時点において、ついに香具師たちは麻也姫と感性の上で一致するのだ。本作最大の魅力は麻也姫の造形（天真爛漫、勇敢、まっすぐ）にあることは論をまたないが、「妻として、女として、人間として」たたかう姫に殉じた七人の香具師ども、そして、物語の終幕付近で忍者一族としての誇りを全うした風摩小太郎の侠気も忘れがたい。

以上、駆け足で論じてきたように、『山田風太郎忍法全集』第一期九作品のほぼ全域にわたって、〈男の論理〉に抗する〈女子供の論理〉が活写されているところに、初期忍法帖の一大特徴が指摘できるようだ。これは歴史舞台において後景に配置されてきた女性群像に光をあてる試みとしては、おそらく最初期のものであろう。また、同世代作家である遠藤周作の『沈黙』（新潮社、一九六六年）に先立つこと五年、沢野忠庵ことクリストファン・フェレイラを『外道忍法帖』に登場させるなど、その先見性には目を見張るものがある。山田風太郎の「忍法帖」は、単に忍者、忍術を描いた小説ではない。歴史と文化のあらゆる領域を視野におさめ、人間の愚行と神性をふたつながら批判精神とユーモアにあふれた筆でとらえた、不滅のエンターテインメントなのである。

参考文献

- 上野昂士『肉体の時代　体験的60年代文化論』
- 尾崎秀樹「『山田風太郎忍法全集』—あやしい白日夢—」（「朝日ジャーナル」一九六七年一月）
- 加瀬健治a「山田風太郎の天皇制批判—「近衛忍法暦」論」（「武蔵文化論叢」二〇〇六年三月）
- 加瀬健治b「山田風太郎「忍法創世記」論—天皇制に絡めとられる死」（「武蔵文化論叢」二〇〇八年三月）
- 加瀬健治c「二人の柳生十兵衛—山田風太郎と五味康祐」（「武蔵文化論叢」二〇〇九年三月）
- 加瀬健治d「山田風太郎「くノ一忍法帖」論—〈偽史〉の創造」（「武蔵文化論叢」二〇一〇年三月）
- 加瀬健治e「武蔵を斬る十兵衛—パロディとしての山田風太郎「魔界転生」」（「武蔵文化論叢」二〇一一年三月）
- 加瀬健治f「〈柳生十兵衛〉論—変容する組織のなかのヒーロー」（「昭和文学研究」六十号、二〇一〇年三月）

・日下三蔵編『山田風太郎忍法帖短篇全集全十二巻』(ちくま文庫、二〇〇四～二〇〇五年)
・谷口基a「研究動向山田風太郎」(「昭和文学研究」五十六号、二〇〇八年三月)
・谷口基b『戦後変格派・山田風太郎 敗戦・科学・神・幽霊』(青弓社、二〇一三年)
・野崎六助『山田風太郎・降臨—忍法帖と明治伝奇小説以前』(青弓社、二〇一二年)
・平岡正明『風太郎はこう読め—山田風太郎全体論』(図書新聞、一九九二年)
・『別冊新評〈全特集〉山田風太郎の世界』(新評社、一九七九年)
・『別冊文芸山田風太郎 綺想の歴史ロマン作家』(河出書房新社、二〇〇一年)
・牧野悠「剣豪もし闘わば—山田風太郎『魔界転生』のマッチメイク」(「昭和文学研究」六十三号、二〇一一年九月)
・山田風太郎a「風眼帖」(『山田風太郎全集月報』講談社、一九七一年一月～一九七三年一月)
・山田風太郎b「戦中派の考える「侵略発言」」

column★

児童文学と忍者

石井直人● Ishii Naoto

一　子ども・ヒーロー・変身

　児童文学にも忍者の話は、たくさんある。「立川文庫」や「少年倶楽部」は別格として、一九六〇年代以後の現代に限っても、古田足日の『忍術らくだい生』（理論社、一九六八年）と『雲取谷の少年忍者』（学習研究社、一九七一年）から、アニメ「忍たま乱太郎」（NHK、一九九三年）の原作『らくだいにんじゃらんたろう』（尼子騒兵衛、ポプラ社、一九九一年）や『時空忍者おとめ組！』全四巻（越水江梨子、講談社・青い鳥文庫、二〇〇九〜二〇一〇年）に至るまで、児童文学に忍者は、たくさんいるのである。

　そんな中から、一例をあげてみよう。『参上！ズッコケ忍者軍団』（那須正幹、ポプラ社、一九九三年）【図1】。これは、「ズッコケ三人組」全五十巻というベストセラー・ロングセラーの二十八巻めである。ハチベエ・ハカセ・モーちゃんという花山第二小学校六年生の三人組が活躍するシリーズで、『ズッコケ宇宙大旅行』といったSF要素の話もあるけれど、この一冊は、普通の小学生の暮らしの延長上で展開する日常系である。で、この度、カブトやクワガタの採れる穴場がある八幡谷という遊び場をめぐって隣町の学校の子どもたちと争奪戦が勃発したのである。しかし、三人組は、エアガンで武装した敵のドラ

図１『参上！ズッコケ忍者軍団』（ポプラ社）

ゴン部隊に惨敗し、そのリベンジにはゲリラ戦や奇襲戦法しかないということになる。

ハチベエも、しだいにその気になったらしい。

「なるほどなあ。忍者軍団ってわけだな。そうか、おれたちは忍者になるのか。うんそういうことなら、名前がいるな。」

「名前?」

モーちゃんが、けげんな顔をする。

「そうさ。忍者にはかっこいい名前があったんだぞ。猿飛佐助とか霧隠才蔵とか……。ようし、おれは〝伊賀の小猿〟にしようっと。おまえは、〝根来の三吉〟にしな。」

「ネゴロって、なに?」

「知らないのか。忍者の名産地さ。」

「へえ、忍者って、伊賀と甲賀だけじゃないの。」

モーちゃんが感心したように声をあげた。

(一一四頁)

なんというか、伊賀の小猿ってネーミングは冴えないんじゃないの?とか、奇襲戦法の中身より先に名前から考えるのか!とか、そもそも忍びである忍者に派手な名前が必要なのか!?とか、いろいろ言いたくなるところだけれど、これが良いのだろう。「ズッコケ三人組」シリーズが子どもに共感を呼ぶ理由でもある。そう、子どもは、忍者になりたいのだ。忍者の話よりも忍者そのもの。ストーリーよりもキャラクターが魅力なのだ。子どもにとっては、猿飛佐助や服部半蔵や赤影やうずまきナルトという名前こそが重要なのであって、物語や歴史の結末などどうでもいいのかもしれない。つまり、忍者は、子どものヒーローの一人である。なりたい、変身したい、模倣・あこがれ・感情移入の対象なのだ。そういえば、みなさんも、胸に手を当てれば、風呂敷を首のところで結んでスーパーマンになったり、変身のポーズをおぼえて仮面ライダーになったり、玩具のスティックを振り回してセーラームーンになったりした幼時の記憶があるだろう。

もちろん、児童文学は児童と文学という二つの言葉から成り立っているので、児童の側から見るか文学の側から見るかによって、見える風景が違ってくるものだ。ここでは「ズッコケ三人組」のハチベエに敬意を表して、子どもサイドから見てみたということだ。

二　かわいい・ガーリッシュ・ファンタジー

次に、児童文学を文学の側から見てみよう。すると、忍者の描かれ方が三つの点で変化して来たといえそうである。一つめは、「かわいい」である。冒頭にあげた『忍術らくだい生』や『らくだいにんじゃらんたろう』がそうなのだけれど、題名にわざわざ

「落第」をうたってあって、本格的な忍者からズッコケていることがアピールされているわけだ。マンガ論の用語を借りれば、この主人公はアンチ・ヒーロー（英雄失格のダメ・キャラクター）ですよ、と広告しているようなものだ。猿飛佐助のスーパー・ヒーローぶりと正反対である。もちろん、一九六八年の古田足日による『忍術らくだい生』は、ダメな落第忍者の少年でも三人がみんなで力を合わせれば強敵や権力者にも勝利できるという思想がこめられていた。それに比べると、一九九一年の尼子騒兵衛による『らくだいにんじゃらんたろう』は、忍術学園のダメな三人組が敵から出されるクイズをクリアしていくことで話が進み、ゲーム・ブックの要素も取り入れたエンターテインメントになっている。ここには、一寸先は闇、敵味方入り乱れ、油断すれば一命を落とす緊張感は、ない。それは、尼子騒兵衛自身が画く二・五頭身のキャラクターの絵によって一層のんきな感じが加えられている。その忍者のたまごの忍たまたちがかわいいからこそ、NHKの長寿アニメになったのだ。そして、忍者のかわいい化（?）は、児童文学史として考えると、幽霊や妖怪がたどった運命と同じだといえそうである。やはり、幼い頃、見るつもりなどなかったのに『四谷怪談』や『リング』のテレビ放映を目にしてしまい、あまりの恐怖に釘付けになった人もいると思う。しかし、ここ四十年ほどで、児童文学に描かれるオバケは、かわいい、フレンドリーなキャラクターに変わっている。例えば、『オバケちゃん』（松谷みよ子・文、小薗江圭子・絵、講談社、一九七一年）や『よわむしおばけ』（わたなべめぐみ・文、原ゆたか・絵、理論社、一九七八年）のシリーズ。そもそもオバケが、なぜ、ちゃんなのか？　なぜ、弱虫なのか？　などといってもしょうがない。一方で子どもは「学校の怪談」が好き、他方で大人は子どもを「かわいいもの」に止めよう、「こわいもの」から遠ざけようとする。そうしたトレンドの中、忍者も可愛くなるのである。

二つめは、「ガーリッシュ」である。忍者に「くの一」（くノ一）は不可欠だけれど、現代の児童文学の場合、女も忍者ではなく、女子こそ忍者という感じがする。『時空忍者おとめ組！』【図2】の帯のフレーズに「女の子は、ニンジャに向いている!?」とあった。むしろ、女の子は、ニンジャになることで忍従するのではなく解放するのだ。なにを？　みずからを。同じ本の帯に「時間と空間を自由自在に飛び越える冒険の幕が開く。」とある。別のシリーズ『忍者KIDS』全九巻（斉藤栄美、ポプラ社、二〇〇一〜二〇〇九年）も、主人公は、五年生の転校生かつ免許皆伝のクールな美少女「くの一」である。これは、同社の「冒険&ミステリー文庫」の

図2『時空忍者 おとめ組！』（講談社）

一冊めだった。やはり、目指すは冒険なのだ。

三つめは、「ファンタジー」である。児童図書出版は、『ハリー・ポッターと賢者の石』（J・K・ローリング、松岡佑子訳、静山社、一九九九年）から空前のファンタジー・ブームとなり、忍者ものの創作も、現実世界から空想世界の方にシフトしつつある。いや、もとより立川文庫の『猿飛佐助』からして空想的だったともいえる。古田足日の『忍術らくだい生』はドロンドロンと消える忍術、『雲取谷の少年忍者』は戦乱の時代を農民が生き延びる忍術だった。そのように空想と現実の二つのベクトルが鬩ぎ合うのは、その他の歴史上の題材と同じなのだろう。

しかし、その点、『時空忍者おとめ組!』は、徹底している。竜胆・三香・薫子という女の子三人が織田信長の天下統一が間近という戦国時代にタイムスリップしてしまう。「稲魂の法」という忍法に巻き込まれたからだ。それは、伊賀の飛び忍だけが使える術で、飛び石という石を伝って閃光とともに空間移動するのである。その瞬間、さながら青く光る大蛇が大岩から生まれ出て螺旋状に天空に駆け上るようだという。読んでいて、「キャ・カ・ラ・バ・ア・一天光来!」という呪文がくせになる（もう忍法じゃなくて超能力の域だけれど）。実は、伊賀の里は信長に滅ぼされており、その復讐を狙う霧生丸たち飛び忍とおとめ組三人は行動をともにすることになるのだが、それに信長の側近の森乱（いわゆる美少年の森蘭丸）や甲賀の鬼面組や明智光秀の陰謀が入り乱れ、やがて本能寺の変が近づいてくる……。これだけでなく、竜胆が森乱に恋心を抱いたり（霧生丸には惚れられる）、薫子が金襴の着物をミニスカートのおとめ組忍者装束に仕立て直したり、まぁ、よくぞここまでやりました!と感嘆する。これは、ゲームの『戦国BASARA』が史実と違って武将がイケメンになっていることや、アニメの『ドキドキ!プリキュア』が変身すると戦闘には向きそうにないファッションに変わることと同じだろう。たしかに、ファンタジーは、願望充足でなければならない。

むろん、同時代のファンタジーも、作家ごとに雰囲気が異なる。荻原規子の『RDGレッドデータガール』全六巻（角川書店、二〇〇八〜二〇一二年）は、もう少しシリアスなものだ。現代を舞台にしながら、紀伊の神社に暮らす平凡な「何もできない女の子」であり姫神でもある主人公の少女・泉水子をめぐって、山伏や陰陽師が秘術を尽くして渡り合う物語となっている。学園もの＋超能力ということでは、『ねらわれた学園』（眉村卓、角川文庫、一九七六年）や「ハリー・ポッター」の系統なのかもしれない。その鳳城学園の同級生の真響・真夏の双子（実は三つ子）が泉水子にとって大変重要な役割をはたす。二人は、戸隠流の忍者の末裔なのだった。おそらく、この『RDG』が二〇一〇年代の現在において最も真剣に忍者を存在させているファンタジーではないかと思う。

忍者漫画の〝革命〟——白土三平から相原コージ『ムジナ』へ

小澤 純● Ozawa Jun

白土三平『カムイ伝』に極まる六〇年代のブーム以降、忍者漫画というジャンルは、時代感覚に沿いながら絶え間なく変容・多様化してきた。相原コージ『ムジナ』は、「本格忍者浪漫画」と銘打ち、一九九二年七月から「ヤングサンデー」（小学館）に連載された。「ギャグ界の重鎮」であった相原がジャンルを越境して描いたものとは何か。一九九七年八月に刊行された最終巻には、六〇年代に一世を風靡した白土三平の初期代表作『忍者武芸帳』から言葉を引用する。本論では二つの同時代を往還しながら、白土作品から『ムジナ』へと引き継がれたテーマについて考察し、相原が『ムジナ』の結末に込めた〝メッセージ〟へと迫る。

はじめに

忍者漫画は、半世紀以上にわたって連綿と描き継がれてきた。そして、小山ゆう『あずみ』[▼1]、岸本斉史『NARUTO』[▼2]と、一九九〇年代にスタートした作品が、今もなお根強い人気を保っている。だが、そうしたアクションやストーリーを重視する作品系列が再び脚光を浴びる前の八〇年代には、亜月裕『伊賀野カバ丸』[▼3]や細野不二彦『さすがの猿飛』[▼4]など、いわゆる学園ものやラブコメ要素の強い作品系列に人気が集まっていた。白土三平『カムイ伝』[▼5]に極まる六〇年代のブーム以降、忍者漫画というジャンルは、時代感覚に沿いながら絶え間なく変容・多様化していたといえよう。

相原コージ『ムジナ』は、「本格忍者浪漫画」と銘打ち、一九九二年七月から「ヤングサンデー」（小学館）に連載され始めた。相原は、単行本カバーのプロフィールにもあるように、そもそも「ギャグ界の重鎮にまで登りつめるも、突如忍者漫画家として開眼」したのであり、そのジャンルの越境自体が異色であった。だが一九九七年四月、複雑に張り巡らされた伏線を次々に回収して完結させ、そして最終巻（全九巻）の巻末に、「われらは／遠くから来た／そして／遠くまで／行くのだ／白土三平『忍者武芸帳――影丸伝――』より」と記した。『忍者武芸帳』は、一九五九年から六二年にかけ貸本漫画（三洋社）で出回り一世を風靡した、白土の初期代表作である。

本論では、二つの同時代を往還しながら、白土作品から『ムジナ』へと引き継がれたテーマについて考察する。第一節では、ギャグ漫画家としての相原が八〇年代の消費社会に抱いていた違和感に注目し、忍者漫画を描き始める動機を探った。第二節では、『ムジナ』における死や殺陣の描き方を取り上げることで、忍者漫画に対する相原の拘りを検証し、第三節では、白土作品を意識した〝革命〟の顚末を分析することで、時代の空気を批判的に取り込む姿勢を読み取る。第四節では、九〇年代に広がる〝偶有性〟の問題に寄り添いながら、相原が『ムジナ』の結末に込めた〝メッセージ〟へと迫った。

一　相原コージの忍者漫画観

八〇年代のギャグ漫画史を語る上で、『コージ苑』（小学館、一九八七～九年）でヒットを飛ばした相原の名を逸することはできない。相原は、一九八四年に「アクション・ヒーロー」（双葉社）に連載した『ぎゃぐまげどん』で注目される。文庫版（二〇〇一年）の「あとがき」では自ら「異常とも思えるギャグの過剰さ」に触れているが、まさに「目一杯ギャグを詰め込」み、八〇年代の日常をアナーキーに茶化していく。新装版（一九八六年）には、後に共作する竹熊健太郎が、「万年床の思索者」を寄稿している。本作と出世作『文化人類ぎゃぐ』（双葉社、一九八六年）について、「ギャグ・マンガの体裁こそとってはいるが、東京という巨大なメガロポリスの狂騒に身を投じた一地方青年の、苦悩の書」であり、「独特のシニカルな観察眼に裏打ちされ」ることで、読者が「いい知れぬ恥ずかしさに襲われる」点に注目する。「モノがあふれてい」ようと「徹底的に孤独」であり、「いかにナウな風俗を扱おうと、結局のところは、四畳半と万年床を中心に動」くのだ。確かに、竹熊が絶賛する『ぎゃぐまげどん』の「Good-bye Virgin」は、女子大生作家・藤原亜衣子（相原のアナグラム）のきらびやかな恋愛模様を表す文章に、無様な男女交際の現実を漫画でぶつける。『文化人類ぎゃぐ』の「CITY BOY」では、「ショーシンショーメイのシティー・ボーイ」が「イナカ産のエセ・シティー・ボーイ」の生態を辛辣に批判するが、語り手も「エセ」であるもの哀しさが溢れる。相原作品は、消費社会に同化できないまま、自己内部に巣食う「エセ」にも敏感であり続ける。

その極北は、漫画自体を過激に分析・表現することをギャグにした、竹熊との共作『サルでも描けるまんが教室』（小学館、一九九〇～九二）である。漫画による日本征服を目指す「相原弘治（十九歳）」と「竹熊健太郎（二十二歳）」を主人公に据え、漫画入門書をパロディ化しながら、漫画雑誌やジャンルのお約束を可視化していく。注目したいのは、「ウケるエスパーまんがの描き方」の回である。「相原」は、「今やすっかり見る影もないが、おれの子供の頃夢中で読んでいた、あの忍者まんがこそが、これからウケる」と語る。だが「竹熊」は、「忍者まんがは、今のまんが界にも脈々と生きている」と驚かせ、「エスパーまんがに形を変えてな。」と畳み掛ける。ここで、コラム「忍者まんがはどうなったのか？」が挿まれ、『忍者武芸帳』の「非常識一歩手前の理屈に生命を賭ける忍者の美学」が「今のお子様」には通じず、六〇年代に「白土三平によって完成の域まで達した忍者まんが」は、七〇年代におけるユリ・ゲラーの来日とブルース・リー映画によって、「忍術の持つ神秘的ムードはオカルトエスパー物に、超絶的体技はカンフー物へと形を変え、二極分解し」たとされる。「相原」は、「努力がダサイ時代」には「努力のいらない忍者、すなわちエスパーものがウケる」と合点し、白土風のキャラクターが「テレポーテーション！」と叫ぶ場面を想像するが、「竹熊」は「スマートでカッチョいい「アニメ絵」に軍配を上げる。さらに「相原」の「で、カンジンの内容の方はアレか、やはり昔の忍者まんがみたいな……」という台詞を遮って「内容はないよ――!!!」と絶叫し、「エスパーまんが」は全て、秘められた力が覚醒し敵の頭を吹き飛ばす「イヤボーンの法則」だけで大丈夫だと豪語する。狂気を帯びた「竹熊」は、「イヤッ」と叫び自ら吹き飛ぶ。

二人はやがて「週刊少年スピリッツ」にいかにも少年漫画らしい画風で『とんち番長』を連載し始める。そのプロセスをギャグにし尽くすメタフィクションなのであるが、本作終了から時を経ずして、相原は、「とんち番長」と同型の顔である「ムジナ」を主人公にして、決して「エスパーまんが」ではない、いわばベタな「本格忍者浪漫画」を描き始めるのだ。だが、「ヤングサンデー」一九九五年六号（三月二十四日号）に第五巻の宣伝として掲載された「作者からの一筆啓上」からは、確かに八〇年代から持続する「万年床の思索」を確認することができる。

> ギャグ漫画家の宿命なんでしょうが、人がやらないことをやりたくなるのです。だから、連載開始当時はほとんど誰もが話題にすらしていなかった忍者漫画を始めたわけです。／もともと忍者漫画は好きで、白土三平さんの作品などを読みふけっていた。鉛を溶かして手裏剣つくってたくらいだから、よほど忍者そのものも好きだったんでしょう。／忍者の世界には、陰謀があり、裏切りがあり、死があります。これらはいずれも、感性にだけ頼る今の主流の漫画にはない要素です。

ここでは、「今の主流」に対抗する「カンジンの内容」として、白土の存在を意識しながら「陰謀」・「裏切り」・「死」を挙げたことに注目しておきたい。竹熊と共に漫画史をギャグによって一周した上で、それでも相原は忍者漫画を選び、九〇年代の青年誌に回帰させようとするのである。

二　死の描写に拘る

まず注目したいのは、単行本の各巻頭に掲げられている以下の文章である。

群雄割拠する戦国の世／その陰には／暗中飛躍する／忍者の姿があった／人知れず／死を賭して／闇から歴史を動かした／陰の男達／そんな秋霜烈日な宿命《さだめ》を／生きる彼らの中に／独り異端の忍者があった／彼の目的は只ひとつ／——生きぬくこと——

連載直前の「ヤングサンデー」一九九二年十四号（七月二十四日号）の予告カットには「黒装束が走る。草むらが揺れる。動乱の時代を個人の力量のみで生きぬいたプロ・忍者のすさまじい姿を堂々真剣勝負で描く!!」とあるので、忍者一般の「死を賭して」と対照させた「生きぬく」というキーワードは、早い段階で決まっていたはずだ。この文章は、『忍者武芸帳』巻頭を踏まえている。

群雄割拠する／戦国の世を／剣一筋に生きた／ひとりの兵法者が／生涯にただひとり／不思議な男にあった。／その男の名は／影丸!!／彼は何者か!?／そして何を目的に／生きているのか!?

ここで興味深いのは、神出鬼没の忍者・影丸の場合は、「目的」自体に焦点が当てられていることである。「ひとりの兵法家」の視点から「不思議な男」と評されているが、影丸は支配者からの任務を遂行する忍者ではなく、民衆の蜂起を指導したり織田信長の天下統一を阻み一向一揆と共闘したりするのだ。展開が進むにつれ、影一族という分身を従える正体が明かされていくが、遂に捕らえられ、信長の側近・森蘭丸の目の前で八つ裂きの刑に処される。しかし影丸は決して動じず、無声伝心の法を蘭丸に用い、『ムジナ』巻末に掲げられた言葉【図1】を、

図1　白土三平『忍者武芸帳』

信長に伝えさせたのである。そこには、「目的」を同じくする分身が後に続く限り、個々の死は乗り越えられ志は引き継がれるというメッセージが込められている。『忍者武芸帳』は同時代の安保闘争と結び付けられて語られ、さらに一九六六年、大島渚による映画が大ヒットし、六〇年代後半の全共闘では、この影丸の遺言が、学生運動家達の合い言葉の一つとなっていた（四方田犬彦）。しかし、『ムジナ』巻頭における「異端の忍者」の「目的」は、死を恐れぬ志とは対照的に、単に「生きぬくこと」なのである。それにも拘らず、なぜ、最終巻の巻末には影丸の言葉が引用されたのか。展開を追いつつ考えたい。

『ムジナ』は全六章で構成される。戦国時代末期、「フリーの仕事」を請け負う卍衆が暮らす卍の里が舞台である。卍衆は上忍・中忍・下忍からなる厳格な階級社会であり、掟を破れば家族も殺される。現在の首領・百日鬼《どめき》幻也斎は、卍衆に過酷な労働を強いる。主人公のムジナは、雲《くも》組の鉄馬《てつま》先生の元で修行中の少年である。同じ組には、実力はあるが暴力的で野心の強いサジや、幻也斎の息子で実力と人望を兼ね揃えているが甘さの残る陣内がいる。しかしムジナは、未だ力不足であることや、父親の下忍・ゴキブリが任務より自分の命を優先するという悪評によって、サジを中心としたグループから馬鹿にされている。補習を終えて家に帰れば、母親のアヤメがゴキブリを罵りながら、任務に失敗した場合は潔く死を選ぶ模範的忍者を目指してほしいと愚痴をこぼす。ムジナもアヤメの価値観を内面化している。このシーンは、どこか現代の家庭風景にも重なるように描かれている。

第一章は、幻也斎の発案によってゴキブリが囮に使われ、終に命を落とすまでが描かれる。出発前夜、ゴキブリはムジナを外に呼び出し、必殺の忍法・跳頭《はねがしら》を伝授する。これまでどんなに蔑まれても生き延びてきたのは、死ねば家族を守れないことを兄家族の悲劇によって知ったからである——。語り終えた後、ゴキブリは真剣な目で「生きぬいてやれ」と告げるが、後ろめたそうな表情で「愛する者をつくるな」と続け、ムジナを驚かせる。そして去り際、「母さんを頼んだぞ……」と呟く【図2】。先取りすれば、この遺言の真意をムジナが引き受けていく過程に、全六章を貫くモチーフがある。

だがそのためにも見逃せないのは、第一章・巻の三「でんでん太鼓」で描かれ

図２　相原コージ『ムジナ』１巻

る、ゴキブリによって殺された敵忍者の家族についての一コマである。ゴキブリの死闘を描く流れが中断し、「ここでちょっと、ゴキブリにその体をいいように利用されて死んでいった、この忍者の家族の方に視点を移してみよう。」とナレーションが入る。次のコマには、まるでアヤメのように出世を期待する妻と、でんでん太鼓を待ち望む子供の笑顔も描かれる。そして次のコマでは、でんでん太鼓をはみ出させた死骸が描かれ、漸くゴキブリの視点へと戻る。絶命する直前まで、ゴキブリは家族のことを案じ続ける。ただ、アヤメ・ムジナの立場と敵忍者の家族の間にはいかなる差異もなく、ゴキブリの悲劇を一方的に美化することはない。このエピソードに象徴されるように、『ムジナ』は忍者一般の死を複眼的に描く。

第二章では、ゴキブリの生き方に理解のあったシロベが、ゴキブリが囮に使われたことを伝えに訪れ、自分達が「使い捨ての駒」である事実に触れる。シロベは自由を得るため、家族を殺して抜け忍となる。雲組が追い忍に任じられ、ムジナは下剤を飲んで戦闘を避けようとしたがシロベと遭遇してしまい、跳頭によって辛くも倒す。だが卍の里でムジナを待っていたのは、ゴキブリの仇を討とうとして幻也斎に惨殺されたアヤメの死体であり、ムジナは幻也斎への復讐を誓い密かに修行に励む。第三章では、人質・満千代《まんちょ》の救出をめぐって雲組は強敵・百鬼衆《ひゃっきしゅう》と交戦、幻也斎が援軍の要請を断ったために鉄馬先生を含む雲組七人という多大な犠牲を払う。ムジナ・サジ・陣内は帰還するが、政情が急変したため、幻也斎は三人の目の前で満千代の首を落とす。サジは「使い捨てられたくなきゃ使う側に回」るしかないと、また陣内は「卍の里の狂った制度を改革する」しかないと決心する。ムジナは改めて、「自分の事しか考え」ず「生きて生きて生き抜」くことを誓う。

興味深いのは、百鬼衆との対決が激化していく中、ストーリーとは無関係に「実験シリーズ」が始まることである。それは「構図に凝ってみる」・「コマ割りに凝ってみる」・「講談調で描いてみる」・「そこで聴こえる音を入れ込んでみる」など、一話ごとに『サルでも描けるまんが教室』的趣向を凝らすが、忍者漫画のお約束であるアクション・シーンに滑稽さが加って、読者が作品に没入することを阻む異化効果を生んでいる。相原が徹底しているのは、第六章のクライマックス近くでも「実験シリーズ」を再開することである。殺し合う場面を一歩引いた距離から眺めることで、個々のキャラクターの死を娯楽として享受することに潜む不気味さが迫ってくる。また青年誌にお約束のエロについても、残虐な性暴力としてグロテスクに描写し、読者の要求に応えつつ、同時に醒めた視点を介入させる拘りがある。『ムジナ』は、忍者漫画が抱える暴力性から目を背けない。それは、暴力と死をスペクタクルとして回収する「イヤボーンの法則」に対する相原流の回答ではなかったか。

三　〝革命〟をめぐって

第四章以降は、雲組の生き残り三人と、新たに登場してムジナを夢中にさせる卍砦の下女・スズメを中心に展開する（スズメという名は、『カムイ伝』第一部で、非人のタブテを慕い続けて死んだ娘に由来するかもしれない）。陣内は労働条件改善のためのストライキを画策するが、先手を打たれ同志五人の命が奪われる。次に革命集団「赤い牙」を結成して父・幻也斎の抹殺を目指し、幻也斎の側近・彦一が同志に加わることで計画は一気に現実味を帯びる。前掲「作者からの一筆啓上」の続きを引用したい。

現在『ムジナ』は革命編に入っていますが、この〝革命〟という言葉もまた、今では風化しつつあります。だからいい。革命はいい。胸踊る響きだ。ムジナが革命に参加しないところなんかは俺っぽいけど。／さらに『ムジナ』には、なんらかのメッセージを込めたかった。〝メッセージ〟という言葉、これはフォーク世代の死語です。ダサイ。だからいい。メッセージはいい。新鮮な響きだ。

相原は、白土作品が熱狂的に受け入れられた六〇年代を踏まえつつ、あえて九〇年代に革命を対象化し、「メッセージを込め」ようとする。社会学者・見田宗介は、戦後から八〇年代にかけて現実の反対語が「理想→夢→虚構」へと変遷する点に注目している。現実を「理想」へと変えようとする革命運動は六〇年代の象徴といえるが、八〇年代に相原が格闘した自己内部の「エセ」とは、消費社会に浮遊する「虚構」のネガであったはずだ。

白土作品に、忍者社会の革命に焦点を当てた『ワタリ』（講談社、一九六五～七年）がある。村山知義『忍びの者』（理論社、一九六二年）の影響を受けた作品だが、白土の父・岡本唐貴はプロレタリア画家であり、戦前から村山と交流があった。第一部では、伊賀の里で勢力争いを続ける二人の有力な主領が同一人物であったというトリックを取り込み、さらに双方の第一側近も同一人物で、側近こそが真の支配者であるとアレンジし、「赤目党」による革命の過程を描く。第二部では、処刑を免れていた側近（真の支配者）の策謀によって、徐々に革命を起こした側の「理想」が内部から動揺していく過程を、第三部では、独立独歩であったワタリ一族の主領が伊賀上忍・服部半蔵にすり替わっていた顚末を描く。主人公のワタリは伊賀の里に対して傍観者的であることも多く、『忍者武芸帳』における影丸の「理想」への志とは温度差があり、革命の「理想」が「夢」に過ぎなかったような徒労感を抱かせる。呉智英は、「真の敵は物理的に存在」せず「真の敵は心の中に、それも自分の心の中に存在する」ことを形象化した本作の現代性を高く評価する。『ムジナ』は、『ワタリ』をベースにした物語構造を持つ。

陣内は、ストライキの失敗によって幻也斎との共謀説を噂され、身の潔白を証明するため、早合点からムジナを犯人として同志に差し出す。彦一が真犯人を教えたのでムジナは助かったが、陣内はスパイを刺し殺し、ムジナもサジ（実はスパイ）もその残酷さに驚く。ムジナはこの件による不信感を陣内に訴え革命運動から遠ざかるが、侮蔑の対象となる。陣内が率いる「赤い牙」は、いわば「理想」が孕む暴力性を体現する。呼び掛けに応じない者を殺し、卍砦の精鋭・奥目衆《おうめしゅう》の正体が幻也斎に洗脳された里の女達（サジの姉を含む）とわかっても、戦い殺し続ける。陣内は、幻也斎と刺し違えるつもりで体に火薬を巻き付け、多くの同志を失いながら討ち果たす。だが実は真の支配者の側近であった彦一が陣内を殺す。幻也斎は、真の支配者に対する本当の革命を起こすための準備をしていたのであり、その計画を阻止するために陣内は利用されたに過ぎない。際立つのは、どちらの革命が正しかったかどうかではなく、合せ鏡のような親子双方の暴力の同質性であり、その連鎖を蔭からコントロールする匿名の暴力から醸される不気味さである。ここで気付かされるのは、ムジナを模範的忍者に仕立て上げようとしたアヤメの呼びかけが、日常に溶け込んだカルトの外延として機能していた事実だ。極端な出世主義者であるサジは、真の支配者にとって都合良く主体化した潜在的な犠牲者ではなかったか。ひょっとこの面を被った真の支配者は、その場に居合わせたサジを傀儡《かいらい》の新首領へと指名し素顔を見せるが、読者には示されない。

この「革命編」は、同時代の空気を積極的に取り込もうとしている。追い詰めたはずの幻也斎を見失ったとき、陣内は「首領はここに居る！」と断言するが、そこで白土作品お馴染みのナレーションが入る。――「左様。国内の何処かに潜伏、或は国外逃亡まで囁かれていた麻原彰晃も、結局は第六サティアンに居たのである。」――第四章・巻の二十四「姉」は「ヤングサンデー」一九九五年十五号（六月二三日号）に掲載されており、三月二十日の地下鉄サリン事件発生・オウム施設への強制捜査からは三ヶ月程度、麻原逮捕からは一ヶ月程度しか経ておらず、しかもこの回において、幻也斎によるマインドコントロールの実態が明らかにされるのだ。次号の巻の二十四「神通力」では、姿を現した幻也斎が「神」を名乗り殺人術を用いることで、「赤い牙」を混乱と恐怖の渦に陥れる【図3】。この里の者同士が殺し合う陰惨なシナリオは、ややアイロニカルな革命讃歌であった「作者からの一筆啓上」（三月二十四日号）と相俟って、一九七二年の連合赤軍事件を想起させると共に、より本質的には、一九九五年の一連の出来事をなぞるのである。

事件への反応は、「ビッグコミックスピリッツ」（小学館）に連載中だった『一齣《ひとこま》漫画宣言』にも表れている。通常なら、旧弊打破を目指す漫画革命家・相原の一コマ作品と同志からの投稿作を載せる体裁だが、五十回記念の十九号（五月一日号）では、週刊

図３　相原コージ『ムジナ』６巻

誌記事風の見開きで「一齣漫画宣言失敗!?」とあおり、指導者・相原が、支部からの批判に追い詰められ「失踪」した経緯が記され、竹熊らしき「友人（A）」が、「この上は修行に精進して、一刻も早く、真実の相原君に戻ってもらいたい」というコメントを寄せる。二十・二十一号（五月八／十五日合併号）には「相原戦線復帰!!」とあり、マンネリズムの極致のような「正しい信仰で描いた新作」の他、発見された相原への取材も掲載されるが、いわゆるヘッドギアを装着し目を見開き、「エジソンや手塚先生など古今の偉人の脳波をインプット」する相原の写真が添えられた。二十二号（五月二十二日号）では、体裁は元に戻ったがコマの中に「作者急病のために休載させて頂きます」とのみ記し、巻末の作者の一言コーナーに「相原氏は本当に…大丈夫です……（担当）」と載せる。二十三号（五月二十九日号）では、巻末目次下の小さなコマの中、「芦原将軍」が血相を変えて「ハルマゲドンはやめーい!!」と叫ぶ。二十八号（七月三日号）は「麻原被告取り調べ想像図」のタイトルで、刑事達がメロンを激しく食べながら「麻原被告」を誘導尋問している。

当時の異様な報道合戦も含めたパロディだが、体を張って疑似イベントを演じ切り自己内部に毒を取り込む作風は、八〇年代から一貫している（これらのネタは、すべて単行本未収録となった）。竹熊も強く反応し、八月の「クイック・ジャパン」三号（太田出版）に自伝的評論「おたくとハルマゲドン」を発表する。竹熊は、その後の岐路は違ったにせよ、消費社会に「ニヒリズム」を感じ「社会とは別の価値観に逃避する」選択があった段階において、同世代のオウム幹部と自分に差異はないことを強調する。社会学者・大澤真幸は、見田の時代区分を精緻化し、「理想」の時代の極限として連合赤軍事件を、「虚構」の時代の極限として地下鉄サリン事件を位置付け、既存の価値を全否定するメカニズムを明らかにするが、サリン散布という徹底的な無差別性を手掛かりに両事件の差異を分析しており示唆に富む（大澤a）。『ムジナ』第六章で描かれる卍の里の「根切り」には、まさに際限なき暴力の無差別性において、「理想」に支えられた革命騒ぎとは異質な不気味さが充満している。

四　〝偶有性〟を生きぬくこと

新首領に収まったサジは、父親が真の支配者の秘密を知ったために殺されていた事実を、犯人を探し続けた母・オタカから伝えられる。犯人・彦一によって致命傷を負ったオタカを楽にするため自ら手にかけるが、姉に続き家族全員を失ったサジは、首領就任式において、真の支配者はうつけ者として里中を徘徊している外吉（第一章冒頭から登場する、白土三平『カムイ伝』の小六のパロディ）であると暴露して討ち取り、漸く本当の革命が成就したことを仲間と祝い合う。だが外吉は死んでおらず、突如、伊賀忍軍が里の者を老若男女問わず殺し尽くす「根切り」が始まる。外吉の正体は伊賀上忍・服部半蔵であり、徳川家の天下統一を助ける最も効率的な手段として、里へと集まる重要機密を傀儡の首領から受け取っていたが、そのシステムが壊れたため、存在ごと消滅させようというのだ。

そもそも、なぜ卍の里は、半蔵が直々に監視する対象に選ばれたのか。条件が合致したとはいえ、他の里でもありえたはずなのに、偶然にも卍の里であったという違和感は残り続ける。それは例えば、無数のプレイヤーが、任意の里から効率的に情報を取り出す腕を競い合うゲームのように想像できる［▼6］。千田洋幸は、社会学者・宮台真司や大澤が地下鉄サリン事件・阪神淡路大震災等を語る際に多用した「偶発性／偶有性（contingency）」の概念が、「個々の存在の必然性と固有性とを暴力的に剥奪し、個人の交換可能性をあらわにする役割を果たす」点で、「九〇年代を生きる主体がかかえていた問題」を多様な文化ジャンルから析出する可能性を指摘している。ただ『ムジナ』においては、「バブル後の不景気が本格化し、若年層に非正規雇用労働が広がるような状況を、ムジナの置かれた忍者社会では掬い取ることができなかった」（九龍）という鋭い批判もある。だが、白土作品の「理想」との距離を意識しながら、日常に浸透するカルトから「根切り」の無差別性に至るまで、個々のキャラクター達が苛烈な偶有性に直面する危機を形象化した相原の挑戦は、その不気味なリアリティと共に記憶されるべきではないか。

最後に『ムジナ』に込められた〝メッセージ〟に迫りたい。アヤメの死後、ムジナはゴキブリの遺言を利己的に生き延びることと解釈し、その点ではサジと合せ鏡であり、半蔵にも見込まれていた。そしてスズメに恋した後も、自分の命を優先する態度を取ることもあった。しかしスズメは、言い寄り始めるサジとの決定的な差異——ムジナだけが逆上したサジが浴びせるような「幼い頃より何度も何度も深く傷ついてきた言葉」（明示されないが、スズメが唖者であることに関係するかもしれない）を一度も口にしなかったこと——を心の支えにする。スズメはその想いを自覚した上で、自分を乱暴に扱うサジが、家族を失った痛みや孤独のために安らぎを求めていることに感応し、サジを庇って半蔵に捕らえられる。一方、彦一を倒したムジナは、記憶を失い一旦は自由の身を満喫するが、ゴキブリの遺言の真意に心を揺さ振られ、スズメを助けるために阿鼻叫喚の里へと急ぐ。

伊賀忍に変装したムジナは、卍砦の下男・ガンモを斬らなければならない極限状況に陥る。ここでは、卍砦で働くガンモ／ムジナ／スズメをめぐる偶有性と、忍者修行時代のガンモ／ムジナをめぐる偶有性が交錯する。いわゆる落ちこぼれのガンモは、同じく居残り組だったムジナに親しみを感じていた。ところがムジナは、出世主義のアヤメや他の修業仲間の目を気にしてガンモを疎んじ、驚いたガンモによって指に怪我を負わされる。逆上したムジナはガンモが深く傷つく言葉で罵り、ショックを受けたガンモは左手を切り落とし謝る。忍者への道を閉ざされたガンモは下男となるが、殺したり殺されたりしない境遇に導いてくれたムジナに感謝の念を伝えた。――スズメがムジナに寄せる信頼の源は、この癒えない過去の悔恨に始まっていたはずだ。だがまさに今、ムジナに気付き笑顔で走り寄るガンモを、自分の命のため、スズメ救出のために、伊賀忍に成りきって斬り捨てる。「根切り」に加担したことで、伊賀忍／ムジナの境界は消し飛ぶ。ゴキブリの遺言の真意が、最も酷薄に突き刺さる瞬間であり、ムジナは、スズメとの絆の根となったはずの存在であるガンモさえ犠牲にしなければならなかったという価値判断の極限を心臓に刻み込んで、「愛する者」の救出に向かわなければならない。一方、サジは、卍の里で生まれ育った過去を振り返り、出世主義の根であったはずの家族を誰も守れなかった自分を責め、その刹那スズメの安らぎを思い出し、同じく救出に向かう。死闘の最中、半蔵から里自体が「使い捨ての駒」に過ぎなかった事実を知らされたサジは、初めて涙を流す。そして、影丸の最期の言葉のように、革命の「理想」に燃えた陣内の志はサジに引き継がれ、サジに芽生え始めた「愛する者」への想いは、ムジナへと託される【図4】。分身のようなサジ／ムジナの運命の岐路は、紙一重でしかなかった。ただやはり相原の「シニカルな観察眼」は、このクライマックスに及んで半蔵が「エセ」であった可能性を仄めかし、読者に徒労感と虚脱感を与え続けていく。

「生きぬくこと」が生み出す暴力を、自己内部にある根として批判的に分有すること。おぞましい痛みを抱えながら、スズメは

図4　相原コージ『ムジナ』9巻

「愛する者」と共に、「愛する者」を持ち得る敵を殺す。最終回のタイトルは、雑誌では「愛」であったが、単行本では「ＨＡＰＰＹ ＥＮＤ」に改められた。コマ割りも、見つめ合いながら笑顔で近づくそれぞれのアップのカットは、「遠くから」二人が近づいていく様子を静かに眺めるような視点へと変更され、読者さえ二人の眼差しに触れることはできない。ムジナが、この先いつまで生きたのかは示されない。致命傷を受けているようにも見えるし、少なくとも生殖能力は失われているかのように描かれており、ムジナは不可逆的な暴力を被った身体をスズメの前に曝している。だが、二人に「遠くから」陽光が降り注ぐ瞬間、その後の生／死を包み込んだ、本作の「ＥＮＤ」（目的）は力強く刻印されたのではなかったか。「只ひとつ」の「目的」を選び分有した、同じ穴のムジナ達からのまばゆい〝メッセージ〟が、その一瞬を通して、確かに新たな忍者漫画の読者へと届けられたのである。

注

▼1 小山ゆう『あずみ』（第一部）は、「ビッグコミックスペリオール」（小学館）にて一九九四年～二〇〇八年まで連載、江戸初期から幕末へと舞台を移した『AZUMI』（第二部）は、同雑誌にて二〇〇九年から連載、現在も継続中。

▼2 岸本斉史『NARUTO』は、「週刊少年ジャンプ」（集英社）にて一九九九年から連載され、現在も継続中。岸本は、同雑誌に一九九三年～五年まで連載された桐山光侍『NINKU－忍空－』から多大な影響を受けたとされる。

▼3 『伊賀野カバ丸』は、「別冊マーガレット」（集英社）に一九七九～八一年まで連載。

▼4 細野不二彦『さすがの猿飛』は、「増刊少年サンデー」（小学館）にて一九八〇～四年まで連載。

▼5 白土三平『カムイ伝』第一部は、「月刊漫画ガロ」（青林堂）にて一九六四～七一年まで連載、第二部は「ビッグコミック」（小学館）にて一九八八～二〇〇〇年まで連載、第三部は未定。『カムイ外伝』第一部は、「週刊少年サンデー」（小学館）にて一九六五～七年まで不定期連載、第二部は「ビッグコミック」（小学館）にて一九八二～七年まで連載。

▼6 相原は『ムジナ』連載と並行してスーパーファミコン用ＲＰＧ『イデアの日』（ショウエイシステム 一九九四年）制作に携わっている。

参考文献

・相原コージ・（インタビュー）大西祥平「作家の方法論・メガヒット作家ロングインタビュー 相原コージ」（京都精華大学情報館編「Ｋｉｎｏ」第1号 河出書房新社、二〇〇六年）
・相原コージ・竹熊健太郎・ゲームフリーク『相原コージのゲームデザイナーへの道 イデアの日必勝攻略法』（双葉社、一九九四年）
・上野昂志「マンガを揺らすマンガが登場した」（絓秀実編『思想読本11

1968』作品社、二〇〇五年）
・大澤真幸a『増補 虚構の時代の果て』（初形一九九六年、ちくま学芸文庫、二〇〇九年）
・大澤真幸『不可能性の時代』（岩波新書、二〇〇八年）
・荻野アンナ「猫に小判、サルに漫画―相原コージ・竹熊健太郎「サルでも描けるまんが教室」」（「新潮」第八八巻二号、一九九一年）
・尾崎秀樹編『白土三平研究』（小学館、一九七〇年）
・北田暁大『嗤う日本の「ナショナリズム」』（NHKブックス、二〇〇五年）
・九龍「90年代発現役カルト 最強は誰だ？人類最強を越え、生物界最強に挑む！相原コージ『真・異種格闘対戦』」（『洋泉社MOOK 偏愛!!カルトコミック100』洋泉社、二〇一二年）
・呉智英「真の敵は心の中にあり」（白土三平『ワタリ 壱』小学館文庫、一九九八年）
・竹熊健太郎『私とハルマゲドン』（初形一九九五年、ちくま文庫二〇〇〇年）
・千田洋幸「一九九〇年代における〝偶有性〟のゆくえ―村上龍、村上春樹、そして庵野秀明―」（「日本近代文学」第八二集、二〇一〇年、『ポップカルチャーの思想圏―文学との接続可能性あるいは不可能性』おうふう、二〇一三年）
・中西新太郎編『1995年―未了の問題圏』（大月書店、二〇〇八年）
・見田宗介「夢の時代と虚構の時代」（初形一九九〇年、『定本 見田宗介著作集Ⅳ 生と死と愛と孤独の社会学』岩波書店、二〇一一年）
・宮台真司『終わりなき日常を生きろ』（初形一九九五年、ちくま文庫一九九八年）
・毛利甚八『白土三平伝―カムイ伝の真実』（小学館、二〇一一年）
・森秀人「白土三平の新ヒロイズム批判」（『革命とユートピア エリート18人の思想批判』芳賀書店、一九六九年）
・四方田犬彦『白土三平論』（初形二〇〇四年、ちくま文庫、二〇一三年）

図版出典

図1 白土三平『忍者武芸帳』九巻（下）一一〇頁（小学館、一九七一年）
図2 相原コージ『ムジナ』一巻三十七頁（小学館、一九九三年）
図3 相原コージ『ムジナ』六巻九十三頁（小学館、一九九六年）
図4 相原コージ『ムジナ』九巻一六九頁（小学館、一九九七年）

3

海外からみた忍者

今や海外でも広く存在を知られている「Ninja」。
この謎多き存在を、海外ではどのように受容しているのだろうか。
忍者を通して自国を、そして日本をどのように捉えているのか。
アメリカ・ロシア・中国の事例をみてみよう。

Ninjaになった日本の忍者

井上稔浩●Inoue Toshihiro

現代のアメリカ映画に登場するNinjaたちは西部劇のガンマンに始まる歴代のバトルヒーローを源流に持ちつつ、アメリカに特有なヒーローとしての特質を与えられている。すなわち彼らはアメリカがヨーロッパから決別して成立した歴史と重ねられ、過去を持たない孤児としてヨーロッパを表象する父親を敵として戦うべく運命付けられているのである。アメリカとアメリカ人は常に自分たちの意味を映画の中に求めてきたが、忍者は不可知な存在であるがゆえに、それだけ彼らのイマジネーションを刺激可能であり、アメリカの国民性に合致すべく作り変えられて映画の中に表象されているのである。

1

五十七年の間お前の話を語ってきた。

誰も信じなかったが、お前は本当に存在したんだ。

(『ニンジャ・アサシン』より)

二〇一三年一月、アルジェリアでイスラム系テロリストによる不幸な人質事件が発生した。この事件に際して、人質救出のためにアルジェリア軍が投入した特殊部隊は"The Ninjas"と名付けられていた[▼1]。この他にもインドネシアやコンゴにも"Ninja"という武装集団が存在するのだが、まさに日本の忍者という超人の姿は、現代においても世界中で形を変えて引き継がれているのだと言えそうである。

一方、アメリカ映画の世界においても「忍者」は大活躍を見せており、実に数多くの忍者映画が制作されている。ただし一九八〇年代のアメリカにおける忍者映画は、明らかに低予算

The Ninjas

で安易に制作されたものを数多く含み、それだけ駄作も多いのが実際である。特に一九九〇年代になるとタイトルだけをそれ以前のヒット作から一部を借用し、単に形式的に主人公が忍者として設定されているに過ぎないものまでが登場してくる[▼2]。

しかしながら二十一世紀にかけては、それまでとは質的に異なるいくつかの忍者映画がアメリカで制作されている。ウェズリー・スナイプス主演の『ブレイドI』(1998)、レイン主演の『ニンジャ・アサシン』(2009)、スコット・アドキンス主演の『ニンジャ』(2010)がそれである。特に『ブレイドI』は『ブレイドII』(2002)、『ブレイド:トリニティー』(2004)とシリーズで制作されており、三作合わせて全世界で四億ドル以上を売り上げている[▼3]。また『ニンジャ』においては前作と同じくスコット・アドキンスを主演として、アメリカでは二〇一三年七月にシリーズ二作目となる『ニンジャII』が公開されている。本稿においてはこれらの忍者映画を取り上げ、アメリカのNinja[▼4]たちがそこでどのように表現されているか、そして彼らはアメリカの中でどのような機能を持っているかについて考察していきたい。

2

最初にアメリカ映画に登場するNinjaたちがアメリカの映画史の中でどのような場所に位置するかを確認するために、簡単にアクション映画におけるバトルヒーローの変遷をたどっておきたい。アメリカで最初に作られた映画は一九〇三年の『大列車強盗』という十二分ほどの西部劇であった。これ以来、例えばクリント・イーストウッドの『荒野の用心棒』(1964)に至るまで、アメリカ映画のヒーローといえば、ジョン・ウェイン(1907-1979)らに代表されるガンマンであった。

ところでこうした西部劇では、例えばいわゆるインディアン等は典型的な悪者として扱われている場合が多く、正義の味方は白人男性だけという一方的な描かれ方がほとんどであっ

『大列車強盗』公開時のポスター

た。しかしながら一九七〇年代に入って、アメリカでフェミニズムが台頭してくると、有色人種等のマイノリティの権利も擁護すべきものとして、それまでの白人男性中心主義的な西部劇は特にハリウッドでは作りにくくなってきたのである。

そこで次にアメリカ映画を席巻したのがブルース・リー（1940-1973）に代表される徒手格闘技を主体とするカンフー映画であった。彼を主役とする『燃えよドラゴン』（1973）がハリウッドで大成功を収めるとブルース・リー、そしてカンフー映画というジャンルは一躍アメリカ映画の第一線に躍り出ることになった。彼を主役とする映画は『燃えよドラゴン』の他に『ドラゴン危機一発』（1971）、『ドラゴン怒りの鉄拳』（1972）、『ドラゴンへの道』（1972）、『死亡遊戯』（1978）の四作品があるが、不幸なことに『燃えよドラゴン』がアメリカで公開されるそのひと月前に、すでにブルース・リー自身はこの世の人ではなくなっている。しかしながら彼のカンフーはアメリカ人のイマジネーションの中では実際の史実とは無関係に日本の忍者と結びつき（Cummings, 164）、カンフーアクションと剣術をメインにしたショー・コスギの忍者映画へと引き継がれていくことになる。

ショー・コスギを一躍アメリカのアクションスターの座へと押し上げたのは『燃えよニンジャ』（1981）であったが、その原題は *Enter the Ninja* であり、明らかにブルース・リーの『燃えよドラゴン』の原題、*Enter the Dragon* のタイトルを意識したものであった。しかし彼は『ニンジャII：修羅ノ章』（1983）以降、主役として全米で次々と忍者映画をヒットさせ、日本人唯一の百万ドルス

【アメリカアクションヒーローの変遷】

60年代まで／西部劇（ジョン・ウェイン）↓70年代／カンフー映画（ブルース・リー）↓80年代～／忍者映画（ショー・コスギ）

『騎兵隊』(1959)

『燃えよドラゴン』

『燃えよニンジャ』

ターとしてハリウッドで不動の地位を築いていく。つまり今回取り上げようとするNinjaたちは歴代のアメリカのバトルヒーロー、すなわちガンマン、カンフー、ショー・コスギの忍者らの延長線上にあると考えて間違いないのである。

3

さて今回取り上げるアメリカの忍者映画の特質を解明するために、『ニンジャ』から、ケイシー・ボウマン（Casey Bowman）に登場してもらうことにする。彼は幼少期より日本の武田道場に預けられ、忍者に育てあげられた若者である。ここで我々が注意を向けなければならないのは、彼がどのような背景を持って映画に登場してくるかである。

「教えてくれケイシー。なぜ君のような若者が日本の道場に？」
「白人なのに？」
「ああ、珍しいと思ってね」
「お話します。海兵隊員の父と一緒に沖縄に移住しました。でも父と母は不仲になり、母は僕を置いてアメリカに帰国しました」
「かわいそうに」
「原因は父の酒癖です。母は限界でした。僕が十二歳の時、父は自殺しました。その後、知人の紹介で武田先生に預けられました。以来お世話に。昔のことです」

例えばアメリカ文学の中でも、父親というのは「ろくでなし」として描かれている場合が多く、マーク・トウェイン（Mark Twain, 1835-1910）の『ハックルベリー・フィンの冒険』（*Adventures of Huckleberry Finn*, 1855）においても、フィンの父親はケイシーの父親と同様にアル中であり、フィンは孤児も同然である。ケイシーも両親を失った孤児として映画に登場してくるのだが、孤児という設定は彼のためだけにではなく、『ニンジャ・アサシン』の主人公である雷蔵やブレイドにも用意されているのだ。

ここで重要なのは、アメリカのヒーローとしてのNinjaたちが孤児として表象されているのは、アメリカという国の歴史に起源があるということである。アメリカは主にヨーロッパからの移民によって十八世紀にでき上がった人工国家であり、彼ら初期の移民たちは政治的、あるいは経済的、宗教的理由から祖国ヨーロッパを捨て、新大陸にやってきた人々である。この意味において、「歴史の孤児たち」によって作られたのが新天地アメリカであったのである。

ここでもう一度ケイシーと彼の宿敵マサヅカに登場してもらうことにしよう。マサヅカは武田道場の宗家を引き継ぐという野望を持っており、ケイシーを倒して宗家の証として武田家に伝わる鎧櫃を手中に納めることを目論んでいる。


「何だ、マサヅカ」

「母親を思い出すのは辛いだろう」

「過去のことだ」

「人は過去を切り離すことはできない。先祖から継承した伝統や、両親の存在もな」

「何がいいたい」

「私は伝統を受け継いできた。だがお前には自分を捨てた母親の手紙と、酒におぼれて自殺した父親の記憶しかない」


ここで強調されているのは、マサヅカが歴史の中に自らの位置を確保しようとしているのに対して、両親を失い過去から切り離されたケイシーはどこにも帰属する場所がないということである。

次に引用するのは『ニンジャ・アサシン』で雷蔵を演じたレインの言葉であるが、彼は二〇〇八年のクレイブ・オンラインのインタビューにおいて「あなたが演じているのは伝統的な日本の忍者か」という問いに対して「いいえ、実際に私が演じているのは通りで拾われた孤児ですので、実際の日本の忍者とは違います。むしろ国際的なアジアの孤児のようなものです」と答えている[▼5]。そう言えば『荒野の用心棒』においても主人公であるジョー（Joe）のあだ名は「名無しの男」（the man with no name）であり、歴史に接続される名前を彼は持ってはいない。

　以上のことから、アメリカのNinjaがヒーローとして活躍するためには、「孤児」としてアメリカが辿ってきた歴史上のモチーフを背景に持つ必要があるのだと言えそうである。言い換えるなら過去から切り離された「孤児」として描かれることによって、彼らNinjaたちはヒーローとしてのアメリカ、そしてアメリカ人を表象できるのだと考察可能なのである。

4

　さらに「孤児」と同じくらい重要なアメリカの忍者映画におけるもう一つのモチーフを別角度から考えておきたい。日本でも忍者の活躍というのは、その徒手格闘技を主体とする卓越した身体能力と、忍者刀や手裏剣といった特殊な武器で敵を倒すというところにあり、こうした忍者の特殊能力が彼らの魅力の中心であることはおおよそ間違いない。ブレイドの場合も日本の忍者のイメージによくあるように全身を黒装束で固め、顔を隠す為に暗がりでも彼のトレードマークであるサングラスをかけている。そして彼は銃火器だけでなく徒手格闘技と背中に携えた刀、そして手裏剣を用いてヴァンパイアと戦うのだ。

　しかしブレイドシリーズで重要なのは、単にブレイドの戦い方が日本の忍者のそれである、というだけではない。我々が最も注意しなければならないのは彼の映画の中での提示のされ方である。クリス・クリストファーソン（Kris Kristofferson）扮するウィスラー老人（Abraham Whistler）は『ブレイドI』の中でブレイドの出生の秘密について次のように語っている。

「彼が十三歳の時だ。街でホームレスを襲っては血を吸ってた。血に飢え始めたのは思春期からだ。俺は吸血鬼だと思って殺そうとしたよ。だが彼は違った。彼を妊娠中にお袋さんが吸血鬼に襲われ、彼だけが助かった。だが不幸にも遺伝子が変化してね。ニンニクも銀も日光も平気だが生命力の強さは奴らと同じだ。これくらいの傷なら明日にはすっかり治る。だが年の取り方は人間と同じ。奴らは人間より遅い。気の毒に血に飢えるのは彼は奴らと同じだがね。」

ここで重要なのはブレイドが人間とヴァンパイアとのハイブリッドとして、すなわち片方では人間を母親に持ちつつも、同時にヴァンパイアの遺伝子を父親より受け継いでいると設定されていることである。『スター・ウォーズ エピソード4』においてもルーク・スカイウォーカー（Luke Skywalker）の敵は父親のダース・ベイダー（Darth Vader）であったが、ブレイドの場合も自分にヴァンパイアの遺伝子を与えた父親が敵として設定されているのである。そして彼らが何故それぞれの父親に敵対しなければいけないかという点については、それぞれの物語とアメリカの歴史の中で理解されなければならない。

ダース・ベイダーが銀河の悪の枢軸であるパルパティーン（Palpatine）を皇帝とする銀河帝国に仕えているということ、あるいはヴァンパイアがヨーロッパに起源を持っていることから、彼らはアメリカが共和国として成立するために切り捨てた旧世界としてのヨーロッパを表象しているということは容易に想像可能である。『ニンジャ』の中でもマサヅカは血筋と歴史を重要視していたが、ブレイドシリーズにおいても純血のヴァンパイアの間では血筋、つまり歴史が重要視されている。すなわちアメリカの成立がヨーロッパと決別した関係にある以上、血筋の元となる父親の存在をアメリカのNinjaたちは何としても否定しなければなら

『ブレイドII』

ないのだ。ブレイドが遺伝子上での父親としてのヴァンパイアを敵とするのはこのためなのである。

　同じモチーフを『ニンジャ・アサシン』の中で確認しておこう。映画の最終場面において「お前はやはり、今でも小角《オヅヌ》の一族だ」

ダース・ベイダー
（帝政ヨーロッパ）

ルーク・スカイウォーカー
（共和国アメリカ）

と雷蔵に向かって言い切る師匠の小角は、「父親」としての自分に「許しを請う」ことを雷蔵に求める。その結果繰り広げられるのは死を賭けた壮絶な一騎打ちである。

「ここにこれほどの損害が出たのは、お前が自分の家族を裏切ったからだ」
「俺の家族じゃない。あんたは父じゃない。あんたを殺して初めて俺の本当の人生が始まる」

　ここで繰り返し強調しなければならないのは、雷蔵の物語はブレイドシリーズと同じく、父親としてのヨーロッパに打ち勝ってアメリカが成立したというアメリカの歴史的経験をベースに展開しているということである。結局のところアメリカ映画のNinjaたちは、エディプス神話に出てくるような「父親と息子」の戦いの物語の中で、父親殺しとして登場してこなければならない、ということなのである。

5

　さて、今一つアメリカの忍者映画で特徴的な点をピックアップしておかねばならない。それは既に指摘した通り、ブレイドが人間とヴァンパイアの中間に位置するという点についてである。敵のヴァンパイアを倒すだけであれば、ブレイドと共に戦うウィスラー老人が普通の人間であるように、ブレイドも単純に忍術を身につけた人間であってもいいはずである。だが映画ではわざわざブレイドを人間とヴァンパイアの混血という中間的存在、別の言い方をするならば人間とヴァンパイアのどちらにも帰属しない存在として描いているのである。『ニンジャ』においてもケイシーは西洋世界にルーツを持つ白人でありながら、その一方では武田道場に伝わる武道の神髄、すなわち東洋の心を受け継ぐ者として、西洋と東洋の中間に位置する存在として映画に登場してきている。

少し結論を先走って言えば、こうした彼らNinjaたちが持つ中間性、そして帰属する場所をどこにも持たないというディアスポラ的性格の源流は、レオ・マークスによって提唱された、「中間的風景」という極めて特殊なアメリカ的概念にあるのである(Marx, 23)。この「中間的風景」とは、アメリカが新大陸を開拓するプロセスの中で発生してきた、ある種の理想状態を意味したものである。マークスによると、文明世界というのはアメリカにとってヨーロッパ世界がそうであったように、堕落の一途を辿る悪の世界であり、アメリカ人はそこから常に逃れ続けなければならない。しかしその一方で、彼らが新大陸において未開拓の、まったくの荒野の世界に住むことも不可能である。従ってアメリカ人は、常に悪としての文明世界と、未来の可能性のある荒野の中間にあり、同時にそれら両方の世界を超越した理想空間を目指すべく運命付けられているというのだ。従ってブレイドやケイシーが持つ中間性はある意味アメリカの開拓史上において存在したと仮定される、アメリカの理想状態を表現するためにディアスポラとして映画に表象されていると考えられるのである。

しかしこうしたアメリカの歴史を背負ったブレイドやケイシーらNinjaたちは、その存在のあり方から常に根無し草的な存在とならざるを得ない。そう言えば『シェーン』(1953)のラストシーンにおいても、ジョーイ(Joey Starrett)の"Shane! Come back!"というあの有名な問いかけにもシェーンは応えることはできず、ワイオミングの山へと消えて行った。ここで話をアメリカのNinjaに戻して、彼らが何故根無し草的存在として描かれねばならないかを考えると、ある一つの重要なポイントが見えてくる。一言で言うなれば、彼らアメリカのNinjaたちは、シェーンがそうであったように、「救済者」としての責務を負わされているがゆえに、根無し草的な存在として映画の中に描かれる必要があるのである。

これも再びアメリカ成立の歴史的観点から考えると、アメリカの第七代大統領のアンドリュー・ジャクソン(Andrew Jackson, 1767-1845)時代の「マニフェスト・デスティニィ」(Manifest Destiny「明白なる運命」)という概念からアメリカのNinjaの役割を説明することが可能だと思われる。マニフェスト・デスティニィとは白人によるアメリカのインディアンの制圧と西部開拓を正当化するための理念であり、アメリカは合衆国の拡張、すなわち新大陸の文明化を天命であり神の意思であるとみなしていた（Weinberg）。

ここではジョン・ガスト（John Gast, 1842-?）が描いた『アメリカの進歩』（*American Progress*, 1872）に拠りつつ、Ninjaとマニフェスト・デスティニィの関係を考察しておきたい。ガストの絵の中で女神が左手に持っている電線、背後の大陸横断鉄道は文明を象徴するものである。そして彼女の右手には理性を象徴すると考えられていた書物、すなわち聖書を見ることができる。そして絵全体が右から左へ、つまり東から西への開拓の動きを表現しており、絵の左下には白人に追われるインディアンが描かれている（Stacy, 166）。

『シェーン』

『アメリカの進歩』

つまり開拓当時のアメリカ人にとって、新大陸に彼らが到来する以前から住んでいたインディアンは邪教を信じる異教徒であり、アメリカ人は彼らをキリスト教によって「救済」するために外部からやってきた人間、すなわち「よそ者」であったわけである。しかし彼らには自分たちは単なる侵略者ではなく、新大陸に理性と秩序をもたらすという自己認識、自己正当化が必要であった。そのためにインディアン浄化、ひいては新大陸の浄化は決して彼らの意思によるものではなく、「天命」として神の意思を代行するものだと措定する必要があったのである。ガストの絵に描かれている女神、そしてその手にある聖書はこのことを如実に物語っているのである。

ここで我々はケイシー、雷蔵、あるいはブレイドも自らの意思でNinjaになったのではない、ということを思い出す必要がある。ケイシーや雷蔵は孤児としてそれぞれの道場に拾われなければ忍者になることはなかったはずである。ブレイドも母親がヴァンパイアに襲われなければ特殊能力を身につけることはなかった。しかし彼らは、まさしく自らの意思とは別のところで、「天命」によってNinjaとして成長し、敵と戦うことを運命付けられているのである。そして同時に、かつて西部に平和と秩序をもたらすために活躍したガンマンたちが、あるいは新大陸にやってきたアメリカ人が元来は「よそ者」であったように、アメリカ映画のNinjaたちも「救済者」として活躍するためには根無し草的、かつ「天命」を背負った「よそ者」である必要があったのである（Donohue, 55）。彼らがディアスポラとして映画に登場してくるのはこのためであると言っていい。

6

さらに見逃してはならないアメリカ忍者映画の特徴を紹介しておこう。一九七〇年代のブルース・リー主演のカンフー映画、あるいは後述する一九八〇年代のアクション映画ではよく見られるシーンであるが、アメリカの忍者映画においても主人公の肉体美、そしてその技の完成度を強調する場面は映画のどこかに必ず挿入されている。『ニンジャ』や『ニンジャ・アサシン』においても、主人公のNinjaたちの徒手格闘技を主体とする強い男性性は画面いっぱいに表現されている。西部劇のいくつかにおいてもガンマンの入浴シーンにおいて彼らは裸体を晒しつつ、その中で当時では男性性を象徴する葉巻を吸っていた（川本 69-70）。

西部劇のガンマンたちは自分の力だけを頼りに何かを成し遂げるという点において、アメリカ建国以来アメリカに特有な「セルフ・メイド・マン」（Self-Made Man「自助努力の人」）というアメリカの理想を体現しているのだが（Catano）、確かに開拓時代の辺境の地において荒野を農場へと開墾し、そこを外敵から守るには血筋や家柄等は役には立たなかったであろう。そこで頼れるのは個人の力と勇気だけだったのであり、この点においてアメリカのNinjaたちも、自らのたゆまぬ努力で超人的な肉体と技を手に入れ、そしてたった一人で悪に立ち向かっているのである。R・W・B・ルイスは早くに十九世紀のアメリカ文学の中に、こうしたアメリカ的な独立自彊の人間像が描かれていることを指摘しているが（Lewis）、アメリカのNinjaたちはその肉体美とNinjaとしての技を通じてアメリカ古来の理想的な人間としての「セルフ・メイド・マン」を表現している、ということになるのである。

しかしアメリカのNinjaたちの極めて強い男性性は、従来のそれとある一点において異なるのだということは強調しておかねばならない。『ニンジャ・アサシン』の中で、警察に捕らえられた雷蔵を監視カメラでモニターしている警官は彼について「この男、殺人マシーンというよりアイドル歌手に見えます」と表現している。実際に雷蔵を演じるレインは韓国のアイドルスターであり、彼のホームページには映画の中で彼が見せる激しいアクションとはかけ離れた、どことなく女性的なイメージ漂う写真が載せられている【▼6】。西部劇でのガンマンの活躍や、例えば『コナン・ザ・グレート』(1982)や『ランボーIII：怒りのアフガン』(1988)で表現されていた男性性が、白人男性を中心とするアメリカのそれまでの覇権主義に直結することは明らかである。だが例えば『ニンジャ』において活躍するのは白人のケイシーだけでなく波子、すなわち日本人女性も含まれており、映画の最終場面では宗家は恐らくは二人で継ぐであろうことが示唆されている。また指摘するまでもなくブレイドは黒人であり相棒のウィスラーは白人であるが老人、雷蔵は東洋人でありヒロインのミカ(Mika Coretti)を演じるナオミ(Naomie Harris)は黒人女性である。

すなわち彼らアメリカのNinjaたちは共演者を含めて、それまでアメリカ映画の中で描かれてきた白人男性中心の覇権主義的な男性性を自ら打ち消す要素をも持たされているのである。かつての西部劇や一九八〇年代のアクション映画においては、ヒーローに自分たちの理想の姿を容易に重ねることができたのは白人男性だけだったかも知れない。しかし今回取り上げたアメリカの映画の中のNinjaたちは、白人男性だけでなく多様なアメリカ人の鏡として、彼らの姿を表象することが可能であると推察できるのである。

↑『ランボーIII：怒りのアフガン』

←『コナン・ザ・グレート』

ケイシー

レイン

7

最後に何故これほどまでにアメリカで忍者がもてはやされるのかについてはさらに一言付け加えておかねばならない。本稿の冒頭に引用した『ニンジャ・アサシン』のオープニングクレジットでの刺青師の台詞からは、忍者があくまで神秘に包まれた闇の存在として認識されていることが理解できる。実際の日本の歴史においても忍者の活動は隠密行動が主体であったがために、彼らは決して歴史の表舞台に出ることはなかった。それだけ忍者は謎の存在としてアメリカ人のイマジネーションをさらにかきたてることが可能だったことは想像に難くない。常に自らの姿と意味をアメリカ、そしてアメリカ人は映画の中に探し求めてきたが、そうした彼らにとって日本の忍者は不可知であるだけに、「アメリカのNinja」へと自由に作り変えられる可能性を保持していると言えるのである。これこそが現代においてもアメリカで忍者がもてはやされる理由だと考えられるのではないだろうか。

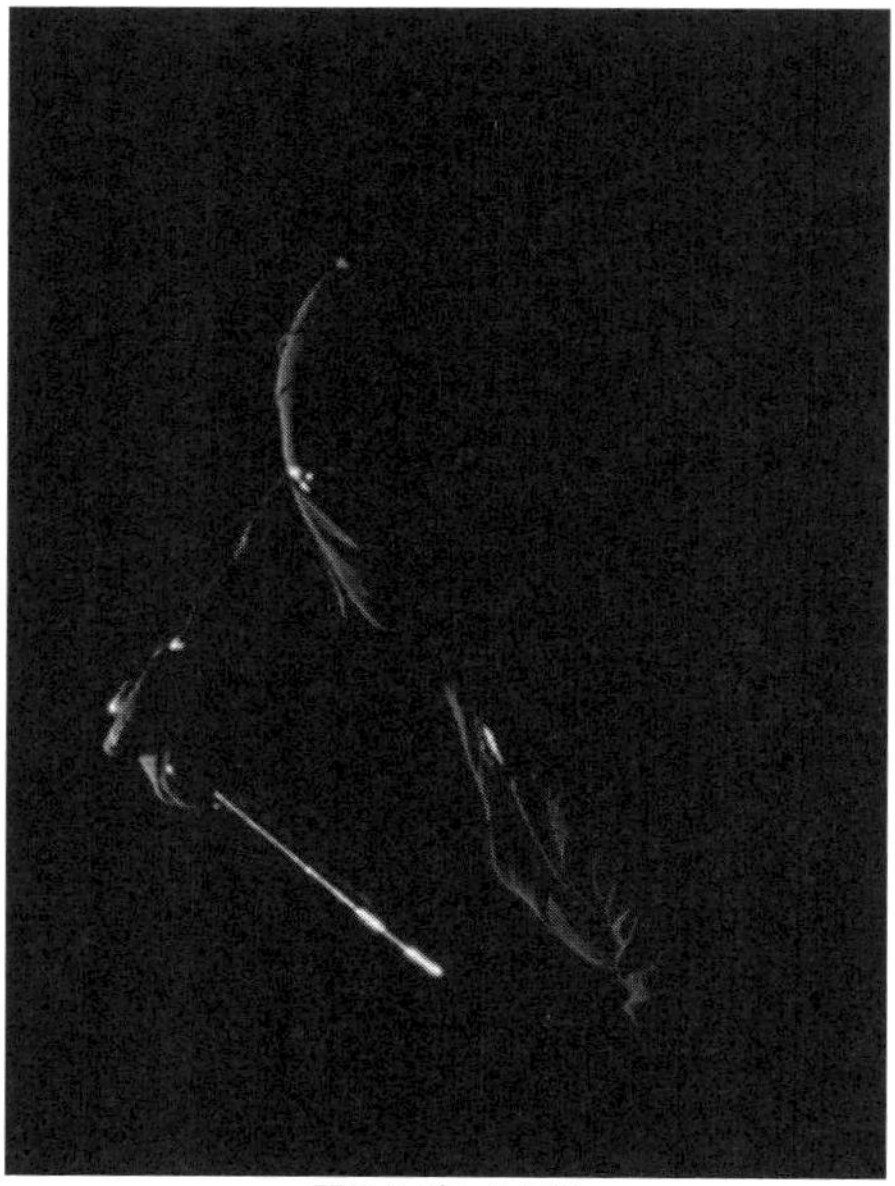

闇にまぎれる忍者
（『ニンジャ・アサシン』より）

注

▼1　http://www.telegraph.co.uk/news/worldnews/africaandindianocean/algeria/9813615/Algeria-hostage-crisis-How-the-climactic-firefight-unfolded.html　(2013.12.01)

▼2　*Lethal Ninja* (1993), Yossi Wein 監督 cf. Mel Gibson の *Lethal Weapon* (1987) *Kindergarten Ninja* (1994), Anthony Chan 監督 cf. Arnold Schwarzenegger の *Kindergarten Cop* (1990) *Beverly Hills Ninja* (1997), Dennis Dugan 監督 cf. Eddie Murphy の *Beverly Hills Cop* (1984)

▼3　http://www.boxofficemojo.com　(2013.12.01)

▼4　本稿においては、検討するアメリカ映画に登場するヒーローを意図的に"Ninja"と表記することにする。

▼5　http://www.craveonline.com/film/interviews/150202-rain-stars-in-ninja-assassin (2013.12.01)

▶6　http://www.rainjihoon.com/rain_en_gallery.htm#music　(2013.12.01)

参考映画（公開年順）

- 『大列車強盗』*The Great Train Robbery* (1903), Edwin S. Porter 監督
- 『シェーン』*Shane* (1953), Alan Ladd 主演　George Stevens 監督
- 『騎兵隊』*The Horse Soldiers* (1959), John Wayne 主演　John Ford 監督
- 『荒野の用心棒』*A Fistful of Dollars* (1964), Clint Eastwood 主演　Sergio Leone 監督
- 『ドラゴン危機一発』*The Big Boss* (1971), Bruce Lee 主演　Lo Wei 監督
- 『ドラゴン怒りの鉄拳』*Fist of Fury* (1972), Bruce Lee 主演　Lo Wei 監督
- 『ドラゴンへの道』*The Way to the Dragon* (1972), Bruce Lee 主演　監督
- 『燃えよドラゴン』*Enter the Dragon* (1973), Bruce Lee 主演　Robert Clouse 監督
- 『スター・ウォーズ エピソード4』*Star Wars Episode IV: A New Hope* (1977), Mark Hamill 主演　George Lucas 監督
- 『死亡遊戯』*Game of Death* (1978), Bruce Lee 主演　Robert Clouse 監督
- 『燃えよニンジャ』*Enter the Ninja* (1981), ショー・コスギ出演　Menahem Golan 監督
- 『コナン・ザ・グレート』*Conan the Barbarian* (1982), Arnold Schwarzenegger 主演　John Milius 監督
- 『ニンジャⅡ：修羅ノ章』*Revenge of the Ninja* (1983), ショー・コスギ主演　Sam Firstenberg 監督
- 『ランボーⅢ：怒りのアフガン』*Rambo III* (1988), Arnold Schwarzenegger 主演　Peter MacDonald 監督
- 『ブレイドⅠ』*Blade I* (1998), Wesley Snipes 主演　Stephen Norrington 監督
- 『ブレイドⅡ』*Blade II* (2002), Wesley Snipes 主演　Guillermo del Toro 監督
- 『ブレイド：トリニティー』*Blade: Trinity* (2004), Wesley Snipes 主演　David S. Goyer 監督
- 『ニンジャ・アサシン』*Ninja Assassin* (2009), Rain 主演　James McTeigue 監督
- 『ニンジャ』*Ninja* (2010), Scott Adkins 主演　Isaac Florentine 監督
- 『ニンジャⅡ』*Ninja: Shadow of a Tear* (2013), Scott Adkins 主演　Isaac Florentine 監督

参考文献

- Catano, James V., *Ragged Dicks: Masculinity, Steel, and the Rhetoric of the Self-Made Man* (Carbondale: Southern Illinois UP, 2001)
- Cummings, Anthony, *In Search of the Ninja: The Historical Truth of Ninjutsu* (Gloucestershire: The History Press, 2012)
- Donohue, John J., *Warrior Dreams: The Martial Arts and the American Imagination* (Westport, CT: Bergin & Garvey, 1994)
- 川本徹「カウボーイと石鹸の香り：ハリウッド映画における男性の入浴シーンについて」（塚田幸光編著・加藤幹郎監修　映画学叢書『映画の身体論』ミネルヴァ書房、二〇一一年）

- Lewis, R. W. B., *The American Adam: Innocence, Tragedy, and Tradition in the Nineteenth Century* (Chicago: U of Chicago P, 1955)
- Marx, Leo, *Machine in the Garden: Technology and the Pastoral Ideal in America* (London: Oxford UP, 1964)
- Stacy, Lee, *Mexico and the United States Vol 2.* (New York: Marshall Cavendish, 2003)
- Weinberg, Albert K., *Manifest Destiny: A Study of Nationalist Expansionism in American History* (Baltimore: Johns Hopkins Press, 1935)

column★

中華圏映画に暗躍する忍者《RenZhe》

秦 剛● Shin Go

忍者をめぐる映像のイメージ・表象が海を越えて、中国語圏の娯楽メディアに浸透し始めたのは、一九七〇年代後半の香港のカンフー映画が最初だった。忍者という二文字は、中国語ではRenZhe（レンジャ）と読む。しかしこの言葉は、それ以前の中国語辞書には載っていない。香港映画への忍者のいち早い登場は、香港と日本映画界との人材、技術、市場などの多方面にわたる交流の賜だと言わねばならない。そもそも、一九七〇年代に隆盛した新派武侠映画は、日本の時代劇や任侠映画、アクション映画から少なからぬ養分を吸収し、新たな脱皮を遂げた上ででき上がったのである。だから、カンフー映画に立ち現れる忍者は、中国語圏の映像メディアにおける新しい外来の要素として、これまでに観たことのない視覚の新鮮さと刺激を観客に与えた。

カンフー映画における忍術の表現は、製作者の勝手な解釈と想像も多分に盛り込んでいるが、忍者を登場させた初期の作品では、忍者の術を柔道、空手、合気道などの日本の古武道と同質のものと見ながら、それらよりもずば抜けて、奇異で手強い日本の術として表現してきた。特に中華武術の凄さを誇示するカンフー映画では、忍者は日本からの強敵そのものであり、その邪悪さに不可解さも加え、最大級の恐怖と敵愾心を煽る要素のひとつであった。

カンフー映画の名監督劉家良《ラウ・カーリョン》の作品、『中華丈夫』（一九七八、邦題『少林寺VS忍者』）では、まさに忍術を最強の日本武術であるかのように扱っており、中日間で国際結婚した夫婦のバトルがきっかけで、中日武術の正面対決が行われる物語を展開している。新婚の中国人の夫（劉家輝《リュウ・チャーフィー》）と日本人の妻（水野結花）は、ともに自国の武芸の愛好家でありながら、相手の稽古するものについては、何の理解も持たない。中国武術を自慢する夫にどの手を使っても勝てなかった妻は、忍者に変装し、仕掛けたくないで夫に不意打ちを食らわせた。これぞ忍術だ、毒が入れば命取りだよ、と得意げに言った妻に、夫はそれは卑しいやつの卑怯な企みで、中国武術界では使えない、武学の道では正々堂々がもっとも肝心だと戒める。この二人の意地の張り合いが、ついに劉家輝と日本武術を代表する七人の名人との対決にまでエスカレートし、空手、剣道、柔道の名人を含む七人のなかでも、「忍術派」の「忍者」武野三蔵（倉田保昭）が最強とされる。

一対一の対戦バトルに、先に出陣する六人に勝ち破った劉家輝。彼と倉田保昭が演じる忍者との決闘は圧巻である。結局劉が勝ち取るが、勝ち方は変わっている。彼は相手の水遁の術に、吹き矢から毒を吹かれて死ぬことを完璧に装った。それは「閉穴掩息功」（経穴を閉じて息を隠す術）、忍術の中の最高の術だと倉田が認めたことで、互いに力を認め合い、和解したのである。

忍びの術には、忍びの術で、勝つしかない。似たような考え方が、カンフー映画巨匠張徹《チャン・チェ》の作品『五遁忍術』（一九八二、邦題『少林拳対五遁忍術』）にも見られる。明代の話だが、中華武術界の覇権をめぐる争いに、そのうちの一派の助人だった日本人武士が負けて切腹した。その果たし状で、「忍者の王」と称される剣淵（陳恵敏）が、忍者軍団を率いて中原の地に来る。忍者軍団が布設した「五遁の陣」に、中華武術盟主とその弟子たちが次々と殺され、武術盟主の座まで剣淵に奪われる。生き残った弟子蕭天豪（程天賜）が、東洋忍術に精通する奇人楊東飛を師匠に仰いで忍術を学ぶ。彼は修得した技で、五遁の陣を破り、己の命と引きかえに「忍者の王」である剣淵を殺すのである。五遁の陣に見せられる様々な奇術を、ゲームのように攻略するアクションの面白さが見所で、各種の忍器や忍具を次々にさらし、色気を使う女忍者（「くノ一」とは称しないが）まで登場させている。予告編で、忍者研究のもっとも造詣が深い監督として紹介された張徹は、本編のプロローグで、作品に登場する忍者の装束や道具に関して日本の歴史的文献を参照したと、ことさらに字幕で掲げている。特に興味深いのは、本作では忍術のルーツについて、漢代の道家による「神通術」が日本に伝わって発展したものだと主張し、三国時代の左慈という人物がその術の元祖だ、という持論を展開した点である。忍術を、元来中国のものだ、と解釈することで、忍術使いの他者性と得体の知れなさを解消しようとしたのである。このような発想で、張徹は引き続き、左慈と五人の弟子の術を描く『神通術与小覇王』（一九八三）を撮り、またほぼ同様なストリーで、監督最終作の『神通三国之忍者源流』（一九九三）を残している。

上述する『中華丈夫』と『五遁忍術』の二作は、特に少林寺、少林拳が出るわけでもないにもかかわらず、日本配給の際、それぞれ『少林寺VS忍者』、『少林拳対五遁忍術』のような日本語の題名を付けられ、〈少林拳法〉と〈忍術〉のバトルをわざと打ち出している。日本の観客を惹きつけるための、興行上の考えもあったのだろう。少林寺は古来中国武術の聖地とされただけに、「少林寺VS忍者」とはこの上のないセンセーショナルなコンセプトだと言えよう。実際、「少林寺VS忍者」のような中日対抗の図式は、一九八〇年代の忍者ものアクションの物語設定のステレオタイプとなったほどである。『鬼面忍者』（一九八二、『激闘！忍者暗殺団』）、『少林与忍者』（一九八三、『忍者VS阿羅漢／遥かなる王道』）、『忍者火拼少林』（一九八六、『忍者大戦』）など、台湾アクション俳優、羅鋭主演の「少林・忍者決戦シリーズ」の一連の作が、まさにそうしたパターンを踏襲し、少林寺（中華）を脅かす強敵の忍者を描き続けていた。

カンフー映画に新風を吹き込んだ程小東《チンシウトン》監督のデビュー作『生死決』（一九八二、邦題『ザ・SFX時代劇・妖刀斬首剣』）も、上の例に洩れず、黒装束の忍者が少林寺に潜入し、武術の経典を夜盗するシーンから始まる。我田引水に忍者のルーツをめぐる自説を打ち出した巨匠の張徹に比べて、新鋭監督の程小東が作り出した忍者のイメージは、日本映画のそれにずっと近いばかりか、それを凌駕するところもある。主人公の超絶の武芸と忍者たちの奇術の変幻が、ワイヤーワークを使った、派手な空中のアクションで、華麗に表現されたからである。本作は、香港特撮の定番となる、ワイヤーアクションの嚆矢となり、武侠映画のビジュアル表現の新たな次元を切り開いたのである。

『生死決』の内容とテーマにも、斬新なものが見られる。同じ日本人でも、正々堂々と戦う誇り高い武士と、幕府の手先で、陰謀を企む忍者との対立・対比が描かれている。そして、「天下第一剣」の称号を争う中日剣豪の死闘を中心に展開していながら、天下一に執着し、勝ち負けを決めることの無意味さを、徹底的に暴き出している。

そして、ついに中華映画に忍者ヒーローが現れる。代表的な二作は、いずれも香港と日本の合作により製作され、JAC（千葉真一が一九七〇年に創設したジャパン・アクション・クラブの略称）所属の日本人俳優が主演する映画である。中の『龍之忍者』（一九八二、邦題『龍の忍者』）は徳川時代の話。中国人の主役少年（李元覇《コナン・リー》）と中国に渡ってきた少年忍者（真田広之）が出会い、初めは敵対するが、その後二人は仲間となり、コンビで道教の術師を破る話である。結末の場面で定番のように、真田広之が演じる忍者と少林寺の僧とが戦うという見せ場も作られたが、僧侶が悪役とされているために、従来の正邪の関係が逆転させられている。もうひとつの『忍者潜龍』（一九八四、『忍者&ドラゴン』）は、大陸でロケが行われ、大陸のスタッフが多く参加した中日合作の作品である。物語の時代は元。高木淳也主演の忍者が中国人主役とともに、中原の地で悪しき野心家になりすました、悪党の忍者三原之助を打ち倒した物語である。

ＪＡＣが参画した両作品はともに、「龍」と「忍者」の二つの記号を意図的に結びつけた題名を与えられ、中日のアナーキストの少年が連携して、権威者を打ち倒すという、中日両方の観客に受け入れられやすいようなストーリの構成となっている。そして二作とも、少年の忍者が親の仇を討つために中国に来たと設定され、中国で悪役の忍者を殺すことでヒーローに成長するという、共通のパターンが見られる。つまり、所属の組織や集団と関係を切り、純然たる個的存在となった忍者が、象徴的な親殺しを経て、初めて中国映画に受け入れられる忍者ヒーローの資格を獲得するのである。それは言うまでもなく、中国と日本の歴史的関係による民族感情が、否応なしに、映画の受容と想像に絡むからであろう。

二〇〇〇年頃から、哈日族《ハーリー》と呼ばれる、日本の流行文化に熱狂する若者の世代が、台湾と大陸に現れ、一大社会現象となった。マンガ・アニメなどのサブカルチャーを身近に享受する若者たちの、日本への憧れと想像をさらけ出した歌も作られている。中国語圏で多大な人気を誇るシンガーソングライター周傑倫《ジェイ・チョウ》の、タイトルはずばり『忍者』（二〇〇一、方文山作詞、周傑倫作曲）である。周自身が主演した歌のＭＶには、道化役の日本僧と芸者が登場し、また数々の覆面の忍者が画面を駈け回る。日本的な要素をふんだんに盛り込んだ歌詞の示した通り、周が歌った忍者とは、善悪二元論から切り離された存在で、桜、畳、禅、庭、生け花、味噌汁と同列する日本趣味の記号そのものであり、それ以上でもそれ以下でもないようだ。

仮にこのＭＶをミニ映画に見立て、中華圏の製作による忍者ものの系譜の中で眺めれば、その忍者像には、二つのことが指摘できる。ひとつは、従来に見られる、日本の忍者が中国に渡ってくるという設定とは逆に、ＭＶでは周が自ら忍者のいる世界に入るというコンセプトになっている。そしてもうひとつは、冒頭のシーンで彼が一冊のマンガを手にしたことが暗示したように、彼が身を置いたのは、実は現実からかけ離れたバーチャル空間の仮想的世界なのである。

そしてそのような時代の流れの中で、忍者が持つ日本的なナショナリティが脱色された、無国籍の忍者映画が、中・日・香港三方の合作で製作された。アジアの映画ファンに刺激的な作品を発信することを目指す、アートポート社のアジア・プロジェクトの第三弾として作られた『終極忍者』（別題『戦神再現』、二〇〇四、邦題『忍者』）である。科学者が開発した奇跡のワクチンをめぐる争奪戦に、芭蕉という名の伊賀流のベテラン忍者や、中日の美少女（黄聖依《ホアン・シェンイー》、白田久子）が主演する忍者ヒロインが、「人類」（新開発のワクチンの名称）のために大活躍。しかも、物語の舞台は、現代の中国である。時代劇の忍者と香港ヤクザものの二種類の題材を合わせたドラマを、中国大陸の大都会と前近代の農村を舞台に演じたような映画だが、霧隠村という忍者が隠居するユートピア的な村、さらには、甲賀と伊賀の歴史的葛藤に絡んだ男女の忍者の宿命的な愛憎劇まで描いている。ただしそこでは、忍者を世襲する特殊な職業のみとして解釈し、それの持つ本来の地域性をきれいに消去している。そうした戦略的な国籍の抹消によって、グローバル化した現代風の忍者ヒロインが作られた。その製作が企画された背景には、『NARUTO』をはじめとするマンガ・アニメ・ゲームなどが流布した、歴史性と政治性を脱色し、普遍化した忍者イメージのアジア地域での浸透が、容易に見取れる。

最後に、大陸の新生代監督管虎《クワン・フー》の最新作『厨子戯子痞子』（「料理人、役者、ゴロツキ」、二〇一三）を取り上げたい。戦争期の北京で、燕京大学卒業の三男一女の愛国青年が、料理人夫婦と京劇役者、ゴロツキに扮装して、華北地方に蔓延したコレラを撲滅する処方を、731部隊所属の日本軍人から騙し取るという、いわゆる歴とした「抗日」の題材である。だが、皮肉なことにも、その一部始終は、様々な日本的な記号がちりばめられた日本料理店を舞台に繰り広げられ、濃厚な日本趣味の演出がなされている。自己否定と矛盾、アンビバレンスに満ちた奇妙な活劇で、民族大義云々の真剣な一面に、それとは正反対の悪趣味とバカ騒ぎが混合している。映画公開時のポスターに「売笑救国」（笑いを売って国を救う）と堂々と標榜した、ポストモダン的な作品である。

この映画には、忍者の記号がいくつかの場面で繰り返し登場している。まず、中国青年が捕らえた二人の日本軍人のうちの一人が、過激な尋問を受けた挙句に気が狂ってしまい、「甲賀派の忍者」と自称し、滑稽な大暴れを始める。それから、トリックスター的な役柄で、無能な泥棒の三人組が忍者そっくりの黒装束で料理店に潜入し、宝探しをする。さらには、日本語が話せる、日本料理人に扮装した青年が、最後の決戦シーンで『NARUTO』の登場人物もどきの姿に変身し、くないだけで完全武装の日本軍と戦うのである。ということは、つまり、日本軍人よりも、中国の愛国青年が忍者《Ren Zhe》たる資格があり、忍者《Ren Zhe》らしく振舞うのである。これで大陸映画も、ついに忍者《Ren Zhe》ヒーローを自己流に表現することができたと言えるのではないか。もはや、Ren Zhe（レンジャ）を日本固有のものとは言い難い。現に日本とは何の関係もないRen Zheが跳梁し、「抗日」のRen Zheヒーローすら躍り出ているのだ。

上述するように、中華圏映画が、忍者という外来のものを、次第に自家薬籠中のものにしてきた過程を振り返ってみたが、見方によっては、中国のエンターテイメントが日本の「忍び」の術に忍び込まれ、内部から変容させられた、と言えなくもない。ともあれ、異質のものをおのれの中に溶け込ませることで、自己変容と他者像の作り変えを試みることの様態と機微を考察するには、中国語圏映画における忍者の受容は、恰好のサンプルになる。

外国人の目から見た忍者

クバーソフ・フョードル● Feodor Kubasov

海外における忍者ブームはまず一九八〇年代の欧米にはじまる。そこから中東・東南アジア・旧ソ連へと拡大し、連鎖放射のようにそれぞれの忍者ブームを生み出していく。忍者の不可解な技は「忍術=必殺の格闘技」というイメージとともに愛好され、海外における忍者のイメージに広く影響を与えた。ソ連では旧体制の崩壊で欧米の忍者像が享受されるようになり、日常生活にも忍者の影響を見出せるようになる。こうした流れを受け、我々が忍者に惹かれる要因について考察する。海外では資料が不十分であることから誤った忍者像も広まるが、近年では忍者文献の諸外国訳も相次いで刊行され、事実に基づいた研究の進展が期待されている。

一　序にかえて

外国人といっても、国によって考え方や価値観が異なり、忍者に関する見方もおのずから異なる。ロシア人である自分の忍者観がどれだけ代表的なのか、疑問の余地が多分にあるが、幼い頃自分が見たロシアの忍者ブームの話に限らず、海外全体忍者の考え方について書いてみたい。

海外忍者ブームはアメリカから始まり、他国に渡り、それぞれの国で忍者ブームを促した。もちろん、自分の目で見たことのない欧米の忍者ブームと現代の忍者観については、それを経験した人達の回想録などに基づいて書く。

そして日本のアニメや漫画が海外で人気になり、今の二十歳未満の人達の忍者像は国に関係なく『NARUTO』のようなイメージで一致しているだろうが、そこには各国の独自性が見えないので、本稿では意識的にアニメの忍者像にあまり触れないことにする。

二　欧米における忍者ブーム

海外における忍者について一番最初の情報というと、一九六四年四月三日の『ニューズウィーク』に載った記事があげられる。そこで忍者の歴史や技が簡単に説明され、当時の日本における忍者ブームについても触れられ、最後の忍者として名高かった藤田西湖氏も紹介された［▼1］。最近は、その記事より半世紀も前に日本で英語で出版された『The Japan Magazine』に載った伊藤銀月【図1】の記事が一番最初だったということが明らかになったのだが、欧米における忍者ブームのきっかけになったのは、『ニューズウィーク』の記事に相違あるまい。その直後日本にハーバード大学、カリフォルニア大学から忍術についての情報が求められたのである［▼2］（ただし、それらの研究の結果は今も謎である）。

図1　伊藤銀月

大衆文学の最初の忍者作品はイアン・フレミング（Ian Fleming）の『007は二度死ぬ』（1964）だとされ、その著作には後の映画より忍者の技や道具などが余程詳しく描写されている［▼3］。そこでアメリカの大衆文化が「Ninja」を売れる素材として取り上げ、数え切れないほどの大衆向き小説と映画を生み出した。小説家の中で健筆を振るったのはウェイド・バーカー（Wade Barker）とエリック・ヴァンラストベーダー（Eric Van Lustbader）であり、一九八〇年代に入るとハリウッドで夥《おびただ》しい忍者映画が撮影され始める。それらの作品の特徴は大きく分けて次のようなものが掲げられる。

- 描写される忍者はかなり暗くて反社会的なイメージを持ち、何の根拠もない残酷さを発揮する。
- 主人公自身が忍者でありながら抜け人（ある意味でAnti-Ninja〔つまり、Samurai〕）の色合いが濃い（Peterson, 77）。
- 映画のロケーションはほとんどの場合中世日本ではなく、現代の欧米あるいは東南アジアである［▼4］。
- 忍者のイメージが、日本史の中で活躍した密偵、そして日本の大衆文化に出て来る妖術者というよりも、殺し屋・超級格闘家のイメージが強い。
- 主人公の多くが欧米人であり、そのステレオタイプが後に欧米人（引いてはアフリカ人、ロシア人、インド人など）が「駄目元で」一流の忍者になれるという考え方を生み出す。

忍者ブームは一九八七年を限りにほぼ終わったとされる。ちなみに、その頃製作された忍者グッズや忍者の教科書などは、今でも新品で買える程莫大な量に及んでいる。そしてイメージとしての忍者がそれ以降の欧米の大衆文化に残り、幼い頃から「Ninja」のある世界が当たり前となっている【▼5】。しかも欧米で形成されたその忍者のイメージが中東・東南アジア・旧ソ連圏に入り、そこで連鎖放射の様にそれぞれの忍者ブームを生み出したとみられる【▼6】。

逆理的な「American Ninja」（1985）という映画に応じて「El Ninja Mexicano」(1991)、「Indian Ninja」(1993)、「Russian ninja」(1989)、「Afro Ninja」(2009)、「Norwegian Ninja」（2010）などが撮影された【▼7】。忍者が日本で発祥したものだという意識は残っていても、多くの場合には中国などの武器や中国武術やカポエイラなどの技を使い、「日本ぽい」と言うよりも「アジアっぽい」イメージとなっている。なかには「Zen Intergalactic Ninja」【図2】という漫画の主人公の様に、日本のみならず地球全体と関係のない忍者像も現れている。

図2　『Zen Intergalactic Ninja #1』（Zen Comics、1992）

そして、北部ナイジェリアで二〇一〇年代に盛んになった独自の忍者映画が見本にしたのは日本の映画ではなく、香港・台湾・インド製の忍者映画だったそうだ（中村 265-268）。香港や台湾の忍者像の特徴として、忍者がアジア人より欧米人の方が多いという点も興味深い。

三　格闘技のニンジュツか忍術系格闘技か

海外の忍者ブームが盛り上がるにつれて、様々な「ニンジュツ道場」が雨後の筍のごとく現れ始めた【▼8】。なかには日本人によって外国人向きに営まれている道場もあり、欧米人が作った道場もある。そして、最近は以前と異なり、自分の流儀を伊賀（甲賀・風魔など）に仮託せず、自己流を起こしたと正直に言う人が増えている傾向がうかがえる。カリキュラムも道場によって違うが、映画などによって形成される忍者のイメージは、スパイや妖術使いよりも格闘家で、それらの道場も格闘技が中心になっている場合が多い。映画の忍者像からか、忍者には忍者ならではの格闘技があり、それは他の格闘技とは根本的に違い、それらに大分勝るという考え方がいつのまにか形成された。もちろん、忍者の中には武術に優れた人物もいただろうが、それは個人の才能や苦行の成果で、「忍者ならではの特別な格闘技」のためだという根拠はどこにもない。『万川集海』などの忍術伝書を見てみても、武術が忍術に含まれていると思われていなかったことは明らかである。

しかし、多くの欧米人は、忍術は格闘技の一種だと思っている。日本史上の忍者とは別に、「ニンジュツ」という格闘技が今の世の中に存在するとも言えよう。海外の研究家達は、それを忍術そのものと区別して、「忍術系格闘技」（ninjutsu-derived martial arts）と呼ぶ場合もある（「Ninjutsu and Koryu Bujutsu」（1999）。そのような格闘技の正統性を疑問とする視点として Lowry（128）、そして Hall（354-356）も参照）。

四　旧ソ連圏の忍者ブーム

筆者の母語ロシア語での忍者についての最初の記述は、作家ボリス・ピリニャック（Борис Пильняк【図3】）による日本旅行の日記『Korni yaponskogo solntsa』（1927）であろう。題名をあえて訳してみれば『日本の日の根（日本の日の本）』になる。そこでは、「欧米諸民族の倫理では仮令倫理に叛くところがあったりしても、探偵・尾行・スパイ活動が軽蔑されている。一方、日本ではその活動に専念する学問とも言えるしのび・忍術まで存在する。如何に人の家や敵陣に入りスパイ活動をするかという教えだ。そこで〈海外にいる日本人は皆スパイだ〉と言う偏見がある意味で裏づけられる（そして来日する欧米人がいくら自分の鞄の上に座っていても、その私物がいつの間にか相当する特務員に密かに調査されるのも言うまでもないことだ）。」とある（Pilnyak, 30）。別のところで忍者と歌舞伎・浄瑠璃の黒子との類似が指摘されているのも面白い。巻末の東洋学者ロマン・キム（Роман Ким）による注釈は、鼠小僧次郎吉による五遁法や桃川燕玉の『児雷也』にも及んでいる（同書 134-135）。その次の記述は一九六六年、某 S.Milin による「Nindzya, kto oni?（忍者とは何者か?）」で、雑誌『Vokrug sveta（世界を巡って）』八月号に載った。

図３　ボリス・ピリニャック

だが、これらによって忍者の認知度が高まったとは思えない。忍者ブームが到来したのは一九八〇年代末ぐらいからであろう。ベラルーシの格闘技研究家のアナトリー・タラス（Анатолий Тарас）も、一九九七年の著作『Voiny-teni（影の戦士）』に、「一昔前のアメリカと同様に、今の旧ソ連諸国が忍者ブームを経験している。確かに、影の戦士のポスターや映画を目にする事が少なくなりつつもあるが、忍者のイメージが大衆〈特に青少年〉の意識に強く根付いている。いつの間にか既に実践的忍術（まさか、スポーツ的なのもあるかのように）を人に教える者も、『すべてが忍者よりもすごい』という風に自己流を宣伝する者も、純粋なスラブ人のくせに何食わぬ顔で『シロヲツル家伝忍術』の継承者と自称する者までも現れた」と皮肉を述べている（Taras, 42）。旧ソ連圏の忍者ブームは大体一九九〇年代前半に当たると考えた方が妥当であろう。

上記のように欧米で形成された忍者像が旧ソ連圏にも入ったのであるが、それはソ連崩壊を背景にした現象である。以前は厳しく統制された欧米の大衆文化があっという間にあふれてきて、今までの世界観・価値観を大きく揺るがしたのである。ある外国人の発言とされる、「貴方達は我々欧米人の水道に接続したと思い込んでいるのですが、むしろ我々の疎水管に接続してしまっているのです」という言葉が巷間に流布した。格好良さ・クールさ・ドライブなどの世界観、自己中心性・生意気さ・性欲・惨酷性と暴力を美化している欧米の大衆文化に基づいた世界観を積極的に受け入れた人達（特に若い世代）もおり、絶対的に受け入れなかった人もおり（主に年配の人達）、そしてやむをえずその普及を我慢することにした人達も多かった。

その新しい世界観の概念の一つに「Nindzya」もあった［▼9］。柔道以外の武道についての情報が禁止されていた時代の後で、ハリウッド映画に見られる忍者のイメージが他愛もなく本物とされ、多くの若者や子供達を誘惑したことは言うまでもない。欧米と同様に忍者は格闘家として見られがちであった。場合によって「忍者」という言葉が「格闘技の上手な（喧嘩上手な）人」、引いては「喧嘩好き」という意味で使われていた覚えも筆者にはある。

もちろん、単なる格闘家ではなく不思議な道具や策謀、もしくは妖術まで使ったりできるところもさらに面白かった。ソ連時代末期に禁止されていたため（一九八四〜八九年）、不法的に教えられていた武道がそもそも忍者めいた感じであった。禁止が解かれてから武道ブームが到来したのもおかしくない。映画に見られる武道家の中で、一番エキゾティックで謎めいたもの、格好良いものは無論忍者であった。映画などにあやかって修行をした者も少なくなかった。しかも稀に映画で特撮によって撮影された技を実際にやり抜けた人もいたのだそうだ。

しかし、西欧文明や祖国の英雄像を見本にして育った年配の方は、忍者のことを嫌がっていた事実も見られる。作家でありながらお笑い芸人として人気のあるミハイル・ザドールノフ（Михаил Задорнов）の著作にも、欧米から来た言葉を、「ゴキブリを私達は最近ニンジャと呼んでいる。ほら、見てみい！　ひげの長いニンジャが暖炉の後ろに隠れとる！」と嘲笑うところがある（Zadornov）。これは日本文化の一部として忍者を否定するのではなく、欧米的（と言うか、ハリウッド的）世界観・価値観を茶化したものだと考えた方が適切であろう。史上初めて人間を宇宙に打ち上げた大国家で育って、いい年になってから自分の国の中で訳の分からない言葉を散々耳にして腹が立つ年配者の気持ちがうかがえる。彼らは世間に溢れているそのような言葉にも、歴史の理不尽さを感じたのであろう。ハリウッドアクションが格好良い行動パターンの見本になる世界には、彼らの居場所がないからである。

その頃の筆者は無論、忍者に魅力された少年であった。筆者は欧米の忍者ブームは目撃していないが、その流れを汲んでいる旧ソ連圏の忍者ブームの中で少年時代を過ごした。ここは一時的に研究者の立場から離れ、自分の思い出を参考にし、あの時の忍者像、そして忍者に対する憧れについて存分に語りたいと思う。

前述の通り、欧米では筆者と同世代の人は幼い時から忍者の存在する世界が当たり前だと思われるが、筆者はそうではなく、「忍者のいない世界」もしっかり覚えている。筆者の少年時代の英雄は両親の世代と同じく、三銃士・インディアンズ・祖国の歴史に出て来る様々な豪傑などであった。いずれも明るくプラス的なイメージであった。それらに比べるとどこか腹黒いイメージのある忍者が、自分の内なる世界に忍び込んだことはかなりの衝撃であった。初めて忍者を見たのは、五、六歳の頃だろう。母親と共に自分より年上の子どもがいる知人の家へ遊びに行った際、なぜかその子の薄暗い部屋にとても怖いポスターが貼ってあった【図4】。武器を持ち茂みから出る黒ずくめのシルエットが、マスクから目を炯々と光らせて覗いている。筆者は非常に嫌な気持ちになりすぐに部屋を出たが、不思議にもこの不気味な絵が頭から離れなかった。恐怖感とともに妙な好奇心を感じ、どうしても黒ずくめの存在の事を知りたくなった。「これって何？」と部屋の持ち主に尋ねてみると、「これは○○（自分が分からずに覚えられなかった単語）、身を潜んでいる殺人者だよ！」と言う。

図4　幼い頃の筆者を恐怖させたポスター。作品は不明。http://bosonogoe.ru/blog/a_pomnite/856.html（2013.3.1）

ポスターのキャラクターに近づき、この世に踏み込んで自分を襲って来ないことを確認し、筆者は「なるほど、身を潜めている殺人者もこの世にいるし、こんな絵を壁に貼っている変わった子もいる」と心の中で結論付けて、あまりその事は思い出さなかった。自分がいつの間にかその「変わった子」になり、歳をとって忍術研究者になったある日、「あの時のあれって忍者だったよね！」と分かった。

ポスターの一件は丁度筆者が健康の具合で幼児園にも通わずほとんど家で過ごした一年間（一九九一～九二年だろうか）の事であった。筆者は「忍者のいない世界」を離れ、その一年後に「忍者のいる世界」に戻ったと言って良いだろう。但し、初めて忍者として認識したのは日本の歴史上の忍者でも、ポスターから虎視眈々と見ているハリウッドの忍者でもなかった。

それは同級生のＴシャツやバブルガムと共に売られていたカードに描かれた、不思議な生き物だった。訳の分からない武器らしき物を持って迫力のあるポーズを取っていたあの存在達は、言うまでもなく「忍者タートルズ」【図5】であった。同級生に「これは誰ですか？」と問いてみたら、「ミンディア亀だよ！」と教えてくれたが、何人かの子に聞いてみたらどうも「ニンディア亀」の方が正しいと突き留めた。「ニンジャ」が正しいと分かったのは小学校に入り母に初めて「忍者タートルズ」の絵本をねだってからのことだ。そもそも絵本やアニメや映画が旧ソ連圏に入ったのは、フィギュアやグッズより大分後だと思う。「ニンジャ亀」のストーリーが分かる術もなく、キャラクター達の関係、絵の内容や並び順は各自の想像次第であった。忍者タートルズとはそもそも良い奴なのか、それとも悪漢なのかも分からず、自分より時代遅れしていない子ども達に問いただし続ける内に、「大らかで良い存在だよ、ニンジャって」、「結構残酷で悪者だよ！」、「常にニンジャの技を磨いてめっちゃくちゃ強いんだぞ！」など色々な事を教えてもらった。ニンジャの技と言うと、亀のミュータントにならなくてもニンジャにはなれるって訳なんだろうか？　他に「亀ではないニンジャもいるよ」と教えてくれた子もいた。しかし、その子に描いてもらった絵を見ても、その「亀ではないニンジャ」が人間だということが伝わらなかった。

図５『Teenage Mutant Ninja Turtles #15 : Croc Wars』（Egmont Books Ltd、1990 年代）

さて、人間の忍者の話に戻ると、自分が小学校に入ってそれらの情報が映画から入った。忍者についての映画（主にハリウッドや香港のもの【▼10】）や、小説（主にエリック・ヴァン・ラストベーダーの著作）が、遅くとも一九九〇年代の頭にはあったと思う。武道家の間で愛読された忍術の解説本もその頃から入った。自分が忍者タートルズの真実を追求していた頃、もっと年上の子ども達は黒い道着に覆面を加えて溝に潜ったり木によじ登ったり、公園などで武道の稽古をしている人達もいた。タラス氏も、「私もミンスク市の森林公園で一般市民を武張った行為で脅している十五〜十八歳の青年集団を見かけた事がある」と述べている（Taras, 44）。

筆者はそういった集団を見かけたことはないが、先輩達の話からすると当時「忍術の修行をする」ということは、誰よりも強く体を鍛え、高く蹴ったり柔らかく開脚出来ることを意味したそうである。ここで指摘したい点としては、日本人にとって忍者の話は歴史に繋がるいわば古いものだ（明治時代や大戦直後の欧米化が強かった頃には古臭いとまで言われたかもしれない）。しかし当時の我々にとって忍者は新しいものであった。スーパーヒーローの話やコマーシャルに出て来るスーパーグッズ[▼11]や、手足などが自由自在に動いているスーパー玩具を輸入する欧米の大衆文化と共に来た忍者もそのスーパーの範囲に属し、我々の惨めな日常とは全く違う世界のものであった[▼12]。今は欧米の大衆文化の鍍《めっ》金《き》も大分剥げたように見え、忍者に興味を持ち続けている自分も、忍者に求めているところが全然違うけれど…。

もちろん、単に友達の集まりで忍者練習・忍者遊びをするに留まらなかった場合が多い。自分を忍者の継承者と称し世界中にはびこっている道場の数々が、一九九〇年代になるとロシアなどの旧ソ連諸国にも徐々に入り始め、今も存在している。しかも、いかがわしい自己流の「忍者格闘技」を教える者は、恐らく欧米より多く出て来たかもしれない。広告も簡潔な「日本の忍者の武芸」から始まり、「殷朝カンフー連盟が忍道《にんどう》のグループに公的募集を行います」という奇抜な物もあった。

日本で言う中学生の頃、筆者も一時的にそういう道場に何ケ所か通ったことがある。稽古の前に皆で胡坐をかいて、センセイが低い声で「オーチュマーチュミワナカミトーノノリガミチュミチュ」という謎の呪文を唱え拍手してから関節技と木刀の使い方を教える。後に棒・サイ・ヌンチャクもあるはずだった（「忍者タートルズ」の影響で、上記が忍者の武器だと思い込んでいる者が今でもいるらしい）が、自分はそこまでは続かなかった。確かに、酒・煙草・麻薬などから若者の注意を逸らすには、様々な武道やスポーツから焼きなおされた自己流のニンジュツも悪くない方便だったといえよう。しかし、これとは違った道場もあったと噂に聞いたことがある。ニンジュツ道場を隠れ蓑に明らかな詐欺（入門者百人以上の入会金を持ちドロンを決めるなど）を行う者もいたし、変な宗教的な組織を作り門人達を精神的に依存させ奴隷にする者もいたのだそうだ。作家のアレクセイ・ウィトコーフスキー先生（Алексей Витковский）による小説『Teni nindzya（忍者の影）』（2008）にもこんな宗教系の似非忍術が出て来る。話自体が魔法や異界への旅に満ちているファンタジーではあるが、門人達のエネルギーを吸っている黒魔術師の忍術師匠が色濃く描写され、サンクトペテルブルグ市で活躍した実在のニンジュツ道場主をモデルにしているのだそうだ。

後にも触れるように、当時の欧米でも忍者に関する文献は、簡素で間違いも少なくない解説書か、歴史的な忍者との関連性が少ない格闘技の教科書が圧倒的であった。それらの情報が歴史的な忍者像をかなり歪めたのだが、当時の旧ソ連の国々では欧米の文献も極めて入手しづらく、まことに出鱈目で荒唐無稽な「自己流」の忍術書が多発したのである。その類の本には、様々な軍隊・特集部隊マニュアルからの剽窃も多く載せられた。ある意味これで実戦的な部分は増えたかもしれないが、中世日本の忍者の世界からはあまりにもかけ離れていた（例えば「車を使った誘拐方法」など【図6】）。しかし、そのような本を入手さえすればきっと無敵の忍者戦士になれるような気持ちでいたことを、今でもよく覚えている。

図６　車を使った誘拐方法（V.N. Popenko の著作より）

五　海外における忍者研究

欧米での初期の忍者研究本といえばドン・ドラエガー（Donn F. Draeger）による『Ninjutsu: The Art of Invisibility（忍術—不可視性の術—）』（1989）をあげるべきだろう。著者は日本武道・武術研究の欧米における第一人者で、今でも少しも価値を失っていないほど掘り下げた研究を数多く残している。それらに比べてその忍術についての著作は趣が多少異なる。本自体が薄く、資料や日本の研究文献からの引用も欠けており、今では読みやすい一般書（入門書）としか評価し難い。しかし、当時においては「忍者の存在を欧米に知らしめた功績は大きく、ニッポンがサムライ・ゲイシャの国だと思っているレベルの人達の意識革命を成し遂げた」（忍術超人養成講座10）と評価されるほど貴重な一冊であったらしい。

次にあげられるのは、歴史家のスティーヴン・ターンブル（Stephen R. Turnbull）による『Ninja: The True Story of Japan's Secret Warrior Cult（忍者—日本の秘密戦士結社の正史）』（1992）である。研究レベルとしては日本人の書いた研究書にも遜色ない著作だと言えよう。長い間この本が英語で唯一のまともな忍者の歴史研究であった（ただし、Hall の厳しい判断によると、今も英語文献の中には充分に信用にたる著作がないとのことである〔Hall, 356〕）。

そして一九九七年、ロシアの日本学者アレクセイ・ゴルブィリョーフ（Алексей Горбылёв）は『Put' nevidimykh（透明人間の道）』という忍術の歴史研究を発表し、二年後『Kogti nevidimok（透明人間の爪）』という忍者の道具・武器の研究を発表している。前者には奥瀬平七郎の影響が強く、後者には名和弓雄の影響も少なくないと感じられる。その著作が独自性に欠けているとはいえども、当時旧ソ連圏のみならず、欧米にもなかった多くの情報をロシア

表1　忍術古典著作の外国語訳

題名	翻訳語	出版国	翻訳者名	翻訳言語での題名	発行年
忍秘伝	英語	イギリス	Antony Cummins, Yoshie Minami	Ninpiden	2011
忍秘伝	英語	アメリカ	Antony Cummins, Yoshie Minami	Shinobi Hiden	2012
忍秘伝	ロシア語	ウクライナ	Valerii Momot	Ninpiden: Tainaya peredacha znaniy nindzya（Нинпидэн: Тайная передача знаний ниндзя）	2013
正忍記	ドイツ語	ドイツ	Claude Schedler	Shoninki. Historische Geheimschrift der Ninja	2004
正忍記	フランス語	フランス	Michel Albin	Shoninki. L`Authentique manuel des ninja	2009
正忍記	英語	ドイツ	Claude Schedler	Shoninki. A Strategic Treatise on Espionage by Historical Ninja	2010
正忍記	英語	アメリカ	Alex Mazuer	Shoninki: The Secret Teachings of the Ninja: The 17th-Century Manual on the Art of Concealment	2010
正忍記	スペイン語	スペイン	Alex Mazuer, Miguel Portillo	Shoninki: El arte del disimulo: El autentico manual de los ninja	2010
正忍記	英語	アメリカ	Antony Cummins, Yoshie Minami	TRUE PATH of the NINJA	2011
正忍記	ロシア語	ウクライナ	Valerii Momot	Syoninki: Zapisi ob istinnom nindzyutsu（Сёнинки: записи об истинном ниндзюцу）	2011
甲賀流忍術伝承	英語	アメリカ	Antony Cummins, Yoshie Minami	The Koka Ryu Ninjutsu Densho	2012
軍法侍用集（忍びの巻）	英語	アメリカ	Antony Cummins, Yoshie Minami	The Three Shinobi Scrolls from the Gunpo Jiyoshu	2012
義盛百首（義盛忍軍歌とも）	英語	アメリカ	Antony Cummins, Yoshie Minami	The Yoshimori Hyakushu	2012
義盛百首（義盛忍軍歌とも）	フランス語	フランス	Alex Mazuer	100 poèmes ninja de Yoshimori	2013
万川集海	フランス語	フランス	Alex Mazuer	Bansenshûai	2013
万川集海	英語	イギリス	Antony Cummins, Yoshie Minami	The Book of Ninja: The Bansenshukai - Japan's Premier Ninja Manual	2013
用間加条伝目口義	英語	アメリカ	Antony Cummins, Yoshie Minami	Yokan Kajo Denmoku Kugi Oral Traditions from Iga and Koka and Additional Articles on the Use of Spies.	2013
用間伝解口伝抄	英語	アメリカ	Antony Cummins, Yoshie Minami	Yokan Denkai Kudensho Oral Traditions on the Study on the Use of Spies	2013
用間伝解	英語	アメリカ	Antony Cummins, Yoshie Minami	Yokan Denkai A Study on the Use of Spies	2013
用間俚諺	英語	アメリカ	Antony Cummins, Yoshie Minami	Traditional Sayings on the Use of Spies	2013
甲賀忍之傳未来記	英語	アメリカ	Antony Cummins, Yoshie Minami	Koka Shinobi no Den Miraiki For the Prosperity and Future of Koka Shinobi	2013

語圏の読者に与えた。著者は現代のニンジュツ道場を強く批判し、彼との論戦の必要性はロシアにあるニンジュツ道場の代表者をかなり成長させたと考えられる。

そして近年では、イギリスの歴史家アントニー・クミンズ（Antony Cummins）を中心に歴史的忍術チーム（Historical Ninjutsu Team）が活躍し、忍術書や兵法書の英語訳の分野で、その活躍がめざましいと言えよう【表1参照】。クミンズ氏も「現代ニンジュツの歴史的正当性」の反対論者であり、スポーツマン達の忍術世界を歴史的に見直すよう主張している。

六　欧米人が忍者のどこにひかれるのか

忍者のどこにひかれるのか、人それぞれ異なるであろうが、次のような理由が考えられる。

A）東洋の神秘性なのか？

本稿の執筆に向けて様々な意見交換をすることがあり、「欧米の文明が限界に到達しているから、東洋の文化に何かを求めているるのではないか？」という意見をいただいた。文明が終わったかどうかについては色々な意見があり得るのだが、確かに、何らかの理由で自分の文化に幻滅し、東洋の神秘性を求める人物が欧米には珍しくない。ただし、その中に忍術を求める人は少ないと思われる。忍者に興味ある人の中には大衆文化から入る人が多く、欧米の大衆文化が前述のように忍者の格闘家の側面を強調し、戦いの場面が格好よく演じられている映画も少なくない。神秘・哲学的な面が出てくるとしてもその描写は作品のほんのわずかな部分である。忍者の神秘性に引かれる人は少ないのではないかと考えられる【▼13】。

B）無敵の戦術なのか？

先程もふれたように、忍術を必殺の格闘技とする考え方が欧米では特に強い。そういう考え方の由来ははっきりしないが、恐らく欧米独自の考えではない【▼14】。

中世日本でスパイ活動を行った人達の実像を「忍びの者」とし、後の文学・伝承に出てくる虚像を「忍者」と定義する吉丸雄哉氏が、忍者の条件として「超人的な忍術を身につけること」をあげている。その忍術は超人的な体術【▼15】と、超人的な変化の術（妖術とほぼ一緒）にわけることができる（吉丸 108）。ただし、戦前の日本文化は中世の意識の流れをくんでいるとも言える奇蹟的な世界観が強かったのに対し、戦後の忍術文学や映画ではもっと現実的な忍者のイメージが追及され始める。戦後忍術研究の第一人者の奥瀬平七郎氏も、神秘的な忍者観による迷信を熾烈に批判し、日本人が神秘性に頼りすぎたことを敗戦と関連づけ、少なからず戦前教育の所為にしている（奥瀬 269-272）。おそらく、敗戦を背景にそうした神秘性に対する反感が日本ではかなり広まったであろうし、その名残が今でも感じられる［▼16］。奥瀬も指摘するように、宙乗りや蝦蟇の妖術などの話が通用しなくなった時、激しい修行による体の超能力こそが忍者像の代表的な特徴となった（同書）。そこで〈実際に出来る魔法・妖術〉として格闘技が出てくるのではないかとも考えられる。その段階に至ってこそ忍者ブームが日本から海外に広がり、『００７は二度死ぬ』にも忍者の神秘的なところがあまり見えず、技術的な側面こそが強調されている。

一方、明治時代に発生した武道（空手道や柔道や剣道など）も今は世界中に広がり親しまれている。八〇年代ぐらいには武道自体がかなりエキゾティックで謎めいたイメージが強く、不思議な跳び蹴りや試し割りも一般人には一種の魔法に見えたが、欧米文化にない九字・印・蝦蟇の妖術などは観衆に理解しづらいために、忍者ブームを扇動したハリウッドの監督達が忍者のそのような側面をあまり強調しなかったのだろう（ただし、九字を切ったり煙の中に消えたりする場面が海外の忍者映画にもなくはない）。

C）仮面英雄としての冒険なのか？

> 忍者には名前がいらないということを思い出す時がきた。
> 彼はアイデンティティーのない存在であり、これでアイデンティティーをいくらでも持てる。彼は社会での居場所の必要のない幽霊である（Loiacono, 8）［▼17］。

歴史的な真実を無視している上記の引用からみられるように、忍者の解説本を書いている人達（自分で忍術の修行をしていると信じている人達）の考え方もロマンチシズムに満ち、現代人である自分の理想を忍者にこじつけることもある。昔から欧米の文化に存在した英雄のイメージに忍者のイメージがあてはめられることも多い。

> 幼い頃、私は他の子供達と同じくヒーローや神話のキャラクターにひかれたが、他の子達と違ってこれが実現されるのをずっと期待しながら原子蜘蛛に咬まれるのを待っていた。（中略）忍者が誰よりもこの夢の実現を表していたから自分は忍者にひかれた。並の人間でありながら忍者はその特殊な技や極秘の知識によって普通の人間の限界を超えている。見えないままどこへでも侵入でき、他の人間には知り得ないものを調べられる。忍者を探す道は本当の自分の能力を探し、自分の限界を超えその能力をもって人を助ける道だとわかった（Faulks, 14-15）［▼18］。

忍者のように密かに活躍をし、公的な法律で自分を縛ることなく困っている人達を助け、悪と戦う英雄像が以前から欧米文化にあった。それは中世ではロビン・フッド、近代ならゾロ、現代ではバットマンのようなキャラクターとして現れる。そのような人間は「vigilante」（ラテン語のvigilant〈用心深い〉から）と呼ばれている。法律というより正義の味方であり、大衆文化では英雄化されながらも、実生活では法律から犯人と一緒にされる場合が多い。vigilanteについてウィキペディアの日本語のページは「自警団」であるが、それは日本人の集団意識の所為だろうか。vigilante行為は必ずしも団体行動だとは限らない。大衆文化に見られるのはどちらかというと単独行動の方が多いだろう。自警団より中国文化にある「俠」の方が適切ではないかと考えられる。ちなみにバットマンは中国語で「蝙蝠俠」となるが、江戸時代の日本にいた俠客とはまた違うであろう。

日本文化に似たようなヒーローを探せば、近世文学の白浪物に出て来る義賊（よく忍者とされる石川五右衛門がその代表的存在）であろう。ただし、今の日本の生活にはvigilanteに相当する現象が見られない。あくまでも筆者の個人的な考えなのだが、欧米人は日本人（少なくとも現代日本人）より冒険心が強いと同時に、国家に対する信用感が薄いからなのではないだろうか。日本と比べると欧米には二十歳を遥かに超えても心の奥に夜の風に乗り正義の味方として働きたいという夢を諦めきれない人が多い。国によって人生の不安定さや治安の悪さなどが、人々をこのような方向に導く場合もあろう。そうした活動をしようと思う人に必要な知識や技術を体系化したものが、忍術に他ならない。おそらく、多くの人にとってこの意識こそが忍術に興味を持つきっかけになったのではないだろうか。その裏付けとしてバットマン研究家のポール・ゼーア氏（Paul Zehr）の言を引用しよう。

もしもバットマンが太平洋のどこかの無人島に立ち、一冊だけの愛読書・一枚だけのCD・一個だけの形見・一流の格闘技をそこにもっていけたのなら、これは忍術に他ならないであろう。映画の『バットマン・ビギーンズ』の製作者達がこれをよく感じてくれて、最初はブルース・ウェインが忍術の修行をする場面が出て来る（Zehr, 133）［▼19］。

上記の映画『バットマン・ビギーンズ』よりも大分前に、バットマンを忍者にする話が存在した［▼20］。そこでバットマンには忍術使いであってほしいという作者の気持ちがうかがえる。逆に、忍者の能力を持っている人にバットマンのような活動をしてほしい（もしくは心の奥では自分がそうなりたい）のだろうか？　ケン・アンドレ氏（Ken Andre）は以下のように書いている。

実は私は自分をクライム・ファイターよりも影から人を助ける忍者として考えていた。でも、同時に忍者の掟は少なくともクライム・ファイター、もしくは実生活のスーパー・ヒーローの掟に相違ないと信じていた（Andre, 30）[▼21]。

バットマンに負けない人気を集めたスパイダーマンにも、その壁をよじ登る能力や蜘蛛の巣（忍者の様々な縄道具の進化したもの）を使う能力、格好自体、少なからず忍者を思わせる。そういう意味で欧米人の意識には忍術がvigilante行為と結びつけられることも少なくないと指摘できよう。

しかも、それが単なる夢にとどまらず、実際に忍者の格好でvigilante行為をする人物もいる。前掲のマルティン・ファールクス氏もそうだし、同じくイギリスで活躍しているケン・アンドレ氏もそうである（前者の著作は大体、術を身につける過程を中心に書かているのに対し、後者の著作は少なからず犯罪防衛の分野での著者の武勇伝になっているのが興味深い）。半年ほど前にもイギリスで忍者の格好で町をパトロールし、未熟な所為か警察にばれてしまった青年がおり、日本でもニュースになった[▼22]。さらに調べてみたところ、二〇〇八年にも米国ニュージャージー州でShinobi warriorsと自称する男女の二人が、ヌンチャクやナイフや弓矢などを持って麻薬密売者達を脅そうとし、警察に逮捕されたニュースをみつけた[▼23]。

特徴、能力	忍者〈18 世紀〉	バットマン	柔道家	テコンドー家
隠れる能力	○	○	×	×
戦い方の多様性	○	○	○	○
刀剣類を使うかどうか	○	×	×	×
飛び道具を使うかどうか	○	○	×	×
仮面・全体を隠す服	○	○	×	×
ユチリティー・ベルト	○	○	×	×
当山・クライミング・総合機敏さ	○	○	○×	○
相手を殺す覚悟	○	×	×	×

表2　バットマンと忍者との比較（Paul E. Zehr）

D）暗いイメージの魅力か？

心理学者でありながら武神館道場関係者でもあるカートランド・ピーターソン氏（Kirdland Peterson）もその著作『Mind of the Ninja（忍者の精神）』の中で、当時のアメリカにおける忍者像や忍者の人気の理由についてかなりの紙幅を割いている。映画などの大衆文化に見られる暗くて残酷な忍者のイメージを詳しく紹介し、それは虚像であるとして、武神館で追求されるより精神的な忍者像を実像としている。虚像が広く普及してしまい、忍者格闘技が禁止されかねないという懸念をピーターソン氏は再三述べている。だが、不思議なことにその暗い忍者のイメージにこそ、人々はひかれるという現象に、ピーターソン氏が奥深い解釈をしている。それは、暴力と残酷さを有した忍者は、我々がずっと抑えてきた自分の暴力と残酷さの表れであり、だからこそ我々は無意識に忍者にひかれるのではないか（Peterson, 158-159）という考えである。

七　外国人の目に見えない忍者（結びにかえて）

忍者に対する憧れに関して以上の説を考察してみると、どれも間違っているとは言えないし、おそらく他の理由もあげられるだろう。忍術が並みの格闘技・戦術よりはるかに複雑で多面的な現象で、人それぞれの趣味に合う側面を見出しやすく、忍術に興味をもちやすいとも考えられる。ただ単に漫画の『NARUTO』が好きな人と、厳しい修行に明け暮れている格闘家と、古文書に史実を見出そうとする歴史家など、それぞれの方向から忍術に迫っているが、彼らの忍術の世界が触れ合うことはないのかもしれない。

日本文化の常識をもたない外国人の場合、その忍者像も、忍者に憧れる理由も、日本歴史に実在した忍者から更に遠くなると言える。ジョン・マン氏が「忍者タートルズ」が忍者よりも三銃士とロビン・フッドとピーター・パンのアメリカ版だと書いているのも（Man, 247）、我々が自分の心にある理想を忍者にこじつけていることの好例であろう。忍者は、クライム・ファイターあるいは義賊（あるいはただの盗賊［▼24］）・社会に用のない実践アナルキスト・中世日本のアンダーグラウンド文化の担い手・自然との調和に生きる行者・寄生階級と対立している被差別民の戦士などになっている。もちろん、上記の忍者像のいずれもある程度の根拠があり、嘘だと言い切れるものではない。しかし、歴史的な忍者の考え方や世界観に、我々がもっている理想があったのかは非常に疑問に思われる。

以上、外国人の忍者観についてまとめてみると、どちらかというと誤った忍者像が多く、しかもそれも様々だということが指摘できる。それは忍者の歴史的な真実が今でもはっきりしないところが大いに影響しているであろう。しかし、前掲の表1から見ても、忍術古典著作が訳されたのも最近なので、今後研究が盛んになり、より正確な忍者像を生み出していく見込みもあるだろう。

これからの研究に大きな期待をこめて筆を収める。

注

▼1　山口正之『忍者の生活』（雄山閣、一九六四年）、二八五～二八八頁参照。

▼2　注1、二八九頁。

▼3　著作は上記の記事の影響だけではなく、著者と奥瀬平七郎氏との手紙交換の結晶でもあるということを以前どこかで読んだことがある。しかし、本稿の執筆にあたり確認しようとしたところ、著者と奥瀬氏との関係については調べ切れなかった。『007は二度死ぬ』執筆の経緯について詳しく言及するジョン・マン氏も、著者と奥瀬氏の関係に関しては全く述べていない。

▼4　ロケーションや殺陣のみならず、服・日常生活・言葉などの時代考証はそれぞれの専門化の指導とかなりの費用を要し、時代劇を撮影す

るのは日本人にとっても大変な作業だと頷ける。海外の忍者映画にも稀に日本（特に昔の日本）での忍者の活躍場面が出てくるが「まさか、このお風呂上りにしか見えないおじさんは武士の格好の積もりか!?」などと驚くことも多い。おそらく、時代考証の難しさは忍者の話を現代の話にする理由の一つになったのであろう。もちろん、「現代にも忍者がいる」という考え方にそれなりの面白さがあるだろう。

▼5 中村博一氏によると、氏は海外の忍者文献を見て実戦の本の多さに驚いたそうだが、筆者も三重大学の忍術研究プロジェクトで海外忍者文献のデータベースを作るにあたり、子供の絵本の多さを不思議に思った。また二十一世紀になってから実用書（ビジネスやパソコンの知識の本が多い）が題名に「Ninja」という言葉を含むという面白い現象にも気づいた。それらは「超能力に近いほどの専門技術・知識を持っているプロ」の意味で「Ninja」を使う。高橋モータース＠ｄｃｐもそういった「Ninja」の使い方の例を挙げている。（http://news.livedoor.com/article/detail/8574814/〔2014.3.1〕）

▼6 イギリスの忍術研究家のアントニー・クミンズ氏が海外における忍者像について次のように述べている。「忍者は一九八〇年代に魔法を使う暗殺者のイメージをもち、一九九〇年代に精神性の強い戦士に変化し、今はエリートな暗殺者だという風に見られる」（二〇一三年九月六日、伊賀で行われたシンポジウム『忍者』からみた日本と中国―交流の歴史と未来―」でコメント。http://www.youtube.com/watch?v=pxBlekbrafY〔2014.3.1〕で閲覧可能）。一つ言い加えると、クミンズ氏は主に世界忍者ブームの先駆けとなった欧米での忍者像について話しているのであろう。ただし、欧米から忍者ブームを受け継いだ国々ではクミンズ氏が指摘する各段階の忍者像が既に混沌とした形に入ったと見られる。

▼7 ちなみに、「Indian ninja」はフランスの映画で、「Russian ninja」がスウェーデンの映画だというのも面白い。

▼8 http://news.livedoor.com/article/detail/8575348/（2014.3.01）ここには二つの「忍術学校」についての記事がある。

▼9 日本の「忍者」という言葉をロシア語の音声手段で発音したキリル文字では「ниндзя」となる。これをあえてローマ字に置き換えると「Nindzya」となり、欧米で普及しているヘボン式ローマ字と一致せず、戦前の日本で使われていた訓令式に近い形になっている。

▼10 当時見たのは「竜の忍者伝」（1982）、「アメリカン忍者」（1985）、「クロオビキッズ」（1992）などだった。日本の映画は「忍者武芸帖―百地三太夫―」（1980）や「子連れ狼」（1972）、そしてアニメの「カムイの剣」（1985）ぐらいしか記憶にない。ビデオプレイヤーなどを持っていた家庭の子ども達は他にもたくさん見ただろう。

▼11 ソ連では今で言うコマーシャルが存在しなかったと言ってよいため、コマーシャルで褒め称えられるグッズは普通とは訳が違うという感覚が一時期は強かった。

▼12 もしかしてこれこそが旧ソ連圏では忍者映画などが撮影されなかった原因なのかも知れない。

▼13 ここで言う神秘性とは、人が真面目に身に付けたい知恵もしくは神秘的能力の事である。インターネットで本項とテーマを同じくする小さな記事（高橋モータース@ｄｃｐ）を見つけた。雑誌『OTAKU USA』の編集長のパトリック・マシアス氏（Patrick Macias）の意見が引用され、忍者の海外における人気の原因として「神秘的なウォリアーに見える」という事があげられる。「何だ、意見が自分のと正反対ではないか?」と最初は思ったが、マシアス氏の「神秘的なウォリアー」というのは即ち幻術・妖術を使う『ナルト』のキャラクター達である。『ナルト』の人気から考えると確かにそういう意味の神秘性も人気があるだろうが、これはあくまでも空想として神秘的な話を楽しむ事であり自分が言う神秘性とは違う。面白い事に『ナルト』は日本人にとって主に勉強・成長・友情の話であり、そこに出て来る幻術・妖術は昔から日本文化（引いて東洋文化）に存在した幻術・妖術の考えを多少滑稽な形にしたものであろう。昔の日本文学の知識をあまり持たない欧米の多くの人達にとっては『ナルト』が「蝦蟇の妖術」などの日本独特な不思議な術を始めて知るきっかけになっている。そこでそういった神秘的な側面がもっと印象に残り注目されるのかもしれない。

▼14 忍者の格闘技〈忍法体術〉を高松伝の発明とする意見も耳にすることもよくあったが、松波治郎氏もその著作『人と剣』で「忍術の道も、充分に日本武道の本来の姿として再認識されねばならぬことを痛感する」と書く（松波 1942, 197）。名和弓雄氏は「忍者の格闘術は、普通の武士の体術とは少し違っている。それは勝つためには手段をえらばないという極めて実戦的な方法と、いろいろな道具を有効適切に使用して、とにかく敵を制圧するというやりかたである」などと述べ、忍術独自の格闘術の存在を認めている（名和 1966, 35）。藤田西湖氏は一九三六年に「心身の鍛錬については剣術、體術などいふ普通の武術は當然之に屬するのであつて、所謂武藝十八番何んでもやらなくてはならぬ。私は其方面でも極力練習を積んであるので、それ以外にも武道としては、武器の持合せがない時の用意として南蛮殺倒流拳法、心月流手裏剣術、一傳流捕手術から大圓流棒術などもやつた」と述べる（藤田 2004, 159-160）。「それ以外にも」から藤田氏が祖父から教わったという甲賀流和田派の忍術伝には武術が入っていたというようにも理解できるが、定かでない。ほぼ同時に伊藤銀月が忍術を〈健康法〉と説き、その著作には既に護身術の技や、（伊藤 1991（書かれたのは 1937）160-162）〈忍術式に定められた人の斬り方〉（同書 103-106）がある。伊藤と藤田より前の事を調べ切っていないが、忍者格闘術の考えは二十世紀になってからのものだと思う。

▼15 吉丸雄哉氏によると、それも格闘技の忍法体術ではなく並の人間より遠く見る・聴く能力、早く走る・泳ぐ能力などである。

▼16 ただし、国家神道に基づいた明治・昭和の神秘性は、中世・近世にわたって存在した神仏習合に基づいた神秘性とは別のものであることも指摘しなければならない。筆者もある修験者との話で「戦時中九字を使って米機を墜落させようとした人もいたと言われるけど、成功しなかった…」と言い出したところ、相手は「それは明治政府が神仏分

離を行って修験道禁止令を出して、充分な法力を持っている行者もほぼいなくなったから、敗戦するのも無理はない」と言い返した。歴史には実験がありえない（少なくとも実験をするのは歴史学者ではなく政治家なのだ）。そこで行者の考え方も完全に否定する根拠はないと考えられる。

▶17　原文：Le moment est venu de rappeler qu'un ninja n'a pas de besoin de nom: c'est un être sans identité, cu qui lui permet d'en posseder une multitude. Il n'a pas besoin de place dans la société: c'est un fantôme.

▶18　原文：As a child, like many boys I had been inspired by super-heroes and mythological figures but, unlike other children, I can also remember always expecting this to happen to me. I was always waiting to be bitten by that radioactive spider! 〈…〉 I was drawn to Ninjutsu because a ninja embodies this dream in a way that no other figure can. The Ninja, although an ordinary man, frees himself from the normal limitations through his skill and secret knowledge. He can go anywhere and remain invisible and understand things others do not. I realized that my quest to find the true Ninja was a quest to find my true potential, to step past my limitations and with this power protect and help others. 同書の一〇七頁も参照。

▶19　原文：So, if Batman were standed on a desert island in the South Pacific and could only take his favorite book, one CD, one special keepsake, and one martial art tradition, that tradition would be ninjutsu. This was nicely hinted in the movie Batman Begins, when Bruce Wayne is shown being trained essentially as a ninja.

▶20　一九九三年のアニメーション映画「Batman: Mask of the Phantasm」と一九九二〜一九九五年のアニメシリーズの第三十五話「Night of the Ninja」など。

▶21　原文：I did not truly see myself as a crime fighter, more as a Ninja who helps people from the shadows, but I believed that the Ninja code should be of a Crime fighter or real life superhero none the less.

▶22　http://channel-japan.com/ja/world-news/britain-ninja-arrested/（2014.3.1）

▶23　http://geekologie.com/2008/08/two-vigilante-ninjas-from-new.php（2014.3.1）

▶24　二〇一一年八月のイギリス暴動の時、自分が敵陣を突破する忍者だと想像しながら店を荒らしていた不良青年のインタービューがある（Man, 233）。忍者に関するこうした誤解は一体いつからあるのかを問題にし、ジョン・マン氏が欧米での忍者像の由来を探求し始める。ある道場の門人達による銀行強盗未遂が警察に食い止められたというニュースが一時的にテレビで放送された覚えも筆者にある。

参考文献

A、日本語

1　足立巻一、尾崎秀樹、山田宗睦『忍法—現代人はなぜ忍者にあこがれるか—』（三一書房、一九六四年）

2　伊藤銀月『忍術極意秘伝書』（壮神社、一九九一年）

3　鵜飼修三『忍びの里と甲賀武士—忍者の歴史がここに—』（甲賀新聞社、

二〇〇一年）
4 奥瀬平七郎『忍術—その歴史と忍者—』（新人物往来社、一九九五年）
5 門間貴志「〝ニンジャ〟から覗いたオリエンタル・ミステリー」（『忍の達人—影の奥義書—』歴史読本特別増刊「スペシャル」51、新人物往来社、一九九五年）
6 斎藤政秋「海外のニンジャブーム」（『「忍者」のすべて』歴史読本臨時増刊、一九九一年十二月）
7 高橋モータース＠ｄｃｐ「外国人はなぜ忍者が大好きなのか」http://news.livedoor.com/article/detail/8574814/（2014.3.1）
8 中村博一「忍者表象のグローカリゼーション：ナリウッドにおけるソッコト忍者」（『文教大学　言語と文化』第23号、二〇一〇年）
9 名和弓雄『あなたも忍者になれる』（圭文館、一九六六年）
10 『忍者養成講座』（株式会社日武会、一九九一年（？））
11 松波治郎『人と剣』（東水社、一九四二年）
12 藤田西湖『忍術秘録』（壮神社、二〇〇四年）
13 山口正之『忍者の生活』（雄山閣、一九六四年）
14 吉丸雄哉「近世における「忍者」の成立と系譜」（『京都語文』19号、二〇一二年）

B、ロシア語
15 Витковский А. Тени ниндзя. М.: "Крылов", 2008.（Vitkovsky A., *Teni nindzya*〔忍者の影〕Krylov, 2008） http://aldebaran.ru/rufan/vitkov/vitkov3/（2014.3.1）で前文を閲覧できる。
16 Горбылёв А. М. Путь невидимых: подлинная история нин-дзюцу. Мн. «Сэкай-пресс», 1997.（Gorbylev Alexey M., *Put` nevidimykh: Podlinnaya istoriya nin-dzyutsu*〔透明人間の道—忍術歴史の真実—〕Sekai-press, 1997）
17 Горбылёв А. М. Когти невидимок: подлинное оружие и снаряжение ниндзя. Мн. «Сэкай-пресс», 1999.（Gorbylev Alexey M., *Kogti nevidimok: Podlinnoe oruzhiye I snaryazheniye nindzya*〔透明人間の爪—忍者の武器と道具の真実〕Sekai-press, 1999）
18 Горбылёв А. М. Ниндзя: боевое искусство. М.: «Яуза», 2010.（Gorbylev Alexey M., *Nindzya: Boevoye iskusstvo*〔忍者—格闘方法—〕Yauza, 2010）
19 Задорнов М. Н. Я никогда не думал... М.: «Эксмо», 2006.（Zadornov Mikhail, *Ya nikogda ne dumal…*〔私は考えた事もない…〕Eksmo, 2006）http://mihailzadornov.info/index.php?newsid=259（2014.3.1）
20 Милин С. Ниндзя – кто они./Вокруг света. Август, 1966.（Milin S., *Nindzya - kto oni*〔忍者とは誰なのか？〕Vokrug sveta., 1966）http://www.ninpo.org.ua/article/info/38（2014.3.1）
21 Ниппидэн: Тайная передача знаний ниндзя（*Ninpiden: Tainaya peredacha znaniy nindzya*）V.V. Momot による『忍秘伝』のロシア語訳（2013）。
22 Пильняк Б. А. Корни японского солнца. Л.: «Прибой», 1927.（Pilnyak B.N., *Korni yaponskogo solntsa.*,〔日本の日の根〕Priboy, 1927）http://imwerden.de/pdf/pilnjak_korni_japonskogo_solnca_1927.pdf（2014.3.1）
23 Попенко В. Н. Сокрушительная боевая техника ниндзюцу. М.:

«Богучар», 1995.（Popenko V. N., *Sokrushitel'naya boevaya tekhnika nindzyutsu*〔凄まじい格闘技—忍術—〕Boguchar, 1995）
24　Тарас А.Е. Воины-тени: ниндзя и ниндзюцу. Мн.: «Харвест», 1997.（Taras A.Ye., *Voiny-teni: nindzya I nindzyutsu*〔影の戦士達—忍者と忍術—〕Harvest, 2007）
25　Фудзиноиссуйси Масатакэ『Сёнинки: записи об истинном ниндзюцу』（Fudzinoissuisi Masatake, *Syoninki: zapisi ob istinnom nindzyutsu*）V.V. Momot による『正忍記』のロシア語訳（HTMT, 2011）。
26　Феномен ниндзюцу в США/ «Синоби №1»（匿名 2012, "Fenomen nindzya v SShA"〔アメリカ合衆国における忍者の現象〕*Sinobi#1*）

C、欧米諸国語
27　Albin Michel, *Shoninki. L`Authentique manuel des ninja*（2009）
28　Andre Kenneth Becoming the Ninja by Ken Andre. God Within the Shadows.（2013）http://www.tengujutsu.com/page18.htm（2013.7.10）
29　Challant K., Bonomelli R., *Le Ninja: Les techniques Secretes, la pratique* (Editions de Vecchi, 1991）
30　Cummins Anthony, Minami Yoshie., *TRUE PATH of the NINJA: The Difinitive Translation of the Shoninki* (Charles E. Tuttle, 2011）
31　Cummins Anthony, Minami Yoshie., *The Ninpiden - True Ninja Traditions: And the Unknown Ninja Scroll*（Wordclay, 2011）
32　Cummins Anthony, Minami Yoshie., *The Secret Traditions of the Shinobi: Hattori Hanzo's Shinobi Hiden and Other Ninja Scrolls*（Blue Snake Books, U.K., 2012）
33　Cummins Anthony, Minami Yoshie., *The Book of Ninja: The Bansenshukai - Japan's Premier Ninja Manual*（Watkins Publishing, 2013）
34　Cummins Anthony, Minami Yoshie., *Iga and Koka Ninja Skills: The Secret Shinobi Scrolls of Chikamatsu Shigenori*（History Press, 2013）
35　Draeger Donn F., *Ninjutsu: The Art of Invisibility--Japan's Feudal-Age Espionage Methods*（1989）
36　Faulks Martin, *Becoming a ninja Warrior* (Ian Allan, 2010）
37　Hall David, *Encyclopedia of Japanese Martial Arts*（Kodansha Int., 2013）
38　Hoban Jack, *Ninpo: Living and Thinking as a Warrior*（Contemporary Books, 1988）
39　Loiacono Florent, *Ninja et Yamabushi: Guerriers et Sorciers du Japon Feodal*(Budo Editions, 2006）
40　Lowry Dave., *Clouds on the West: Lessons from the Martial Arts of Japan*（Lyons press, 2004）
41　Man John, *Ninja: 1000 Years of the Shadow Warriors*（Bantam-press, 2012）
42　Mazuer A., Graham J., *Shoninki: The Secret Teachings of the Ninja: The 16th-Century Manual on the Artof Concealment*（Destiny Books, 2009）
43　Mazuer A., Portillo M., *Shoninki: El arte del disimulo: El autentico manual de los ninja / The SecretTeachings of the Ninja: The 17th-Century Manual on the Art of Concealment Karios*（Editorial Sa, 2011）
44　Ninjutsu and Koryu Bujutsu（1999）　http://www.mardb.com/ninjutsu-and-

koryu-bujutsu/ (2014.3.1)

45 Palmer Bill, Palmer Karen, Meyers Richard., *Martial Arts Movies: From Bruce Lee to the Ninjas* (Lyle Stuart, 1985)

46 Peterson Kirtland C., *Mind of the ninja: Exploring the Inner Power*(Contemporary books, 1986)

47 Santoro Victor, *Vigilante Handbook* (Desert Pubns, 1981)

48 Schedler Claude, *Shôninki: Historische Geheimschrift der Ninja* (Books on Demand Gmbh, 2004)

49 Schedler Claude, *Shôninki: A Strategic Treatise of Espionage by Historical Ninja* (Books on Demand Gmbh, 2010)

50 Skinner Dirk, *Street Ninja:Ancient Secrets for Today's Mean Streets* (Barricade Books, 1995)

51 Zehr Paul E., *Becoming Batman: The Possibility of a Superhero* (Johns Hopkins Univ Pr., 2008)

column★

中国における日本の忍法文学

関 立丹● Kan Rittan

忍者は中国でもよく知られている。特に中国の若者は『NARUTO』をはじめとする漫画やアニメを通して忍者ものに親しんでいる。『NARUTO』については、研究論文もいくつか出された。

忍者は、特別な身体技能の持ち主であり、一般の人間にはできないような仕事を遂行する能力をもっている日本人だと中国ではよく認識されている。「忍術」という言葉は中国にもある。「忍」は忍耐、「術」は「方法」という意味である。したがって、中国では、「忍術」という言葉は日本の忍術のことを指すことが多いが、生活の中で必要とされる「忍耐する方法」という意味で使われることもある。例えば、「劉秀の政治隠忍術」(『決策』二〇一一・十一)、「忍術」(『糖尿病新世界』二〇一〇・六)、「『三国演義』の中の忍術試論」(『名作欣賞』二〇一〇・十二)、「「仁者」の忍術」(『国学』二〇〇八・八)、「忍術 官僚成功の要第一」(『継続教育と人事』二〇〇二・五)のように、多くのところで、「忍術」という言葉が後者の意味で使われている。

日本では「忍術」は「忍法」とも呼ばれ、忍法関係の文学作品は忍法文学と呼ばれる。日本文学の歴史の中で忍法は三回ブームになったが、第三回忍法ブームの影響は中国にも及んだ。

第三回忍法ブームの決定的な引き金が一九六〇年の司馬遼太郎(一九二三〜一九九六)の『梟の城』の直木賞受賞であることはよく知られている。『梟の城』は、『梟のいる都城』というタイトルで一九五八年四月十日より中外日報という仏教系の新聞に連載されるようになった作品である。司馬の忍法小説には、他に『風神の門』と『果心居士の幻術』がある。しかし、忍法文学の中国語訳としては、『忍者影法師』というタイトルで台湾で出版された『風神の門』だけである。その中国語のタイトルから、「忍者」という言葉を使うことで読者の目を引こうとした意図が窺える。

司馬遼太郎の作品は台湾では比較的早い時期から訳されてきたが、中国大陸で紹介されるようになったのは、近年のことである。例えば、『項羽と劉邦』（二〇〇六）、『豊臣家の人々』（一九八三、二〇〇八）、『覇王の家』（二〇〇九）、『源義経』（二〇〇九）、『新選組血風録』（二〇一〇）、『韃靼疾風録』（二〇一〇）、『竜馬が行く』（二〇一二）などがある。忍法文学より、日本の歴史的事件、有名な人物、団体或いは中国の題材や中日の歴史関係の作品が優先的に紹介されているように見受けられる。司馬遼太郎は二十一世紀には中国で日本の代表的な歴史小説作家として知られるようになったが、忍法小説はあまり詳しく紹介されることはない。

山田風太郎（一九二二〜二〇〇一）は、一九五六年に起こった第三回忍法ブームの際に、最も人気のある作家として多くの奇想天外な作品を出した。また一九六三年に全十五巻に及ぶ『山田風太郎忍法全集』（講談社）が出版された。代表作は『魔界転生』（一九六四）である。

個人のすき嫌いはさて置き、風太郎忍法帖の最高峰が『魔界転生』であることに、異論を挟む人はおるまい［▼1］。

代表作とされる『魔界転生』には、多くの中国語訳本がある。大陸では『道魔大決闘』（樊学綱訳、陝西人民出版社、一九九〇）、『魔界転生』Ⅰ（韋平和訳、北岳文藝出版社、二〇〇六）、『魔界転生』Ⅱ（劉康敏・傅然訳、北岳文藝出版社、二〇〇六）があり、台湾では『魔界転生』（鄭秀美訳、星光出版社、一九八五）と『魔界転生』上下（凌虚訳、先端出版、二〇〇七）がある。また、デビュー作は台湾で『甲賀忍法帖』1〜5（柯明鈺訳、東立出版有限公司、二〇〇四）、大陸で『甲賀忍法帖』（劉怡詳訳、北岳文藝出版社、二〇〇六）が出版された。ほかに、台湾の『柳生忍法帖』（林郁編訳部訳、林郁文化事業公司、一九九八）、大陸の『柳生忍法帖』（韓鋭訳、北岳文藝出版社、二〇〇六）、台湾の『忍法八犬伝』（林懐卿訳、武陵出版公司、一九九二）がある。

以上を見ると、『魔界転生』は大陸でも台湾でも二回ほど訳されているが、台湾では八十年代にはすでに訳されていたので、大陸より早い。また、山田風太郎の作品は全体的に台湾のほうが大陸より早く訳されたことと、同氏の忍法小説は大陸のほうでは二〇〇六年ごろ集中的に訳されたことなどが分かる。

忍者小説は過去の時代を舞台としたものなので、中国大陸での忍者小説の翻訳の傾向は日本の時代小説、歴史小説の翻訳の歩みと密接な関係がある。台湾では、以前より日本の文学作品が多く紹介されていたが、大陸では、一九七八年改革開放によって日本の文学作品が多く紹介されるようになった。その中では、純文学作品が圧倒的に大多数を占めている。歴史小説の紹介は少なかった。二十一世紀に入ってはじめて日本の歴史小説ブームが起こった。例を挙げてみると、二〇〇四年に吉川英治（一八九二〜一九六二）の『宮本武蔵』が訳され、二〇〇六年に司馬遼太郎の『項羽と劉邦』が訳された。また、二〇〇八年に訳された山岡荘八（一九〇七〜一九七八）の『徳川家康』全十三巻がベストセラーとなり、一般的に読まれるようになった。海南島の南海出版公司、重慶出版社を中心に訳本が出されていたが、最近では、吉林出版集団有限責任公司、上海人民出版社、広西師範大学出版社、東方出版社などの出版社でも訳本を出すようになった。また、歴史小説の翻訳は吉川英治の『三国史』（重慶出版社、二〇一一）、『源頼朝』（重慶出版社、二〇一三）、『新書太閤記』（中国語訳名『豊臣秀吉』重慶出版社、二〇一三）、池波正太郎（一九二三〜一九九〇）の『真田太平記』（吉林出版集団有限責任公司、二〇一一〜二〇一二）、『剣客生涯』（上海人民出版社、二〇一二）、柴田錬三郎（一九一七〜一九七八）の『孤剣は折れず』（上海人民出版社、二〇一二）、『水滸伝』（南海出版公司、二〇一三）や堺屋太一（一九三五〜）の『世界を創った男チンギス・ハン』（東方出版社、二〇一二）など幅広くなされている。

では、中国では山田風太郎のものはどう見られているのだろうか。韓鋭訳の『柳生忍法帖』（北岳文藝出版社、二〇〇六）では次のように紹介されている。

在其作品中所描述的忍术多达250种，对忍术描写细腻真实，让人身临其境，是日本奇幻忍术小说中地位最崇高的作家，被誉为“日本的金庸”。

（その作品の中で描かれた忍術は二五〇種類にのぼっている。忍術についての描写は細やかで、本当のことのようであり、読者に臨場感を与えてくれる。「中国の金庸」と言われるように、日本伝奇忍術小説の分野で一番人気のある作家である。）【▼2】

金庸（一九二四〜）は中国浙江省の生まれで、一九四八年香港に移住。一九五五年『書剣恩仇録』で武侠作家としてデビューし、瞬く間に人気のある作家となった。大陸、香港、台湾では、誰でも知っているほどの武侠小説の人気作家であり、国民的作家とも言われている。代表作には『射鵰英雄伝』（一九五七）、『神鵰剣侠（原題：神鵰侠侶）』（一九五九）、『天龍八部』（一九六三）、『秘曲笑傲江湖（原題：笑傲江湖）』（一九六七）などがある。武侠小説ブームと忍法ブームの発生はほぼ同じ時期であり、同じく奇想天外な内容の小説である。

しかし、両者の間には、いくつかの相違点がある。武侠小説は主に義侠を強調して、四海を住処とし、友を糧とする在野の英雄好漢の世界を描き出したものである。身を隠すよりも、武芸を披露しよう、弱い人々を助けようとする意欲の強い人物らが登場する。また、その武芸は道教からの影響が強く、「気功」が基本である。男だけでなく、美しく武芸の強い女が登場し、恋物語の展開もある。

山田風太郎は「中国の金庸」と言われるほど評価された忍法小説作家である。

忍者ブームの先駆けとして、五味康祐（一九二一〜一九八〇）や柴田錬三郎がいるが、五味康祐の『柳生武芸帳』は台湾（余阿勛訳、万象図書公司、一九九三）のみで訳され、多くは紹介されていない。

中国では、忍術や大衆文学としての忍法文学についての研究成果はまだ数少ない。しかしながら、忍術の研究紹介のほかに、忍者の精神と日本の国民性との関連を検討する論文はいくつかある。「日本国民性への忍者精神の影響」（『広西職業技術学院学報』二〇一〇・八）、「「忍者」現象より日本「忍」文化の独特性についての検討」（『韶関学院学報』二〇〇七・五）である。忍者は日本独特の文化現象であり、日本人の我慢強さ、忠誠心、勤勉意識の源流であると同時に、忍者世界の残酷さ、階級意識の強さ、畸形さが指摘された。

最近では、日本大衆文学の研究が中国で重視されるようになり、二〇〇九年正月に日本学研究の代表雑誌『日語学習と研究』によって大衆文学研究の特集が組まれた。論文「「忍者」という立場（スタンス）—『忍びの者』における「民族」と「大衆」」は、女子美術大学教授（現在フェリス女学院大学教授）の島村輝氏の研究成果である。『忍びの者』は村山知義によって、一九六〇年十一月より日本共産党機関誌『赤旗』で連載された作品だが、島村氏の論文では、近代における忍法文学の流れが紹介され、村山知義の創作動機、マイノリティーとしての「忍者」や「日本人という民族の性格」についての問題意識が分析された。

また、忍法文学研究の成果として、「司馬遼太郎の歴史小説研究—『梟の城』を例に」（高義吉、楊舒『東北師大学報』P145-148、二〇一一・三）がある。しかし、その論述の重点は「歴史小説」創作の視点のほうに置かれて、忍法文学の面からはあまり分析されていない。研究書には、『武士道と日本近現代文学—乃木希典と宮本武蔵を中心に』（関立丹、中国社会科学出版社、二〇〇九）がある。ここでは『魔界転生』における宮本武蔵の偶像破壊についての分析が行われている。

近年、忍者ものとして、中国で和田竜（一九六九〜）の『のぼうの城』（陸求実訳、重慶出版社、二〇一〇）、『忍びの国』（王戦訳、重慶出版社、二〇一〇）の中国語版が出された。それぞれ二〇〇七年、二〇〇八年に日本で出版されたものなので、中国で紹介されるまでの時間的間隔がずいぶん縮められたことが分かる。これからも日本で多くの読者に愛されている歴史小説、忍法文学は中国でも紹介され続けるであろう。

注

▼1　細谷正充「風太郎忍法帖」（『文藝春秋』別冊『追悼特集　山田風太郎　綺想の歴史ロマン作家』二〇一〇年十月）

▼2　筆者による訳

4

忍者を知るためのガイド

もっと忍者を知りたい人へ。
江戸時代から現在までの「主要文献ガイド」と「主要作品年表」、
忍者に関する展示・アトラクションのある「施設ガイド」を収録。

忍者研究主要文献ガイド1
●江戸時代から昭和三十年代まで

現在、世に出ている忍者に関する文献は、忍者とは何かを説明した解説書と、忍者になるための実践的方法を記した実用書に大別できる。ある忍者関連の本を見て、その傾向を分析すればどちらかに分類できるわけだが、解説書の中にも忍者になるための実践的方法が記されたり、実用書の中にもそもそも忍者はどのようなものかあるいは過去の忍者についての説明してあったりと、内容に関しては共通する部分もないわけではない。

江戸時代以前の忍者に関する書籍、我々が忍術書と呼ぶ本に関していえば、むしろ解説書と実用書が一緒になった内容であるのが通例である。これは、前近代の学問のあり方に沿っている。江戸時代における学問とは、単なる研究ではなく、実践を念頭においた研究だからである。

兵学ならば、戦史や理論を過去の事例から導き出すだけでなく、実際に戦うことを念頭においている。古文や国語を研究する国学などは、実践から遠いように感じるかもしれないが、日本的精神を探り、その気持ちになって、また正確な古文の文法・用語にしたがって、和歌を詠む、和文を作ることが目的である。忍術書から忍術学があったとすれば、兵学の下位分類であり、兵学と同様に、研究と実践を併せた学問であったといえる。

研究と実践を一体化させて、対象を掘り下げることは、姿勢としては有効であるものの、客観性に欠ける嫌いがある。主観的に対象と関わってしまうことは、対象を客観的に見ることを阻害する。

『万川集海《まんせんしゅうかい》』『忍秘伝《しのびひでん》』『正忍記《しょうにんき》』といった忍術書はもとより、**『軍法侍用集《ぐんぽうじようしゅう》』『武用弁略《ぶようべんりゃく》』**といった兵学書の記述ですら、いかがわしさを我々が感じるとすれば、そういったことが理由なのだろう。

研究と実践が分離して、客観的な忍者研究が始まるのは、江戸後期の武家故実集である**塙保己一《はなわほきいち》編『武家名目抄』**からであろう。職名部三十四下で、書籍から忍者関係の記述を博捜したうえで、帰納的に忍者を結論づけたことが評価できる。

明治維新以降、忍者研究の先鞭をつけたのは**伊藤銀月**（明治四〜昭和十九年）であった。伊藤銀月は小説家・ジャーナリストであり、小説のほか多くの啓蒙書を遺している。伊藤銀月**『忍術の極意』**（武侠世界社、大正六年）には、二十年以前から忍術の研究をはじめ、十年ほど前に東京朝日新聞に忍術の概要を十数日連載し、のちに小冊子の単行本になったことや、三省堂の『日本百科大辞典』第八巻（大正五年）の「忍術」の項目を執筆したことを記す。

　伊藤銀月の著作の特徴は、忍術の具体的で実践的な内容を多く記すことである。『正忍記』などを参考にし、七方出《しちほうで》（変装術）や忍具、五遁の術などが記される。忍びの歴史にも多々触れるものの、全体的に忍〝術〟の書とみなしてよい。実用性を読者に訴えかけるところがジャーナリストの真骨頂なのだろう。

　伊藤銀月『現代人の忍術』（巧人社、昭和十二年）では「現代的護身術」「現代的処世術」として忍術が役に立つことを述べている。『現代人の忍術』は「忍術式に定められた人の斬り方」など武術も紹介しており、現代の忍者武術の淵源を見ることができる。『忍術の極意』も『現代人の忍術』も国立国会図書館デジタル化資料のホームページ（http://dl.ndl.go.jp/#books）から読むことができるので、読める人は確認して欲しいが、意外と古くささを感じさせない。というより、現代の忍者解説本の変わり映えのなさを感じさせる。忍術書をベースにした忍術の紹介と、引用元の資料的価値を考慮しない資料の引用方法である。ともに、前近代の書物に記してあることはすべて正しいという、よくいえば原本尊重主義、わるくいえば批判的精神のなさのあらわれである。

　伊藤銀月のあとを追い、**岡田利助『忍術気合術秘伝』**（東京催眠術学会、大正五年）、**高田俊一郎『忍術魔法秘伝』**（神田武芸研究所、大正六年）が出版される。『忍術の極意』は空想的な忍術を否定するが、それでも冒頭に活動写真や講談本の隆盛に触れている。『忍術気合術秘伝』に活動写真の内容が紹介されていることを考えれば、立川文庫や尾上松之助らの忍者映画により起こっていた忍術ブームの影響は無視できないだろう。銀月以外の大正の忍術研究書は、空想的・魔法的要素の多い忍術を扱う傾向にある。

　伊藤銀月の次に、忍者研究の中心となったのが**藤田西湖**《せいこ》（明治三十二～昭和四十年）である。藤田西湖は忍術伝書の収集家でもあり、**『忍術秘録』**（千代田書院、昭和十一年）の収録する忍術は銀月のものよりバラエティに富む。『万川集海』を参考にしたためである。ほぼ同時期の『現代人の忍術』が「忍術者」という呼称を使っているのに対し、「忍者」の名称を使っている。ジャーナリストが本職の伊藤銀月と違い、藤田西湖は甲賀流第十四世を名乗り忍者として活動していた。自伝**『どろんろん―最後の忍者』**（日本週報社、昭和三十三年）によれば、陸軍中野学校で教鞭をとり、中国大陸で諜報活動にあたった。精神教育と術科（忍術関係）と体術、護身術を教えたという。

　藤田西湖と入れ替わるように登場したのが**奥瀬平七郎**（明治四十四～平成九年）である。藤田西湖『どろんろん』の翌年に奥瀬平七郎は**『忍術秘伝』**（凡凡社、昭和三十四年）を世に出し、以後忍者関係の書物を書き続けた。奥瀬は戦前、満洲電信電話K．Kの参事をつとめ、敗戦後、上野市役所に入り、昭和四十四年から昭和五十二年まで二期、上野市長をつとめた。伊賀市が忍者観光で充実しているのは、奥瀬平七郎の功績である。

奥瀬平七郎は、**『忍術 その歴史と忍者』**（人物往来社、昭和三十八年）のような解説書と**『忍法 その秘伝と実例』**（人物往来社、昭和三十九年）といった実用書の両方を書き残している。研究の特徴は、忍術の源流を孫子の兵法に求めたことにある。聖徳太子が大伴細人《おおとものさびと》という「志能便」を使ったと忍術書にあることに（『忍術応義伝』に基づくか）から、古代まで遡って忍者の歴史を語った。現在の忍者解説本では、あたりまえとなってしまったが、当時は画期的なことであった。

奥瀬の実用書の特徴といえば、忍術に対する肯定的な態度である。忍術に対し倫理性を問うのは『万川集海』のころからあり、忍術を処世術に活用するのも伊藤銀月がすでに述べているが、それ以上に、奥瀬平七郎は忍術や忍者のもつ後ろ暗い面は見ない（あるいは見えない）人だったように感じる。**足立巻一・尾崎秀樹・山田宗睦『忍法 現代人はなぜ忍者にあこがれるのか』**（三一書房、昭和三十九年）を信じるなら、昭和二十六年の「子ども博覧会」で忍術館の建設にあたって、奥瀬平七郎は藤田西湖に種々指導をうけたという。しかしながら、藤田西湖が忍術を戦争に用いたことや、藤田が紹介する忍術にいかがわしさ（よくいえば神秘的な性質だが）が入り混じったことへの反発があるように感じる。空想的要素を排除したのが藤田の忍術研究の特徴で、**村上知義『忍びの者』**シリーズなど、昭和三十年代以降のリアル系忍者小説・映画に大きな影響を与えた。

奥瀬平七郎の本は、筆力があって、どれも読み物としては面白いが、残念ながら、本文中に出典が全くといってよいほど書かれていない。出典をいちいち紹介する煩わしさから解放されていることが読みやすさの一因でもあるのだが、記述の信憑性については逐一確認していかないといけない。

奥瀬平七郎と紹介は先後するが、**足立巻一**（大正三〜昭和六十年）の忍者研究は質が高い。足立巻一は新聞記者を経て、児童詩誌の編集に携わり、のちに大阪芸術大学、神戸女子大学で教授をつとめた。忍者関係では立川文庫とその関係者について記した**『立川文庫の英雄たち』**（文和書房、昭和五十五年）という名著をのこしている。直接的な忍者研究の書では、**『忍術』**（平凡社、昭和三十二年）と、足立巻一・尾崎秀樹・山田宗睦『忍法 現代人はなぜ忍者にあこがれるのか』（三一書房、昭和三十九年）が他にあるのみだが、ともに優れている。

『忍術』でいえば、まず史料の価値に客観的な目を持ち、引用にあたって出典を明らかにしていることがあげられる。また、従来の忍者研究で等閑視されてきた忍者の虚像を俎上に上げたことも類を見ないことであった。『忍法 現代人はなぜ忍者にあこがれるのか』は忍術の源流と誕生、また忍びの世界について従来の忍者研究より質の高い考察を記す。昭和三十七年に発見された上島家文書による観阿弥が楠木正成の甥であるという説から導かれた新考は興味深い。ただ、上島家文書の内容が信じるに値しないことは、のちに**表章『昭和の創作「伊賀観世系譜」—梅原猛の挑発に応えて』**（ぺりかん社、平成二十二年）によって証明され、残念ながら足立らの説は論として成り立たなくなった。

その他、研究でいえば甲賀高等学校の校長であった**山口正之**の**『忍びの生活』**（雄山閣、昭和四十年）は良著である。とくに『万川集海』の諸本を考察した「忍術の文献」が面白い。

近代以降の忍者関係文献について「三重大学 忍者関係資料データベース」http://www.human.mie-u.ac.jp/kenkyu/ken-prj/iga/kouza/ninja-database-nihon.pdf で一覧が可能である。あえて重要な文献に絞って紹介したことご了解いただきたい。

以降は池田裕「忍者研究主要文献ガイド2—昭和三十年代以降—」に譲る。

（吉丸雄哉）

忍者研究主要文献ガイド2

●昭和三十年代以降

▼昭和三十八年より平成二十六年までに出版された、忍者・忍術研究に関する、主要な単行本（研究書）・雑誌論文・エッセイ等のリストをあげた。おのおのに、コメントを付けた。特に単行本は目次をあげ利用者の便宜を図った。▼調査が行き届かず、不備がある場合や、お気づきの点があれば情報をたまわりたい。

【凡例】▼刊年月順に並べ、単行本は著者名・書名・出版社・総頁数・目次・備考の順であげた。▼項目名を示す**【頁】**総頁数・頁数**【目】**目次**【備】**備考

■昭和三十八年二月

山口正之『忍者の生活』（生活史叢書2）雄山閣出版

【頁】二九四**【目】**「序にかえて」**第一編 忍術と歴史** 第一章**【伊賀と甲賀】**「忍び組」「伊賀組の起り」「甲賀組の起り」「岡部藩五十人組」「伊賀組の役目」「甲賀組の役目」「江戸伊賀町の由来」「江戸甲賀町の由来」「伊賀忍者の名簿」「甲賀忍者の名簿」「大坂の陣と忍び組」「彦根藩の忍術」第二章**【忍者の実戦記録】**「徳川家康が甲賀忍者に贈った感謝状」「島原の乱と甲賀忍者団」一 甲賀忍者の徴用 二 忍者団の組織 三 忍者団の活躍 四 忍者の決死行 五 原城陥落と忍者 **第二編 忍術の盛衰****【忍術とスッパ】**「忍術の起源」「スッパ考」「無足人と忍町」「忍術の没落」「甲賀流の末裔」「根来組」**第三編 忍術と科学****【科学の応用】**「祝言の明け夜」「猫の眼時計」「忍び船」「いびき」「忍薬」「忍術屋敷」**第四編 忍術と文学** 第一章**【忍術文学と忍術劇】**「加賀騒動と忍術」「歌舞伎と忍術」「立川文庫と忍術」第二章**【忍者の教養】**「暗号（忍びいろは）」「合いことば」「忍歌と忍詩」**第五編 忍術と道徳** 第一章**【忍者の倫理】**「忍術と女」「正心」第二章**【忍道】**「忍術と修養」**第六編 忍法** 第一章**【忍術の秘密主義】**「忍術の秘伝とおきて」第二章**【忍技のさまざま】**「うずらかくれ」「双忍（二人忍術）」

「陽忍と隠忍」「上忍とやまびこの術」「忍者と犬」「花のあけぼの」「水と忍術」「無門の一関」**第七編 忍術と呪術** 第一章【呪術混合】「結印」「忍術の神さま」第二章【魔術と人相】「護符」「人相」「猿飛佐助」**第八編 忍話抄**「刀抜き取りの話」「大塔宮と大般若経」「自学自習の巻」「ものまねの術」「かくれみの」「忍術の三病」「カメ取り物語」「忍者彦四郎」「飛加藤物語」「秘宝古今集の盗難事件」「浅井長政と伊賀忍者」**第九編 忍者心得帖**「武蔵坊弁慶」「木陰の大事」「四季と睡眠」「光と風」「花中の鶯」「六具」「足なみ十カ条」「夜道の心得」「七方出」「古法十忍」「忍具の使い方」「反り忍」**第十編 忍術の文献** 第一章【萬川集海】「萬川集海のいろいろ」「萬川集海の作者」第二章【忍書探訪】「正忍記」「伊賀訪書記」第三章【忍術文献】「訪書難」「忍術書目」「伊賀者（組）書目」「甲賀者（組）書目」「忍術類書」「火術書目」「奪口書目」「甲賀忍者の陣中報告書」**補編 忍法余録** 第一章【捨てかまりの術】「関ヶ原役における井伊直政の奮戦」「薩摩忍法」「忍者屋敷町」「伊賀忍者の集団逃走事件」「忍者寺の創建」第二章【現代の忍法】「猿飛佐助はアメリカにいる」「忍術映画のトリック」「エロ・グロ忍法」「忍者遊び」「忍術屋敷第二号」「外人の観た日本忍術論」「正しい忍術の姿」【備】筆者は滋賀県立甲賀高等学校（現・水口高等学校）校長の時、上京した際に内閣文庫（国立公文書館）の展覧会にて『萬川集海』と出会う。忍者・忍術を最初に、史実的に解説したもの。『萬川集海』を史料にした忍者・忍術研究の基本文献（昭和五十六年八月、新装版）。

■昭和三十八年七月

奥瀬平七郎『忍術 その歴史と忍者』人物往来社

【頁】三二〇【目】『古代の忍術』「忍術の始祖は中国人」「始皇帝の臣とオユロタユヤ」「誰が『孫子』を輸入したか」「間者を用いた聖徳太子と天武帝」「道臣命と日本武尊」『奈良朝の忍術』「役行者と修験道」「山伏兵法の特色」「修験道・行基・密教」「役行者の伝説」『平安朝の忍術』「安倍晴明と陰陽道」「藤原千方と陰形鬼」「源家の勃興と八幡太郎義家」「甲賀三郎と服部族」「平安朝怪盗伝」『源平期の忍術』「義経流忍術と鞍馬八流」「伊勢三郎義盛と忍び軍歌」「服部平内左衛門尉家長と黒党祭」「忍家、百地氏の抬頭」『鎌倉期の忍術』「禅と忍術」「黒田の悪党と服部、大江両氏の混交」「伊賀と甲賀のちがい」『南北朝の忍術』「楠木流忍術と楠木正成」「南朝と忍者と山伏」『戦国期の忍術』「兵・武・忍の独立と流派の発生」「信玄、謙信の忍術合戦」「徳川家康の忍者雇用」「戦国期の伊賀忍者」「戦国期の甲賀忍者」「伊賀流と甲賀流」「火薬の伝来と忍術の発達」『織・豊期の忍術』「伊賀者・甲賀者の敵、信長・秀吉」「天正伊賀乱と伊賀、甲賀者」「百地（藤林）の亡命と紀州流の発生」「家康の伊賀越えと伊賀同心の由来」「忍術使いの大ストライキ」「筒井の改易と藤堂高虎の伊賀入り」「徳川家康の謀略作戦」『徳川期の忍術』「家康の忍術とそのブレーントラスト」「島原忍記」「政治隠密から司法隠密へ」「伊賀者の効用」「『万川集海』と『正忍記』」「大岡越前守と根来同心」「最後の忍者」『忍術の変貌と現代の忍術』『参考資料・忍書目録』『忍術研究ノートから』「忍術の迷信と伝書の嘘」「忍術ブームの底に流れるもの」「映画『忍びの者』二つの素材」「忍町と不忍池」「忍者屋敷考」「七方出（変相術）と観世清次」「忍術と妖術」「飛行に失敗した侍の話」『忍術の原理』「『孫子』の兵法と用間の意義」「間の意味するもの」「虚実の弁別と機の把握」「忍術の特徴」【備】奥瀬氏は忍術研究の第一人者。忍術発生の起源を修験道に求める。出典不明な記述も多いが、現在の忍者ブームの基礎は著者がその土台を作ったといえる。（平成七年七月再版）

■昭和三十九年八月

奥瀬平七郎 他『歴史読本 8月号 特集 忍者 戦国の幻兵団』人物往来社

【頁】九―十七・二十六―二十九・三十九―八十三・一四四―一四九（二三二）【目】ずいひつ・豊岡益人「忍術のまちで」岡本喜八「忍者可愛いや」稲垣一城「忍法四国軍記」奥瀬平七郎「忍びの歴史」土橋治重「疾風武田忍法」劉寒吉「さみしい梟」柳田知怒夫「般若野の忍者」新里金福「琉球の飛影」編集部「忍者覚え書」「グラビア」「その名は忍者」「甲賀流を継ぐ老忍者」【備】伊賀上野市長豊岡氏のずいひつは、忍者ブーム初期の様子がうかがえる。忍者・忍術研究の基礎を作った奥瀬氏の「忍びの歴史」は興味深い。

■昭和三十九年十月

奥瀬平七郎『忍法―その秘伝と実例―』人物往来社

【頁】三一八【目】【忍術の原理】「孫子の用間術と忍術のちがい」「兵・武両術と忍術の関係」「忍術の方法論（虚実と機の理論）」「絶対を否定する忍者の世界観」「知性の優劣は勝敗につながる」【忍術と倫理】「忍者戒とその逆倫理性」「『正心』と忍者戒」「『正心』の示す『生の哲理』」【勝敗を占う察気三法】「察天術」「察地術」「察人術」【必勝の哲理・五情・五欲の理】「人を車にかける術（五情の理）」「人の心に入る術（五欲の理）」【基本の忍法・始計の術】「無芸無名の術」「微兆を取る術」「節を揃える術（調査）」「節を揃える術（謀計）」「印を取る術」「印を変える術」「仏（神）隠れの術」「山彦試聴の術」「四方髪の術」「変言化姿の術」「諸国変化の術」「偽書・偽印の術」【戦前布告・遠入りの術】「桂男の術」「如影の術」「久ノ一の術」「里人の術」「身の虫の術」「蛍火の術」「袋翻しの術」「天唾の術」「弛弓の術」「山彦の術」【必勝の闘術・近入りの術】「略本術」「迎入の術」「参差の術」「妖者の術」「水月の術」「谷入りの術」「虜反の術」「袋翻し全術」【隠身の忍法・城館に入る術】「入虚の術（別名侵入術）」「先考の術（別名物見の術）」「入堕帰の術」「捉機の術」「家忍の術」【陰忍の闘術・偽計十二法】「驚忍の術」「雨鳥の術」「試聴の術」「偽音（言）の術」「逃止の術」「魘入の術（別名下着の術）」「双忍の術」「節を外す術（別名縄抜けの術）」「着前術」「放火術」「離行の術」「賤卒の術」【陰忍の華・隠法と遁法】「隠法（静止して隠れる術）」「遁法（動いて隠れる術）」忍術の諸伝「技術の細部を教える諸伝」「用術の心得を教える諸伝」【忍具・忍薬・呪術】「忍具について」「忍薬について」「呪術について」【忍術練習法批判】「忍術練習法」「オリンピックと忍術」【忍術研究ノートから】「忍理と処世」「柳生石舟斎の政治剣」「不変の生活技術・忍術」「忍術と神秘の接点」「忍術と未解放部落」「加太の忍者・忍術は虚だけの存在か？」「坂治左衛門」「跋」【備】著者は昭和三十四年、司馬遼太郎氏の斡旋で『忍術秘伝』を発行。忍術について歴史的事実を裏付けした点は従来の解説書になかった。奥瀬忍術研究の集大成の書。（平成七年七月再版）

■昭和四十七年七月

杜山悠『忍者の系譜』創元社

【頁】二一七【目】「謎の法道仙人」「丹生山明要寺」「修法通士の無可」「人間限の哲理」「漂白の民」「採薬行者」「葛城に生きる」「願望」「役小角」「補陀洛渡海」「孔雀明王経」「行者兵法の発生」「水木姫と覚坊」「羽黒の修験」「韓国広足」「野臥と山臥」「富

獄印明」「諏訪一族」「将門反乱と風魔小二郎」「甲賀三郎兼家」〔隠れ里〕「加太兵秘録」「伊勢三郎義盛の出現」「黒野慈現坊は武蔵坊弁慶か」〔散所者〕「流賊楠兵衛正成」「楠木流忍術伝書」「素破の群れ」「軍師山本勘介」「尼子一族と鉢屋者」「山中鹿介」〔忍者の系譜〕「果心居士」「忍術諸流の系」「あとがき」【備】忍者はどのような系統に属する者かを求め、その源流を追う書。「漂白流民滅亡の従事詩」の副題に迫り、出雲亡国民、海上漂泊民、流賊たちを忍者の遠祖と考えた。

■昭和五十一年九月

石田善人監修・名和弓雄訳『萬川集海 忍器篇』誠秀堂

【頁】二二二【目】石田善人「解題」〔凡例〕**〔巻 第十八 忍器一 登器〕**「結梯図説」「飛梯図説」「雲梯図説」「巻梯図説」「鉤梯図説」「高梯図説」「苦無図説」「探鉄図説」「長嚢図説」「打鈎図説」「蜘蛛梯図説」「龍登図説」「飛行図説」「三ッ鑰図説」「大鑰図説」「大刀登ノ事」「草ノ鐽登ノ事」「真ノ鐽登ノ事」**〔巻 第十九 忍器二 水器〕**「浮橋図説」「蒲筏図説」「甕筏図説」「葛籠筏図説」「水蜘蛛図説」「水掻図説」「他流水蜘蛛図説」「挟箱船図説」「舟革下染めの事」**〔巻 第二十 忍器三 開器〕**「問外ノ図説」「刀曲之図説」「延鑰之図説」「入子鑰ノ図説」「鋏之図説」「鑿ノ図説」「錐ノ図説」「錏之図説」「鎌ノ図説」「釘抜ノ図説」「鎖子抜ノ図説」「板橇図説」**〔巻 第二十一 忍器四 火器一〕**「卯花月夜方」「秋月方」「花ノ曙方」「天火照火者ノ方」「梅花月方」「千里新々関口流炬火」「衣炬火方」「五里炬火方」「雨炬火」「又方」「柔等明松」「風雨炬火」「同方」「一里一寸炬火」「生滅ノ方」「南蛮山方」「三タイ方」「水ノ明松」「同方」「秘伝雨明松」「義経水炬火」「上ノ火炬火極秘の方」「打明松」「振リ松明」「柔等松明方」「削火の方」「袖火方」「ツケ火ノ方」「敵討薬」「夜討テンモン火方」「義経火」「胴ノ火極秘ノ方」「同方」「北地方」「又方」「又」「又」「火筒拵様」「ナラズ薬」「白薬」「眠薬」「水篝方」「水鉄砲」「水火縄」「又」「一寸火縄」「濡火縄」「暗薬」「明松方」「同方」「キサミ火」「胴火方」「狼煙方」「不眠薬」「アハウ薬」「中蝋燭」「角蝋燭」「不滅明松」「義経明松」「剛盗桃灯製作図説」「入子火図説」「狼煙薬方」「又方」「又方」「風雨炬火」「生滅火炬」「同方」「一寸三里火炬」「篭火炬 梅田流」「切火口ノ方 同人方」「篭火炬」「同方 柘植氏流」「取火方」「夢想火」「胴ノ火」「打火炬」「飛火炬」「猿火ノ事」「付火ノ方」「当図ノ方」「南気明松方」「竹本明松」「風雨夜来火炬方」「風雨火炬」「玉中火炬方」「雷火炬方」「又」「玉コガシ火ノ方」「筒サキ薬」「キリ薬」「イヌキ薬」「ツケ火方」「天宮火方」「鉄砲二ツナリノ事」「篭火ノ図説」「楯火炬ノ図説」「抛火矢ノ図説」「埋火図説」「巻火矢図説」「鳥ノ子ノ事並図」「車火炬ノ事」「胴火七方並図」「竹胴火」「懐中火ノ事」「小電」「無二」「水火縄ノ事」「洗玉ノ事」「ホウロク火矢の事」「胴火ノ事」「檜火炬」**〔巻 第二十二 忍器五 火器二〕**「筒ノ火」「同方」「又方」「又方」「又」「鳥ノ子」「檜火炬」「又」「又」「火炬」「十里火炬」「クヌキ火炬」「手火炬」「手木薬」「懐中火大事」「十二火炬」「打火炬」「筒火」「取火」「人取火」「生捕火」「鉄砲打薬」「袖火付火」「付入取火」「鉄砲ノ大事」「天狗火」「鉄砲生捕火」「忍火炬」「忍焼薬」「忍火炬」「又方」「忍焼薬」「忍隼火」「手ノ内火」「夢想火」「無明火」「水火縄」「水火炬」「水中燃火」「水火」「水火炬」「義経水火炬」「同方」「陣中雨火炬」「風雨火炬」「義経陣中雨火炬」「陣中風雨大火炬」「一本火炬」「削リ火」「一寸三里火」「一寸三里火」「三寸火」「五寸火」「矢倉落火」「魔王火」「能坂火」「付火」「柔等火炬」「火炬」「ホウロク火」「敵大勢ノ向フトキ槍ニ付ル火」「右同時振火炬」「夜討天文火」「玉火」「忍下天狗火」「敵討薬」「狐火」「蛍火」「有明火」「楠名火」「地焼埋火ノ方ナルヘシ又二重薬」「火炬」「飛火炬」「飛火炬」「火口」「焼薬」「矢倉ノ事」「狼煙火」

「大村火」「玉狼煙」「大国火矢」「火矢口薬」「火矢薬」「松浦火薬」「大勢ノ敵ニ向フ時付ル火」「付木火」「紙燭火」「雨大火炬」「狼煙」「飛火炬」「惣明松加減」「小川新兵衛伝」「雨火炬」「伝火」［**附武器**］「忍び刀」「手裏剣」「吹き矢」「弓矢」「火矢」「大国火矢」「宝禄火矢」「鉄砲」「擬装鉄砲」「撒き菱」「かすがい」「戸閉器」「大竹ベラ」「忍び杖」「仕込み杖」「仕込みもの」「者著」「こりどめ金具」「小音聴き金」「水中小音聞金」「水中すいり」「鈴火」「忍び六具」「忍び装束」【備】忍術書の最高峰と位置づける『萬川集海』解読の必携書。忍術の名称を読むだけでも、その性格を垣間見ることが出来るだろう。監修の石田氏は当時岡山大学教授。

■昭和五十二年六月

石田善人監修・藤本正行訳『萬川集海 陰忍篇』誠秀堂

【頁】二二二【目】石田善人「解題」［凡例］［巻第十一 陰忍一］城営忍上「先考術十カ条」「入虚術二十カ条」「惰帰ニ入ル術八カ条」［巻第十二 陰忍二 城営忍下］「利便地十二カ条」「用器術十五カ条」「着前の術二カ条」「襲い入る術二カ条」「隠蓑ノ術」「隠笠ノ術四カ条」「放火術六カ条」［巻第十三家忍］「四季弁眠大概」「因齢与心行察眠覚三カ条」「逢犬術」「歩法四カ条」「除景術六カ条」「可必入夜八カ条」「可必入所四カ条」「陽中陰術四カ条」「鼾の音を聞く術五カ条」「見敵術四カ条」「隠形術五カ条」「家忍人配三カ条」「用心の術二カ条」「下緒利用方七術」「用害ノ術六カ条」［巻第十四 陰忍四 開戸］「開戸始計三カ条」「掌位を以って尻差を知る六カ条」「尻差を外す術四カ条」「掌位を以って懸鉄を知る五カ条」「懸鉄を外す術八カ条」「樞を知る二カ条」「樞を外す術三カ条」「鑿ノ有無を察する二カ条」「鑿を外す術二カ条」「鏁子を察知する六カ条」「諸鏁子を開ける術八カ条」「諸鏁子を開ける極意二カ条」［巻第十五 陰忍五 忍夜討］「物見二カ条」「出立四カ条」「命令七カ条」「夜討前謀四カ条」「夜討時分四カ条」「忍夜討作法十八カ条」「強盗夜討十二カ条」「召捕二十カ条」［あとがき］【備】昭和五十一年『萬川集海 忍器篇』（誠秀堂）と同じく、忍術研究必携の解説書。

■昭和五十三年四月

初見良昭『戦国忍法図鑑』新人物往来社

【頁】二〇九【目】「戦国と忍法」「忍びの本質」【Ⅰ忍びの武器】「忍び装束と六具」「忍び刀①」「忍び刀②」「鎖鎌」「槍」「眉尖刀」「薙刀」「手裏剣」「手鉤と足鉤」「撒びし」「伊賀玉」「弓と矢」「苦無としころ」「開器」「登器」「梯子」「水器」「抱え大筒と袖筒」「吹き矢」「脇差短筒」「仕込杖」「鉄拳」「くの一の忍具」「角指」「息討器」「こけし」「隠し武器」「毒水鉄砲」「くるみ」「四つ竹」【Ⅱ体術】「柔軟体操」「構え」「蹴り」「回転」「横流れ」「飛び」「拳」「足と手の武器」「骨指術・骨法術」「締め」「締めと突き」「頭・手・足の鍛錬」「体変術」「察気術」「印相」【Ⅲ忍技】「棒術」「槍術」「眉尖刀（薙刀）術」「鎖鎌術」「手裏剣術」「銛盤投術」「薙刀術」「手鉤と足鉤の術」「十手術」「吹矢術」「弓術」「目つぶしの術」「目刺しの術」「火術」「水練」「隠遁」「くの一」【Ⅳ年表】【Ⅴ忍術文献解題】【備】筆者は忍術研究家のみならず、武術・古武道家でもある。現在、武神館館長。忍術書に記される忍術を現代の武術に応用、研究する。日本のみならず、世界に武術として忍術を紹介・普及に努めている。

■昭和五十三年七月

戸部新十郎『忍者』大陸書房

【頁】二八六【目】「最後の忍者—黒船みやげ」「上忍たち 壱—藤林長門と伊賀諸豪」「上忍たち 弐—百地丹波と伊賀の乱」「上忍たち 参—いくつもの顔」「上忍たち 四—服部半蔵とその生涯」「忍家の源流—服部氏族と氏神」「忍術の祖型—散術、仙術、絹の道」「忍術と能楽—景教と風姿花伝」「鬼の行方—怨念と国つ神々」「忍者の最後—甲賀衆と伊賀組同心」「あとがき」【備】忍者に関する史料をわかりやすく解説するエッセイ。巻頭「最後の忍者」は、伊賀者澤村甚三郎保祐の活躍を解説。

■昭和五十五年四月

進士慶幹 他『歴史読本 4月号 特集 服部半蔵と徳川隠密組織』新人物往来社

【頁】二十—三十・四十六—一六三（三七八）【目】進士慶幹「徳川隠密組織の実態」榛葉英治「影に生きた男・服部半蔵」奥瀬平七郎「天下一の上忍 徳川家康」村上直「公儀隠密と諸藩の対応」名和弓雄「将軍の護衛集団」岩田玲文「謎の薩摩飛脚」【特集読物】徳永真一郎「関ヶ原忍び風」戸部新十郎「平蔵門外の変」上野昂志「劇画のなかの服部半蔵」吉原公一郎「現代『隠密』考」小池一男「『半蔵の門』余話」【特集ずいひつ】松田修「負性のヒーロー」観世栄夫「伊賀と観世座」工藤栄一「闇に跳梁するロマン」中島ゆたか「時代劇への憧れ」野口昂明「完成した薩摩藩『宝暦治水絵巻』」【隠密ものしり事典】藤本正行「暗躍した隠密のすべて 隠密人物事典／隠密とは？／御庭番とは？／エピソード／参考文献」南原幹雄「連載読切 御庭番十七家」編集部〈特集グラビア〉「服部半蔵の生涯」【備】服部半蔵を中心とした徳川隠密組織の研究を特集。「隠密」の切り口で、全国に張り巡らされたスパイ網を考える「現代『隠密』考」は興味深い。【隠密ものしり事典】は、史実に基づいたもの。「参考文献」は忍者研究に役立つ。

■昭和五十六年四月

邦光史郎・名和弓雄 他『NHK歴史への招待⑭』［真説・忍びの者］日本放送出版協会

【頁】一九七—二四一【目】カラー口絵「忍者のエリートになる法」「忍びの者は情報化時代の尖兵」「他藩へ技術流出」「栄光の伊賀者末路」「半蔵の名は残った」「精力絶倫も〝忍者の条件〟」／「忍者のスーパー・スターたち」／「〝暗殺〟は勢力均衡を保つための戦術」／「忍術は科学的に編み出された知恵」／「忍者の里を揺るがした天正伊賀の乱」／「服部半蔵家の栄光と没落」／「島原の乱—忍者、失地回復の大チャンス来たる！」／「サラリーマン化していた徳川時代の忍者たち」「真説・忍びの者〈年表〉」柚木俊一郎「甲賀流忍者の虚像と実像」編集部「猿飛佐助の生みの親」石田善人「忍者の組織」戸部新十郎「武将たちは忍者をどう使ったか」綿谷雪「妖術・幻術使いの顔ぶれ」権田萬治「歴史をゆるがせたスパイたち—ヒーローからピエロへ」【備】石田善人氏「忍者の組織」は史実に基づき客観的に忍者を論述。忍者をスーパーマンでなく、平凡な人間であり、就職活動のために忍術書『萬川集海』を幕府に提出したと記述。（平成六年に復刻版）

■昭和五十六年十一月

石田善人監修・柚木俊一郎執筆『萬川集海 陽忍篇』誠秀堂

【頁】二一二【目】石田善人「解題」「凡例」【巻第八 陽忍上 遠入之事】「始計六カ条」「桂男之術三カ条」「如景術三カ条」「久ノ一ノ術」「里人ノ術二カ条」「身虫之

術二カ条」「身虫トナスベキ術」「蛍火術三ヵ条」「袋飜術二カ条」「天唾術二カ条」「弛弓之術二カ条」「飴谺之術」**【巻第九 陽忍中 近入の事】**「略本術七カ条」「合相詞術四ヵ条」「合相印術四ヵ条」「迎入術三ヵ条」「妖者術二カ条」「参差術三ヵ条」「水月術三カ条」「谷入之術五カ条」「虜反術二カ条」「袋翻全二カ条」**【巻第十 陽忍下 見利の事】**「山谷見積二カ条」「因山可心得八ヵ条」「海川見積四カ条」「田浅深見計術四ヵ条」「知堀の浅深広狭術五ヵ条」「知城之堅固、不堅固の条」「見積地形遠近高低二ヵ条」「察知敵之強弱三カ条」［陽忍下 見分之事］「敵勢大積二ヵ条」「積備人数四ヵ条」「積察備押人数三ヵ条」「城陣自外可窺十ヵ条」「至夜見過三ヵ条」［陽忍下 間見之事］「城陣敵進退見分三カ条」「陣取敵退敵見分二ヵ条」「伏蟠之有無見分五ヵ条」「敵渡河不渡見分ル事」「以旗塵察敵七カ条」［あとがき］【備】『萬川集海』解読の必携書。忍術・研究の基本文献。

■昭和五十七年三月

尾崎秀樹 他『歴史読本 3月号 特集江戸忍法　影の軍団』新人物往来社

【頁】二十一―三十・四十六―一四九（三四六）【目】尾崎秀樹「幕府諜報組織の虚実」杜山悠「将軍吉宗の影―お庭番秘事」童門冬二「中根正盛と廻国者」奥瀬平七郎「島原の乱と甲賀者」夏堀正元「隠密探検家―間宮林蔵」南原幹雄「忍法わすれ形見」徳永真一郎「薩摩飛脚は還らず」齋藤榮「漂白の諜者たち」末松修「井伊直弼の隠密組織」戸部新十郎「黒船潜入―沢村甚三郎」名和弓雄『特別企画 忍者の系譜 忍者―その発生から現代まで』闇を駆ける遁甲術／乱世の軍団／信長対忍びの勝負／偉勲に賭けた夢／天下泰平忍技下落／流転の系譜／現代忍術流行記／ずいひつ清水幸義「紀州藩お鳥見役」名和弓雄「忍びの武器」編集部「チビッコ忍者集合」【備】巻頭の論述は「お庭番」を公儀隠密にして忍者の一形態と位置づける。徳川幕府の諜報組織と忍者論を展開。

■昭和五十七年七月

戸部新十郎 他『別冊歴史読本 伝記シリーズ 24 謀略！戦国合戦陰の一族』新人物往来社

【頁】二六四【目】編集部カラー紀行「戸隠・飯縄忍法の山」「忍びの里 伊賀・甲賀」グラビア「カラクリがいっぱい金沢の忍者寺」作・小池一男・画・小島剛夕「鳶化粧 素ッ破加藤段蔵」【巻頭史論】戸部新十郎「忍者の条件 忍者の成立から天正伊賀の乱まで」【特集記事】光瀬龍「家康を三河へ帰せ 秘められた戦国CIA」松田修「帝室秘庫破り 伊賀者の鼻祖 夏焼大夫」【特集小説】南原幹雄「御墨付百万石柘植七兵衛」【戦国忍者伝】早乙女貢「北条五代陰の軍団＊風魔小太郎 小田原攻防戦」桂英澄「知将に賭ける＊大林坊俊海 摺上原の戦い」土橋治重「操られた噂＊山本勘助 高遠城無血奪取」榛葉英治「闇夜の死闘＊軒轅 川中島合戦」富永滋人「炎の終章＊杉之坊照算 秀吉の根来攻め」今川徳三「幻か!?七人の幸村＊真田忍軍 大坂夏の陣」神坂次郎「撃てば極楽＊雑賀孫一 石山本願寺合戦」徳永真一郎「かくれ谷の鉄砲使い＊杉谷善住坊 信長狙撃！」江崎惇「潜入！妖者術＊伊賀崎道順佐和山合戦」杜山悠「隠陽忍軍歌＊徳利老人 播磨上月城三度落城」古川薫「栄光の『影』＊世鬼一族 厳島合戦」田中富雄「血で汚れた池＊野火の銀八 阿波一宮城攻め」劉寒吉「悪知恵か軍略か＊軍配者石宗 多々良浜合戦・耳川の戦い」【戦国大名の謀報・謀略戦】藤本正行「謀略活動の手本 武田信玄」「敵の破壊工作に注

意せよ 上杉謙信」「裏工作に全力集中 徳川家康」「支配地の宣撫工作 織田信長」「雄大なるスローガン豊臣秀吉」【コラム忍者腕くらべ】朝倉光太郎「激闘！伊賀の乱〈百地丹波〉」「くの一養成所〈望月千代女〉」「天下人こそ大盗賊〈石川五右衛門〉」「忍者マラソンの第一人者〈二曲輪猪助〉」「信長狙って二度失敗〈城戸弥左衛門〉」「〝妖者の術〟で大活躍〈鉢屋一族〉」「こんな時もあった…〈蜂須賀小六〉」「伊豆の仇を江戸で討つ〈高坂甚内〉」「ずるっ子知能犯〈小太郎と木猿〉」「約束は忍術で〈山田八右衛門〉」「幻を生む男〈果心居士〉」「忍法〝霞の陣〟〈望月出雲守〉」「あんたが名人!?〈佐田彦四郎〉」柚木俊一郎【忍者街道をゆく】「忍者史跡案内」編集部「イラスト忍者クイズ」「歴読四季通信」「編集後記」【特別企画】名和弓雄「現代忍術指南」〝忍術の知恵を現代に生かせ！〟【備】読本という性格はであるが、写真とイラストで忍者・忍術をわかりやすく解説。「現代忍術指南」では、『萬川集海』に記されている忍術、忍器を現代に応用する方法が説明されている。

■昭和五十七年十月

石川正知『忍の里の記録』（郷土の研究10）翠楊社

【頁】二七七【目】**第一章 忍術の源流**（1）「忍術を集大成した『萬川集海』」（2）「忍術の起源伝承」（3）「『孫子』の渡来」（4）「仙術の伝来と徐福伝承」（5）「修験道と役小角」（6）「山伏の里と売薬業」**第二章 忍者のふるさとと伝承**（1）「甲賀と鈴鹿の山やま」（2）「甲賀の開拓伝承」（3）「伴氏の伝承と甲賀武士の先祖」（4）「源義綱伝承と服部系譜」（5）「甲賀三郎の伝承」（6）「都に近い伊賀の国」（7）「安倍氏と陰陽道」（8）「藤原千方の伝承」（9）「伊勢三郎義盛」**第三章 甲賀・伊賀武士の歴史**（1）「甲賀・伊賀武士団の成長」（2）「甲賀武士団の形成」（3）「甲賀郡中惣と伊賀惣国一揆」（4）「佐々木六角氏と甲賀武士団」（5）「甲賀二十一家と六大名」（6）「伊賀武士団の発生」（7）「南伊賀の有力武士団大江氏」（8）「『黒田の悪党』の活躍」（9）「伊賀武士団の成長」（10）「伊賀国惣国一揆」（11）「甲賀武士団と六角氏の終末」（12）「伊賀武士団の抵抗」（13）「伊賀武士団の崩壊」**第四章 歴史のなかの忍者**（1）「忍者史の研究」（2）「忍者とその発生」（3）「伊賀二百人組の成立」（4）「甲賀百人組の成立」（5）「忍者の最後の活躍」（6）「江戸に行った忍者たち」（7）「全国に散った忍者たち」（8）「藤堂藩の伊賀忍者」（9）「伊賀の無足人制度」（10）「農民となった忍者たち」**第五章 忍者の生活―その知恵と技術**（1）「鈴鹿の盗賊と忍者」（2）「忍者の火術」（3）「忍び道具と杣人の知恵」（4）「忍者の携帯食糧と薬」（5）「忍びのわざと観察力」（6）忍者の教養（7）「忍者の信仰」（8）「忍びの装束」（9）「忍者の倫理と掟」（10）「忍者の組織」（11）「『萬川集海』にのせられた忍歌・軍歌」**第六章 忍者群像**（1）「忍者伝書の中の忍者たち」（2）「服部半蔵とその一族」（3）「藤林長門守と百地丹波守」（4）「百地氏とその系譜」（5）「石川五右衛門の虚像と真実」（6）「猿飛佐助を探る」（7）「甲賀伴氏の系譜」―山岡氏と大原氏（8）「幕府の隠密とお庭番」（9）「平山行蔵と間宮林蔵」**第七章「参考資料」**「忍者史関係年表」「巻末資料」〈関係名簿〉①「甲賀古士二十一士五十三家一覧」②「江州佐々木南北諸士帳にのる甲賀武士」③「甲賀武士の三代将軍送迎名簿」④「伊賀者由緒並御陣御供書付」にのる伊賀武士⑤「伊賀無足人取調帳」⑥「甲賀・伊賀出身の江戸幕府旗本」巻末資料〈参考資料〉①「故実叢書『武家名目抄』」②「黒田の悪党に関する史料」③「鈴鹿山賊に関する史料」④「甲賀郡中惣に関する史料」⑤「伊賀者由緒書」⑥「甲賀古士由緒書」⑦「伊賀越に関する史料」⑧「関ケ原合戦史料」⑨「大

原同名中物掟書」⑩「甲賀古士関係史料」【備】著者は滋賀県地方史研究家・甲賀に所縁が深く、甲賀忍者関係の資料を多く取りあげ解説。忍者発祥から江戸時代までの歴史年表や参考文献は役立つ。忍者研究の基本文献。

■昭和五十八年九月

山田宗睦 他『歴史と旅 9月号 特集 忍者 影の戦闘軍団』秋田書店

【頁】二十―三十・四十六―一四九（三四六）【目】山田宗睦「忍者の発生と系譜」奥瀬平七郎「伊賀の三上忍」柚木俊一郎「甲賀の五十三家」神谷次郎「果心居士」羽村滋「風魔小太郎」坂本徳一「飛び加藤」光瀬龍「石川五右衛門」小山龍太郎「楯岡道順」沢村静閑「沢村保祐」戸部新十郎「戦国武将と忍者軍団」加太こうじ「公儀隠密お庭番」井口朝生「忍者活躍、島原の乱」南原幹雄「忍者叛乱、半蔵門外」神坂次郎「忍者全滅、天正伊賀の乱」名和弓雄「忍びの秘伝『万川集海』」岸宏子「無名の女忍者〝くノ一〟」尾崎秀樹「虚構の中の忍者たち」童門冬二「現代に生きる忍法」初見良昭「戸隠流忍法のアメリカ修行」倉地茂雄「お庭番の家系」勝井景一「甲賀流忍家、大原勝井家の系譜」編集部〈特集ルポ〉忍者の里 伊賀・甲賀を行く」編集部「忍者のふるさと」編集部「現代に生きる戸隠流忍者の修行」【備】巻頭「忍者の発生と系譜」は忍者発生の虚と実について論述。忍者子孫のレポートは興味深い。伊賀者澤村甚三郎保祐、甲賀二十一家の大原家、お庭番倉地家を取りあげる。

■昭和六十一年十二月

久保文武『伊賀史叢考』同朋舎

【頁】六六五（二〇一―三九四・五六二―六二二）【目】**第四章 伊賀の中世史雑篇** 第一「ふち河の記」の「仁木などいへる領主」「まえがき」「一 山城における伊賀衆」「二 甲賀郡における伊賀衆」「あとがき」第二「長享元年以後の甲賀と北伊賀」第三「天文十三年の木津一党の宮祭り」第四「伊賀惣国一揆掟書」「まえがき」「一 掟書成立時期についての考察」「二 伊賀惣国の考察」「三 組織の性格」**第五章 近世史雑篇** 第一 天正の伊賀乱「一『伊勢国司諸侍役付』の伊賀衆」「二 天正七年、九年の伊賀攻め」「三 天正十年の伊州蜂起」「四 天正の伊賀乱後」第二 家康の伊賀越危難考「まえがき」「一 石川忠総留書について」「二 家康の逃避行路」「三 雑書の混乱」「四 逃避行における用意」「五 定説に対する反論」第三 伊賀喰代・大和竜口二村の百地家「まえがき」「一 式部塚由来記と百地家」「二 百地家と大江氏」「むすび」**付編 上島本観世諸系図について**「まえがき」第一 観阿弥所伝についての一資料「まえがき」「一 伊賀観世家について」「二 上嶋家並に浅野家との関代」「三 上嶋本『能面の覚』と『観世系図』」「むすび」第二 楠木正成と観阿弥 第三「観世福田系図」をめぐる諸問題「一 観世福田系図」「二 観世福田系図の主張」「あとがき」第四 世阿弥の生誕【備】著者は伊賀郷土史研究の第一人者。伊賀史実研究の論文集。マスコミが作りだした忍術ブームを疑問視する。昭和三十九年の『三重県史』の記述について批判。忍者研究を客観的に行うために、また、伊賀の歴史を理解するための基本文献。

■平成二年十月

久保文武『伊賀国無足人の研究』同朋舎

【頁】三〇四【目】**第一章 序章**「一 軍備削減」「二 藤堂藩の農兵制度」**第二章 無**

足・無足衆の語義「一 無足人」「二無足人」**第三章 藤堂藩無足人制度**「一 無足人層とその由緒」「二藪廻り無足人」（一無足人頭 二 小波田新田無足人 三 藪、山の経済的意義 四 薮と藪廻り無足人）「三 無足人の帳付」「四 無足人の特権」「五 無足人の土地所有」「六 被官の解放」「七 幕末における無足人制度の変貌」「八 宮座と無足人層（一 川東村春日神社の長や座 二 中柘植白山明神無足人座の史料 三 鞆田村（現阿山町）の無足人座 四 島ヶ原党と観菩提寺の大餅会 五 中東部伊賀の宮座 六 南部伊賀の宮座 七 付表 無足人一覧表）」**第四章 藤堂藩制下の伊賀者**「一 伊賀者設置」「二鳥目付」「三 伊賀者屋敷」**付稿 伊賀守護（並伊賀仁木）編年表**「一 伊賀仁木氏について私考雑篇」「まえがき」「一 仁木氏の居館」「二 天正初期の仁木氏」「三 仁木有梅（友梅）について」「四 疑義の伊賀仁木人物」「おわりに」「二 伊賀守護（並伊賀仁木）編年表」「あとがき」【備】著者は本書を『伊賀史叢考』の続編と位置づける。藤堂藩下で忍者は伊賀者として活躍。無足人の一部は忍者的活躍をした。第四章では、藤堂藩の忍者の氏名を確認できる。

■平成三年十二月

戸部新十郎 他『歴史読本 歴史ロマンシリーズ〈特集〉決定版「忍者」のすべて』新人物往来社

【頁】四六八【目】本誌特別取材班「平成時代の忍者ブームを歩く」戸部新十郎「忍者、―その起源と伝承」『忍者特別随想』稲垣史生「忍術の現実感」今川徳三「伊那谷権現山の忍者」奥瀬平七郎「岡崎、伊賀八幡宮の怪異」菅野雅雄「『古事記』の中の忍者」徳永真一郎「忍術事始め」初見良昭「忍術世界行脚」細萱敦「白土三平の忍者世界」村上直「忍者の虚像と実像」永岡慶之助「甲賀町残影」野口勇「江戸の夢、忍者の夢」『日本忍者全史』圓谷真護「上代の忍者」「平安時代の忍者」「源平時代の忍者」「鎌倉時代の忍者」「南北朝時代の忍者」「戦国時代の忍者」「江戸時代の忍者」『日本忍者列伝35人』芝盛雄（評論家）「大伴細人」「多胡弥」秋山中彌（作家）「役行者小角」「袴垂保輔」「石川五右衛門」名和弓雄（武術考証家）「伊賀崎道順」「加藤段蔵」「望月千代女」「苫屋鉢屋」「雑賀孫市」「風魔小太郎」吉井道郎（作家）「熊坂長範」「伊勢三郎義盛」「楠木四郎正成」「百地丹波」「多羅尾四郎兵衛光俊」「服部半蔵保長」「幸村と真田十勇士」「芭蕉」圓谷真護（歴史評論家）「源義経」「伴与七郎」「熊若」「山岡景友」「篠山理兵衛」「山田八右衛門」「佐田彦四郎」「望月平太夫」「大原数馬」淡野史良（作家）「上杉の忍者」「武田の透波」「杉谷善住坊」「城戸弥左衛門」「果心居士」「間宮林蔵」「長野主膳」名和弓雄「忍びの世界13の謎」尾島雅雄「東京に群らがる世界の諜報機関」菊池謙治「戦後スパイ謀略年表」齋藤政秋「忍者村・忍者資料館・忍者道場ガイド」戸部新十郎「東京に遺る忍者の足跡」縄田一男「忍者小説の歴史と展開―付忍者小説年表」中台登「忍者映画のあゆみ―付忍者映画年表」佐牟田梅山「漫画に登場する忍者―付忍者漫画年表」編集部「あなたも忍者になれる」武光誠「古代の忍者『うかみ』について」進士慶幹「徳川隠密組織の実態」編集部「忍術の基礎知識300語 付忍術流派一覧」「全国忍者分布地図」八尋舜右「忍敵は、信長」加来耕三「とっくり五兵衛」齋藤政秋「外国のニンジャブーム」『忍者ファンコーナー』柴田淑子「伊賀者の内職」境淳伍「忍者飛び加藤」川口素生「城地の収公と忍者」服部良一「伊賀者の末裔」辻雄山「忍者激動の推移をたどる」柏田悟「『忍者ブーム』を振返って」八巻実「私の忍術開眼」中村正宏「いま忍者」編集部「忍術関係参考文献一覧」「忍者二五〇〇年史略年表」「編集後記」【備】平成三年までの忍者・忍術研究の集大成といえるだろう。忍者・忍術の基本文献。巻末史料は秀逸。

■平成四年六月

奥瀬平七郎『忍術の歴史 伊賀流忍術のすべて』上野市観光協会

【頁】一七四**【目】忍者の歴史 第一部** 孫子の伝来と山伏兵法の完成（1）孫子の戦争必勝法（2）日本で最初に間［忍者］を使った人は、蘇我馬子と聖徳太子であった（3）仏教改革運動の発生と本地垂迹説［神仏同一説］の抬頭（4）役行者［修験道の祖］は行基の布教を助け、官兵と戦い、山伏兵法を完成した（5）山伏兵法の内容と特徴（6）大仏開眼と本地垂迹説の公認（7）山伏の密教帰依と宗門兵力の発生（8）山伏兵法が生み出した忍将と怪盗 **忍者の歴史 第二部** 伊賀流忍術の発生と終焉（1）日本最古の山伏寺院、伊賀四十九院［行基菩薩開基］と伊賀流忍術の発生（2）藤原千方の反乱と四鬼の活躍（3）四十九院が送り出した忍将と怪盗（4）服部家長と伊賀流忍術の創成（5）服部家長と私祭、敢国神社の黒党祭（6）服部家長の没落と、忍術組織の地下潜伏（7）鎌倉期の伊賀の政情と三忍家創設の策謀（8）楠木正成の出頭と伊賀忍家の協力（9）鈎の陣と伊賀［甲賀］忍者の国外需要の激増（10）千賀地宗家の分巣出国と足利幕府への仕官（11）服部保長の足利家致仕［退職］と三河・岡崎への移住（12）鉄砲［火薬］の伝来と忍術の大変貌・火術の発展（13）伊賀乱の発生と甲賀忍家の徳川家への帰服（14）伊賀乱終末の謎・百地丹波と伊賀忍者の脱出（15）本能寺の変と徳川家康の伊賀越え帰国（16）関ヶ原役事前必勝工作と服部半蔵の活躍（17）伊賀乱の亡命者百地丹波正西の足跡（18）伊賀の領主筒井定次の改易とその事前工作（19）藤堂高虎の入国と上野城の拡大（20）藤堂采女元則の出自と、伊賀上野城代家老への起用（21）藤堂采女の藤林家再興と伊賀流忍術秘伝書「万川集海」と「正忍記」の完成 **忍者の歴史 第三部** 徳川期以降の忍術［忍者の変遷］（1）服部半蔵正就の改易と特殊技術組織の幕府直括制の実施（2）政治隠密から司法隠密へ（3）松平信綱の功績と司法隠密の強化（4）徳川吉宗と大岡越前守忠相と根来同心の起用（5）幕末最後の忍術 **忍者の歴史 第四部** 政略家、上、中、下忍と武芸者の系譜（1）孫子の正道［智略を以て敵を降す］を歩んだわが国の政略家（大忍将）と上、中の忍将、その謀計を助けた下忍達（2）時代別忍将［各級］忍者一覧表（3）源頼朝の攻略とその特徴（4）北条義時の政略とその特徴（5）三河、尾張両国が生んだ三大英雄［信長・秀吉・家康］の政略［智略］とその特徴（6）不滅の名を残した爽快の忍将（7）戦国期の伊賀の巧忍者とその術技の実例（8）武芸者の征覇競争と参加した名人達の逸話（9）戦国期、伊賀の生んだ武芸者の三傑 **忍者の歴史 第五部** 日本兵法の敗北とその原因（1）立憲政治体勢［内閣］創設時の文官の統帥権放棄（2）敗戦の原因・日本兵法の過信と誤用（3）経済大国日本の出現と各企業の平和的調・謀活動と忍術利用の提唱（4）忍術技法の全容と特徴［全技術の陰・陽共通性と頭脳忍〈智略〉の重視］及び処世法としての活用（5）伊賀流［忍術］全技術一覧表 忍術の歴史［付表］（1）忍具図説（2）忍術全流派発生地図**【備】**著者は上野市（現伊賀市）市長を二期務め、現伊賀流忍者博物館創建に貢献。昭和の忍者ブームは氏が創り出し、忍者を伊賀観光の中心にしたといえる。この書は地元でしか手に入らない。付表の忍具図説は理解しやすい。

■平成五年十月

名和弓雄 他『歴史グラフィティ 忍者 歴史をささえた影の男たちのすべて』主婦と生活社

【頁】二三二【目】カラー〔ウォッチングザ・忍者〕「イラスト図解1 忍者の里」「イラスト図解2 忍者屋敷」「忍者―その足跡をたどる」「戦う忍者―その装備」巻頭寄稿1 名和弓雄「現代生活と忍術―忍者的発想の体得」巻頭寄稿2 栢植久慶「現代の忍術 サバイバル術の必要性」**【忍者と忍術の歴史】**名和弓雄「忍者の起源」小山龍太郎「忍者ここにあり!鈎の陣と忍者」戸部新十郎「戦国の世に舞う忍者集団」柚木俊一郎「甲賀者と伊賀者」戸部新十郎「伊賀忍者を絶滅せよ!天正伊賀の乱」小山龍太郎「決戦!忍者たちの戦場」名和弓雄「最後の実践 島原の乱と甲賀忍」戸部新十郎「泰平の世と忍者」名和弓雄「忍びの者、流転の系譜」**【忍術の実際に迫る!】**名和弓雄「忍技と忍器」石川正知「なぜなぜ忍法帖〔1〕風土・組織・信仰」名和弓雄「なぜなぜ忍法帖〔2〕忍具・忍器を検証する」『日本忍者列伝』戸部新十郎「正体不明の伊賀上忍、百地丹波」「甲賀の正統、望月出雲守の大活躍」「楯岡ノ道順の〝妖者術〟とは何か?」「盗賊として処刑された風魔小太郎」「伊賀上忍、藤林長門の謎」「魔訶不思議、加藤段蔵の幻術とは?」「怪盗、石川五右衛門は実在した」「服部半蔵正成の虚実をさぐる」「名族毛利家の忍者、佐田彦四郎」「幕府隠密、間宮林蔵の孤独」**【忍者の里を歩く】**編集部「伊賀を歩く」「甲賀を歩く」「ふしぎふしぎ忍者屋敷」「伊賀流忍者屋敷」「甲賀流忍術屋敷」「甲賀の里忍術村」「からくり屋敷探訪」「二条陣屋」「妙立寺」「鉄砲の里を訪ねて」永岡慶之助「真田十勇士の世界」**【これが現代の忍者だ!】**協力軍事学セミナー「忍者集団―特殊部隊の役割は何か」「世界の〝ニンジャ部隊〟の全貌」「鍛えぬかれる特殊部隊の猛訓練!」「装備はナイフから航空機まで」「戦闘のポイントは〝隠密〟と〝奇襲〟」『忍術・忍者重要用語辞典』【備】当時を代表する忍者・忍術研究者の論考を収録。忍者・忍術の基本文献の一つ。軍事学セミナーの協力の「これが現代の忍者だ!」の特殊部隊の紹介は興味深い。

■平成六年二月

加藤芳郎 他『NHK歴史発見【11】戦国「忍び」の軍団 服部半蔵の実像』NHK歴史発見取材班 角川書店

【頁】二二四(八十四―一二三)【目】「八〇〇〇石の忍者?」「半蔵は伊賀服部党か?」「われらが先祖よりは下の服部なり」「伊賀者を配下に…」「半蔵の管理能力」「忍者たちの末路」「戦乱とともにあった忍びの術」「服部正就解任事件の顛末」【備】忍者で最も名が知られる服部半蔵正成に焦点を当てる。テレビ放映のためにNHK取材班がまとめたもの。史料を基にわかりやすく解説され読みやすい。

■平成六年二月

中島篤巳『忍術秘伝の書』角川選書248

【頁】二四一【目】「まえがき」「秘伝書の概観」「江戸幕府隠密報告書を読む」・コラム「天正伊賀の乱における忍び」**【天の巻(上)】**「忍びの概念」・コラム「伊賀組、甲賀組と御庭番」「忍びの来歴」・コラム「天喜事件」「忍びの種類」「忍術の原理」「出発に際して」・コラム「忍者と薬」「山道を行く」「夜道を行く」「屋敷潜入」「察知」「陰術」「陽術」・コラム「修行と体力」**【天の巻(下)】**「情報収集」・コラム「情報都市江戸」「変装」・コラム「旧日本陸海軍の諜者の条件」「敵城潜入」・コラム「城内潜入の生理学」「水を渡る」・コラム「潜水の科学」「潜入の時刻」・コラム「睡眠の生理学」「動物に学ぶ」・コラム「毒薬とマチン」「二人忍び」「三人忍び」・コラム「二人忍びの策略」【地の巻】「忍びと環境」「忍器」「発想の転換」「防御の範囲」・コラム「忍びの武術」「忍びと呪術」・コラム「催眠誘導の効果」「隠形」「遁走」・コラム「八遁の術」「心理誘導」・コラム「アクセスタンスの技術」「人相」【人の巻】「極秘伝序」「無門関」「敵心中に活路あり」・コラム「川中島合戦と忍者山本勘助」「心の隙間」「真理のこと」「信念の魔術」「忍術と禅」「奥義」・コラム「天草の乱と甲賀衆」「参考資料」【備】著者は医学博士で伯耆流柔術宗家、武術に造詣が深い忍術研究家。武術・医術の観点で、薬学、生理学、心理学を踏まえて、忍者・忍術を解説。

■平成七年七月

進士慶幹 他『別冊歴史読本 特別増刊 徳川隠密組織と御庭番』新人物往来社

【頁】三六〇【目】進士慶幹「徳川隠密組織の実態」深井雅海「江戸城御庭番の実像」尾崎秀樹「幕府諜報組織の虚実」小松重男「[考証]御庭番の遠国御用」奥瀬平七郎「天下一の上忍・徳川家康」榛葉英治「影に生きた男・服部半蔵」村上直「公儀隠密と諸藩の対応」名和弓雄「将軍の護衛集団」杉山悠「将軍吉宗の影・お庭番秘事」[特集小説]徳永真一郎「関ケ原忍び風」戸部新十郎「半蔵門外の変」南原幹雄「忍法わすれ形見」新宮正春「駿河大納言謀殺」堀和久「尾張忍び草」深井雅海監修編集部編【御庭番ものしり事典】忍者・隠密・御庭番／御庭番の登場／十七の御庭番家筋／別家も九家あった／五種類の御庭番／御庭番の住まい／御庭番の元締は／御庭番のオモテの顔／御庭番のホントの顔／江戸向地廻り御用の実態／遠国御用の実態／御庭番出世人名辞典 奥瀬平七郎「島原の乱と甲賀者」童門冬二「中根正盛と廻国者」齋藤栄「漂白の諜者たち」岩田玲文「謎の薩摩飛脚」夏堀正元「隠密探検家・間宮林蔵」末松修「井伊直弼の隠密組織」[特別資料]進士慶幹校注「旧事諮問録 第七編 第十回 御庭番の事 答問者 旧幕御庭番川村帰元」変装・費用・手先…「内密御用」の実際を幕府最後の御庭番が語る。【備】本号は昭和五十五年四月号（「特集 服部半蔵と徳川隠密組織」）と、昭和五十七年三月号（「特集 江戸忍法影の軍団」）を元に加筆再編。特別史料旧事諮問録では、元御庭番が変装・費用・手先「内密御用」の実態を語る。御庭番研究の基本文献。

■平成七年十月

林亮勝 他『歴史と旅 10月号 特集 徳川将軍の諜報機関 お庭番・忍者・目付…将軍家の裏組織の実態』秋田書店

【頁】三十六―一五三（三三八）【目】林亮勝「影の軍団 江戸の諜報組織」【闇に暗躍 歴代将軍の諜報組織】中津文彦「家康 幕府創業を支えた伊賀服部衆の光と影」奥瀬平七郎「秀忠 スパイ軍師小幡勘兵衛と大坂の陣」桐野作人「家光 島原の乱、甲賀衆最後の戦い」羽村滋「家綱 CIA長官 中根正盛と由井正雪の乱」吉田茂「綱吉 生類憐み令に暗躍する『お犬目付』」深井雅海「吉宗 公儀隠密お庭番の真実」左方郁子「家治 京都西町奉行山村良旺の宮廷汚職摘発」萩尾農「家斉 寛政の改革の背後に隠密の影」萩原裕雄「家慶 妖甲斐・鳥居耀蔵と蛮社の獄」上之郷利昭「家茂 大老井伊直弼と安政の大獄」松永義弘「慶喜 幕末動乱に暗躍する忍びの者」【異色の隠密群像】岸宏子「異形の隠密 松尾芭蕉」祖田浩一「漂白の隠密 間宮林蔵」泉秀樹「碧眼の隠密 岡本三右衛門」栗原隆一「最後の隠密 沢村甚三郎」

火坂雅志「江戸城陥落！甲州街道将軍脱出計画」生駒忠一郎「名古屋城御土居下の異能集団」淡野史良「隠密が探った諸藩の内情」カラー口絵 編集部「甲州街道将軍脱出計画」戸部新十郎 井出文蔵・画「天草忍法十二番 第三話 童唄」【備】江戸幕府が忍者を、さまざまな情報を収集するために活用したという論考。編集部「甲州街道将軍脱出計画」の東京における忍者ゆかりの地は興味深い。

■平成八年四月

戸部新十郎『忍者と忍術』毎日新聞社

【頁】三一〇【目】「兵法と忍術」「伊賀の深淵」「服部半蔵」「百地丹波と伊賀の乱」「藤林長門と秘伝書」「甲賀衆」「伊賀組同心」「武将と忍者集団」「スッパとラッパ」「公儀隠密」「諜報と探索」「城と大名廃絶」「お庭番」「最後の忍者」「蝦夷三蔵」「散楽」「仙術」「山伏」「陰陽道」「鬼」「秘するが花」「あとがき」【備】日本武道館発行の月刊誌『武道』連載のエッセイをまとめたもの。著者は当時を代表する忍者・忍術研究家。新聞社記者を経て作家。無外流居合兵道の有段者で剣術への造詣が深い。他著に『忍者服部半蔵』（毎日新聞社、昭和四十七年）。

■平成八年八月

中島篤巳解読 解説・藤一水子正武著『忍術伝書 正忍記』新人物往来社

【頁】四〇八【目】「はじめに」「凡例」【正忍記 序】「當流正忍記」「忍兵の品」「正忍記一流の次第」「當流正忍記伝法」【正忍記 初巻】「忍ぶ出立ちの習い」「し（知）らぬ山路の習い」「夜道の事」「禁宿取り入る習い」「狐狼の（道の）習い」「牛馬のつた（伝）えの事」「宮寺計聞の習い」「変化の論」「陣中忍ぶ時の習い」「水鳥の教え」「忍び入る時分の事」「四足の習い」「二人忍びの事」「三人忍びの事」【正忍記 中巻】「天動地動の習い」「高越え下《ひき》に入るの習い」「忍びに色を替えると云う習い」「敵防ぎと云う習い」「代人に躯（狙）われざる秘法の守り」「木《き》陰《かげ》の大事」「事を紛らかすの習い」「人に理を盡くさする習いの事」「人相を知る事」「怨体に三停ある事」【正忍記 下巻】「極秘伝」「無門の一関」「人を破らざるの習い」「心相の事」「道理と利口と知るべき事」「心の納め理に當る事」「無計弁舌」「離術法」「（奥書）」【正忍記 原本】「おわりに」【備】三大忍術秘伝書の一つ『正忍記』を解説。影印を収録（国立国会図書館本）。『萬川集海』と『忍秘伝』を比較して読み解く。忍者・忍術研究の基本文献。

■平成十一年十月

中島篤巳 他『別冊歴史読本 戦国風雲忍びの里』新人物往来社

【頁】一七四【目】中島篤巳「忍びの発生と陰の流れ」柚木俊一郎「忍術の諸流と秘伝書」【〈第一部〉伊賀忍び衆】編集部「伊賀の里」「神君伊賀越えルートを往く」石川正知「天正伊賀の乱」横山高治「伊賀の忍び家老藤堂采女家」早川純夫「服部半蔵家のその後」岸宏子「松尾芭蕉と伊賀の風土」【〈第二部〉甲賀忍び衆】編集部「甲賀の里」「甲賀修験の霊峰」羽生道英「将軍足利義尚襲撃！〝鈎の陣〟」池内昭一「六角氏が操る影の軍団」岩井護「島原の乱と甲賀衆」栗原隆一「黒船を探索した最後の忍者」【〈第三部〉戦国忍び衆】編集部「戸隠の里」「根来の里」「真

田の里」杉田幸三「戦国忍びの群像」―鉢屋一党・担猿・透破・雑賀一党・風魔一族・甲賀忍者・伊賀忍者・柳生一族―淡野史良「信玄の〝三ツ者〟VS謙信の〝担猿〟忍び合戦」清水昇「真田忍び合戦」【〔第四部〕江戸の隠密組織】宮城賢秀「徳川幕府の隠密組織」渡辺誠「幕府のCIA柳生一族」村磯栄俊「大名の探索書『土芥寇讎記』」大野一英「尾張藩 徳川家の忍び『御土居下御側組同心』」中島篤巳「彦根藩 井伊家の忍び『伊賀徒行』」逸見英夫「仙台藩 伊達家の忍び『黒脛巾組』」【戦国忍者ものしり帳】名和弓雄尾「武器・武具・組織と掟・忍者の生活・忍者の虚実」【備】ムック版。写真が豊富で初心者でも忍者・忍術を理解しやすい。巻頭の論述は、忍びの発祥を論じる。

■平成十一年十二月

中島篤巳「諜報・隠密部隊」『歴史読本 12月号 激闘！戦国「異能」部隊』新人物往来社

【頁】九三―一一五（二九八）【目】「甲賀衆」甲賀衆の成長／甲賀衆と佐々木氏／忍びの風の吹き溜まり「伊賀衆」伊賀の風土／伊賀忍者の発生と成長／伊賀惣国一揆「毛利座頭衆」元就暗殺計画／相合元綱滅亡／「その他の隠密部隊」武田忍群「三ッ者」／真田忍群「草の者／薩摩「山潜り」／北条氏「風魔一党」「忍者がわかるミュージアムガイド」甲賀流忍術屋敷／甲賀の里忍術村【備】戦国合戦における影の者という定義で、伊賀衆・甲賀衆及び他の隠密を取りあげる。他に、「忍者がわかるミュージアムガイド」や、忍者を楽しむイベント情報を掲載。

■平成十五年十月

中島篤巳 他『歴史群像シリーズ71 忍者と忍術 闇に潜んだ異能者の虚と実』学習研究社

【頁】一九六【目】『カラー特別企画』編集部「検証・忍びの技」黒井宏光「図解・忍術秘伝」滝井利影「徹底解剖・忍者屋敷」池田裕「七方出」尼子騒兵衛「忍び装束」尼子騒兵衛「忍具」春本剛之「伊賀と甲賀 忍びの里を往く」監修川上仁一「全国版 忍者分布図」編集部「忍者に会える！なれる!!」編集部「ポスター・スチールでたどる忍者映画の軌跡」編集部「忍者マンガの両極に屹立する劇画と少年マンガ」編集部「1960年代、子どもを夢中にした忍者関連の雑誌付録・おもちゃ」『特別折込』宮坂勝彦「立川文庫とその世界」小倉一邦「『ジャンル別』忍者作品詳細リスト」**巻之壱**『**異能の正体**～忍びの歴史とその実像』中島篤巳「大陸より伝わり戦乱で醸成された忍びの体系」永岡慶之助「江戸時代の忍び 呉服屋・虚無僧・風呂屋・目薬屋」池田裕「『忍術』とは何か？ 門外不出の三大秘伝書」川上仁一「忍術修行とは？」黒井宏光「忍者早わかり事典」豊嶋泰國「『臨兵闘者皆陣烈在前』九字と呪法の事実」豊嶋泰國「忍者と芸能『名と芸とを深く秘すべき事』が説く〝二流〟の深意」田中義厚「検証・忍者の〝超人的〟身体能力を科学する！」中島篤巳「よしもり百首」**巻之弐**『**乱世の暗躍者**～戦国武将を陰で支えた忍者たち』桐野作人「武田と透波」「上杉と軒猿」「北条と風魔」今井敏夫「真田と忍軍」火坂雅志「家康と諜者」今井敏夫「六角と甲賀」「織田VS伊賀」鈴木眞哉「天下人VS雑賀・根来衆」今井敏夫「戦国大名と忍び」渡辺俊経「〝惣〟の連合による異色の共和制システム」帯刀智「伊賀・甲賀系を主流に五十余派に発展」桐野作人「敵の懐深く入り込み、男の取れぬ情報を〝盗る〟」忍者列伝【実在編】

渡辺誠 服部半蔵／風魔小太郎／加藤段蔵／百地丹波／杉谷善住坊／伴太郎左衛門／藤林長門／多羅尾光俊／桐野作人 滝川一益／茶屋四郎次郎／柳生宗矩／山岡道阿弥／今井敏夫 曽呂利新左衛門／石川五右衛門／松尾芭蕉／石川丈山 **巻之三『英雄見参！**～物語の舞台で活躍する忍びたち』高山宏「六方手裏剣に仮託されたマニエリスム時代のトリックスター」縄田一男「物語世界に甦る闇の忍法」秋田孝宏「うなる手裏剣、飛び出す秘術」秋本鉄次「銀幕に跳梁する〝忍びのもの〟たち」新野澄士「超人的格闘能力をゲームで楽しむ」忍者列伝【小説編】縄田一男 猿飛佐助／霧隠才蔵／真田十勇士 忍者列伝【マンガ・アニメ編】カムイ／ワタリ／サスケ／風のフジ丸／伊賀の影丸／猿飛肉丸／猿飛エツ子／伊賀野カバ丸／あわて丸／乱太郎／あずみ 忍者列伝【ドラマ編】秋本鉄次 赤影／月光／秋草新太郎／編集部 風車の弥七／燕陣内／かげろうお銀／ライオン丸／ハットリくん／キャプターン／ジライヤ／嵐／ハリケンジャー／カクレンジャー 妖術士・幻術士列伝 縄田一男／自来也／果心居士【備】この時期の忍者・忍術研究書で最も充実している書であろう。忍術を科学的に実験した検証も実施。忍者漫画、忍者映画をビジュアル的に取りあげる。忍者・忍術研究の入門書。

■平成十六年八月

池田裕 他『歴史読本 8月号 特集 忍びの戦国誌』新人物往来社

【頁】二九八（四三―一九九）【目】池田裕「忍びの戦国誌―緒言」池田裕「伊賀忍者篇」渡辺俊経「甲賀忍者篇」山岡哲也「相模北条忍者篇」初見良昭「信濃戸隠忍者篇」辻直樹「紀伊根来衆篇」辻直樹「出雲鉢屋衆篇」黒井宏光「全国その他の忍者篇」「戦国忍者の履歴書①」川口素生「戦国忍者列伝」【エキスパート篇】浅井治部左衛門／音羽の城戸／果心居士／加藤段蔵／熊若／向坂甚内／石宗／杉原盛重／服部半三保長／馬場主水／風魔小太郎／藤林長門／望月出雲守／望月千代女／山田八右衛門【忍将篇】小幡景憲／黒田如水／藤堂高虎／原田直政／水野勝成／山本勘助「戦国忍者の履歴書②」桐野作人「天下人信長・秀吉・家康をめぐる忍者」【信長篇】滝川一益・杉谷善住坊・百地丹波【秀吉篇】蜂須賀正勝・石川五右衛門・仙石権兵衛・山中山城守長俊【家康篇】服部半蔵正成・多羅尾光俊・山岡道阿弥 中島篤巳「全国忍術流派小辞典」「忍者研究最前線」福井健二「忍者と中世城館」鬼頭勝之「尾張藩と忍びの者」辻邦夫「杉谷善住坊の実像」土居大介「忍術伝書・忍歌の世界」澤田平「忍術と火器」諸星美智直「忍者・隠密の方言意識」田中聡「忍術と霊術」藤巻一保「忍者源流考」【備】忍者・忍術研究の特集雑誌。忍者の流派をまとめた「全国忍術流派小辞典」収録。特集として、伊賀上野NINJAフェスタ2004をカラー掲載。

■平成十七年三月

川上仁一 他『別冊歴史読本 伊賀・甲賀忍びの謎―影の戦士の真実を暴く』新人物往来社

【頁】一六八【目】川上仁一「『忍び』その技法と真実」中島篤巳「忍者の山河」編集部「必殺！忍びの戦闘術」「忍び 秘伝の道具」「敵の侵入を阻んだ最後の砦」**【第一部 忍び軍団興隆の謎】**中島篤巳「伊賀流・甲賀流 ルーツの謎」池田裕「役行者と伊賀・甲賀忍びの縁」羽生道英「忍び五大決戦」服部光一「謎の『神君甲賀・伊賀越え』**【第二部 闇の戦士の謎と真相】**〈伊賀忍び〉早川純夫「幕臣から消えた服部家の謎」池田裕「天家人暗殺計画の謎」池田裕「甲賀に名を馳せた忍び衆の謎」

〈甲賀忍び〉畑裕子　信長・家康に仕えた忍びの真相　中島篤巳「将軍家侍医となった忍家の真相」渡辺俊経「忍び復活運動の真相」〈実録 大名家と忍びの暗躍〉清水昇「戦国大名家と忍び」川上仁一「江戸大名家と忍び」【第三部 忍術・忍法の謎】編集部「闇に跳梁した忍びの術」中島篤巳「徹底検証！忍術の科学」「忍びのヒミツQ&A」服部光一「歴史編」淡野史良「人物編」黒井宏光「忍術・忍具編」池田裕「伊賀・甲賀忍び史跡50選」【備】ムック版。写真が豊富で忍者、忍術を理解しやすい。「伊賀・甲賀忍び史跡50選」は、代表的な史跡を紹介。

■平成十九年八月

尼子騒兵衛 他『歴史群像シリーズ特別編集【決定版】図説 忍者と忍術 忍器・奥義・秘伝集』学習研究社

【頁】一六八【目】**【忍びの道具 忍器】**尼子騒兵衛「手裏剣」「忍び刀・仕込み杖」「隠し武器」「火器」「変わり武器」「登器」「壊器」「水器」「鎖鎌」尼子騒兵衛〈コラム〉「忍びの秘奥1 忍び六具」**【忍びの技 忍術】**池田裕「変装術」黒井宏光「九ノ一の術」「水術」「登術」「飛術」「走法」「歩法」「隠形術」「消臭術」「侵入術」「盗聴術」「手裏剣術」「見敵術」「針術」「火術」「遁走術」「矢止め術」「野中の幕術」「伝達術」「合言葉」「記憶術」「隠語」「用害の術」「分身の術」「幻術」「対人術」「占術」編集部〈コラム〉「忍びの秘奥2 実験・火術」川上仁一〈コラム〉「忍びの秘奥3 実践・忍術修行」中島篤巳〈コラム〉「忍びの秘奥4 よしもり百首」**【忍びの衣食住】**尼子騒兵衛「忍び装束」藤林孝行「忍者食」中島篤巳「秘毒・秘薬」福井健二「伊賀・甲賀の『城』」滝井利彰「忍者屋敷」**【忍びの実相】**中島篤巳〈忍者の系譜 そのルーツと盛衰〉「飛鳥時代」「奈良・平安時代」「鎌倉・南北時代」「戦国時代」「江戸時代」豊嶋泰國〈忍者と呪術 九字・刀印・信仰〉「印と真言」「九字と刀印」「因果応報」川上仁一「全国版 忍者分布図」池田裕〈忍者軍団 闇に生きた忍びの実態と特質〉「伊賀者」「甲賀者」「透波」「軒猿」「乱波」「根来衆」「雑賀衆」「黒脛巾組」「真田衆」「突波」「奸」「偸組」「饗談」「奪口」「義経流」「鉢屋衆」「引光流」「座頭衆」「山潜り」中島篤巳〈コラム〉「忍びの秘奥5 庭番」池田裕〈コラム〉「忍びの秘奥6 三大忍術秘伝書」**【忍者列伝・実在編】**川口素生「大伴細人」「多胡弥」「源義経」「伊勢三郎義盛」「楠木正成」「熊若」「望月千代女」「楯岡道順」「城戸弥左衛門」「服部半三保長」「山田八右衛門」「浅井治部左衛門」「諸澄久右衛門」「和田惟政」「伴惟安・惟利」「杉原盛重」「角隈石宗」「馬場主水」「向坂甚内」「水野勝也」「小幡景憲」渡辺誠「風魔小太郎」「加藤段蔵」「藤林長門」「百地丹波」「服部半蔵」「杉谷善住坊」「伴太郎左衛門」「多羅尾光俊」桐野作人「滝川一益」「山岡道阿弥」「茶屋四郎次郎」「柳生宗矩」今井敏夫「曽呂利新左衛門」「石川五右衛門」「石川丈山」「松尾芭蕉」**【忍者列伝・架空編】**縄田一男「猿飛佐助」「霧隠才蔵」「筧十蔵」「根津甚八」「由利鎌之助」「穴山小助」「三好清海入道」「三好伊三入道」「海野六郎」「望月六郎」「小説の中の真田十勇士」川口素生「自雷也」「果心居士」秋田孝宏「影丸」「ワタリ」「カムイ」「サスケ」「風のフジ丸」「伊賀の影丸」「赤影」「ハットリくん」「猿飛肉丸」「猿飛エッ子」「あわて丸」「乱太郎」「あずみ」『執筆者・イラストレーター一覧』『索引』『奥付』【備】平成十五年発行『歴史群像シリーズ71号 忍者と忍術 闇に潜んだ異能者の虚と実』をリメイクしたムック版。内容的にはほぼ同じであるが、冒頭に「忍びの道具 忍器」の項目や索引を設けるなど前版よりビジュアルで改良されている。

■平成二十一年四月

黒井宏光『忍術教本 忍びの秘伝31』新人物往来社

【頁】二八八【目】**【第1部 忍術の不思議】**「分身の術」「手裏剣術」「消臭術」「変装術」「水術」「登術」「侵入術」「盗聴術」「見敵術」「飛術」「遁走術」「隠形術」「火術」「針術」「記憶術」「九ノ一の術」「占術」「幻術」「用心の術」「伝達術」「隠語と合言葉」「薬学」「天文学」「九字護身法」「正心」「忍び装束」「忍び刀」「忍び六具」「歩法」「走法」「神足歩行術」**【第2部 忍術の源流】**「忍者の身分」「忍者の呼称」「修験道と忍術」「伊賀流忍術の起源」「伊賀服部氏の起源」「甲賀流忍術の元祖」「甲賀望月氏の起源」**【第3部 忍者伝説人物録】**「藤原千方」「源義経」「伊賀家長」「山本勘助」「織田信長」「豊臣秀吉」「お市の方」「風魔小太郎」「平賀源内」「主要参考文献」「あとがき」【備】著者は川上仁一氏に師事し、忍者ショーや忍者教室を行う伊賀流忍者軍団「黒党」を主宰。伊賀流忍者博物館顧問。著者の忍術研究をまとめた書。

■平成二十三年八月

清水昇 他『歴史人 8月号 忍者の謎と秘史』KKベストセラーズ

【頁】十一一〇九（二四八）【目】**第1部** 歴史に名を残した忍者傑物列伝 清水昇「服部半蔵正成」「雑賀孫一」「百地丹波」「風魔小太郎」「藤林長門」「山岡景友」「加藤段蔵」「望月千代女」「楯岡道順」「石川五右衛門」「三甚内」「果心居士」**第2部** 川上仁一 忍者の歴史と系譜「起源」「古墳 飛鳥時代」「奈良・平安時代」「鎌倉南北時代」「安土・桃山戦国時代」「江戸時代」「忍者全国分布図」**第3部** 戦国武将を支えた忍者軍団の全貌！ 池田裕「闇で活躍した伊賀忍者の実態」「『天正伊賀の乱』と『神君伊賀越え』」「鉄の結束を誇った甲賀忍者の謎」「鈎の陣で見せた『亀六の法』とは？」桐野作人「武田『透波』三ツ者の正体に迫る」「謎に包まれた上杉『軒猿』の暗躍」「実在が証明された北条『風魔』」「忍びを活用した真田の驚くべき手法」「毛利『世鬼』一族の謎多き素顔」「家康と忍者の知られざる関係」**第4部** 中島篤巳「三大秘伝書にみる忍術の奥義公開！」「戦さが始まるまでの諜報活動の忍術」黒井宏光「忍びの武器大図鑑」「手裏剣」「忍び刀・仕込み杖」「忍者の主要武器」「登器・開器」「火器」「水器」「忍び六具」豊嶋泰國「忍者の呪法と九字護身法の謎」**第5部** 忍者が暗躍した戦国合戦の裏側に迫る！渡辺誠「川中島の戦い」「人取橋・摺上原の戦い」「天正・伊賀の乱」「秀吉の根来攻め」「信長を狙った忍者」【備】忍者・忍術研究家に加え、歴史小説家が忍者・忍術についてわかりやすく解説する。写真とイラストが豊富なムック版。写真は資料としても活用可能。

■平成二十四年一月

藤田和敏『〈甲賀忍者〉の実像』吉川弘文館

【頁】一九二【目】「現代人の忍者イメージ―プロローグ」**〔戦国時代の甲賀郡〕**「甲賀忍者と侍衆」一般的な忍者認識／甲賀郡の地形的特質と小城郭／小城郭群と小規模領主（侍衆）の一族集団／同名中（一族集団）の構成／同名中の掟書「戦国末期の情勢」甲賀郡中惣とその構成メンバー／甲賀郡中惣の解体／「甲賀ゆれ」と侍衆の没落**〔甲賀古士の登場〕**「甲賀古士と江戸訴願」江戸時代初期の甲賀郡と旧侍衆／寛文・元禄期の江戸訴願「甲賀古士の由緒」関ヶ原合戦までの由緒／大坂の陣以降の由緒／甲賀五十三家と甲賀二十一家／島原天草一揆への従軍／由緒の信憑性／由緒を語ることの意味「武士身分を選んだ侍衆」旗本化した侍衆／幕府甲賀組／岸和田藩甲賀組**〔甲賀古士の変質〕**「江戸時代中期の社会と甲賀古士」江戸時代中期の社会変動／油日大明神祭礼をめぐる訴訟／宮島家一族集団の変容

「寛政期の江戸訴願」願書の提出／寺社奉行松平輝和の尋問／輝和からの申し渡し「忍術書『万川集海』」忍術とは何か／『万川集海』の忍術「競い合う甲賀古士」伴作兵衛の訴願／甲賀古士十二名の訴願／度重なる訴願／内憂外患の時代と甲賀郡〔**幕末期の甲賀古士**〕「幕末の変動と甲賀古士」黒船来航と甲賀古士／リーダー宮島兄弟／甲賀古士たちの書状「甲賀隊の北越出陣」鳥羽・伏見の戦いと宮島作治郎／甲賀隊の結成／東北・北越の戦局／仁和寺宮本陣部隊の出陣と甲賀隊／越後での旗本隊「関川の戦い」甲賀隊本隊出陣／旗本隊、羽越国境へ／関川への進軍／関川攻防戦／関川の戦いその後／困窮する甲賀隊〔**『甲賀忍者』イメージの完成**〕「江戸時代の文学作品と忍者」出版文化の展開／『絵本太閤記』と伊賀流忍術「立川文庫と忍者イメージ」立川文庫の成立／『猿飛佐助』における石川五右衛門〔甲賀古士と『甲賀忍者』―エピローグ〕「あとがき」「参考文献」【備】著者は三年間滋賀県甲賀郡甲西町役場（現湖南市役所）で勤務した際に甲賀忍者に興味を持ち、「宮島家文書」を中心に甲賀忍者の歴史をまとめた。甲賀忍者が職を求め忍術書『萬川集海』を寺社奉行に提出した経緯を記述。甲賀忍者研究の基本文献。

■平成二十四年一月

池田裕他『新萬川集海 忍者の教科書 巻ノ一』伊賀忍者研究会

【頁】三十七【執】池田裕 辻直樹 前川友秀・井上直哉【目】「忍者の世界」「忍者の仕事」「忍者の歴史」1「伊賀の地理」2「黒田の悪党」3「鈎の陣」4「伊賀惣国一揆」5「天正伊賀の乱」6「神君伊賀越え」7「黒船来航」「忍術とは何か」1「忍術秘伝書」2「忍者服」3「忍び込む」4「逃げる・隠れる」5「忍び六具」6「七方出」7「九字法」8「登器」9「水器」10「開器」11「火器」コラム①「最も有名な忍者」②「黒船に乗った忍者」③「忍町」④「毒」⑤「植物」⑥「役行者」⑦「伊賀流忍者博物館」【備】忍者・忍術を地元伊賀の資料とイラスト等でわかりやすく解説した入門書。小学校高学年向けの教科書というコンセプト。全頁カラー。伊賀でのみ入手可能。

■平成二十四年十月

磯田道史『歴史の愉しみ方 忍者・合戦・幕末史に学ぶ』中公新書

【頁】二〇四（二十六）【目】第1章「忍者の履歴書」「秘伝書に残された忍術」「忍者の俸禄」「赤穂浪士と忍者」「甲賀百人組の居所」「江戸の化学者たる忍者」「毒物が語る闇の歴史」【備】著者は歴史学者。わかりやすい実録形式のエッセイ。甲賀忍者の子孫を訪ね、家伝の古文書から新たな事実を発掘する。

■平成二十四年十一月

吉丸雄哉「近世における『忍者』の成立と系譜（近世特集）」（『京都語文』第19号　佛教大学国語国文学会）

【頁】一二一【備】忍者の呼称を考察。「忍者」の呼称は史実的に「しのびのもの」。「にんじゃ」は戦後以降と明記する。塙保己一の武家故実書『武家名目抄』を基に忍びの活動を二つに分けて解説。「忍者」の定義を確認する。

■平成二十四年十二月

川上仁一監修『イラスト図解 忍者』日東書院

【頁】二二四【目】**第一章 忍者の歴史と起源**「飛鳥時代」「奈良・平安時代」「鎌倉・南北朝時代」「戦国時代」「江戸時代」「全国忍者流派ＭＡＰ」「伊賀衆」「甲賀衆」「透波、突波、乱波」「真田衆」「風魔党」「軒猿」「三つ者」「饗談」「偸組」「鉢屋一党」「黒脛巾組」「座頭衆・世鬼一族」「忍者の役割」「忍術秘伝書」「忍者の信仰」「忍者の居城」コラム１「忍者にゆかりのある土地」**第二章 心技体がひとつになった〝忍術〟**「忍術の基本原理」「謀術」「三無忍」「基本の歩法と走法」「蜘蛛・竜登」「飛猿」「野臥の法」「入虚の術」「変相・変声・変形」「水術」「火術」「薬方」「聴音術」「隠法」「遁法」「不忘術」「通路の習い」「合言葉・隠語」「隠文」「闇夜の習い」「通路仕掛け」「奇法妙術」「命・卜占」「武術」コラム２「手裏剣の打ち方」**第三章 任務遂行に必須な〝忍具〟**「忍び装束」「忍び六具」「登器」「水器」「開器」「火器」「手裏剣」「鎌」「忍び刀」「隠し武器①」「隠し武器②」コラム３「忍者を題材にした作品」**第四章 裏舞台で活躍した〝伝説の忍者〟**「道臣命・御色多由也」「大伴細人」「伊勢三郎義盛」「佐田彦四郎」「湛光風車」「服部半蔵」「加藤段蔵」「杉谷善住坊」「伊賀崎左衛門道順」「楠木正成」「竜野善太郎実道」「城戸弥左衛門」「山田八右衛門」「角田新右衛門」「服部長門守康成」「唐兵部政道」「四井主馬」「辻伊賀守資種」「伴太郎左衛門資家」「石川掃部頭頼明」「高峰蔵人」「割田下総守重勝」「山岡道阿弥景友」「突破の次郎坊」「井原番右衛門頼文」「芥川九郎左衛門義矩」「中川小隼人綜貞」「木村奥之助康敬」「大原数馬景直」「猿飛佐助」「霧隠才蔵」「自雷也」「果心居士」「参考文献」【備】近年に出版された忍者・忍術研究関係の本を、イラストでわかりやすくまとめている。監修者は伊賀流忍者博物館名誉館長で三重大学特任教授・忍術研究家。この冊子は平成二十五年度伊賀忍者検定の検定本に指定。

■平成二十五年七月

鈴木光司 他『日本史の闇を支配した『忍者』の正体』宝島社

【頁】一一二【目】編集部「まえがき」［**第1章**］**その時『忍者が』歴史を動かした** 鈴木光司「小和田哲男（静岡大学名誉教授）インタビュー 黒田官兵衛に流れる『忍者のＤＮＡ』」波城暁紀・忍者研究会「戦国合戦の影に忍者あり 川中島合戦／本能寺の変／三方ヶ原の戦い／墨俣一夜城／関ヶ原の戦い／奥州制覇／厳島の戦い／上田城攻防戦／島原の乱」鈴木光司「豊臣秀吉も松尾芭蕉も『忍者』だった」上原善広「コラム忍者をめぐる旅 その一 服部半蔵生誕の地」［**第2章**］**忍者とは何者か** 上原善広「人外の者 被差別階級としての〝忍び〟論考 忍者と泥棒／忍者とサンカ／忍者と非人／忍者と路地／忍者と遊郭」窪田順生「仰天！忍者のルーツは朝鮮？」福田慶太「歴史のロマンを追求した—名作！忍者小説50選」横山茂彦・忍者研究会「忍者社会解明」上原善広「コラム忍者をめぐる旅 その二 戦国期の忍者の墓」［**第3章**］**忍者『最強』伝説**［闇の忍者『最強』列伝］波城暁紀・忍者研究会「雑賀孫市」「猿飛佐助」「大林坊俊海」「杉原盛重」「中西某」「唐沢玄蕃」「百地丹波守」「風魔小太郎」「望月千代女」窪田順生［謎の〝女〟忍者『くノ一』の正体とは］波城暁紀・忍者研究会「闇の支配者役小角」波城暁紀・忍者研究会［忍術と忍具と奥義大全］「忍術」「忍具」「奥義」福田慶太「まぼろしの忍術古珍本」「コラム忍者をめぐる旅 その三 忍者の秘薬」［**第4章**］**忍者はどこへ消えたのか** 八木澤高明「闇に消えた忍者たち」斎藤充功「〝忍術〟を教えていた陸軍中野学校」上原善広「鉢屋衆 最後の末裔を訪ねて」波城暁紀・忍者研究会「全国忍者博物館案内」編集部「執筆陣紹介」【備】ルポライターが、今まで出版された忍者・忍術関係の本をまとめた書。記述に目新しいものはないが、小和田哲夫氏、伊賀者と鉢屋衆の子孫のインタビュー記事は興味深い。「忍者小説50選」は現代的忍者のイメージを理解するうえでは有用。

■平成二十六年二月

伊賀忍者研究会編・山田雄司監修『忍者の教科書　新萬川集海』笠間書院

【頁】四十八【目】「はじめに」［1．忍者の仕事］［2．忍者の歴史］「①伊賀忍者の歴史」「②甲賀忍者の歴史」「③鈎の陣」「④戦国時代」「コラム①信長襲撃」「⑤伊賀惣国一揆」「⑥天正伊賀の乱」「⑦神君伊賀越え」「⑧関ヶ原の戦い前後」「コラム②甲賀流忍術屋敷」「⑨江戸時代」「⑩忍者の歴史年表」「コラム③松尾芭蕉忍者説」［3．忍術と忍具］「①忍術とは」「コラム④妖者の術を使った楯岡道順」「②忍術書」「③陽忍と陰忍」「④忍び六具」「⑤七方出」「⑥忍食」「⑦忍薬」「⑧甲賀の薬と山伏」「コラム⑤観阿弥忍者説」［4．忍者エッセイ］［特別寄稿］」山田雄司「修験と忍者」吉丸雄哉「『NARUTO』と『ONE PIECE』」［おわりに］【備】忍術書『萬川集海』を紐解きながら、忍者の歴史、術や道具など、多くの写真とともに中学生向けとしてやさしく解説する入門書。

（池田 裕）

画像提供＝川越歴史博物館

忍者関連主要作品年表

●江戸時代

年号	書名	読み	作者	内容	キーワード
寛永3年（一六二六）跋	太閤記	たいこうき	小瀬甫庵	巻2・巻3・巻4・巻13・巻14に伊賀の忍びが出る。	軍記、忍び、伊賀
寛永17年（一六四〇）以前刊	聚楽物語	じゅらくものがたり	不明	関白秀次の処刑を記す。木村常陸介が聚楽第で水差しの蓋を盗む。寛永17年版が整版本。それより古い古活字版。寛永17年版と版が違う明暦2年版がある。	仮名草子、石川五右衛門
寛永18年（一六四一）刊 万治2年（一六五九）刊	北条五代記	ほうじょうごだいき	三浦洗心	元和ごろ成立か。史籍集覧本が万治、北条資料集が寛永版。関東の乱波のこと。陸機・戴淵の説話を含む。風魔のこと。「窃盗とはほそる盗人なり。名づけてしのび」は庭訓往来抄に拠る。	軍記、風魔
承応3年（一六五四）刊 明暦2年（一六五六）刊	武者物語	むしゃものがたり		加藤の忍び歌記す。	軍記、飛加藤
明暦2年（一六五六）刊 万治2年（一六五九）刊	甲陽軍鑑	こうようぐんかん	高坂昌信	巻11上、伊勢物語を武田信玄が奪う。	軍書、飛加藤
万治4年（一六六一）刊	古老軍物語	ころういくさものがたり	不明	戦記物。巻4に風間のこと。北条氏直方で勝頼に夜襲。とってもどってくる感じではない。ゲリラ戦。『世説新語』自新章に原拠がある戴淵と陸機の話を含む。『北条五代記』に拠るか。	軍記、風魔、忍術
寛文1年（一六六一）刊	甲陽軍鑑末書結要本	こうようぐんかんまっしょけつようぼん	不明	とび加藤。武田信玄。永禄元年（一五五八）に処罰。	軍書、飛加藤
寛文6年（一六六六）刊	武者物語之抄	むしゃものがたりのしょう	松田秀任	武田信玄の古今和歌集の紛失。熊若。原話は五朝小説（田膨郎）と甲陽軍鑑巻11上。	軍記、飛加藤
寛文6年（一六六六）刊	伽婢子	とぎぼうこ	浅井了意	巻7の3。飛加藤。上杉謙信と幻術。五朝小説の影響。	仮名草子、飛加藤、忍術
寛文6年（一六六六）刊	伽婢子	とぎぼうこ	浅井了意	巻10の4、窃の術。武田信玄の古今和歌集。熊若。五朝小説（田膨郎）。甲陽軍鑑巻11上、伊勢物語。	仮名草子、飛加藤、忍術

寛文までに成立	**難波戦記**	なにわせんき	不明	大坂の陣の実録。いくさでの忍び。	実録、忍び、大坂の陣
貞享年間（一六八四〜八八）上演	**石川五右衛門（古浄瑠璃）**	いしかわごえもん	松本治太夫節	石川五右衛門の人形浄瑠璃の初出。浜松大野家家老とする。釜煎がある。子どもが出てくる。	人形浄瑠璃、石川五右衛門
貞享3年（一六八六）刊	**本朝二十不孝**	ほんちょうにじゅうふこう	井原西鶴	巻2の1、親不孝ものが石川五右衛門になる。釜煎り。	浮世草子、石川五右衛門
元禄1年（一六八八）刊	**新可笑記**	しんかしょうき	井原西鶴	巻5の1、槍を引く鼠の行方。	浮世草子、忍術
元禄2年（一六八九）刊	**浅井三代記**	あさいさんだいき	不明	寛文末には成立。巻4、忍びの偵察。巻10、雇われた伊賀の忍びが城に火をかける。	軍記、忍び
元禄11年（一六九八）成立	**北越軍談**	ほくえつぐんだん	駒谷散人（槇島昭武）	元治3年のこととして鳶加藤甲府での殺害を載せる。伽婢子を参考にしたともわれる。	軍記、飛加藤、風魔
元禄15年（一七〇二）刊	**沖津白波**	おきつしらなみ	都の錦	巻4、石川五右衛門渡世の事。古浄瑠璃石川五右衛門による（水谷不倒）。	浮世草子、石川五右衛門
元禄〜享保18年（一六八八〜一七三三）成立	**塩尻**	しおじり	天野信景	巻40、伊賀者の雇用について。	随筆、忍び
宝永4年（一七〇七）までに成立。幕末に刊本。	**明良洪範**	めいりょうこうはん	真田増誉	島原の乱に詳しい。尾張の忍び水野監物。武器をとってくる。忍び道具の説明。後藤又兵衛と忍び。木村常陸介水差しの蓋を盗む。	軍記、忍び
宝永6年（一七〇九）刊	**武道張合大鑑**	ぶどうはりあいおおかがみ	北条団水	巻4の2、石川五右衛門。武士の盗みのこと。	浮世草子、忍術
宝永6年（一七〇九）刊	**武道張合大鑑**	ぶどうはりあいおおかがみ	北条団水	巻2の3、甲賀の忍び。暗闇を見る。	浮世草子、忍術
宝永6年（一七〇九）刊	**新武者物語**	しんむしゃものがたり	挙堂	巻7の15、木村常陸介聚楽第に忍び水差しの蓋をとる。	軍記、石川五右衛門
宝永7年（一七一〇）上演	**傾城吉岡染**	けいせいよしおかぞめ	近松門左衛門	釜煎はあるが、太閤への盗みはない。	人形浄瑠璃、石川五右衛門
正徳3年（一七一三）刊	**当世信玄記**	とうせいしんげんき	落月堂操巵	巻2の3、飯富民右衛門の配下が堀の深さをはかるしのびだと讒言される。	浮世草子、忍び、武田信玄
正徳5年（一七一五）跋	**和漢三才図会**	わかんさんさいずえ	寺島良安	巻7、人倫部に「游偵《しのびのもの》」。	事典、忍術、忍び

享保4年（一七一九）刊	義経倭軍談	ぎけいやまとぐんだん	江島其磧	巻4の3、孫子の窃盗《しのび》の術の一巻に飛行の術が書いてある。	浮世草子、忍術、孫子、鬼一法眼
享保12年（一七二七）刊	女将門七人化粧	おんなまさかどしちにんけしょう	八文字屋自笑・江島其磧	巻5の2、俵藤太が多治常陸介の城へ忍びの者をつかわす。	浮世草子、忍び、俵藤太、藤原秀郷
享保14年（一七二九）刊	御伽平家	おとぎへいけ	八文字屋自笑・江島其磧	巻3の2、清盛の長刀をしのびの術で盗んだと言って罪を被るよう頼まれる。	浮世草子、忍術
享保18年（一七三三）刊	高砂大嶋台	たかさごおおしまだい	八文字屋自笑・江島其磧	巻4の1、お家の重宝をしのびものを入れて盗み出し、他人に濡衣をきせる。	浮世草子、忍び
享保19年（一七三四）成立	近江輿地志略	おうみよちしりゃく	寒川辰清	忍びの者。鳶加藤にも言及。甲賀忍者ではなく、そのころの最妙手として。	地誌、飛加藤、忍び
享保～宝暦（一七一六～一七六三）に成立か	賊禁秘誠談	ぞっきんひせいだん	不明	木村常陸介に代わって石川五右衛門を主人公にした作品の最初。	実録、石川五右衛門
元文1年（一七三六）刊	風流軍配団	ふうりゅうぐんばいうちわ	八文字屋自笑・江島其磧	巻5の1・2、風間の弟子飛加藤が北条早雲の鎧を盗み出す。	浮世草子、忍び、飛加藤、風魔、上杉謙信
元文2年（一七三七）上演	釜淵双級巴	かまがふちふたつどもえ	並木宗輔	五右衛門の釜煎はあるが、太閤への盗みはない。	歌舞伎、石川五右衛門
元文3年（一七三八）刊	其磧置土産	きせきおきみやげ	江島其磧	巻1の1・2、祖父の忍術伝書を奪った天狗次郎を甲賀扇介が仇討する。	浮世草子、忍び、忍術、甲賀、風魔
元文4年（一七三九）刊	武遊双級巴	ぶゆうふたつどもえ	八文字自笑	巻3の1、石川五右衛門が養父より神がくしという名香をもらう。	浮世草子、石川五右衛門
元文4年（一七三九）刊	常山紀談	じょうざんきだん	湯浅常山	23話、甲斐の忍び信玄に背く。65話、三方ヶ原の戦い。113話、秀吉と忍びの者など。	軍記、忍び
元文5年（一七四〇）刊	龍都俵系図	たつのみやこたわらのけいず	八文字自笑・其笑	巻1の1・2・3、俵藤太のところへ海道三郎という忍びが入るがつかまり、配下になる。	浮世草子、忍び、俵藤太、藤原秀郷
寛保2年（一七四二）序・成立	老媼茶話	ろうおうさわ	三坂春編	江戸時代は写本のみ。巻7釜煎が石川五右衛門の伝記。	伝記、石川五右衛門
寛保2年（一七四二）上演	雷神不動北山桜	なるかみふどうきたやまざくら	安田蛙文ほか	歌舞伎。3幕が『毛抜』。忍びの者（運平）が磁石を持つ。	歌舞伎、忍び
寛保3年（一七四三）刊	薄雪音羽滝	うすゆきおとわのたき	八文字自笑・其笑	巻1の2・3、巻4の3、園部家に罪をきせるために重宝の鏡を雇われた忍びが盗む。	浮世草子、忍び

寛延2年（一七四九）刊	義貞艶軍配	よしさだやさぐんばい	八文字其笑・瑞笑	巻2の2、足利直義が出陣のさいにしのびのものから情報を得る。	浮世草子、忍び
宝暦4年（一七五四）刊	風流川中嶋	ふうりゅうかわなかじま	八文字其笑	巻2の1、筆岡能文という寺子屋の師匠をしつつ留守居の暗殺を狙う忍び者が出る。	浮世草子、忍び、武田信玄
明和4年（一七六七）刊	当世行次第	とうせいゆきしだい	凌雲堂自笑	巻1の3、あの世から戻ってきた黒ん坊がけっきょく芝居の忍びの者になる。	浮世草子、忍び、石川五右衛門
明和頃（一七六四〜一七七二）までに成立	厭蝕太平楽記	えんしょくたいへいらくき	不明	猿飛佐助・霧隠の登場。難波戦記物。	実録、猿飛、霧隠、大坂の陣
安永6年（一七七七）上演	伽羅先代萩	めいぼくせんだいはぎ	奈河亀輔	安永6年（一七七七）大坂奈河亀輔『伽羅先代萩』・安永7桜田治助『伊達競阿国戯場』。題材の劇化は正徳ごろから。	歌舞伎、忍術
安永7年（一七七八）上演	金門五三桐	きんもんごさんのきり	初代並木五兵衛	石川五右衛門は大明国遺児宋蘇友。山門での対面。宝暦7の並木正三『天竺徳兵衛聞書往来』の影響。	歌舞伎、石川五右衛門
天明1年（一七八一）までに成立	元禎筆記	げんていひっき	湯浅常山	木村常陸介による忍びの話がある。新武者物語によるか。	軍記、石川五右衛門
天明6年（一七八六）上演	けいせい忍術池	けいせいしのばずいけ		稲田東蔵が忍術を習う。	歌舞伎、稲田東蔵、忍術、伝書
寛政1年（一七八九）上演	木下蔭狭間合戦	このしたかげはざまがっせん	若竹笛躬・近松余七・並木千柳	太閤記物。大坂初演。江戸の初演は文化2。	歌舞伎、石川五右衛門
寛政8年（一七九六）上演	艶競石川染	はでくらべいしかわぞめ	辰岡万作	大坂初演。石川五右衛門が伊賀流忍術をつかう。	歌舞伎、石川五右衛門、忍術、伝書
寛政9年〜享和2年（一七九七〜一八〇二）	絵本太閤記	えほんたいこうき	武内確斎	石川五右衛門を忍者とする。	読本、石川五右衛門
文化3年（一八〇六）刊	自来也説話	じらいやものがたり	感和亭鬼武	蹄斎北馬画。読本。児雷也物の最初。	読本、児雷也
文化4年（一八〇七）刊	自来也説話後編	じらいやものがたりこうへん	感和亭鬼武	蹄斎北馬画。読本。前作の続編。	読本、児雷也
文化4年（一八〇七）上演	柵自来也談	しがらみじらいやものがたり	近松徳三他	自来也説話をもとにした歌舞伎。	歌舞伎、児雷也
文化6年（一八〇九）上演	自来也物語	じらいやものがたり	並木春三他	自来也物の人形浄瑠璃。	人形浄瑠璃、児雷也

文政3年（一八二〇）刊	南総里見八犬伝第三輯	なんそうさとみはっけんでん	曲亭馬琴	第27・28回、犬山道節の火遁の術。	読本、忍術
文政3年（一八二〇）刊	聞説女自来也	ききがたりおんなじらいや	東里山人	勝川春扇画。絵本稗史小説四に翻刻。主人公を女にした。	合巻、児雷也
文政3年～天保8年（一八二〇～一八三七）成	海録	かいろく	山崎美成	巻4、燧袋。焼き討ち、忍者の例。室町殿日記。	随筆、忍び
文政4年～天保12年（一八二一～一八四一）成	甲子夜話	かっしやわ	松浦静山	巻27、暗闇で見る術。	随筆、忍術、忍び
文政4年～天保12年（一八二一～一八四一）成	甲子夜話続編	かっしやわぞくへん	松浦静山	巻55、信州高遠の天山（砲術家坂本孫八）の忍術。忍びの術。消える術。死を知る。柿のこと。坂本孫八は延享2年（一七四五）～享和3年（一八〇三）年。	随筆、忍術、忍び
文政年間（一八一八～一八二九）までに成立	本朝盛衰記	ほんちょうせいすいき	不明	難波戦記物の最後。	実録、猿飛、大坂の陣
天保10年～慶応4年（一八三九～一八六八）刊	児雷也豪傑譚	じらいやごうけつものがたり	美図垣笑顔	歌川国貞画。合巻。43編まで刊行。未完結。	合巻、児雷也
天保10年（一八三九）	貞操婦女八賢誌三編	ていそうおんなはっけんし	為永春水	巻1第20回。婦女が忍術で錦の御旗を盗もうとする。	合巻、忍術
嘉永3年（一八五〇）	扶桑皇統記図会後編	ふそうこうとうきずえ	好華堂主人	後編巻1下。安達八郎が忍術で盗みや牢破りをする。	読本、忍術
嘉永7年（一八五四）刊	緑林自来也実録	みどりのはやしじらいやじつろく	鈴亭谷蛾	実録。切附本。	実録、児雷也
安政2年（一八五五）上演	自来也後編譚話	じらいやごにちものがたり	河竹黙阿弥	歌舞伎。のちの児雷也ものへの影響が大きい。	歌舞伎、児雷也
安政4年（一八五七）	自来也物語	じらいやものがたり	柳水亭種清	歌川国貞・国郷画。合巻。	合巻、児雷也
昭和10年（一九三五）刊	しぐれ草紙	しぐれぞうし	小川渉	江戸から明治の逸話集。会津藩安武太郎右衛門の殺害と忍びの術。ちまきを盗む。想古録にも阿武太郎左衛門の話として載る（橋爪介三郎）。	伝記、忍術、忍び

（作成：吉丸雄哉）

忍者関連主要作品年表

●明治時代以降

▼凡例
小説は、題名、作者、初出誌あるいは初版の出版社、初出誌の掲載年、の順に記す。
映画は、配給会社、監督、主演俳優の順に記す。
テレビ番組は、放送局、制作会社、主演俳優二人の順に記す。
アニメ映画は、配給会社、監督、原作の順に記す。
アニメテレビ番組は、放送局、原作、監督の順に記す。
漫画は、作者、初出誌あるいは初版の出版社、初出誌の掲載年、の順に記す。

年代	出来事	小説	映画・テレビドラマ	マンガ・アニメ
1885 明治18年	4月 天津条約調印	**石川五右衛門伝記**（栄泉社） **石川五右衛門実記**（金松堂）		
1886 明治19年	3月 帝国大学令公布	**石川五右衛門実記**（月之舎秋里、上田屋）		
1899 明治32年	7月 改正条約実施（内地雑居始まる）	**難波戦記**（神田伯龍講演、博多久吉）		
1900 明治33年	6月 北清事変勃発	**難波戦記冬物語**（神田伯龍、博多成象堂） **難波戦記後日談**（神田伯龍、博多成象堂）		
1901 明治34年	9月 北京議定書締結	**真田大助：難波戦記後日談**（神田伯龍、中川玉成堂）		
1903 明治36年	10月 内村鑑三・幸徳秋水ら朝報社を退社	**真田幸村諸国漫遊記**（玉田玉秀斎、中川玉成堂）		
1906 明治39年	11月 南満州鉄道株式会社設立	**佐渡ヶ島大仇討**（玉田玉秀斎、中川玉成堂） **太閤栄華物語夏之巻**（松林伯知、大学館）		
1907 明治40年	5月 夏目漱石朝日新聞入社	**真田幸村北国漫遊記**（玉田玉秀斎、中川玉成堂）		
1909 明治42年	10月 伊藤博文ハルピンで暗殺	**真田幸村九州漫遊記**（玉田玉秀斎、中川玉成堂）		
1910 明治43年	8月 韓国併合	**猿飛佐助**（玉田玉秀斎、松本金華堂）		
1911 明治44年	10月 辛亥革命、翌年清朝滅亡	**真田幸村**（加藤玉秀、立川文明堂）		

1912 明治45年・大正1年（7月改元）	2月 清朝廃止	**真田三傑忍術佐助**（福亭羽衣、誠進堂）	
1913 大正2年	2月 大正政変（第三次桂太郎内閣総辞職）	**猿飛佐助**（雪花山人、立川文明堂）	**石川五右衛門**（小松商会）
1914 大正3年	7月 第一次世界大戦勃発	**霧隠才蔵**（雪花山人、立川文明堂） **三好清海入道**（雪花山人、立川文明堂）	**自雷也**（日活京都、尾上松之助） **天竺徳兵衛**（日活京都、尾上松之助）
1915 大正4年	1月 中国に21か条の要求	**猿飛佐助漫遊記**、**百地三太夫**、**猿飛佐助南海漫遊記**、**熊野太郎**、**永井源三郎**、**猿飛佐助江戸探り**、**梵字太郎**、**甲賀雷助**、**猿飛佐助東北漫遊**、**霧隠才蔵漫遊記**、**甲賀雷助東国漫遊記**、**魔風来太郎**、**猿飛佐助大活動**、**霧隠才蔵大活動**、**荒獅子五郎**、**島津熊若丸**、**霧隠小源吾**、**猿飛小源吾**、**坂田小金吾信秀**、以上すべて雪花山人作、立川文明堂発行。 **和田平助正勝**、**忍術名人猿飛佐助西国漫遊記**、**霧隠雷太郎**、以上は凝香園作、博多成象堂発行。 **忍術勘助**（怪傑文庫、日吉堂）	**霧隠才蔵**（日活京都、尾上松之助）
1916 大正5年	10月 寺内正毅内閣成立	**鈴木菊若丸**、**御嶽八郎**、**真田小太郎**、**武田五郎**、**鈴木菊若丸九州漫遊記**、**通力太郎**、**村雨雷太郎**、**荒浪龍之助**、**木村小源吾**、**蟹江才助**、**桂小太郎**、**天津小源太**、**後藤又十郎**、**霧島小次郎**、**羽黒太郎**、**筑波太郎**、**北畠玄吾**、**十文字新九郎**、**猿沢飛助**、**堀帯刀**、**熊谷荒王丸**、以上はすべて雪花山人作、立川文明堂発行。 **豪傑児雷也**（怪傑文庫、日吉堂） **猿飛佐助**（榎本松之助、英勇文庫） **忍術の怪賊**（石狩益枝、盛陽堂書店） **忍術名人猿飛佐助**（清渓山人、今古堂書店）	**忍術太郎**（天活） **忍術三勇士**（天活） **忍術五郎**（日活京都） **甲賀右門**（日活京都、尾上松之助）
1917 大正6年	11月 石井・ランシング協定	**百々地八郎**、**堀尾虎太郎**、**仁科三郎**、以上はすべて雪花山人作、立川文明堂発行。 **忍術旅行**（青堂生、富田屋書店） **自来也・石川五右衛門**（桃川燕玉、博文館） **忍術名人猿飛佐助**（野原潮風、榎本書店）	**石川五右衛門**（小松商会、市川海友十郎） **女忍者**（日活京都、沢村四郎五郎） **二代目自雷也**（日活京都、尾上松之助） **忍術十勇士**（天活） **忍術快天丸**（天活）

		霧隠才蔵忍術漫遊（猶存園生編、三芳屋書店） 戸田新十郎（忍術文庫、日吉堂） 忍術の怪傑伊集院八郎（高山義山、大川屋書店） 猿飛霧隠忍術競（凝香園、博多成象堂）		
1918 大正7年	7月 米騒動 8月 シベリア出兵	**浅井万千代**、**島霧太郎**、**大谷武者之助**、**立花三勇士**、**渡辺大学**、以上は雪花山人作、立川文明堂発行。 **霧隠才蔵猿飛佐助忍術漫遊**（猶存園生、三芳屋） **浮田秀若丸**、**大谷大学**（玉田玉秀斎、柏原奎文堂） **忍術雲切八郎**（蒼川生、岡本偉業堂） **後藤又兵衛忍術破**（宝井馬琴、博多成象堂）	**最後の猿飛**（天活、沢村四郎五郎） **甲賀三郎**（天活、沢村四郎五郎） **百々地三太夫**（天活、沢村四郎五郎） **自雷也豪傑譚**（日活京都、尾上松之助）	
1919 大正8年	9月 日本初の本格的政党内閣原内閣の成立	**霧隠才蔵**（原田東風、玄文社） **猿飛佐助忍術修業**（旭堂南陵、博多成象堂）	**霧隠才蔵**（日活京都、尾上松之助） **天竺徳兵衛**（日活京都、尾上松之助） **忍術四天王**（天活）	
1920 大正9年	3月 尼港事件	**忍術四天王**（好武道人、三盟舎書店）	**忍術小法師**（国活） **霧隠才蔵と岩見重太郎**（国活、沢村四郎五郎） **尼子十勇士**（国活、沢村四郎五郎） **戸沢山城守**（日活京都、尾上松之助）	**忍術漫画**（山田みのる、磯部甲陽堂）
1921 大正10年	11月 原敬暗殺事件		**豪傑自雷也**（日活京都、尾上松之助） **拳骨和尚と忍術の漫遊**（日活京都） **猿飛源次**（日活京都、沢村四郎五郎） **天竺徳兵衛**（日活京都、尾上松之助）	
1922 大正11年	12月 四カ国条約、米英仏日間で調印	**忍術己来也**（白井喬二、人情倶楽部） **神変呉越草子**（白井喬二、講談雑誌） **鳶葛木曾桟**（国枝史郎、講談雑誌） **猿飛小源吾忍術大活動**（明文館書店）	**自雷也**（松竹蒲田、沢村四郎五郎） **霧隠才蔵**（松竹蒲田、沢村四郎五郎） **猿飛佐助**（松竹蒲田、沢村四郎五郎） **忍術三勇士**（日活京都） **霧隠才蔵**（日活京都）	
1923 大正12年	9月 関東大震災		**自雷也**（マキノ、有田松太郎） **忍術十勇士**（松竹蒲田、沢村四郎五郎）	**忍術勇士**（榎本松之助、榎本書店）
1924 大正13年	5月 第二次憲政擁護運動	**真野小源太**（雪花山人作、立川文明堂）	**忍術猿飛佐助**（松竹下加茂）	
1925 大正14年	4月 治安維持法公布	**敵討日月双紙**（三上於菟吉、週刊朝日、〜26） **神州天馬侠**（吉川英治、少年倶楽部、〜28）	**猿飛と清海入道＝前**（帝キネ芦屋、板東豊外） **猿飛と清海入道＝中**（帝キネ芦屋、板東豊外）	**団子串助漫遊記**（宮尾しげを、大日本雄弁会、講談社）

1926 大正15年・昭和元年（12月改元）	12月 改造社が円本を刊行	**鳴門秘帖**（吉川英治、大阪毎日新聞、～27）		
1927 昭和2年	5月 山東出兵			**忍術文福太郎漫遊記**（帷子すすむ、春江堂）
1928 昭和3年	3月 三・一五事件	**霧隠才蔵大活動**（河村豊蔵、積文館書店）	**忍術膝栗毛**（帝国キネマ演芸、実川延松）	**軽飛軽助**（宮尾しげを、大日本雄弁会講談社） **忍者天地丸**（宮尾しげを、磯部甲陽堂）
1929 昭和4年	10月 世界恐慌始まる	**忍術太郎丸**（榎本書店）	**忍術浪花行脚**（帝キネ、市川玉太郎） **石川五右衛門**（日活京都、光岡龍八郎） **忍術水滸伝**（大映京都、近衛十四三郎）	
1933 昭和8年	3月 三陸地方大地震			**忍術太郎丸**（石川兼次郎、冨士屋書店）
1934 昭和9年	1月 帝人事件	**帰去来峠**（白井喬二、東京日日・大阪毎日、～10） **魔風鬼王丸**、**小天狗霧太郎**、**轟雷太郎**、**霧太郎漫遊記**（忍術ポケット文庫、積文館書店）		
1935 昭和10年	8月 相沢事件			**忍術テク助漫遊記**（石田英助、中村商店） **忍術健ちゃん**（月形きよ志、中村書店） **仙術玉ゝ五郎（ちょうごろう）**（謝花凡太郎、中村書店）
1936 昭和11年	2月 二・二六事件	**まぼろし城**（高垣眸、少年倶楽部）	**天下無双怪傑自雷也**（大映京都、阿部九州男） **忍術御前試合**（極東、雲井龍之介）	
1937 昭和12年	7月 盧溝橋事件		**忍術戦場ヶ原**（大映京都、杉山昌三九） **忍術戸隠八剣士**（極東） **霧隠才蔵**（新興、大谷日出夫） **猿飛旅日記**（新興、市川男女之助） **忍術血風録**（日活京都、沢田清） **エノケンの猿飛佐助＝前**（東宝）	**まんが猿飛佐助**（謝花凡太郎、中村書店） **忍術漫画城**（杉浦茂、新少年）
1938 昭和13年	7月 張鼓峰事件		**エノケンの猿飛佐助＝後**（東宝） **忍術荒川熊蔵**（極東、沢田敬之助） **石川五右衛門の法事**（松竹蒲田、渡辺篤） **霧隠才蔵**（新興、大谷日出夫） **猿飛佐助**（恋愛編）（日活太秦）	
1939 昭和14年	9月 第二次世界大戦始まる	**花嫁隠密**（木村毅、八紘社）	**忍術道中記**（東宝、横山エンタツ） **忍術薩摩行脚**（大都、阿部九州男）	

			女地雷也（新興、鈴木澄子） **忍術千一夜**（大映京都、近藤十四郎） **絵本忍術道場**（大都、大乗寺八郎）	
1940 昭和15年	9月 日独伊三国同盟締結	**隠密縁起**（野村胡堂、報知新聞、~41）		
1945 昭和20年	8月15日 終戦	**猿飛佐助**（織田作之助、新潮）		
1946 昭和21年	1月 昭和天皇人間宣言	**猿飛佐助**（富田常雄、りべらる、~49）		**忍術猿吉道中記**（喜多三平、小河大文堂） **忍術膝栗毛**（中井矢ノ助、東光堂） **猿飛佐助**（北多三平、三春書房）
1947 昭和22年	5月 日本国憲法施行		**猿飛佐助・忍術千一夜**（松竹、沢田正平、高田浩吉）	**猿飛佐助**（芳谷まさる、冒険講談社） **忍術三郎丸**（尾形重雄、多田書房） **忍術太郎漫遊記**（アヲキスエヲ、曙出版社） **忍術霧隠才蔵**（中井矢ノ助、東光堂） **忍術ころちゃん**（金曽升太呂、広文社） **忍術虎若丸**（金曽升太呂、三春書房） **凸凹マラソン忍術**（金曽升太呂、鹿鳴社） **忍術武勇伝**（石川兼次郎、富士屋書店） **忍術小僧**（遠藤まさを、図書出版文園社） **猿飛佐助忍術旅日記**（大野きよし、荒木書房） **忍術三人男**（井上よしを、国華堂）
1948 昭和23年	1月 帝銀事件 10月 昭和電工疑獄事件	**稲妻草紙**（村上元三、小説の泉） **忍術猿飛佐助**（水上雨虹、ポプラ社） **忍術霧隠才蔵**（泉華山、ポプラ社） **少年猿飛佐助**（森比呂志、世界社） **忍術五十三次**（住彦次郎、関西図書出版社）	**かくて忍術映画は終りぬ**（大映、小杉勇、片岡千恵蔵）	**忍術龍虎伝**（黒川新、東光堂） **忍術騒動記**（松根寿雄、洋々堂） **忍術コロ助**（芳谷まさる、川津書店） **忍術妖怪城**（かがみけいいち、あやめ書房） **忍術魔法合戦**（高野てつじ、白天堂） **忍術道中**（比良凡二、錦城社） **忍術騒動記**（松根寿雄、洋々堂） **忍術金太**（春野トキエ、東光堂） **忍術を忘れた猿飛佐助**（いづみみきを、錦城社） **忍術元祖戸沢山城守諸国漫遊**（井上善夫、国華堂） **忍術霧がくれ城**（カスミエイコ、関西図書出版社） **忍術ちび助**（山崎ぜんいち、千鳥書房）

				猿飛忍術旅日記（秋山三平、青竜社） **忍術三郎漫遊記**（山坂ころん太、瑞穂社集文館） **猿飛霧隠忍術天狗異聞**（中井矢之助、榎本書店） その他、メリーランド大学プランゲ文庫に多数所蔵。
1949 昭和24年	7月 下山・三鷹事件 11月 湯川秀樹、日本人初のノーベル賞受賞	**猿飛佐助**（刈田伯遊、民芸社） **忍術おしどり笠**（西田稔、児童図書出版社） **忍術名人霧隠才蔵**（宇佐見鉄男、教養社） **忍術三勇士**（荒木田天馬、川津書店） **忍術少年猿飛三郎**（大谷竹山、日月社）	**シミキンの忍術凸凹道中**（松竹、岩沢庸徳、清水金一） **甲賀屋敷**（新演伎座・大映、衣笠貞之助、長谷川一夫）	**忍術狸山**（丘夢二、日昭館書店） **少年猿飛佐助忍術膝栗毛**（吉田忠雄、鵬友社） **忍術捕物帳怪盗赤卍**（速水義一、日の出書房） **忍術太郎とげんこつ次郎**（そのだせんぺい、KK印出版部） **一寸太郎旅日記**（立花みちよし、新進社出版部） **忍術お化け大会**（大野つる平、桜書房） **忍術小僧**（竹田慎平、高和堂書房） **忍術どろんとん助**（泉じゅん、きさらぎ出版社） **白雲丸の手柄**（吉川ひかる、京菱出版）
1950 昭和25年	6月 朝鮮戦争勃発 9月 ジェーン台風	**現代忍術伝**（坂口安吾、大日本雄弁会講談社） **絵本猿飛佐助**（林芙美子、中外商業新聞、未完） **真説石川五右衛門**（檀一雄、新大阪新聞、～51）	**猿飛佐助・千丈ヶ嶽の火祭**（大映、安達伸生、藤田進）	**忍術きん太**（かたひらすすむ、譚海）
1951 昭和26年	9月 サンフランシスコ講和条約調印締結	**真説霧隠才蔵**（白井喬二、京都新聞、～27）	**薩摩飛脚**（松竹、内出好吉、嵐寛寿郎）	
1952 昭和27年	2月「羅生門」ベネチア＝グランプリ受賞	**新説真田幸村**（尾崎士郎、北辰堂） **風魔一族**（海音寺潮五郎、週刊読売）	**新州天馬侠**（大映、田坂勝彦、長谷部健） **大あばれ孫悟空**（大映、加戸敏、坂東好太郎）	**猿飛佐助**（片岡敏夫、譚海、～53）
1953 昭和28年	2月 テレビ放送開始 3月 吉田内閣「バカヤロー」解散	**忍術結婚**（三橋一夫、豊文社） **雲よ恋と共に：忍術女騒乱記**（宮本幹也、紫書房） **大盗石川五右衛門**（檀一雄、講談倶楽部）	**忍術罷り通る**（東京映画・東宝、野村浩将、横山エンタツ・花菱アチャコ）	**自雷也小僧**（益子かつみ、冒険王、～54） **真田大助あばれ漫遊記**（島田啓三、少年クラブ）
1954 昭和29年	3月 第五福竜丸ビキニ水爆被災事件 6月 自衛隊法成立 9月 洞爺丸遭難		**真田十勇士［忍術猿飛佐助・忍術霧隠才蔵・忍術腕くらべ］**（東映、河野寿一、大友柳太朗） **里見八犬傳**（東映、河野寿一、東千代之介） **笛吹童子**（東映、萩原遼、中村錦之助） **紅孔雀**（東映、萩原遼、中村錦之助、～55） **鳴門秘帖**（東映、渡辺邦男、市川右太衛門） **神州天馬侠**（新東宝、萩原章、藤間城太郎、～55）	**猿飛佐助**（杉浦茂、おもしろブック、～55） **赤胴鈴之助**（武内つなよし、少年画報、～60） **まんがものがたり霧隠才蔵**（花野原芳明、おもしろブック） **紅孔雀**（宮坂栄一、少女ブック、～55） **血戦忍術城**（杉浦茂、おもしろブック、～55） **三つの影**（有川旭一、漫画王）

1955 昭和30年	11月 自由民主党結成 この年後半、神武景気はじまる		**忍術児雷也・逆襲大蛇丸**（新東宝、萩原遼・加藤泰、大谷友右衛門） **薩摩飛脚**（東映、河野寿一、市川右太衛門） **夕焼け童子**（東映、小沢茂弘、伏見扇太郎） **猿飛佐助旅日記**（KRテレビ、千葉栄・大木民夫）	**少年児雷也**（杉浦茂、少年、～56） **竜虎八天狗**（桑田次郎、おもしろブック） **少年猿飛佐助**（小松崎茂、日の丸） **猿飛佐助**（馬場のぼる、漫画少年）
1956 昭和31年	7月 経済白書「もはや戦後ではない」 12月 日本の国連加盟承認される この年、太陽族ブーム	**柳生武芸帳**（五味康祐、週刊新潮、～58、未完） **剣は知っていた**（柴田錬三郎、東京新聞、～57） **少年猿飛佐助**（檀一雄、東京新聞） **新版猿飛佐助**（富田常雄、東京新聞、～57）	**隠密七生記［正・続］**（新東宝、渡辺邦男、大友柳太朗） **隠密秘帖・まぼろし城**（東映、萩原遼、大友柳太朗） **妖蛇の魔殿**（東映、松田定次、片岡千恵蔵） **孫悟空**（東映、佐伯清、伏見扇太郎）	**さるとび佐助**（福田三郎、少年画報、～58） **ドロンちび丸**（杉浦茂、幼年ブック） **少年西遊記**（杉浦茂、おもしろブック）
1957 昭和32年	8月 茨城県東海村の原子炉に「太陽の火」ともる 10月 ソ連、人工衛星スプートニク1号打ち上げに成功	**真田十勇士**（村上元三、別冊週刊朝日）	**風雲急なり大阪城・真田十勇士総進軍**（新東宝、中川信夫、天城竜太郎） **柳生武芸帳**（東宝、稲垣浩、三船敏郎・鶴田浩二） **鳴門秘帖**（大映、衣笠貞之助、長谷川一夫） **赤胴鈴之助**（大映、加戸敏、梅若正二、～58） **忍術若衆・天馬小太郎**（大映、天野信、梅若正二） **忍術御前試合**（東映、沢島忠、伏見扇太郎） **赤胴鈴之助**（KRテレビ、尾上緑也・吉永小百合、～58） **忍術真田城**（NTV、小林重四郎・堀越節子）	**矢車剣之助**（堀江卓、少年、～61） **こがらし剣士**（白土三平、巴出版） **おれは猿飛**（野呂新平、おもしろブック） **甲賀武芸帳**（白土三平、全8巻、日本漫画社、～59） **忍術虎若丸**（工藤市郎、集英社）
1958 昭和33年	4月 売春防止法施行 11月 一万円札（聖徳太子）発行 12月 東京タワー完成	**梟のいる都城**（のち「梟の城」と改題、司馬遼太郎、中外日報、～59） **甲賀忍法帖**（山田風太郎、面白倶楽部、～59）	**柳生武芸帳・双龍秘剣**（東宝、稲垣浩、鶴田浩二・三船敏郎） **忍術水滸伝・稲妻小天狗**（東映、松村昌治、東千代之介） **少年猿飛佐助**（東映、河野寿一、中村賀津雄） **神州天馬侠**（東映、大西秀明、里見浩太郎） **隠密七生記**（東映、松田定次、中村錦之助）	**霧の千丸**（白土三平、漫画王、～59） **高丸菊丸**（桜井はじめ、おもしろブック、～59） **少年さるとび佐助**（大野きよし、少年画報） **霞の三郎**（棚下てるお、昌和漫画出版） **月影秘帳**（原作＝田中美佐雄、川崎のぼる、わかば書房）
1959 昭和34年	1月 南極のカラフト犬、タローとジロー生存が確認される 4月 皇太子ご成婚 7月 児島明子、ミス・ユニバースに 9月 伊勢湾台風	**江戸忍法帖**（山田風太郎、漫画サンデー）	**高丸菊丸**（東映、丸根賛太郎、松本錦四郎） **孫悟空**（東宝、山本嘉次郎、三木のり平） **隠密変化**（新東宝、加戸野五郎、天城竜太郎） **里見八犬傳**（東映、内出好吉、伏見扇太郎） **柳生旅日記・天地夢想剣**（松竹、萩原遼、近衛十四郎） **鳴門秘帖**（KRテレビ、水島道太郎・原保美） **矢車剣之助**（NTV、手塚茂夫、～61） **天兵童子**（NET、尾上左近） **左近右近**（KRテレビ、立花伸介）	**嵐の忍者**（白土三平、全3巻、日本漫画社） **忍者街道**（白土三平、全2巻、日本漫画社） **風魔忍風伝～忍者旋風［雲・残月・忍・流星の巻］**（白土三平、東邦漫画出版社、～60） **忍者武芸帳・影丸伝**（白土三平、全16巻17冊、三洋社・東宝漫画出版社・東邦図書出版社、～62） **左近右近**（原作＝吉川英治、忍一兵、少年マガジン） **天兵童子**（原作＝吉川英治、矢野ひろし、少年マガジン） **少年猿飛佐助**（原作＝檀一雄、東映動画）

1960 昭和35年

5月 李承晩亡命
6月 日米新安全保障条約発効、安保反対闘争起こる
9月 カラーテレビ放送はじまる
12月 所得倍増計画決定

忍びの者（村山知義、赤旗・日曜版、～62）
赤い影法師（柴田錬三郎、週刊文春）
くノ一忍法帖（山田風太郎、講談倶楽部、～61）
悪霊の城（角田喜久雄、週刊漫画サンデー、～61）
風の武士（司馬遼太郎、週刊サンケイ、～61）
忍者往来（江崎俊平、東京文芸社）

柳生旅日記・竜虎活殺剣（松竹、萩原遼、近衛十四郎）
忍術真田城（第二東映、小野登、里見浩太郎）
笛吹童子（NET、北大路欣也）
風の武士（CX・KTV、夏目俊二、～61）
どろん秘帖（KRT、中田ダイマル・ラケット、～61）
まぼろし城（NTV、和田孝・松原詳量）

風の石丸（白土三平、少年マガジン）
おれは猿飛だ！（手塚治虫、まんが王、～61）
忍者秘帳（つげ義春、全4巻、若木書房）
忍者影丸（横山光輝、日の丸）
まぼろし城（原作＝高垣眸、桑田次郎、少年クラブ）
西遊記（東映動画）

1961 昭和36年

1月 NHK朝の連続テレビ小説開始
9月 第二室戸台風
10月 大鵬・柏戸、横綱に同時昇進

風神の門（司馬遼太郎、東京タイムズ、～62）
果心居士の幻術（司馬遼太郎、オール読物）
飛び加藤（司馬遼太郎、サンデー毎日）
夜の戦士（池波正太郎、宮崎日日新聞、～63）
柴錬立川文庫（柴田錬三郎、オール読物、～63）

忍術大阪城（第二東映、小野登、里見浩太郎）
柳生武芸帳（第二東映、井沢雅彦、近衛十四郎）
柳生武芸帳・夜ざくら秘剣（ニュー東映、井沢雅彦、近衛十四郎）
柳生一番勝負・無頼の谷（東映、松村昌治、近衛十四郎）
赤い影法師（東映、小沢茂弘、大川橋蔵）
鳴門秘帖（東映、内出好吉、鶴田浩二）
天下の暴れん坊・猿飛佐助（NET、東映、沢村勝四郎・大村文武）
伊賀の忍者（NTV、倉田爽平・天知茂）
無敵真田十勇士（NTV、山崎プロ、谷本さとし・島米八）

サスケ（白土三平、少年、～65）
狼小僧（白土三平、少年マガジン）
伊賀の影丸（横山光輝、少年サンデー、～66）
風の伊賀丸（小山春夫、冒険王、～62）
真田剣流1～忍者旋風7（白土三平、東邦漫画出版社）
忍者城（川崎のぼる、少年ブック）

1962 昭和37年

8月 堀江謙一、ヨットで太平洋横断
10月 キューバ危機

忍者からす（柴田錬三郎、オール読物、～65）
風魔忍法帖（早乙女貢、東方社）

柳生武芸帳・独眼一刀流（東映、松村昌治、近衛十四郎）
忍びの者（大映、山本薩夫、市川雷蔵）
隠密剣士（TBS、大瀬康一、～65）
真田三銃士（KTV、宝塚、高峰圭二、安芸ひろみ）
春太郎隠密行状（TBS、三波春夫・青山京子）

真田剣流2（白土三平、東邦漫画出版社）
猿とび小源太（原作＝福本和也、加藤輝彦、少年マガジン、～63）
忍術竜虎伝（前谷惟光、寿書房）

1963 昭和38年

3月 吉展ちゃん誘拐事件
11月 三池炭鉱爆発事故・日米テレビ衛星中継（ケネディ大統領暗殺）

「山田風太郎忍法全集」刊行開始（講談社、～64）
風来忍法帖（山田風太郎、週刊大衆）
柳生忍法帖（山田風太郎、学芸通信社系新聞）
五右衛門釜煎り：続・忍びの者（村山知義、赤旗日曜版）
異聞猿飛佐助、異聞霧隠才蔵（中田耕治、東都書房）
伊賀忍法（早乙女貢、青樹社）

柳生武芸帳・片目の十兵衛（東映、内出好吉、近衛十四郎）
忍者秘帖・梟の城（東映、工藤栄一、大友柳太朗）
柳生武芸帳・片目水月の剣（東映、長谷川安人、近衛十四郎）
柳生武芸帳・剣豪乱れ雲（東映、内出好吉、近衛十四郎）
柳生武芸帳・片目の忍者（東映、松村昌治、近衛十四郎）
江戸忍法帖・七つの影（東映、倉田準二、里見浩太郎・松方弘樹）
真田風雲録（東映、加藤泰、中村錦之助）
十七人の忍者（東映、長谷川安人、里見浩太郎）

忍法秘話シリーズ（白土三平他、全22巻・別冊2巻、青林堂、～65）
甲賀忍法帖（原作＝山田風太郎、小山春夫、全3巻、東邦図書出版社）
真田忍群（小山春夫、全4巻、東邦図書出版社）
隠密剣士（堀江卓、少年マガジン）
すっとび力丸（九里一平、少年マガジン）
少年忍者部隊・月光（吉田竜夫、少年キング、～65）
忍者シデン（堀江卓、少年キング）
戦国忍法帳（久留見幸守、少年キング、～64）
真田十勇士・猿飛サスケ（小山春夫、少年キング、～64）

			伊賀の影丸（東映、小野登、松方弘樹） 続・忍びの者（大映、山本薩夫、市川雷蔵） 新・忍びの者（大映、森一生、市川雷蔵） 月影忍法帖・二十一の眼（東映、倉田準二、松方弘樹） （人形劇）伊賀の影丸（TBS、～64）	片目猿（横山光輝、ボーイズライフ、～64） 二つ伊賀（小沢さとる、まんが王）
1964 昭和39年	10月 東海道新幹線開業・東京オリンピック開催	おぼろ忍法帖（のち「忍法魔界転生」「魔界転生」と改題、山田風太郎、大阪新聞他、～65） 忍者丹波大介（池波正太郎、週刊新潮） 伊賀忍法帖（山田風太郎、漫画サンデー） 忍法肉太鼓（山田風太郎、小説現代） 忍法相伝（山田風太郎、週刊現代、～65） 真田忍者群：忍びの者3（村山知義、赤旗日曜版） 忍者一代（小山竜太郎、久保書店） 忍者霧隠才蔵（木屋進、双葉社） 忍者からす（柴田錬三郎、文芸春秋新社） 忍術八郎ざの冒険（鈴木隆、長新太画、理論社）	風の武士（東映、加藤泰、大川橋蔵） 第三の忍者（東映、河野寿一、里見浩太郎） 隠密剣士（東映、船床定男、大瀬康一） 続・隠密剣士（東映、船床定男、大瀬康一） 忍びの者・続・霧隠才蔵（大映、田中徳三、市川雷蔵） 忍者部隊・月光（東映、土屋啓之助、水木襄） 忍者狩り（東映、山内鉄也、近衛十四郎） くノ一忍法（東映、中島貞夫、野川由美子） くノ一化粧（東映、中島貞夫、春川ますみ） 十兵衛暗殺剣（東映、倉田準二、近衛十四郎） 黒の盗賊（東映、井上梅次、大川橋蔵） 忍者部隊・月光（CX、水木襄、～66） 忍びの者（NET、品川隆二、～65） まぼろし城（フジ、宝塚、花柳寛輔・千葉敏郎） 里見八犬伝（フジ、日本電波、倉丘慎太郎・平井昌一） 風雲真田城（TBS、山崎プロ、高田浩吉・高田夕起夫） 六人の隠密（NET、東映、黒川彌太郎・小堀明男）	少年忍者・風のフジ丸（原作=白土三平、久松文雄、ぼくら） 少年忍者・風のフジ丸（東映動画・NET、～65） 忍法十番勝負（白土三平・横山光輝他、冒険王） かくれ忍者伊賀丸（小山春夫、少年画報） 四貫目（白土三平、少年） 真田剣流・第2部（白土三平、少年ブック） カムイ伝（白土三平、ガロ、～71） 犬丸（原作=白石一郎、石川球太、少年マガジン） 忍者ハットリくん（藤子不二雄Ⓐ、少年、～68） おかしなおかしなおかしなあの子（のち「おかしなあの子」「おかしなあの子さるとびエッちゃん」と改題、石森章太郎、マーガレット、～66） 忍びのヒトデ（諏訪栄、ぼくら） 忍び狼はやて（川崎のぼる、少年ブック）
1965 昭和40年	2月 米軍のベトナム北爆開始 6月 日韓基本条約締結	上忍秘譚（南條範夫、オール讀物） 忍法新陰流（宮崎惇、双葉社） 忍法破倭兵状（山田風太郎、オール讀物）	忍法忠臣蔵（東映、長谷川安人、丹波哲郎） 風来忍法帖（宝塚映画・東宝、川崎徹広、渥美清） 忍びの者・伊賀屋敷（大映、森一生、市川雷蔵） 異聞猿飛佐助（松竹、篠田正浩、高橋治） 柳生武芸帳（NET、東映、近衛十四郎・松方弘樹） 新・隠密剣士（TBS、宣弘社、林真一郎・牧冬吉）	ワタリ（白土三平、少年マガジン、～66） カムイ外伝（白土三平、少年サンデー、～67） サスケ・第2部（白土三平、少年、～66） 風魔（白土三平、少年ブック、～66） 忍者あわて丸（つのだじろう、少年キング、～67、67年26号より「ピュンピュン丸」と改題）
1966 昭和41年	2月 羽田沖で全日空727型機墜落 4月 中国で文化大革命はじまる 6月 ビートルズ来日 11月 松山沖で全日空YS-11型機墜落	スパイ武士道（池波正太郎、週刊実話） 忍法系図（早乙女貢、東方社） 忍法くノ一（早乙女貢、青樹社） 忍者アメリカを行く（中田耕治、東都書房）	十七の忍者・大血戦（東映、鳥居元宏、松方弘樹） 忍びの者・新・霧隠才蔵（大映、森一生、市川雷蔵） ワタリ（東映、船床定男、金子吉延） 新書・忍びの者（大映、池広一夫、市川雷蔵） 忍者ハットリくん（NET、東映、野村光徳、牟田悌三）	ワタリ・第2部（白土三平、少年マガジン） 飛騨の赤影（のち「仮面の忍者・赤影」と改題、横山光輝、少年サンデー、～67） 狼小僧・第3部（白土三平、ぼくら） 千匹の忍者（加藤芳郎、講談社）

年	出来事	小説	映画・テレビ	漫画
			鳴門秘帖（NET、高橋悦史・扇千景）	
1967 昭和42年	4月 東京に革新系の美濃部亮吉知事誕生 10月 吉田元首相死去 この年、日本の人口1億人超える	**蝶の戦記**（池波正太郎、高知新聞、～68） **忍者群像**（池波正太郎、東都書房） **忍びの陣：忍びの者4**（村山知義、文化評論）	**まぼろし黒頭巾・闇に飛ぶ影**（東映、倉田準二、松方弘樹） **仮面の忍者・赤影**（KTV、東映、坂口祐三郎、～68） **忍者ハットリくん＋忍者怪獣ジッポウ**（NET、松坂慶子、～68）	**ワタリ・第3部**（白土三平、少年マガジン） **忍者武芸帳**（創造社、大島渚、原画＝白土三平） **（花の）ビュンビュン丸**（NET、～12話） **009ノ1**（石森章太郎、漫画アクション、～70） **さいごの忍者**（荘司としお、少年キング）
1968 昭和43年	10月 川端康成、ノーベル文学賞受賞 12月 三億円強奪事件 この年、日本のGNP世界第2位に	**忍法剣士伝**（山田風太郎、講談社）	**忍びの卍**（東映、鈴木則文、夏八木勲） **お庭番・元禄十五年**（NTV、CAL、石坂浩二・加賀まりこ） **まぼろし城**（NET、松竹、林真一郎・中村晃子）	**サスケ**（白土三平、少年サンデー、～69） **サスケ**（エイケン・TBS、～69） **赤い影法師**（原作＝柴田錬三郎、小島剛夕、少年キング） **おかしなあの子**（石森章太郎、平凡）
1969 昭和44年	1月 東大安田講堂落城 5月 東名高速道路開通 7月 アポロ11号、月面に初めて着陸	**柳生天狗党**（五味康祐、山陽・高知新聞他） **忍法関ヶ原**（山田風太郎、オール読物） **おれは伊賀者**（早乙女貢、小説セブン） **忍術らくだい生**（古田足日、田島征三画、理論社）	**飛び出す冒険映画・赤影**（東映、倉田準二、坂口祐三郎） **コント55号・俺は忍者の孫の孫**（東宝、福田純、萩本欽一・坂上二郎） **妖術武芸帳**（TBS、東映、佐々木功・月形龍之介）	**忍風カムイ外伝**（エイケン・CX、原作＝白土三平） **おかしなあの子**（石森章太郎、新婦人しんぶん） **（花の）ビュンビュン丸**（NET、13～26話、～70）
1970 昭和45年	3月 日本万国博開催・日航よど号事件 11月 三島由紀夫自殺	**忍びの風**（池波正太郎、静岡新聞、～72） **カムイの剣**（矢野徹、立風書房）	**新・忍びの衆**（大映、森一生、松方弘樹） **土忍記・風の天狗**（日活、小沢啓一、高橋英樹） **柳生十兵衛**（CX、山口崇・田中邦衛、～71）	**影狩り**（さいとうたかお、週刊ポスト、～73）
1971 昭和46年	7月 全日空機と自衛隊機、空中衝突 8月 ドルショック	**忍び砦の戦い：忍びの者5**（村山知義、理論社） **草書本猿飛佐助**（神坂次郎、オール関西）	**弥次喜多隠密道中**（NTV、尾上菊之助・目黒祐樹、～72）	**さるとびエッちゃん**（石森章太郎、少女フレンド、～72、なかよし、たのしい幼稚園） **さるとびエッちゃん**（東映動画・NET、～72） **忍風カムイ外伝・月日貝の巻**（エイケン・東宝）
1972 昭和47年	2月 札幌冬季オリンピック開催・あさま山荘事件 4月 川端康成自殺 5月 沖縄返還 9月 日中国交正常化	**忍法かげろう斬り**（早乙女貢、週刊サンケイ、～73） **忍者服部半蔵**（戸部新十郎、毎日新聞社） **雲取谷の少年忍者**（古田足日、学習研究社）	**影狩り**（石原プロ、舛田利雄、石原裕次郎） **快傑ライオン丸**（CX、潮哲也、～73） **忍法かげろう斬り**（CX、東映、渡哲也→渡瀬恒彦・太地喜和子） **変身忍者嵐**（NET、東映、南城竜也・牧冬吉、～73） **熱血・猿飛佐助**（TBS、東映、桜木健一・露口茂、～73）	**変身忍者嵐**（石森章太郎、少年マガジン他） **科学忍者隊ガッチャマン**（吉田竜夫と竜の子プロ・CX、～74） **快傑ライオン丸**（原作＝うしおそうじ、一峰大二、冒険王） **さるとびエッちゃん**（東映動画、原作＝石森章太郎、芹川有吾） **変身忍者嵐**（石森章太郎、週刊少年マガジン）
1973 昭和48年	1月 ベトナム平和協定調印 8月 金大中事件起こる 10月 第一次オイルショック	**忍びの女**（池波正太郎、週刊現代、～74） **忍者かげろうの風太**（二反長半、理論社）	**隠密剣士**（TBS、東映、萩島真一・牧冬吉）	**くれーじーサルトビ**（池上遼一、少年マガジン、～74） **科学忍者隊ガッチャマン**（東宝、原作＝吉田竜夫、鳥海永行）

1974 昭和49年	10月 巨人軍・長嶋茂雄引退	**真田太平記**（池波正太郎、週刊朝日、～82） **甲賀くノ一**（早乙女貢、青樹社）	**鬼輪番**（東宝、坪島孝、近藤正臣）	
1975 昭和50年	4月南北ベトナム統一 7月沖縄海洋博開催	**異聞忍者列伝**（野村敏雄、春陽堂文庫）	**（人形劇）真田十勇士**（原作＝柴田錬三郎、NHK教育、～77）	**どろんぱ忍丸**（真樹村正とダイナミックプロ、少年キング、～77）
1976 昭和51年	1月五つ子誕生 2月ロッキード事件	**曲者時代**（柴田錬三郎、読売新聞、～77） **甲賀忍法江戸控**（宮崎惇、双葉社）	**忍術・猿飛佐助**（松竹、山根成之、財津一郎） **お耳役秘帳**（CX、伊吹五郎） **忍者キャプター**（東京12CH、伴直弥、～77）	**忍者キャプター**（原作＝八手三郎、聖悠紀、テレビランド→テレビマガジン、～77） **サスケと風**（伊東章夫、全3巻、曙出版）
1977 昭和52年	7月文化大革命の終結 9月王貞治、756号ホーマー（世界記録）	**忍びの旗**（池波正太郎、読売新聞、～78） **鷹たちの砦**（新宮正春、集英社）	**鳴門秘帖**（NHK、田村正和・三林京子、～78）	
1978 昭和53年	4月キャンディーズ解散コンサート 5月成田空港開港 8月日中平和友好条約締結		**柳生一族の陰謀**（東映、深作欣二、萬屋錦之介） **柳生一族の陰謀**（CX・KTV、千葉真一・志穂美悦子、～79） **柳生十兵衛**（東京12CH、原田大二郎）	**少年忍者風よ！**（原作＝葉山伸、横山光輝、少年マガジン） **科学忍者隊ガッチャマンII**（CX、～79）
1979 昭和54年	3月スリーマイル島原発事故 7月東名。日本坂トンネル事故 10月朴正熙暗殺 11月イランアメリカ大使館人質事件 12月ソ連アフガニスタン侵攻	**真田十勇士**（笹沢左保、日刊新聞）	**真田幸村の謀略**（東映、中島貞夫、松方弘樹・萬屋錦之介）	**伊賀野カバ丸**（亜月裕、別冊マーガレット→週刊マーガレット、～84） **科学忍者隊ガッチャマンF**（CX、～80）
1980 昭和55年	7月モスクワオリンピックに不参加 8月新宿バス放火事件 10月山口百恵引退 12月ジョン・レノン殺害		**影の軍団・服部半蔵**（東映、工藤栄一、山村聡） **忍者武芸帳・百地三太夫**（東映、鈴木則文、真田広之） **服部半蔵・影の軍団**（CX・KTV、東映、千葉真一・西郷輝彦） **柳生あばれ旅**（ANB、東映、千葉真一・勝野洋） **風神の門**（NHK、三浦浩一・小野みゆき） **猿飛佐助**（NTV、国際放映、太川陽介・川崎麻世）	**忍者飛翔**（和田慎二、花とゆめ他、～08）
1981 昭和56年	3月ポートピア81開幕 9月三和銀行オンライン詐取事件 この年、がんが脳卒中を抜き死因1位	**風の七人**（山田正紀、小説現代、～82） **最後の忍者**（矢野徹、角川文庫）	**魔界転生**（東映・角川、深作欣二、沢田研二） **影の軍団II**（CX・KTV、東映、千葉真一・真田広之、～82） **忍びの忠臣蔵**（CX、萩原健一）	**忍者ハットリくん【リバイバル版】**（藤子不二雄Ⓐ、コロコロコミック他、～88） **忍者ハットリくん**（ANB、～87） **さすがの猿飛**（細野不二彦、増刊少年サンデー、～84）
1982 昭和57年	2月ホテルニュージャパン火災・羽田沖で日航機墜落		**伊賀忍法帖**（東映・角川、斎藤光正、真田広之） **影の軍団III**（CX・KTV、東映、千葉真一・志穂美悦子）	**カムイ外伝**（白土三平、ビッグコミック、～88） **さすがの猿飛**（CX、～84）

			柳生十兵衛あばれ旅（ANB、千葉真一、～83）	**忍者マン一平**（河合一慶、100てんランドコミック）
1983 昭和58年	4月 NHK連続テレビ「おしん」開始 9月 大韓航空機撃墜	**御三家の犬たち**（南原幹雄、歴史読本、～84）	**伊賀野カバ丸**（東映、鈴木則文、黒崎輝） **影狩り**（CX、仲代達矢） **影の軍団Ⅳ**（CX・KTV、東映、千葉真一・橋爪功）	**エスパー・エッちゃん**（石森章太郎、読売新聞・水曜版） **伊賀野カバ丸**（NTV、～84）
1984 昭和59年	9月 グリコ・森永脅迫事件		**ニンジャ**（米・日本ヘラルド、サム・ファーステンバーグ、ショー・コスギ）	
1985 昭和60年	3月 つくば科学博開幕 8月 日航ジャンボ機、御巣鷹山に墜落	**青葉城秘聞・陰の剣譜**（新宮正春、報知新聞） **青春の神話**（森村誠一、光文社文庫） **カムイの剣**（矢野徹、角川文庫、～86）	**風雲・柳生武芸帳**（TX、北大路欣也） **影の軍団Ⅴ**（CX・KTV、東映、千葉真一・真田広之）	**妖魔**（楠桂、りぼんオリジナル） **忍者戦士・飛影**（NTV、～86） **忍者無芸帳**（いしいひさいち、双葉社） **カムイの剣**（東映、りんたろう）
1986 昭和61年	4月 男女雇用機会均等法施行・チェルノブイリ原発事故 12月 バブル景気始まる	**影武者徳川家康**（隆慶一郎、静岡新聞、～88） **忍法鍵屋の辻**（新宮正春、読売新聞社）	**ドラゴン忍者**（香港・日本ヘラルド、ユー・チク・リム、リー・ウィング）	**落第忍者乱太郎**（尼子騒兵衛、朝日小学生新聞、～継続） **サスケ忍伝**（黒岩よしひろ、少年ジャンプ） **忍者がなんじゃ**（サトウユウ、白夜書房）
1987 昭和62年	4月 国鉄分割、JRグループ誕生	**服部半蔵**（戸部新十郎、光文社、～89） **御三家の黄金**（南原幹雄、秋田魁新報） **徳川忍法系図**（南原幹雄、問題小説、～90） **お庭番吹雪算表**（津本陽、オール讀物） **小説天野宗歩**（斎藤栄、～93、全8巻） **邪神復活：忍者レイ・ヤマトの目覚め**（井沢元彦、角川文庫） **忍者探偵秘湯へ行く**（山村正夫、祥伝社）		**新・仮面の忍者・赤影**（横山光輝、少年チャンピオン、～88） **カスミ伝**（唐沢なをき、少年キャプテン他）
1988 昭和63年	3月 青函トンネル開業 6月 リクルート疑惑発覚	**忍者たちの館**（南原幹雄、野生時代、～89） **伊賀組始末**（戸部新十郎、徳間文庫） **忍者サノスケじいさん**（なすだみのる、ひくまの出版）	**隠密・奥の細道**（TX、佐藤浩市・国広富之、～89） **世界忍者戦ジライヤ**（ANB、筒井巧、～89） **未来忍者**（ナムコ、雨宮慶太、横山誠）	**カムイ伝・第2部**（原作＝白土三平、岡本鉄二、ビッグコミック、～99）
1989 平成元年	1月 昭和天皇崩御 6月 天安門事件	**陰のお庭番**（小松重男、月刊小説） **伊賀組同心**（戸部新十郎、徳間文庫） **魔界の忍者：服部半三保長**（竹内勇太郎、光風社出版） **恋の忍法♡胸キュン**（中原涼、徳間文庫）	**風雲！真田幸村**（TX、北大路欣也・森田健作）	**変幻戦忍サスケ**（黒岩よしひろ、少年ジャンプ）
1990 平成2年	2月 株価暴落し、バブル景気終わる 10月 東西ドイツ統一	**お庭番吹雪算長**（津本陽、文芸春秋） **花と火の帝**（隆慶一郎、日本経済新聞社、未完） **駆込寺陰始末**（隆慶一郎、光文社） **陰の絵図**（新宮正春、集英社）	**ミュータント・タートルズ**（米・東宝東和、スティーヴ・バロン、ジュディス・ホーグ） **柳生武芸帳**（NTV、松方弘樹・萬屋錦之介） **十七人の忍者**（CX、千葉真一）	**乱波S．S．**（椎名高志、少年サンデー増刊号） **空想科学任侠伝極道忍者ドス竜**（原作＝永井豪、篠山勇、角川書店）

年	出来事	小説	映像	漫画
		極道忍者ドス竜（原作＝永井豪、桜井和生、エニックス文庫） 東京忍者（ふらじま太郎、富士見ファンタジア文庫）	極道忍者ドス竜（東北新社、永井豪、大槻ケンヂ）	
1991 平成3年	1月 湾岸戦争勃発 12月 ソ連邦解体	柳生十兵衛死す（山田風太郎、毎日新聞、〜92） なぞの忍者と妖怪の国へ（結木美砂江、汐文社）	幕府お耳役・檜十三郎（ANB、永島敏行） 柳生武芸帳4（NTV、松方弘樹・萬屋錦之介）	炎のニンジャマン（島本和彦、少年サンデー、〜92）
1992 平成4年	9月 毛利衛、スペースシャトルに搭乗 10月 天皇皇后両陛下中国訪問		クロオビ・キッズ（米・日本ヘラルド、ジョン・タートルトーヴ、ヴィクター・ウォン） 影狩り（CX、村上弘明）	ムジナ（相原コージ、ヤングサンデー、〜97） 疾風ウルトラ忍法帖（御堂カズヒコ、コミックボンボン、〜97）
1993 平成5年	5月 Jリーグ発足 8月 非自民の細川連立内閣成立	雲隠れ霧隠れ（三田誠広、廣済堂出版） 伊賀甲賀忍者の里殺人事件（和久峻三、光文社文庫） あのころは忍者だった（堀内純子、岡本美子画、教育画劇）	徳川武芸帳・柳生三代の剣（TX・TVO、松本幸四郎）	忍たま乱太郎（尼子騒兵衛、月刊プリンセス、〜94） ナンジャ忍者！もんじゃくん（玉井たけし、小学館） 忍たま乱太郎（NHK教育、〜継続） 獣兵衛忍風帖（東京テアトル、川尻善昭）
1994 平成6年	10月 大江健三郎、ノーベル文学賞受賞		忍者戦隊カクレンジャー（ANB、小川輝晃、〜95）	あずみ（小山ゆう、ビッグコミックスペリオール、〜08） 獣兵衛忍風帖　龍宝玉篇（WOWOW、川尻善昭）
1995 平成7年	1月 阪神淡路大震災 3月 地下鉄サリン事件	太陽の忍者（胡桃沢耕史、徳間文庫）	くノ一忍法帖V・自来也秘抄（東北新社・津島勝、中嶋美智代） 水戸黄門外伝・かげろう忍法帖（TBS、由美かおる）	烈火の炎（安西信行、少年サンデー、〜02） サラ忍マン（新田たつお、ビッグコミックスペリオール、〜97） NINKU-忍空-（桐山光侍、少年ジャンプ、〜96） 戦国群笑伝少年忍者バサラくん（義見依久 with Madara Project、光文社、〜97） 忍者じじ三太夫（バロン吉元、秋田書店）
1996 平成8年	12月 ペルー大使公邸をゲリラが占拠	毛利元就：きりのなかの忍者合戦（稲垣純、ポプラ社） 天下を盗んだ忍者秀吉（霧島那智、スコラ） 甲賀忍者お藍（嶋津義忠、講談社） 忍者になりたい（小山勇、国井節、童心社） 忍者太閤秀吉（司悠司、中央公論社）	くノ一忍法帖VI・忍者月影抄（東北新社・キングレコード、津島勝、大西結花） 幕府の隠密！影十八（ANB、東映、三田村邦彦・南野陽子）	おきらく忍伝ハンゾー（山中あきら、コミックボンボン） 忍たま乱太郎（松竹）
1997 平成9年	6月 神戸連続児童殺傷事件で少年を逮捕 7月 香港中国に返還	忍者風切一平太（榊涼介、電撃文庫、〜98） 関ヶ原三国志（山本敦司、ロングセラーズ） 一橋隠密帳（宮城賢秀、ケイブンシャ文庫） 霧隠才蔵（火坂雅志、祥伝社）		伊賀野こカバ丸（亜月祐、Lady's Comic YOU、〜03） かげろうくん：大東京忍者伝（武井宏文、講談社）
1998 平成10年	2月 長野冬季オリンピック開催 6月 サッカーW杯フランス大会に日本初出場	暗殺の城（津本陽、幻冬舎） 戦国忍者残酷帖（峰隆一郎、廣済堂文庫）	くノ一忍法帖・柳生外伝（東北新社・キングレコード、丸紅、小沢仁志、森山裕子） 影武者徳川家康（ANB、高橋英樹）	おーえど娘忍者（私屋カヲル、小学館、〜99） 新忍者無芸帖（いしいひさいち、文藝春秋） 新・変身忍者嵐（石ノ森章太郎、大都社）

1999 平成11年	9月国内初の臨界事故	**高麗秘帖**（荒山徹、祥伝社） **天皇家の忍者**（南原幹雄、東洋経済新報社） **バカが忍者でやってくる！**（雑賀礼史、富士見ファンタジア文庫） **参上！ズッコケ忍者軍団**（那須正幹、ポプラ社文庫）	**梟の城**（東宝、藤田正浩、中井貴一）	**NARUTO**（岸本斉史、少年ジャンプ、〜継続）
2000 平成12年	1月新潟女性監禁事件	**魔風海峡**（荒山徹、祥伝社） **忍者なんです**（加納邑、オークラ出版） **尼僧忍法一番首**（赤松光夫、光文社文庫）		**ニニンがシノブ伝**（古賀亮一、メディアワークス、〜06）
2001 平成13年	9月米国同時多発テロ	**忍者 Kids**（斉藤栄美、ポプラ社、〜05） **坊っちゃん忍者幕末見聞録**（奥泉光、中央公論社） **黄金の忍者**（沢田黒蔵、学研M文庫） **異形の者**（柳蒼二郎、学習研究社） **獄神忍風**（長谷川卓、中央公論新社）	**RED SHADOW 赤影**（東映、中野裕之、安藤政信）	**奥様は女忍者**（井上恵美子、小学館、〜02） **忍者ハグレ**（小西紀行、集英社）
2002 平成14年	5月日韓共催サッカーW杯 10月拉致被害者の帰国	**魔岩伝説**（荒山徹、祥伝社） **まぼろしの忍者**（広瀬寿子、小峰書店） **コギャル忍者・萩王見参！**（沢田直大、ソノラマ文庫） **NEO 忍者伝シークレットヴァーサス**（嶋田純子、エニックス）	**忍風戦隊ハリケンジャー**（ANB、塩谷瞬、〜03）	**真田十勇士**（原作＝笹沢左保、岡村賢二、コミック乱TWINS、〜03） **NARUTO-ナルト-**（テレビ東京、岸本斉史、〜07）
2003 平成15年	3月イラク戦争始まる	**黄金の忍者：風魔の牙**（沢田黒蔵、学研M文庫） **真田三妖伝**（朝松健、祥伝社） **陰からマモル！**（阿智太郎、MF文庫J、〜08）	**魔界転生**（東映、平山秀幸、窪塚洋介） **あずみ**（東宝、北村龍平、上戸彩）	**バジリスク-甲賀忍者帖**（原作＝山田風太郎、せがわまさき、ヤングマガジン・アッパーズ、〜04） **月のしっぽ**（上田倫子、マーガレットコミックス、〜07）
2004 平成16年	10月新潟県中越沖地震 12月インドネシア・スマトラ島沖でM9.3の地震発生。20万人以上の死者・行方不明	**忍法新選組**（戸部新十郎、光文社文庫） **楠流忍者闇始末密通**（原田真介、学研M文庫） **忍法からくり伝奇**（志村有弘、勉誠出版）	**NIN × NIN 忍者ハットリくん THE MOVIE**（東宝、鈴木雅之、香取慎吾）	**隠の王**（鎌谷悠希、スクウェア・エニックス、〜10） **ニニンがシノブ伝**（原作＝古賀亮一、まついひとゆき） **劇場版 NARUTO-ナルト-大活劇！雪姫忍法帖だってばよ！**（東宝、原作＝岸本斉史、岡村天斎）
2005 平成17年	10月パキスタンでM7.6の地震発生。9万人以上が死亡、約250万人が家を失う	**甲州海道密殺剣**（宮城賢秀、ハルキ文庫） **王城の忍者**（南原幹雄、新潮社）	**SHINOBI-HEART UNDER BLADE-**（松竹、下山天、仲間由紀恵・オダギリジョー） **天正伊賀の乱**（BBMC、千葉誠治、合田雅吏）	**陰からマモル！**（阿智太郎、メディアファクトリー） **忍空〜SECOND STAGE 干支忍編〜**（桐山光侍、ウルトラジャンプ、〜11） **Y十M〜柳生忍法帖〜**（原作＝山田風太郎、せがわまさき、ヤングマガジン、〜08） **バジリスク〜甲賀忍法帖**（デジタル・アニメ・プロジェクト、木崎文智）

NARUTO－ナルト－大激突！幻の地底遺跡だってばよ（東宝、川崎博嗣）

2006 平成18年

7月 北朝鮮によるミサイル発射実験

風魔（宮本昌孝、祥伝社）
惡忍（海道龍一朗、双葉文庫）
少年×忍者：恋はトライアングル（岡野麻里安、コバルト文庫）

忍者パパ（山本康人、漫画アクション、～09）
BRAVE10（霜月かいり、コミックフラッパー、～継続）
街刃－GAIJIN（天辰公瞭、週刊少年マガジン）
謎の村雨くん（いとうみきお、週刊少年ジャンプ）
ひまわりっ！（UHF、影山楙倫）
隠の王（TVX、原作＝鎌谷悠希、杉島邦久）
陰からマモル！（TVX、原作＝阿智太郎、ふじもとよしたか）
劇場版 NARUTO－ナルト－大興奮！みかづき島のアニマル騒動（東宝、都留稔幸）

2007 平成19年

10月 郵政民営化
11月 京都大学山中伸弥らiPS細胞を生成する技術を発表

服部半蔵（えとう乱星、ぶんか社文庫）
忍者風林火山（菅野国春、冬至書房）
のぼうの城（和田竜、小学館）
鋌娥哢奼（花村萬月、集英社）
百忍斬り（鈴木英治、中央公論新社）
白疾風（北重人、文藝春秋）

クナイ伝（緒里たばさ、少年サンデー、～08）
NARUTO－ナルト－疾風伝（テレビ東京、岸本斉史、～継続）
劇場版 NARUTO－ナルト－疾風伝（東宝、伊達勇登）

2008 平成20年

5月 中国四川でM8．0の地震発生。千万人以上が被災、6万9千人以上死亡

忍びの国（和田竜、新潮社）
妻は、くノ一（風野真知雄、角川文庫）
薩丸忍法帳（越後屋、幻冬舎アウトロー文庫）
真庭語（西尾維新、講談社）
RDG レッドデータガール（荻原規子、角川文庫、～12）

芸者VS忍者（ジョリー・ロジャー、小原剛、佃井皆美）

信長の忍び（重野なおき、ヤングアニマル、～継続）
風が如く（米原秀幸、週刊少年チャンピオン、～10）
軒猿（薮口黒子、月刊ヤングジャンプ、～10）
忍者玉丸・新忍者玉丸（ファミリー劇場）
劇場版 NARUTO－ナルト－疾風伝 絆（東宝、亀垣一）

2009 平成21年

6月 新型インフルエンザの世界的流行
9月 民主党政権の成立

忍者烈伝（稲葉博一、角川学芸出版）
時空忍者おとめ組（越水利江子、講談社青い鳥文庫、～10）
小太郎の左腕（和田竜、小学館）
もっと！陰からマモル！（阿智太郎、MF文庫J、～継続）

GOEMON（松竹・ワーナー、紀里谷和明、江口洋介）
カムイ外伝（松竹、崔洋一、松山ケンイチ）

アイゼンファウスト 天保忍者伝（原作＝山田風太郎、長谷川哲也、講談社、～10）
劇場版 NARUTO－ナルト－疾風伝 火の意志を継ぐ者（東宝、むらた雅彦）

2010 平成22年

6月 J小惑星探査機「はやぶさ」が60億kmの旅を終え、地球の大気圏へ再突入

くノ一忍び化粧（和久田正明、光文社文庫）
忍び外伝（乾緑郎、朝日新聞出版）
忍者ルネッサンス！（倉阪鬼一郎、出版芸術社）

ニンジャ・アサシン（Ninja Assassin）（米・ワーナー・ブラザーズ、ジェームズ・マクティーグ、Rain（ピ））

サムライ・ラガッツィ 戦国少年西方見聞録（金田達也、月刊少年ライバル、～継続）
劇場版 NARUTO－ナルト－疾風伝 ザ・ロストタワー

年	社会	小説	映画	漫画・テレビ・アニメ
2011 平成23年	1月 チュニジア政変、アラブの春始まる 3月 東北と関東地方で、原子力発電所5カ所が東北地方太平洋沖地震により被災。世界最悪レベルの原子力事故 7月 サッカー女子W杯で初優勝	**悪道**（森村誠一、講談社） **村上海賊の娘**（和田竜、週刊新潮、～13） **伊賀忍び控え帖**（津本陽、PHP研究所） **忍者烈伝ノ続**（稲葉博一、角川学芸出版） **悪道　西国謀反**（森村誠一、講談社） **忍びの森**（武内涼、角川ホラー文庫） **裏柳生探索帳**（宮城賢秀、学研M文庫） **おばちゃんくノ一小笑組**（多田容子、PHP文芸文庫）	**女忍 KUNOICHI**（日本出版販売、千葉誠治、武田梨奈） **忍たま乱太郎**（ワーナー、三池崇史、加藤清史郎）	（東宝、むらた雅彦） **明治失業忍法帖**（杉山小弥花、秋田書店、～継続） **忍たま乱太郎忍術学園全員出動！の段**（ワーナー） **劇場版 NARUTO-ナルト-ブラッド・プリズン**（東宝、むらた雅彦）
2012 平成24年	5月 東京スカイツリー完成 7月 ロンドンオリンピック開催 9月 尖閣諸島国有化と反日デモ 12月 自民党へ政権交代	**咎忍**（浅田靖丸、光文社） **佐助を討て**（犬飼六岐、文藝春秋） **修羅**（海道龍一朗、双葉社） **ニンジャスレイヤー　1・2巻**（ブラッドレー・ボンド、エンターブレイン）		**忍者猿飛**（西風、リイド社） **中巌寺の隠密**（片桐了、少年サンデー、～継続） **RDG レッドデータガール**（原作＝荻原規子、琴音らんまる画、月刊少年エース、～継続） **新・影狩り**（岡村賢二・さいとうたかお、リイド社） **BRAVE10**（TOKYO MX、原作＝霜月かいり、佐山聖子） **NARUTO-ナルト-SD**（テレビ東京、原作＝岸本斉史、～継続） **ROAD TO NINJA -NARUTO THE MOVIE-**（東宝、伊達勇登）
2013 平成25年	2月 ロシアチェリャビンスク州に隕石が落下。1500人近くが負傷	**でれすけ忍者**（幡大介、光文社文庫） **にんにん忍ふう**（高橋由太、光文社文庫） **悪道　御三家の刺客**（森村誠一、講談社） **ニンジャスレイヤー　3・4巻**（ブラッドレー・ボンド、エンターブレイン） **とっぴんぱらりの風太郎**（万城目学、文藝春秋）	**忍たま乱太郎　夏休み宿題大作戦！の段**（東映、田崎竜太、加藤清史郎） **妻は、くノ一**（NHK、市川染五郎・瀧本美織）	**RDG レッドデータガール**（TOKYO MX、原作＝荻原規子、篠原俊哉） **仮面の忍者赤影 Remains**（原作＝横山光輝、神崎将臣、プレイコミック、～継続） **抜け忍転校生ハヤテ**（青空大地、漫画アクション、～継続） **閃乱カグラ**（TOKYO MX、原作＝高木謙一郎、渡部高志）

▼参考文献　足立巻一『立川文庫の英雄たち』（文和書房、昭和55）、高木健夫編『新聞小説史年表』（国書刊行会、昭和62）、縄田一男「忍者小説の歴史と展開　付忍者小説年表」、中台登「忍者映画のあゆみ　付忍者映画年表」、佐牟田梅山「漫画に登場する忍者　付忍者漫画年表」（以上、三点は『決定版忍者のすべて』新人物往来社、平成3）、小田切進『日本近代文学年表』（小学館、平成5）、浦西和彦・青山毅『昭和文学年表』（明治書院、平成7・8）、牧野守編『日本映画文献書誌：明治大正』（雄松堂出版、平成15）、小倉一邦「ジャンル別　忍者作品詳細年表」（『忍者と忍術』学習研究社、平成15）、大村彦次郎『時代小説盛衰史』（筑摩書房、平成17）、『文芸雑誌小説初出総覧　1945-1980』（日外アソシエーツ、平成17）、『文芸雑誌小説初出総覧　1981-2005』（日外アソシエーツ、平成18）、高橋圭一「忍者と豪傑」（『文学』第7巻6号、岩波書店、平成18・11）、『文芸雑誌小説初出総覧　作品名篇』（日外アソシエーツ、平成19）、『映画基本書目：大正・昭和・平成』（日外アソシエーツ、平成21）、高橋圭一「江戸の猿飛佐助」（『地域創成研究年報』5、愛媛大学地域創成研究センター、平成22・3）、能村庸一『実録テレビ時代劇史』（ちくま文庫、平成24）

（作成：吉丸雄哉・池田裕）

全国忍者関連施設ガイド

※掲載しているデータは二〇一四年四月時点のものです。
※詳細は各施設にお問い合わせください。

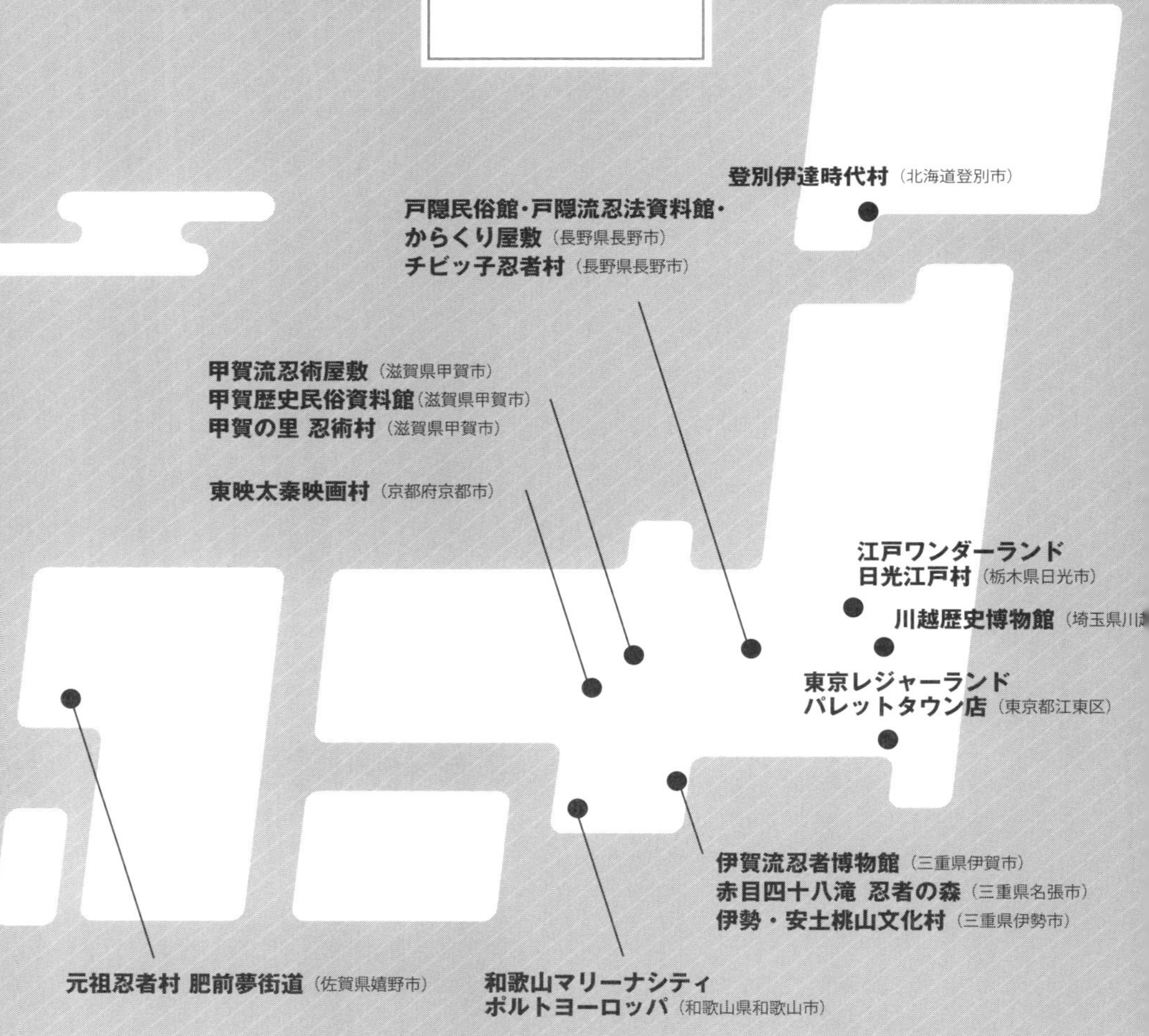

登別伊達時代村 (北海道登別市)

江戸時代の町並みや文化をまるごと再現したカルチャーパーク。迫力満点の忍者アクションショーを毎日上演しているほか手裏剣投げ体験、忍者怪々迷路、忍者資料館などで忍者になった気分を満喫できる。

住所	〒059-0463　北海道登別市中登別町53-1 TEL 0143-83-3311
営業時間	夏期：4/1 ～ 10/31　9:00 ～ 17:00 冬期：11/1 ～ 3/31　9:00 ～ 16:00 ※入村受付は閉村時刻の1時間前まで。
定休日	年中無休
入場料	大人（中学生以上）2900円／子供（小学生）1500円／幼児（4歳～未就学児）600円
HP	http://www.edo-trip.jp

江戸ワンダーランド日光江戸村 (栃木県日光市)

江戸時代の下町や豪壮な武家屋敷を再現したテーマパーク。忍者アクションショーや、手裏剣道場、カラクリ屋敷の「忍者怪怪亭」などがある。

住所	〒321-2524　栃木県日光市柄倉470-2 TEL 0288-77-1777
営業時間	夏期：3/20 ～ 11/30　9:00 ～ 17:00 冬期：12/1 ～ 3/19　9:30 ～ 16:00
定休日	毎週水曜日
入場料	大人4700円・14時以降（冬季は13時）4100円 子供2400円・14時以降（冬季は13時）2100円
HP	http://www.edowonderland.net/

川越歴史博物館 (埼玉県川越市)

川越城や川越藩のゆかりの品を展示。川越城下からは城に仕えた忍者たちの胴衣・忍具などが発見されており、忍者の武器、手裏剣、撒きびし、くない、忍小鎌などを展示している。

住所	〒350-0055　埼玉県川越市久保町11-8 喜多院北参道入口（成田山川越別院門前） TEL 049-226-0766
営業時間	10:00 ～ 17:00
定休日	年中無休
入場料	大人500円／子供（中学生以下）300円
HP	http://www.kawagoe-rekishi.com/

東京レジャーランド パレットタウン店（東京都江東区）

お台場パレットタウン内にある大型アミューズメントスポット。登っていく球、起き上がれない椅子など摩訶不思議な空間が広がる、「忍法からくり屋敷」がある。

住所	〒 135-0064　東京都江東区青海 1-3-8 TEL 03-3570-5657
営業時間	10:00 ～ 22:30 ※繁忙期・曜日により異なる場合がございます。
定休日	年中無休
入場料	大人 700 円／中学生以下 500 円／ 3 歳以下無料
HP	http://www.leisureland.jp/

戸隠民俗館・戸隠流忍法資料館・からくり屋敷（長野県長野市）

戸隠流忍術をテーマにした複合施設。「戸隠民俗館」に併設された「戸隠流忍法資料館」には、忍具 500 点と戸隠流の解説や実技の写真パネル 200 点を展示。ゲーム感覚の「からくり屋敷」、手裏剣道場もある。

住所	〒 381-0000 長野県長野市戸隠 3688-12 TEL 026-254-2395
営業期間	9:00 ～ 17:00
定休日	期間中（4 月下旬～ 11 月中旬）無休
入場料	大人 500 円／小中学生 350 円（3 館共通）

チビッ子忍者村（長野県長野市）

忍者をテーマにしたアミューズメントパーク。「忍びからくりふしぎ屋敷」、「忍術屋敷」などのアトラクションや、忍者サブカルチャーの品々を揃えた「忍宝館」などがある。

住所	〒 381-4101 長野県長野市戸隠 3193 TEL 026-254-3723
営業期間	9:00 ～ 17:00
定休日	木曜日（7 月中旬～ 8 月末夏休み期間は無休）
入場料	入村のみ：大人～小学生 500 円／幼児（6 才～ 4 才）230 円（施設別料金）
HP	http://www.ninjamura.com/

伊賀流忍者博物館（三重県伊賀市）

仕掛け・からくりの実演を見ることが出来る伊賀流忍者屋敷、地下の資料館では忍者伝書に記された忍びの道具が一堂に揃う。また忍者伝承館では現代に通じる忍術や歴史を紹介。忍者実演ショー（別料金 300 円）や手裏剣打ち体験（別料金 200 円）も楽しめる。

住所	〒 518-0873　三重県伊賀市上野丸之内 117 TEL 0595-23-0311
営業時間	9:00 ～ 17:00（入館は 16:30 まで）
定休日	12/29 ～ 1/1
入場料	大人 700 円／子供 400 円（税別）
HP	http://www.iganinja.jp

赤目四十八滝 忍者の森（三重県名張市）

伊賀忍者修行の地、赤目四十八滝にある忍者修行体験アトラクション施設。伊賀忍者がどのように修行していたかを学び、忍びの道具を使った修行を体験できる。

住所	〒 518-0469 三重県名張市赤目町長坂 861-1 赤目四十八滝渓谷保勝会　TEL 0595-63-3004
営業時間	10:30・13:30 の 1 日 2 回（1 時間 30 分程度） ※スタート時間の 1 時間前までに要申込。
定休日	12/28 ～ 1/3、1/4 ～ 3/14 期間の水曜日
入場料	大人 1700 円／中学生以下 1500 円／小学生未満 1350 円　（忍者衣装付（不要の場合は 500 円引）・赤目四十八滝入山料込み）
HP	http://www.akame48taki.jp/ninja/index.html

伊勢・安土桃山文化村（三重県伊勢市）

忠実に再現された安土城を中心に、安土桃山時代の文化や歴史を扱ったテーマパーク。忍者アクションショーや、「忍者資料館」、「伊賀忍者妖術屋敷」などの施設、修行が体感できる「忍者修行砦」がある。

住所	〒 519-0603　三重県伊勢市二見町三津 1201-1 TEL 0596-43-2300
営業時間	3/17 ～ 11/15　9:00 ～ 17:00 11/16 ～ 3/16　9:30 ～ 16:00
定休日	年中無休
入場料	入村のみ：大人 2500 円／中高生 1200 円／小学生 900 円（有料館別料金）
HP	http://www.ise-bunkamura.co.jp

甲賀流忍術屋敷（滋賀県甲賀市）

甲賀流忍者甲賀五十三家の筆頭格「望月出雲守」の住居として元禄年間に建てられた建物。内部には、多くのからくり、忍具等の展示があり、歴史的に非常に貴重な本物の忍術屋敷。手裏剣投げ、忍者姿変身できます。

住所	〒 520-3311 滋賀県甲賀市甲南町竜法師 2331 TEL.0748-86-2179
営業時間	9:00 ～ 17:00（入館は 16:30 まで）
定休日	年末年始
入場料	大人（中学生以上）600 円／小人 300 円
HP	http://www.kouka-ninjya.com/

甲賀歴史民俗資料館（滋賀県甲賀市）

油日神社境内に開設された資料館。甲賀武士に関する資料とともに、神社が継承する祭りの神具などが展示されている。

住所	〒 520-3413 滋賀県甲賀市甲賀町油日 1042 番地 TEL 0748-88-2106
営業時間	9:00 ～ 17:00 ※見学は電話にて要事前連絡。
定休日	月曜日（祝祭日を除く）、年末年始
入場料	大人 200 円／高大生 150 円／小中生 100 円
HP	http://www.lbm.go.jp/kenhaku/shoukai/33.html

甲賀の里 忍術村（滋賀県甲賀市）

甲賀の里忍術村は広大な敷地内に、世界一の資料数を誇る「甲賀忍術博物館」や、忍者を祀る「志能備神社」、「からくり忍者屋敷」、「手裏剣道場」などの施設が点在。

住所	〒 520-3405 滋賀県甲賀市甲賀町隠岐 394 番地 TEL 0748-88-5000
営業時間	10:00 ～ 16:00 または 9:00 ～ 17:00 ※気象条件・混雑状況によって変更あり。
定休日	月曜日
入場料	大人 1030 円／中高生 820 円／小人 730 円／幼児 520 円
HP	http://koka.ninpou.jp/

東映太秦映画村（京都府京都市）

日本映画のふるさと京都・太秦に位置する映画のテーマパーク。時代劇のオープンセットが見学できるほか、撮影風景はもちろん裏側まで楽しめる。体験型アトラクション「からくり忍者屋敷」「忍者修行道場」などがある。

住所	〒 616-8586 京都府京都市右京区太秦東蜂岡町 10 番地 TEL 0570-064-349
営業期間	9:00 ～ 17:00 ※時期により変動有。 ※入村受付は営業終了６０分前まで。
定休日	毎年 1 月中旬　※日程は要問い合わせ
入場料	大人 2200 円／中高生 1300 円／子供（3 歳以上）1100 円
HP	http://www.toei-eigamura.com

和歌山マリーナシティ ポルトヨーロッパ（和歌山県和歌山市）

ヨーロッパの街並を本格的に再現したテーマパーク。隠し扉、障害物などの仕掛けがあるアトラクション「Shinobi めざせ！忍者マスター～魔璃那砦を突破せよ！」がある。

住所	〒 641-0014　和歌山県和歌山市毛見 1527 和歌山マリーナシティ第 1 駐車場　TEL 0570-064-358
営業時間	平日 10:00 ～ 17:00（最終入場 16:30） 土・日、GW、夏休み期間などは延長あり
定休日	不定休
入場料	•ポルトヨーロッパ入園料： 大人（中学生以上）1500 円／小人（3 歳以上）900 円 •入園＆スタンダードパス（乗物乗り放題）： 大人 3600 円／小人 2700 円 •Shinobi 入場料：大人・小人（4 歳以上）500 円 ※ Shinobi は、3 歳以下のお子さまはご利用になれません。 ※ Shinobi は、ポルトヨーロッパに入園されなくてもご利用いただけます（スタンダードパスは対象外です）。
HP	http://www.marinacity.com/porto/index.html

元祖忍者村 肥前夢街道（佐賀県嬉野市）

長崎街道の宿場町として栄えた嬉野の町の江戸時代を再現した歴史体験型テーマパーク。「からくり夢幻屋敷」、「はがくれ忍者屋敷」、「忍者の七つ道具展」などの施設や、忍術体験など。

住所	〒 843-0302 佐賀県嬉野市嬉野町大字下野甲 716-1 TEL 0954-43-1990
営業時間	土日祝 9:00 ～ 17:00 ／平日 9:00 ～ 16:00
定休日	年中無休
入場料	葉隠忍者コース（入場券＋修行手形＋忍者衣装）： 大人（中学生以上）3100 円／子供 2600 円
HP	http://www.hizenyumekaidou.info/

5

忍者の心得を読む［史料紹介］

「しのび」とはどうあるべきなのか。
フィクションの「忍者」を考えるヒントにもなるであろう、
しのびの心得と、忍び方について具体的に記した、
江戸時代初期の史料「当流奪口忍之巻註」を紹介する。

忍者の心得

「当《とう》流《りゅう》奪《だっ》口《こう》忍《しのび》之《の》巻《まき》註《ちゅう》」を読む

［解説と翻刻］

◆山田雄司

「当流奪口忍之巻註」とは？

「当流奪口忍之巻註」は、伊賀流忍者博物館所蔵沖森文庫の一書である。竪帳、縦二十五・八㎝、横十九・〇㎝、全七十二丁からなる。本文最初に「当流奪口忍之巻註」とあるので、書名はそれにのっとったが、箱には「楠流奪口忍之巻　註」との題簽《だいせん》が貼られている。成立年代については、本文中には記されていないが、諸星美智直「忍者・隠密と方言」（『國學院雑誌』九七-二、一九九六年）で指摘されているように、慶安四年（一六五一）に没した由井正雪の逸事（28ウ）や「明暦二（［三］）年江戸大火事」（17ウ）に言及していることから、そのあたりが成立年代の上限と言える。

また沖森文庫には「当流奪口忍之巻」

巻頭

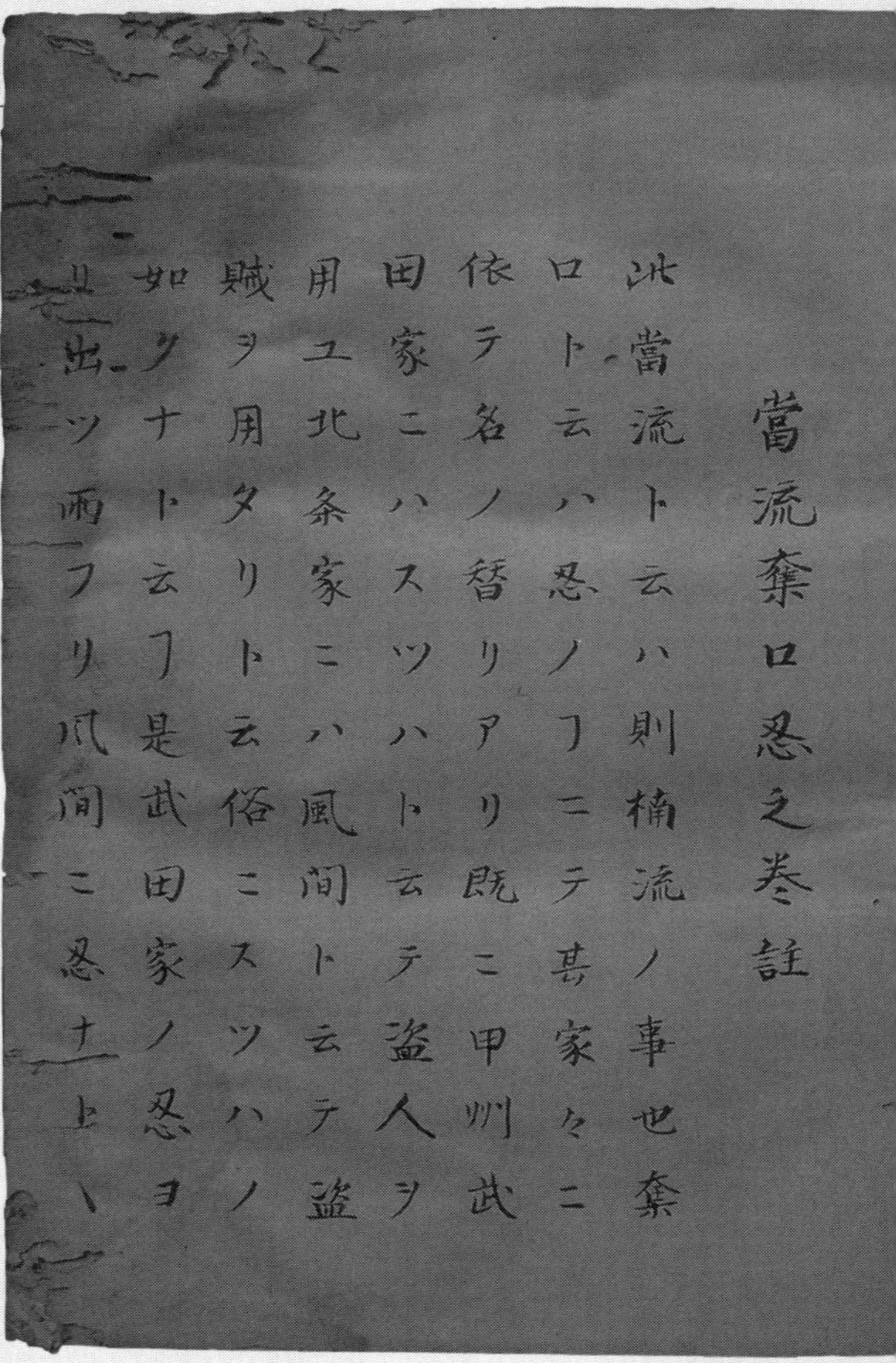
當流奪口忍之巻註

此當流ト云ハ則楠流ノ事也奪
口ト云ハ忍ノコニテ甚家々ニ
依テ名ノ替リアリ既ニ甲州武
田家ニハスツハト云テ盗人ヲ
用ユ北条家ニハ風間ト云テ盗
賊ヲ用タリト云俗ニスツハノ
如クナト云コ是武田家ノ忍ヲ
ヒ出ツ而フリ風間ニ忍ナ上丶

表紙

凡例

翻字にあたっては、字体は原文どおりであることを基本としているが、一部改めたところがある。なお、「ヿ」は「コト」に、「𪜈」は「トモ」に、「乄」は「シテ」に改めた。また、適宜ルビを付した。

・謝辞

史料翻刻では川崎伸太郎氏にお世話になったほか、所蔵者の伊賀流忍者博物館には大変便宜を図っていただいた。記して感謝いたします。

も所蔵されており、こちらは項目のみ記されており、朱で注が加えられているが、その注は「当流奪口忍之巻註」のものとは異なる。

「当流奪口忍之巻註」の序にあたる部分では、当流とは、楠流のことであり、奪口とは、忍のことであって、楠流において用いられた呼称であり、家々によってその呼び名が異なることを述べている。そして、五忍として、忍之一字の意味を説いた後、忍生・忍死・忍欲・忍我・忍人の五忍が重要であるとしている。

その後で「忍目録」として一三九ヶ条が掲げられている。

本書の内容は、「しのび」の具体的あり方であり、「しのび」はどのようなことを職能とし、忍び込むにはどのようなことに注意し、いかに忍び込んでらよいのか詳述されていて貴重である。また、近世における儒教的観念の影響を受け、「忍」という字のもつ意味について解釈が加えられ、盗賊とは違う「しのび」の精神性が強調される。

（箱題箋）「楠流奪口忍之巻 註」

当流奪口忍之巻註

(2オ) 此當流《とうりゅう》ト云ハ、則《すなわち》楠流ノ事也、奪口《だつこう》ト云ハ忍《しのび》ノコトニテ、其《その》家々ニ依《より》テ名ノ替《かわ》リアリ、既ニ甲州武田家ニハスツハ（すっぱ）ト云テ盗人ヲ用ユ、北条家ニハ風間《ふうま》ト云テ盗賊ヲ用タリト云、俗ニスツハ（すっぱ）ノ如クナト云コト、是武田家ノ忍ヨリ出《い》ツ、雨 (2ウ) フリ風間ニ忍ナト、」云コト、是北条家ノ忍ノ上手《じょうず》ノ手ヨリ出タル詞《ことば》也、 御當家ニハ甲賀者ト云忍ヲ御用《ごよう》成サレシ事也、當流ニハ奪口ト云楠正成《まさしげ》用シ処也、此奪口ト云ニ三ツノ品アリ、先奪口ハ口ヲ奪フト書テ日本国ノ人々ノ詞ヲヨク々似セ得テ、タトヱハ京ヱ行テハ京ノ詞ヲヨクツカヒ、(3オ) 他国ノ者ト思ワセス、其処ノ住人ト少モ」不違《たがわぬ》ヤウニ詞ヲツカウ、大坂江戸或ハ長崎ヱ行テモ如此《かくのごとく》詞ヲツカヒ得タルヲ奪口ト云、併《あわせて》コレハ至テ六ケ敷《むずかしき》コト也、是一ツ、又口ヲムシルト云テ、人ノ口フリヲ夫《それ》トナク聞トルヲ云、是ニツ、又人ノ詞ノ能《よ》キニ付テ我利《わがり》トスルヲモ云、タトヘハ己カ心ニ思不付《おもいつかざる》品ヲ云トモ、能キ詞ナラハ成程我モ其通リ思 (3ウ) シト云類《たぐい》也、」是ヲモ口ヲ奪フト云、是三ツ也、亦忍ト云間者《かんじゃ》ト云ハ少替《すこしかわ》リアリ、先《まず》忍ト云ハ万事己カタヱ忍ヲ云、間者間《あいだ》ニ人ヲ入レ聞合、亦ハ自身モ間ニ入テ聞合ス、此奪口ハ七書《しちしょ》ニ云用間《ようかん》ト同シコト也、間ハ七書ニ説ク通《とおり》也、扨《さて》此一巻ニ傳《つたわ》ル処ユメ々常用ルコトニ非ス、ヨク心腹シテ人 (4オ) 如此《かくのごとく》行ハ、、其機ヲサトリ其術ニノル間敷為《まじきため》」也、己カ行テハ害アルコト多シ、ヨク熟得シテハ格別不熟《ふじゅく》ノ内ハ可慎《つつしむべき》事也、古歌ニ、

鳴子をハおのか羽風に動かして己と鐘く村雀かな

如斯《かくのごとく》不熟ノ内ハ行テ大ニ害アル也、能々《よくよく》可慎《つつしむべき》事也、

忍之一字 ●「忍」という字の意味

此忍《しのび》ト凌《しの》クト同ヤウニテ大ニ替アルコト也、先《まず》凌クトハ (4ウ) 炎」暴ノ時扇ヲカサシテ日ヲ厭《いと》フ如ク、物ヲ隔《へだ》テ凌クヲ云、忍ハ直《じか》ニコタユルト云心也、此一字至テ大事也、字ノ心ハ刃《やいば》ノ下ニ心ヲ書、心ハ胸也、胸ニ白刃ヲ当テ物ヲ問ヒ、決断ニ逢フ心也、此処ニテ其コトヲ顕ス寸《とき》ハ、直ニ突通《つきとお》サル、ヲ忍フ心也、此忍ニニ通リアリ、初心ニ習フハタトヘハ灸 (5オ) ノ皮」切リヲコタユル心、血気ヲ以テ忍フコト也、又ヨク熟得シテハ、刃ヲ以テ肉身ヲ刺ストモ、心ヲ除テ忍也、歌ノ心ニ、

空蝉《うつせみ》のもぬけのからと身ハなりて
我もあらハこそ物恐《ものおじ》もせめ

右ノ心ノコトク、離テ忍ヲ云、至テ仕ニクキ処也、故ニ初ハ右ニ云如ク、灸ノ皮切ヲ忍如ク、忍ニアラサレハ其功ヲ（5ウ）成サル也、最万事ニ此心大事也、」古語ニモ百戦百勝不如一忍ト云、物毎《ものごと》ニ忍フ心ナクテセキアワテル時ハ仕損ルコト多シ、

いそかすはぬれまし物を旅人の
跡より晴る、野路の村雨

ト云古哥ノ心ニテヨク〻可心得《こころうべき》也、是忍ノ一字也、

忍生●恥を受けても生を保つ

（6オ）此忍生ト云ハ生ヲ忍ヲ云、是」五忍ノ第一トシテ至テ仕ニクキコト也、タトヘハ敵方エ忍ニ入、若捕《もしとらわ》レ拷問ニアウニ云トモ、少モコトヲ顕サス、水火ノ責《せめ》骨ヲ挫《くじけ》ル、トモ白状セスシテ生ヲ忍フコト也、或ハ匹夫《ひっぷ》タル者ニ面ヲウタレ、恥ヲトルト云トモ、死ヲトケ恥ヲス、ク品ニハ少モ其恥ヲ（6ウ）不厭《いとわず》、死ヲサケ生ヲ忍フ也、其外何ホトノ恥ヲ」受ルトモ少モ不構《かまえず》、兎角《とかく》生ヲ保ツコト也、凡《すべ》テ人々生ヲ好ミ死ヲ恐ル、ハ常ナレトモ、又生ヲ養コトヲモ得セサル也、其故ハ飲食色欲ニ耽《ふけ》リテハ此養ヲクラヒ、此酒ヲ呑ム寸《とき》ハ養生ニ不叶《かなわず》ト心エレトモ、終《つい》ニ其欲ニヒカレテ生ヲ養フノ道ヲ失フ、是レ仕ニクキト処也、爰《これ》ヲヨク合点シテ飲食色欲ニ忍」（7オ）テ生ヲ養フコトヲ心得、其外君命ト云トモ生ノ害ニ成コトハ少モ心ヲ不曲《まげざら》マシテ、世人ノ付合朋友ノ交リニモ、養生ノサワリニ成ルコトハ、恥ヲモ不厭《かえりみず》ソシリヲモ不顧シテ忍コト也、是至テ難成《なりがたき》コト也、是ヲ忍生ト云、

忍死●死を恐れない

（7ウ）是ハ忍生ノウラニテ忍生ヨ」リ仕安キヤウナレハ、第二ノ難キ処也、言ハ少モ死ヲ不厭《いとわず》死ヲ離レタルヲ云、士タルモノハ忠義ニ一命ヲ軽スルコトハ人々知ル処ナレトモ、其節ニノソンテ死ヲ快クシテ名ヲ殘スハ例少シ、是其道ハ知ナカラ能《よく》死ニ忍ト云コトヲ不知《しらざる》故也、人生七十古来希《まれ》也ト（8オ）云ヘハ、ワツカ露《つゆ》ノ命ヲ忠義ニ捨」ルハ安ケレトモ、其節ニ死スルコト成ニクキコト也、能々《よくよく》平世トモニ忠義ノ為ニ命ヲスツルコトヲ可思《おもうべし》、又忠義ニ不限万《かぎらずよろず》ノ事ニ付テ少モ死ヲ不恐《おそれざる》ヲ云ナリ、

忍欲 ●欲を制する

此欲ト云ハ万事也、金銀ヲ貪《むさぼ》ルハカリニハ非ス、何ニテ（8ウ）モ」心ニ望欲《のぞみほっす》ルコトハ皆ヨク也、是ヲ忍コト又成カタキコト也、殊ニ忍間者ハコレヲ能不忍《よくしのばざら》ハ大ニ害アリ、欲ニメテ、忍顕ルルコト有、千金ヲ落シアルトモ塵芥トモ不思《おもわざる》心也、タトヘハ器ナトヲ打破リテ又続テ見ルナトノ心モ欲ノ放レサル処也、キタナキ心ト可云《いうべし》、爰ニ物語アリ、那波屋《なばや》ト云（9オ）有徳《うとく》ノ町人」夏ノコト成ニス、シノ羽織ヲ着テ歩行ス、向ヨリ竹ヲ荷《にな》ヒタルモノニ行違ヒ、竹サワリテ羽織サツト裂ケタリト云、コレヲ少モ不顧《かえりみず》、ヌヒテ小者ニ持セタリト也、常ノモノナラハ是ハト顧ルヘキヲ、サスカハ那波屋也ト人誉《ほめ》シトカヤ、忍間ニ欲ノ心アレハ、金銀ナトノ賄《まいない》ニヨ（9ウ）リ反間ニ逢ヒ」大ニ害アルコト也、コレハ右ノ忍死ヨリハ一段仕安キコトニテ第三トス、是ヲ忍欲ト云、

忍我 ●自分をおしころす

此忍我ト云ハ、ヨク我ヲ忍ヲ云、少モ我ヲ立サル也、タトエ人ニ対シテ云タキコト有リトモ、是ヲ忍テ己ヲ不立《たてず》、（10オ）人次第ニナリテ人ニ不背《そむかざる》ヲ云也、此心ナ」クテハ出頭ハ不成《ならざる》也、コレヲ忍我ト云、

忍人 ●自立する心

此忍人ハ忍我ノウラニテ我ヲ立抜ク也、タトヘ貴人高位ノ人タリトモ、己カ云度《いいたき》ハ少モ不恐《おそれず》己ヲ立ルヲ云、畢竟《ひっきょう》人ニヘツラワス人ニ不順《したがわず》、己レ心ノマヽニ我ヲ立ルヲ忍人（10ウ）ト」イフナリ、

右是五忍ト云

右ノ五ケ条ヲ忍ノ大事トス、タトヘハ人ノ生質ニヨリテ五忍ノ品得手不得手アリ、其得タル人ヲ夫々《それぞれ》ノ忍ニ用ル也、タトヘハ能《よく》養生シテ命ヲ保ツモノヲ忍生トシ、血気ニシテ（11オ）不恐死《しをおそれざる》ヲ忍死トシ、無欲ヲ忍」欲トシ、人次第ナルヲ忍我トシ、我ヲ立人ニ不論者《ろんぜざる》ヲ忍人トスル意也、右ノ五ツヨク々生得タル者ハナキコト也、去レトモ一ツ、ツハ得タル者アレハ也、不得止事《やむをえざる》時ハ得タル人ヲ見立遣フヘキ也、右ヲ当流五忍ト云、七書ニ五間ト云アリ、可并考《あわせてかんがうべき》也、」

(11ウ)

忍目録

一、忍者専常可用《もちうべき》事 ●常に用いる、常を用いる

言ハコレニ二儀アリ、常ニ用ルト云心ト、常ヲ用ルト云心アリ、常ヲ用ルトハ平世ノ心気ヲ以テ忍フ、是常ノ気ニテ忍フ、則《のつとれ》ハ人是ヲ知ルコトナシ、上手ハ右ノ通ナル故顕(12オ)ル、」コトモナシ、諸藝トモニ上手ハ常ノ気ヲ用故ニ其業ヲシ、又常ニ用ルト云ハ平世座臥トモニ心カケテ執行スルヲ云也、

一、忍場ヲ可踏《ふむべき》事 ●下調べが大事

言ハ忍入ラント思フ処ハ、先《まず》前方ニ案内ヲ見置テ忍也、不案内ナレハ忍テモ業不成《ならず》アラワレ安シ、案内ミルコトナ(12ウ)ラ」サル処ハ繪図ヲ以テ忍ヲ云、又是ニ内傳アリ、忍場ヲ心ノ内ニ踏ムト云、

一、平世ノ心忍ニ可持《もつべき》事 ●平常心が大事

言ハ人タルモノ平世諸事ニヨク忍ヲ云、忍ノ心常ニナクテハ大ニ害ヲ求ルコト多シ、平世心ヲヨク忍ニ可持也、忍トハ前ニ云忍ノ一字也、」

(13オ)一、人之虚實可知《しるべき》事 ●人の言うことには虚実あり

言ハ虚ハ偽實ハ真也、コレ外ニ不顕《あらわれざる》コトナレハ人知リカタシ、是ニハ相見ト云習ヲ以テ知ル也、タトヘハ何事ニテモ其人見タルコト咄《はなし》ヲ聞テ此方モ其コトヲ見、其人ノ云処ト我見タル処ヲ引合シテ、虚実ノ分量ヲハカルコト也、或(13ウ)此方ニ見」タルト四五分ノ違アラハ、此人ノ心万事夫《それ》ホトノ違アリト知ル也、又實ナル人ハ其言語事實違フコトナシ、コレヲ相見ト云、古語ニ口ハ禍ノ門舌ハ禍ノ根ト云、又刃ハ以火《ひをもつて》試ミ人ハ以詞《ことばをもつて》試ムト云、

一、貴賤無二ノ心持ノ事 ●貴賤無二の心を持つべし

言ハ貴賤ノ二ツ形ハカワレ」トモ七情ノ気ノ備ル処ニツ(14オ)ハナシ、タトヘハ寒暑ノ平等ナルカコトシ、此理ヲ不弁《わきまえざれ》ハ貴人ナレハ心ヲ賢ク、賤《いやし》ケレハ心愚也ト心得、賤人ノ詞ハ不用《もちいず》貴人ノ詞ヲ用ルト心エルノ輩世間多シ、コレハ貴賤有ニト云心也、左ニアラス併《あわせて》貴愚賤賢ト云トモ、是ヲ外ヱ(14ウ)顕シ行コトニハ非ス、只内心ニ貴賤」無二ノ理ヲ弁《わきまえ》、外ハ貴愚賤賢モ節ヲ不失《うしなわず》、内心ニコレヲ計ル也、コレヲ貴賤無二ノ心持ト云、

一、五欲忘我《われをわするる》事 ●**五欲を慎むべし**

コノ五欲軍習要法ニクワシ、依テ略ス、我ヲ忘ルトハ凡《すべ》テ自分ノ好ムコトハ何コトニヨラス、此コトハ不苦《くるしからず》ト已カ(15オ)了簡ニ」テ行コト也、為将《しようたる》人ハ別テ可慎《つつしむべき》コト也、忍間者ハ其好ム処ヲ伺フモノ也、

一、追粧軽薄用捨之事 ●**人に合わせる**

言ハ人ニ對シテ我気ニ不合《あわざる》コトモヘツラヒ、已不好《このまざる》コトモ好ムヤウニスルコトハ人ノ気ニ入ラン為也、如此《かくのごとき》ノコト(15ウ)ハ士タル者ハ一切セサルコトナレトモ、夫《それ》」用捨アルコト也、是ヲ不用《もちいざれ》ハ気侭《きまま》気随者ト成テ人交リ成カタシ、只一片ニ不用トハカリ心得テハ害アリ、時ニヨリ場ニヨリ依人《ひとにより》ニ用捨スヘキ也、

一、郷導可用《もちうべき》事 ●**土地の人にものを尋ねよ**

言ハ案内シラサル所ニ往《ゆき》テハ処ノ者ニ尋問《たずねとい》、道ヲ習フコ(16オ)ト也、又敵国ニテハ其国ノ廣狭」険易山川森林迄ヨク〻尋問テ、其詞《ことば》ヲ用ル也、乍去《さりながら》コレニ大事アリ、敵国ノモノハ必《かならず》死地ニ導クモノ也、不可為油断《ゆだんするべからず》、近道ナト聞ヲヒテ大ニ利アルコト也、又藝者ニ便リテ平世諸事ノ品ヲ尋問ヒ置クコト、コレラヲ郷導ト云也、是則内傳ナリ、」

一、左右往来可知《しるべき》事 ●**帰り道に迷わぬ方**

(16ウ)言ハ一兵要功ニ山林方角ノコトト云ケ《(箇)》条ニ同シ、凡《すべ》テ始テ通ル道、殊ニ夜道ハ別シテ心ヲ付ヘキ也、タトヘハ山アルニ行ニハ左、帰リニハ右ト云コト、或ハ川往《ゆく》ニ右ヱ流レハ帰リニハ左ヱ流ル、ノ心、森林泥土トモニ右ノ心ニテ考(17オ)レハ道」ニ迷サル也、コレヲ左右往来ト云、

一、心覚《おぼえ》目録之事 ●**記憶の仕方**

言ハ何事ニテモ覚居ント思フ寸《とき》ハ物ニ預ケ置テ覚ルコト也、此アツケヤウニ習アリ、常ニアリフレタル物ニ預ケテハ忘ル也、何ニテモ替リタルモノニ預ル也、タトヱハ墨ト」(17ウ)云コトヲ覚ントナレハ、何ノ何月何日何方ヨリ一大ハカリナル墨ヲ貰タリト云如ク、大ニ替タルコトニテ覚ル也、イカント云ニ、平世ニテモ明暦二年江戸大火事ニテアリシナト、大ニ変ナルコトハ不忘《わすれざる》モノ也、又ケ《(箇)》条物ナトヲ覚ルニハ、我知タル家並ニ順ニアツケテ覚ルコト也、切々仕覚サ(18オ)レハ」急ニハ覚カタキモノ也、

一、家数可積《つもりしるべき》知事 ●**家の数え方**

言ハ何方ニテモ家数ヲ知ントナラハ、大概家数ヲ見千軒モアラント思ハ、、大豆ニテモ小豆ニテモ数ヲ算《かぞえ》テ持テ廻リ、其家ノ門口ニテ一粒ツツ捨テ、殘ル数ニテ家数ヲ知ル（18ウ）コト也、如此《かくのごとく》スレハ少ノ間ニ」知レル也、

一、内心顕外《そとにあらわし》木石物言事 ●**言葉でなく伝える**

言ハ先ノ人ニ兼テ云合セ、眼色《がんしょく》仕方ニテ知ラセナトスルコト、是間者忍ノ第一相図《あいず》ニスルコト也、習練スレハ早ク通ルモノ也、是内心ヲ外ニアラワス処也、木石ニ物云ス（19オ）ルトハ、、古《いにしえ》楠正成用之《これをもちい》テ石佛ノ傳ト」云ト也、タトヘハ敵ノ家ニ忍入ル寸《とき》モ二人入ント思フ時、内ノ首尾知カタキ故、一人ノ相手ヲ云合セ、首尾次第門外ヱ石ヲ投ケ、或ハ草木ヲ以テ不知人《ひとしれず》云合ス、是木石ニ物云スルコト也、

一、町数聞事 ●**敵国の町数を聞く方法**

（19ウ）言ハ敵国ヱ忍入テ国ノ大小」家数ヲ聞ント思フ時ハ、先《まず》家数ヲ聞ケハ不審ヲ立ル故ニ、先町数ヲ聞テ、扨《さて》町一町ニ家数何ホト、ツモリ、以是国ノ廣狭ヲ知ル也、

一、一騎打之場之事 ●**敵数の数え方**

言ハ敵ノ人数又ハ行列ノ人数ヲツモルニハ、一騎打ノ場（20オ）ニテ目早キ者二人ホト置テ、」五色ノ豆ナトノ類ヲ器ニ入レヲヒテ、馬ハ豆ノ青キ、歩《かち》ハ白足、軽ハ黄ト云コトク、色分ヲ定テ外ノ器ヱ入レテ、跡ニテ豆ヲ分算シテミレハ早速知レル也、是ヲ人数ヲツモル習ト云、

一、立較《たてくらべ》之算之事 ●**立くらべの算**

（20ウ）言ハ立クラヘノ算ト云テ習」トスル也、凡《すべ》テ敵ノ人数伏《ふく》陰《いん》ノ有無モコレニテ知ル也、習ト云ハ、国ヲ合、所ヲ合、人合テ立クラフレハ知レル也、是ニモ心ノ立較、形ノ立較、業ノ立較アリ、畢竟《ひっきょう》ハ目分量ニテ知ルコト也、

一、家可心付《こころづくべき》事 ●**家に忍び入るには家の様子を知るべし**

（21オ）言ハ先《まず》忍入ラントナラハ、其」家ノ案内ニ心ヲ付知リ置ク也、案内知サレハ進退ニ途方ヲ失フ也、其家ノ右勝手左勝手、シマリ々戸ロ々、家ノ作法、亭主ノ勇怯賢愚マテモ聞テ心ヲ付ルコト肝要也、

一、以形相可通《ぎようそうをもつてつうずべき》事 **● 形相により伝える**

言ハ前段ノ内心ヲ外ニ顕シ、木石ニモノヲ云スルト心シ」

(21ウ) 同意也、

一、以住宅難易知其国《じゆうたくなんいをもつてそのくにをしる》事 **● 民の状況からその国の政を知る**

言ハ他国ヱ忍行テ其国ノ虚実ハカリ知ルニ、其国ノ政《まつりごと》ノ善悪ヲ問テハシレサルモノ也、其国ノ民百姓ニ近付テ常々住ヨキ歟《か》住カタキ歟《か》ノ易難ヲ問也、是ニテ虚實ヲ知ルナリ、」

(22オ) 一、国君大徳ハ無沙汰《さたなき》事 **● 徳ある国主は命を発しない**

言ハ国主ノ大徳賢愚等ヲ知ルコトハ、外ノコトハナク沙汰ノナキヲ吉トス、何ノカノト沙汰アルハ聖主ニアラス、依之《これにより》大徳ハサタナシト云、

一、剛臆者ハ可知物語《ものがたりをしるべき》事 **● 心の剛臆は顔に出る**

(22ウ) 言ハ一日兵ヲ講スレハ三日」心剛也ト云テ、常ニ勇ヲ好ム咄《はなし》ナトスルハ心ノ剛ナル方也、弱ナルコトヲ云ハ弱キ方也、如此《かくのごとく》計ルニ大方ハ不違《ちがわざる》モノ也、又已カ越度《おちど》ヲ糾明セラレテモ面色《かおいろ》ノ不変ナトハ勇也、怯《おびえ》ハ右ノウラ也、又已権威ニツノル時ハ勇ニ見ユレトモ世ニ用ラレス、落フレタル

(23オ) 寸《とき》ハ心ノ怯ニナルモノ也、然レハ」盛《さかり》ノ衰《おとろえ》タル寸《とき》ニ勇怯ハ別テ知レヤスキモノ也、

一、国金銀有ヲ可知《しるべき》事 **● 国に金銀があるかは町人に聞くべし**

言ハ他国ヱ忍入テ其国ノ町人ニタヨリテ可聞《きくべし》、凡《すべ》テ諸士ト町人ノ和スルハ其国金銀アリ、武家ト百姓町家ト不和ナルハ金銀乏ク国ノ虚也、」

(23ウ) 一、見平世知軍功《へいせいをみぐんこうをしる》事 **● 平時のあり方が戦時に現れる**

言ハ平世其者ノ勤方諸事戒々敷《しく》キレハナレタルヲ云、勤ルモノハ軍陳（陣）ニテモ武功アル物也、又常ニリチキ（律儀）一ヘンニテハキレタルコトモナキ人ハ、軍門ノ功モナキモノ也、戦場ニテハ常ニ勇アルモヲクル、モノナレハ、左程ニナキ」

(24オ) ハ猶以怯気《おじけ》ニナルモノ也、

一、出頭人之以五欲知主君《ごよくをもつてしゆくんをしる》事 **● 出頭人により主君を知る**

言ハ五欲ハ前段ノ通也、出頭人ハ主君ト心同気故気合フ也、依之《これにより》出頭人ノ風ニテ主人ノ心入凡《およそ》ハシレルモノ也、

一、君好処家中同事●**主が好むことは家中でも好む**

(24ウ)言ハ右ニ同、主ノ好玉フコトハ」六藝トモニ家中ニモモテハヤス也、此趣ニテ考知ル也、

一、他国之人数可尋《たずぬべき》者之事●**他国の人数の数え方**

言ハ他国ニ忍其国ノ人数ヲ知ントナラハ、其家中ノ浪人在所ナトヘ引込イルモノ抔《など》ニ手入シテ可問《とうべし》、如此《かくのごとき》ノ人ナケレハ又習アリ、其国ノ寺院ニタヨリ過去帳ニテ知レル也、」(25オ)此寺ヱタヨルハ急ニハ不可成可心得《なるべからずところうべき》也、

一、問者不答語《とえばこたえずかたれ》ハ落ル事●**人から物を聞き出す方法**

言ハ何コトニテモ急ニ問尋《といたずね》テハ不云《いわざる》モノ也、其気《そのき》先ヱ通スル故也、故ニ先《まず》其コトヲ不云、夫《それ》トナク外《ほか》ノコトヨリ語リテソヒケハ、向《むこう》ヨリモ不思《おもわず》云モノ也、常々アルコト也、」

(25ウ)一、所好不撰友《このむところともをえらばざる》事●**人の好むところを知ってとり入るべし**

言ハ人ハ生得ノ常ニシテ己カ好ム処ニハ友ノ善悪ヲ不撰《えらばざる》モノ也、貴人モ賤ヲ友トシ、下官トシテ高位ニ交ル、依テ忍ニハ好ム処ヲサクリ知テトリ入ルコト也、

一、心持ハ有友二事《ともにある》」●**好むことを知っている者を友とすべし**

(26オ)言ハ右ニ同、其身ノ好ムコトヲ知タルヲ友トス、似ルヲ友トスル心也、此心ヲ以テ其人ノ心根《こころね》ハ友ヲ以テモサクリシレルコト也、

一、無宿ノ心得事●**旅の際に宿泊する方法**

言ハ旅行一人ハ天下ノ法度ニテ宿不留《とどめざる》モノ也、是ニ習(26ウ)有、タトヘハ其在所ノ寺社抔《など》ニ」入テ通夜仕度ナト、云テハ寺社ニ一宿ス、又其処ノ馬子駕ノモノヲ請ニ立テ宿スル也、如此《かくのごとく》セス無利(理)ニト云ハイヨ々不留《とどめざる》モノ也、忍ハ一人旅不珍《めずらしからざる》コト也、兼テ可心得《こころうべき》也、

一、禁人《ひとをきんずる》国可取入《とりいるべき》事●**入国の方法**

言ハ戦国ハ格別、平世ハイカホトノ人ヲ禁ルト云トモ、(27オ)国ノ」往来ハナルモノ也、然レハ取入ルニハ先其国ヲ切々通リ忍入ヘキ、便《たより》ト成ヘキ処ヲ能《よく》見立ヲキ、重《かさね》テ其門ニ作《さ》病《びょう》ヲナシテ湯茶ヲ貰ヒ、快気シテ御影《おかげ》ニテ快気忝《かたじけなし》ト懇ニ礼ヲ云、又重テ右ノ謝礼ヲ云、進物《しんもつ》ナトヲシテ終《つい》ニトリ入ルコト也、

一、禁己ハ為以人事《おのれをきんずるひとをもってする》」●自分の面が割れているときは別人を忍び込ませよ

(27ウ)言ハ敵ヱ忍ト欲ルニ、己忍入ルコトヲ敵方知リテ忍コト不成寸《ならざるとき》ハ、以人《ひとをもって》忍入ラスル也、コレ先ノ好処ノワサヲ知リ便《たよ》リテスルコト也、

一、我ヨリ上智下愚ヲ知ル事●人の智愚をはかる方法

言ハ人ノ智ヲ計リ見ルニ、先《まず》何事ニテモ我了簡ヲ付置、(28オ)サテ人ニカヤウ々ノコト如何《いかん》ト」了簡ヲ聞テ、自分ノ見トクラヘ我ヨリ上智又下愚ヲシル也、常ニ幾度モ可試《こころむべき》也、又内傳アリ、凡《すべ》テ藝者ニ其藝ノコトヲ聞時ハ、妙不思議ヲ云モノ也、左様ノ人ニハ外ノコトヲ云試ム也、

一、心好妙術《みょうじゅつをこのむ》事●人を偽るには妙術不思議を用いよ

(28ウ)言ハ人ノ常ニシテ妙術不思議」ハ好ムモノ也、依之《これにより》人ヲ偽《いつわる》ニハ妙術不思議ヲ以テスルコト第一也、ステニ油（由）井正雪山科《やましな》ヲ通シ時、人家ニ燕石《つばめいし》ト云石アツテ春雨フレハ、此石燕ト成テ飛廻リ、又元ノ如ク石トナルト云テ人群集ヲナシタルヲ見テ、人心ノ拙ク妙術ヲ好ムコトヲシリ悟道《ごどう》シタルト云、」

(29オ)一、聞禁好《きんこうをきく》事●人の好き嫌いを知っておくべし

言人ニハ好事嫌フコトアルモノ也、常ニ是ヲ聞置、其人ノ嫌フコトヲ用レハ虚トナルモノ也、依之《これにより》勝利ヲ得ルコトアリ、

一、以利根隠欲心《りこんをもってよくしんをかくす》事●人の欲心につけこむべし

言ハ人ノ常トシテ欲心ナキ者ハナシ、平世以利口《りこうをもって》欲心(29ウ)ヲ隠」シ居ルモノ也、惣シテ人ノ衰亡ハ皆欲心ノ外《ほか》ナシ、欲心モ品々アリ、無欲ト見エテ大欲アリ、此人ハ少ノ賄《まいない》ヲハ不受《うけず》シテ却《かえり》テ大分ノ賄ヲウケル也、是無欲ノ大欲ト云也、タトヱハ金銀ノ欲ナクトモ色欲アリ、何ニヨラス五欲ノ内《ない》生《しょう》得ルモノ也、平世ハ利根ニテ隠セトモ所好ニヨリテハ(30オ)顕ルモノ也、」依之《これにより》取入ント思ハヽ、先《まず》其人ノ大欲小欲無欲ノ処ヲ量リ取リ入ル也、又軽少ノ物ハウケ過分ノ物ハ不受モアリ、是ハ志ヲ感シテ如此《かくのごとく》アリ、色々ノ差別アリ、心ヲ尽スヘキコト也、

一、動静可見分《みわけるべき》事●人には動と静の者がある

言ハウコキシツカナルノ二ツ也、人々ノ生レ付ニテ替リ」

(30ウ)アルコト也、動トハ少ノコトニテモ、驚騒《きようそう》ツヨク事ヲ聞、早ク合点《がてん》シテモ内心不得心《こころえざる》也、又静トハ何事ニテモサワク躰モナク、用ヲ聞ニモ不得心ノヤウニテ、内心ハヨク合点スル也、此二ツヲヨク辨《わきまう》ヘキ也、

一、聖直佞曲《せいちよくねいきよく》用捨之事 **●人には聖・直・佞・曲がある**

(31オ)言ハ聖ハ其事物ニサトク明」徳ナルヲ云、直《ちよく》ハ律儀ノルヒ（類）、佞《ねい》ハ邪ニシテ物ニヒカム、曲ハ無理ヲ云類也、佞ハ聖ノウラ、曲ハ直ノウラ也、此四ツノ用捨アルヘシ、聖ハカリニテ佞ナケレハ事不成《ならず》、直ニシテ曲ナケレハ、人ノ偽ヲ信シテ害アリ、俗ニ云アホウ律儀也、トカク聖直佞曲ノ四ツ合躰シテ人ニヨリ用ル也、」

(31ウ)一、人紛乱ノ数ヲ知ル事 **●人に札を渡して人数を数えるべし**

言ハ札ヲ拵《こしらえ》何十何枚ト算《かぞえ》ヲキ、関城門ノヤウナル処ニテ此札ヲ一枚ツヽ渡シテ改知也、

一、旅行用愛情《あいじようをもちうる》事 **●旅行の際には人に愛情をもって接すべし**

言ハ旅行ニハ能々《よくよく》愛情ヲ可用《もちうべし》、忍間者弥《いよいよ》以ノコト也、(32オ)旅ニテ愛情ヲ用レハ、人ノ心ヨク思」付クモノ也、思付ハ取リ入リ安シ、又大身高家ニ取入ルモ、如此《かくのごとく》威儀正ケレハ取入カタキ也、

一、人之得不得用捨之事 **●適材適所に人を用いるべし**

言ハ人ハ得手不得手アリ、夫々《それぞれ》得タル処ヲ常ニ見立ヲキテ其要ニ用ル也、此コトヲ不知《しらず》シテハ甚損多シ、タトヱハ(32ウ)急ナ」ル使ニハ足ノヲソキ者ヲヤリ、口上ノ入組タル使ニ不弁舌《べんぜつせざる》者ヲ遣スコトク埒不明《らちあかざる》也、急事ニハ足早ナルモノヲツカワシ、口上使ニハ弁舌ヲヱラミ遣フ寸《とき》ハ埒アクコト格別也、此ルヒ（類）可心得《こころうべき》也、

一、いろは一二三之事 **●暗号の方法**

(33オ)言ハ是ヲ七佛ノ割符《わりふ》イロハ」ノ文ト云、是ヲ先《さき》ノ人ト云合セ置テ用レハ他人不知《しらず》、仕方ハイロハヲ以テ文ヲ認《したため》ル也、タトヘハユクヘシト云時ハ五ノ四四ノ七一ノ六六ノ七ト書ツカハス也、是ヲ見テ先ノ人ハ知レトモ外ノ人ハ不知、併《しかしながら》如此《かくのごとく》シテハ若《もし》人モシリヌムツカシキ故、甲州流ニ(33ウ)ハ七佛ノ割ト云テイチヨラヤアヱ」ノ七行七佛ニ割付、タトヘハイノクタリヲ阿弥陀トシ、チノクタリヲ観音トワリ付、右ノ一二三ノ通ニシテ用ル也、イロハノ一二三ト同意也、

一、時之鐘ヲ用ル事 **●合図には時の鐘を用いるべし**
言ハ何ノ相図ニモ常ニナキモノヲ用レハ、人モ知リ又時
(34オ)トシテ違フコトアリ、兎角《とかく》相図ノ」違フコトヲ第一用心スルコト也、相図ニハ時ノ鐘ナト常ニアル物ヲ用レハ、人モ不知《しらず》相図モ不違《ちがわざる》モノ也、

一、呼子鳥之事 **●合図には呼子という笛を用いるべし**
言ハ忍ノ者ハ平世呼子《よぶこ》ト云笛ヲ二ツ持、其一ツ先ノ人エ渡シ、以之《これをもって》諸事ノ相図ヲスル也、其外呼子ニ不限《かぎらず》何ニテモ」
(34ウ)用也、

一、間使之事 **●隠匿のため言いかえをすべし**
言ハ兼テ先ノ人ト云合ヲコト也、口上ニテモ手紙ニテモ、他人ノ見聞シテ悪事ヲハ、外ノコトニナソラヱ云ツカウスコト也、或人ノコトハ草、草ノコトハ鳥、鳥ノコトハ木ノコトニ品ヲ替テモ云ツカワス也、」

(35オ)一、用火《ひをもちいる》事 **●合図に火を用いること**
言ハ以合図スルニ火ヲ用ルコト也、タトヘハ火縄ヲ持時ハ何ト心ヱ、挑灯《ちょうちん》ハ何、明松《たいまつ》ハ何ト云合シテ相図トスル也、

一、書状品之事 **●人に知られたくない内容は言いかえをすべし**
言ハ人ニ知ラセテアシキコトハ、兼テ云合テ用コト、意
(35ウ)味間使」ニ同、

一、人相應ヲ可知《しるべき》事 **●慣れたる業で敵にとり入るべし**
言ハ己常ニナレタル業ヲ以テ敵ニトリ入ヲ相應ト云也、已常ニ仕ナレサル業ニテ取入ントスレハ仕損多シ、是ヲ相應ヲ知ルト云、忍間者ハ弥《いよいよ》以テ可考《かんがうべき》也、」

(36オ)一、軽用《かるきをもちうる》事 **●単純に忍び入るべし**
言ハ忍間者ハワツカノ軽コトニテ忍入ルコト也、コレハ上手ノコトニシテ下手ハ難成《なりがたき》コト也、事ヲ巧ニシテ入ル寸《とき》ハアラワレ安キ也、以之《これをもって》少ノカルキコトニテ忍ヲ専一トス、

(36ウ)一、忍笠之事」 **●忍笠を用いるべし**
言ハアミ笠ノコト也、貌形ヲ隠スニ用ルコト也、又夜中道ニテシル人ニ逢テ挨拶シテハアシク隠レハ向ニサトル、コノ時ハ貌ニ両ノ手ヲアテ塞テ通ル、コレヲ内傳ノ忍笠ト

云、

一、忍排〔挑〕燈ノ事●忍びちょうちん

言ハカントウ（龕灯）挑灯《ちょうちん》ノコト也、亦サヤチヤウチントモ云
(37オ)アリ、是」ハ黒毛綿ヲ豆ノコ（粉）ヲ以テ目ヲツフシ、スソニ金ノ輪ヲ付、挑灯ノ上ニ仕掛ケ置、人ニ逢テアシキ時、右ノサヤヲスル也、亦無紋ノ挑灯ヲ用ル、是ハ誰ト云コト知レカタキ故也、何レモ忍ニ用ルコト也、

一、忍杖之事●忍び杖

(37ウ)言ハ鼻捻《はなねじ》ノ類懐中スヤウニ」短ク仕《つかまつり》タルモノ也、亦杖ノ内ヱ金《カネ》ヲ入タルモアリ、又内傳ニ忍杖《しのびづえ》ト云ハ、夜道暗キ時足ノ甲草履ノハナヲニ白紙ヲ一枚ツ、挟テ歩ム、則《のつとれ》ハ倒ルルコトナシ、是ヲ内傳ト云、

一、人家眠ヲ知事付眠薬之事●家人が眠っているかを知る術

言ハ其家ノ軒《のき》ニ糸ヲ下ケ、小石カ鉄炮ノ玉ニテモ糸ヲ付」
(38オ)ケ、右ノ石ト土トノ間紙ノアツサ程スケ置、其玉地ニ付ク寸《とき》ハ家内眠ルト知ル、コレ人気鎮リタル故也、亦眠薬ハ軍薬要法ニ委《くわ》シ、

一、床帯之事●床帯

言ハ忍ニ不限《かぎらず》士ハ常ニ可用《もちうべし》、コレハ丸クケノ帯ヲ輪ニ仕
(38ウ)タル也、急ナル時利アリ、無端」帯トモ云、常ノ帯ハハシヲ尋テ急ナル寸ハ手ニ合ヌモノ也、

一、闇夜忍臆用事●忍びには相手の臆病につけ込むべし

言ハ忍ニ不限《かぎらず》士タルモノハ義心勇強ハ常也、忍ニハ夜中抔《など》ハ臆ヲ用ルコト習也、イカント云ニ、常ノ行跡トハ表裏スル故、人不見咎故用之也《みとがめざるゆえこれをもちいる》、」

(39オ)一、夜詞カケヤウ之事●人に逢った際には先に声をかけるべし

言ハ一兵要功ニ云、人ヲ改ル詞ト似テ少品アリ、忍ニ入ル時先ニテ人ニ逢タル時、早ク此方ヨリ詞ヲカクル也、先ヨリ詞ヲ掛ラレテハアクミ顕ルモノ也、

一、「用犬事并犬真似之事」●犬になぞらえて忍び入る

(39ウ)言ハ寔《まこと》ノ犬ニアラス用人《ひとをもちいる》コト也、此犬ニ品々アリ、先《まず》犬ト云字ハ一人ト書テ点ヲ打タルモノ也、此心ハ一人ニ亦一人付置ク心也、如此《かくのごとく》人ニ人ヲ付テ先ノコトヲ知ルヲ云、

サテ犬ノ品ト云ハ通犬・飼犬・附犬・犬飼此ノ四品也、通
犬トハ此方ヨリ先方ヱ人ヲ通ハシテ伺フ也、亦飼犬トハ其
(40オ) 犬ヲ拘置」テ伺スルヲ云、亦附犬ト云ハ先ノ人ヱ犬ヲ付置
テ伺フコトナリ、犬ヲ飼トハ先ノ家来ナトニ財宝ヲ与エ、
主人ノ行跡ヲ告サスル也、亦里犬ト云也、犬ノ真似ト云ハ、
人ノ行タル処ヲ知ラン迚《とて》、問テハ不云《いわざる》モノ也、依テ此方ヨ
リ以偽《いつわりをもつて》知タルヤウニ問ヘハ、必不覚《おぼえずと》云モノ也、是ヲ誰
(40ウ) ニ聞シナト、不」云モノ也、只去者《さるもの》ニ聞シ抔《など》ト味ニ云コト
也、コレ誠ノ犬ヲ似セルニテ犬ノ真似ト云也、

一、犬鳴シヤウノ事 ●**犬がほえなくする方法**

言ハ獣ノ生皮《なまがわ》ヲ身ニマトヒテ行ハ、臭気ニテ吼《ほえ》ルモノ也、
又犬ヲツレ行コト、コレハ雄犬ノ処ヱ雄犬、女犬ノ処ヱ女
犬ヲツレ行ハ必ホユル也、」

(41オ) 一、錠開ヤウノ事 ●**錠前を開ける方法**

言ハ錠前ハ鍵ノ穴ヨリワタニ油ヲ浸シテ中ヱヨリ込ミ、
取手《とつて》ヲ金鎚《かなづち》ニテタ、ケハ開クモノ也、是ハ仕付也、亦常ノ
鍵モワタニ油ヲシタシ、右ノ如クシテ下ヲタ、ケハ開ク物
也、亦錠前ノ所目ノ細《こまか》ナルノコキリニ油ヲ付テ引廻シトル」
(41ウ) モ吉、コレハ音セサルモノ也、戸ノ腰ナトヲモ如此《かくのごとく》シテ引
切テモ吉、又雨戸ナトノ二間モ通リ、内ヨリ掛金《かけがね》ニテ〆不
開ハ、鴨居ヱコハリシテ上ル寸《とき》ハ戸弛《ゆるま》ル、也、

一、忍妻之事 ●**忍び込む際には艶状等を携帯すべし**

言ハ人家ヱ忍入ニハ、女ノ艶状《つやじよう》又ハ起請文サシクシ、
(42オ) 笄《こうがい》ナ」ト懐中シテ忍フ也、是ハ先ニテ捕《とらわ》レタル時、右ノ
物アレハ不義密通ナトノ云開《いいひらき》スレハ、其方ヲ吟味シテ忍ノ
コト不顕《あらわれざる》也、

一、印残事 ●**忍び込んだ際にはわざと物を置くべし**

言ハ忍ニ入ル時ハ外ノ道具・小刀・笄或ハ他名ノ手紙ナ
トヲ持行テ、忍入タル場ニ置コト也、如此《かくのごとく》スレハ、忍ニ
(42ウ) 不心付《こころつけず》シテ」其器物ニヨリテ吟味ワキヱナルモノ也、常ニ
モ盗人ノ上手ハ印ヲ残スコトアリ、

一、一躰分身事 ●**一躰分身の方法**

言ハ忍ニ入テ見シラレテ悪ク思フ処ニテハ、外ノ者ノ着
物ト着替、大小ナトサシ替行ケハ、相形《そうぎよう》カワリ不知《しられざる》モノ也、
(43オ) 又人ニ物云ニ己《おのれ》云テアシキ」コトハ以人《ひとをもつて》云スル也、コレ

一躰分身ト云也、

一、夜火見ヤウノ事●夜火を見る方法

言ハ十文字ノ習ト云テ、水戦要法ニ委《くわ》シ、舟ノ往来ヲシルト云習ニ同、

一、夜行無声之事●無声が大事

(43ウ) 言ハ夜行ニハ無声ニシテ可歩《あゆむべし》」ム、忍ナトハ猶以ノコト也、高声《こうしょう》ナトスレハ敵ヨリ目當《めあて》トスルコトアリ、亦依時哥《ときによりうた》ウタヒナトヲ以忍ノ便トスルコトモアリ、爰《ここ》ニ無声ト云ハ、忍ニ入テ菱《ひし》ナトヲ蒔《ま》キ、又ハ矢玉ニアタリテモ声ヲ不立《たてず》、無声ニシテ帰ルコト也、

一、雨具足之事」●雨のときの具足

(44オ) 言ハ合羽《かっぱ》桐油ハアシ、蓑ヲ用ルコト也、コレハ雨ニアタリ音ナシ、雨ヲ不通《とおさず》其上形ヲ隠スモノ也、

一、雨沓ノ事●雨ぐつ

言ハワランシ（草鞋）ヲ用、是モ少小キ《すこしちいさ》ヲ用、真中ヲ細ナワニテニ重廻マシナワヲ掛ル、コレ習《ならい》ナリ、」

(44ウ) 一、雨ニ不可忍風ニ忍事●雨の際には忍ばず風の時に忍べ

言ハ雨中ニハ不忍《しのばざる》モノ也、第一足アト付又物シツカナレハ顕《あらわれ》安シ、風吹ケハ物サハカシク物音少ノコトハ不聞《きこえざる》也、故忍安シ故風ヲ用ト也、

一、窓下忍ヤウ之事●窓下に忍ぶべし

(45オ) 言ハ第一窓ノ下ヲ用、是ハ先」ニ知レタル寸《とき》早ク窓下ヱ屈《かが》ムヘシ、窓ノ下ハ気ノ不付《つかざる》モノ也、コレニ窓蓋《まどぶた》ト云モノヲ持行、窓ノ下ニアテ、隠ル、也、板ヲ以スル形、口傳、

一、管楷子《くだはしご》ノ事●管階子

言ハ竹ヲ切テ升搔《ますがき》ノ如クニシテ縄ヲ通シテ、縄ノ先ニ鍵
(45ウ) ヲ付テ、壁ニテモ石垣ニテモ右ノ」縄ニテ管ヲシメ階子トスル也、

一、刀楷子《かたなはしご》ノ事●刀を階子とする

言ハ壁ニテモ石垣ニテモ、人ノ長《たけ》ホトノ処ハ、越《こす》ニ刀又ハ脇差ニテモ立掛ケフマヱテ越ス也、最下緒《さげお》ヲ鍔《つば》ニ通シ是ヲ持テ上ヨリトル也、」

(46オ) 一、笄《こうがい》楷子《はしご》ノ事 ●かんざしを階子とする

言ハ壁石垣ニテモ笄《こうがい》ノ如クナルモノヲ拵《こしらえ》、壁ニサヒテ足タマリトスル也、

一、鍵縄之事 ●鍵縄

コレハ兵家常談ニ傳《つたわ》ル通、ツカヒヤウ七ノ徳アリ、忍専用之」

(46ウ) 一、使者心ノ事 ●使者の心得

言ハ初テ使ニ行テハ、場処其外トクト様子ヲ見テ気ヲ付ルコト也、忍モ同事能《よく》心ヲ付テ見ル也、帰テ尋ラル、時委《くわし》ク答ル爲也、戦国治国トモ他所ニ行ニ猶以ノコト也、

一、門戸鎖《しめ》ヤウノ事」 ●門戸に釣鎖をつければ開かない

言ハ常ノ錠《じょう》カケ金ニテハ開クコトアリ、コレニ釣鎖《つりぐさり》ト云
(47オ) テ苧《（芋）》縄ヲ以テ門ノ戸ニ付、其縄ヲ柱ニテモ何ニテモ引付、其縄ノ余リヲ戸ノアトヱ引付ヲクル也、是ニテハ不開《あかざる》也、

一、盗賊之事 ●忍と盗賊の違い

言ハ諸藝諸役トモ其上手タル者ヲ見テ可爲《なすべき》也、上ト云ハ
(47ウ) 忍」間者ハ盗人ヲ見テ心ヱヘシ、忍ハ只忍入テ様子ヲ伺ウハカリ也、盗人ハ忍入テ財宝ヲトル也、是忍ヨリ一カサ上也、然レハ忍ハ盗人ヨリハ安キトシルヘシ、

一、火事声之事 ●忍び入る時は「火事だ」との声をあげよ

言ハ人家ヱ忍入ルニ、家内寝入タルヲシルニハ、火事
(48オ) ヲ々」ト云テ試ムヘシ、未不寝入《いまだねいらざれ》ハ早速家内サワク也、コレニ不限《かぎらず》此類ノコトヲ以テ試ルヲ火事声ト云、

一、水壁之事 ●壁塀に常に塩水をかければくさって穴があく

言ハ忍入ントト思フ壁塀ナトヱ塩水ヲ毎々掛レハ、自然トクサリ穴アク也、此処ヨリ忍フ也、急ニ明タル穴ハ目ニ立」
(48ウ) テ早クフサクモノ也、コレヲ水壁ト云、

一、鋸之事 ●後壁を切って侵入するには鋸を用いよ

言ハ家尻ヲ切ルニハ専鋸《のこぎり》ヲ用ユ、小クヨク切レルヲ以テ壁下地ヨリ切アクル也、

一、焼窓之事 ●板塀に穴を開けるには灸を用いよ

(49オ)言ハ板塀ナトニ穴ヲアケテ」内ヲミルニ、急ニ穴ヲ明レハ、水壁同意ニテ目ニ立ツモノ也、灸《きゅう》ヲシテ自然ニアクル也、

一、堀越橋縄之事　**●塀を乗り越えるには橋縄を用いよ**

言ハ城マワリ屋布《やしき》トモニ堀ヲノリ越《こ》サント思フニハ、橋縄トテ堀ノ角ニ両方ヨリ隅取ニホリノ上ニ縄ヲハリ、此ナ(49ウ)ワヲ塀ニ付テ如此《かくのごとく》幾重《いくえ》モ引、」コレヲツタヒ入ルコト也、依之《これにより》城ノハリ縄ヲ嫌フ也、

一、浮沓之事　**●浮沓**

コレ別書ニ傳、

一、沼越橋縄之事　**●簀に乗って沼をわたる**

言ハ竹ヲワワリ一間四方ノ簀《す》ヲ二ツ拵《こしらえ》、コレヲ沼ノ上ニテ(50オ)互ニシキカヱ々、コレニ乗テ」渡ル也、何ホト沼フカクテモ不沈《しずまざる》モノ也、

一、沼杖之事　**●沼を渡るための杖**

言ハ兵具要法ニ傳ル通、ヤリノ石突《いしづき》ニ十文字ニ木ヲサシ沼ヲ渡ル杖トス、鑓《やり》ニ不限《かぎらず》木竹ニテモ仕方同シ、

一、要害用捨之事」**●要害に頼ってはいけない**

(50ウ)言ハ要害ヲ頼テ番ヲ不居《すえず》、不要害ノ処ヱキヒシク番ヲ置ク也、世人ノ常也、忍ハコレヲ察シテ要害ヨリ忍ヲ心掛ルコト也、要害ヲタノムハ、大成《おおいなる》誤也、

一、金銀持タルヲ知ルコト　**●金銀を持っているかの調べ方**

言ハ何ニテモ其者ノ不持《もたざる》物或ハ好タル物ヲ拂物《はらいもの》トシテ、(51オ)代物《だいもつ》下直《げじき》ニシテミセボント云歟《か》、」望ナレトモ代料ナシト云歟、是ラノ品ニテ知ルヘキ也、

一、外聞内聞ノ事　**●人の探り方**

言ハ外聞ト云ハ、其人ノ身内ニ不聞《きかず》外ノ人ノ沙汰ヲ聞ク也、内聞ト云ハ其家来男女ノ奉公人ナトヲ以テ聞ク也、最モマヒナイ(賄)ナトヲシテ聞コト也、」

(51ウ)一、忍入ニ四ツノ時ヲ用事　**●忍び入るのに適当な時間**

言ハ明六ツ前、日中、暮合《くれあい》、夜中コレヲ忍ニ用ユ、

一、人ノ中悪ク仕様ノ事 **●仲たがえをさせる方法**
言ハ只其人ヲ脇ヨリソシル時ハ、先ノ人モワサト誹《そし》ルト
云コトヲ知ルモノ也、依テ其アシクセント思フ人ノコトヲ
(52オ)随」分ホメテ置、其後ニソシレハ其人モ誠ト心得ル也、ア
ノ人サヱ叱ルハ能々《よくよく》ノコトト思テ悪クナルモノ也、併《しかしながら》
是ハ上ヘヲ悪クスルハカリ也、内傳ハ其ソシラント思人ニ
付合人ノ親右ノ如云含メ、親ヨリ能云ワセ、親ナクハ兄弟
妻抔《など》ニ云フクメテ中ヲカクク也、此内妻ナトニハ嫉妬《しっと》ノ心ヲ
(52ウ)以テ」云コト也、

一、人之中和シ様ノ事 **●仲よくする方法**
言ハ影ニテモ其人ノコト悪ク云ハシト思ヘハ、自然ト中〔仲〕
ヨクナルモノ也、亦内傳ニ右ノケ〔箇〕条ノ通リ親子妻ナトニ云
含レハ、無二ノ中ニ成モノ也、

一、人之本姓見ヤウ之事」 **●人の本性を見抜く方法**
(53オ)言ハ君道要法ニ云通リ、酒ヲ以テシ色ヲ以シ、又旅ナト
ニテハ本姓アラワル、モノ也、以爰《ここをもって》シル也、諺《ことわざ》ニ馬ハ乗テ
見、人ハ添テ見ルト云、

一、我本姓隠シヤウノ事 **●本性を隠す方法**
言ハ我好ム処ハ不好《このまざる》ヤウニ人ニモ語ル也、左スレハ本姓
(53ウ)隠ル、也、トカク人ハ本姓ノ」好ム処ハアラワル、モノ也、

一、我藝無限事 **●自分が会得したことは人に言わない**
云ハヨク習得タルコトハ人ニ不云《いわざる》モノ也、只外ノ藝ナト
ニテ教云ナトスレハ、自ラ奥深クミユルモノ也、タトヱハ
軍法ヲ習練セハ、鎗釵《そうさい》術ナトヲ可教《おしうべし》、コレ他国ニテノ心得
也、」

(54オ)一、不殘墨跡薬《ぼくせきをのこさぬ》ノ事 **●墨跡を残さずに書く方法**
是ハ烏賊《いか》ノクロヘト云モノアリ、此一味ニテ書ケハ墨ノ
アシキニテ書タルヤウ也、後ハ粉ニナリテ落ルモノ也、

一、藝者取入安キ事 **●芸者は取入れやすい**
言ハ藝者ハ其一藝ニ賢ク、外世事《ほかのせじ》ニ疎《うと》キモノ多キ也、左
(54ウ)ナ」クトモ弟子入ヲシテ精ヲ出シテ取入レハ、外ノ人ヨリ
ハ便アルモノ也、コレハ弟子アル故付合弘ク、其土地ノ風
俗シレ安シ、其内軍術者ハ事ニサトキ故取入ルコト成カタ
シ、

一、無酒不和《さけにふわなき》事●酒の場で言えば用捨してもらえる

言ハ人ニ向テ云度《たき》コト、品ニヨリ指当《さしあたり》テ云ニクキコトニ(55オ)テモ、」酒ヲノミ酔タルフリニテ云時ハ、先モ酒ニ了簡《りょうけん》シテ用捨スルコトアリ、

一、盗人ヲ人ニ防カスル事●盗人の防ぎ方

言ハ火付盗賊ハヤル比《ころ》ハ、我ハ不防《ふせがず》人ニ防カスル也、是ハ盗人ノ道具火付ノ道具ナトヲ拵《こしらえ》、亦ハ手前ノ塀ナトヲ破(55ウ)リ、カケタル躰ニシテ人ニ見」セ、火付ノ道具ナト近所ノ家ニステ置クナトノルヒ、人ニ油断サセサルノ手立也、

一、他人之刀不抜《ぬかざる》薬ノ事●他人の刀を抜けなくさせる薬

言ハ古ヨリ忍ノ家ニ傳ル方也、心〔試〕見タルコトハナケレトモ、古法ヲ以記ス、五月五日笋《たけのこ》ノ芽出タルニ細キ針ヲ(56オ)三十三本ミツニ糸ヲ通シテ、右ノ筍ニ立」七日置、又八月十五日ニ蟇《がま》ノ背ヲヌヒテ不痛《いたまざる》ヤウニ立テ、地ニ穴ヲホリ右ノ蟇ヲ入レ置、蓋ヲシテ不死《しなざる》ヤウニ七日置、トリ出シ針ヲヌキ蟇ヲ放ス、右ノ針ヲ懐中シテ人ニ對シテ刃傷ノ時、懐中ニテ右ノハリヲミツヲ左ノ手ニテ強クシムレハ不抜ト云傳也、」

(56ウ)一、無声呼人《こえなくしてひとをよぶ》事●蟇を使って人を呼ぶ方法

言ハ雨蟇《あまがえる》ノ背ニ呼人ノ名ヲ書、門内ヱ投入テ、其蟇ノ本ノ処ヱ出ル時、其人必出ルト云、亦蟇不出《いでざる》時ハ其人不出ト云、コレ只表事咒《ひょうじのじゅ》ニテ、其蟇出ルヲ待故、其内ニハ其人出ルコトアル也、気ヲ落付テ待心也、」

(57オ)一、二人忍用《しのびをもちう》事●二人で忍び入る方法

言ハ二人忍ハ上手ニ非サレハ、顕《あらわ》レ安キ也、用様品々アル也、タトヱハ一人使ニヤリ、案内ヲ見セ取合セ帰ル内、一人忍入ルヤウニスル類、依其時《そのときにより》用ルコト也、

一、「三人忍用《しのびをもちう》事」●三人で忍び入る方法

(57ウ)言ハ右ノ二人忍ニ同、亦二人ノ肩ヲ踏《ふま》ヘ一人塀ヲ越ス類、又二人喧嘩《けんか》ナトヲ仕テ一人サヒニ入リ、忍ノ術ニスルコト有、コレラモ上手ノ不揃《そろわず》シテハ不成《ならざる》也、四人五人忍モ同意也、

一、敵国外聞三所之事●情報を得やすい場

言ハ傾城屋《けいせいや》・博奕宿《ばくちやど》・湯屋也、是他国者集リ風説ノ多キ

(58オ) 処也、」亦順礼参詣ノ寺院モ吉、イツレモ品ニヨリテ金銀ヲ遣フヘシ、

一、忍三形之事 ●忍びの変相

コレハ虚無僧《こむそう》・比丘尼《びくに》・イサリ（躄）此三形也、世人常ニ見ナレテ油断スル処アレハ也、

一、往来ノ人ヲ集ル三形之事」●人の集め方

(58ウ) 是ハ辻談義・薬ウリ・放下《ほうか》此三ノ業ヲ以人ヲアツメ、処々ノ風俗ヲ聞クコト也、

一、人集三ツ之事 ●人の集め方

コレハ太平記講訳（釈）・浄ルリ（瑠璃）・小哥（唄）ウタヒナト也、此三ツニ不限《かぎらず》、コノ類ヲ以テ人ヲ集、右ノケ条ノ如ク風俗ヲ知ル也、」

(59オ) 一、群集之場三ノ事 ●忍びが群衆にまぎれて休息する場所

開帳・芝居・談義惣シテケ様ノ場ヲ云也、忍間者ハ如此《かくのごとき》処ニマキレ入テ休息スル也、静ナル処ニテハ人モ気ヲ付ル物也、

一、周章三ツ之事 ●忍びが入る時

火事・ケンクワ（喧嘩）・ハナレ（放）馬ケヤウ（斯様）ノ時忍ノ入ルモノ也、」

(59ウ) 一、人油断サスル三形ノ事 ●人を油断させる形体

盲人・イサリ（躄）・比丘尼ナトニ似セテ忍入ヲ云、

一、不禁出入《でいりをきんぜざる》所之事

●忍びは人の出入が禁じられていない場を伺うべし

言イカ程改ノツヨキ国ニテモ不禁《きんぜざる》処アリ、コレハ茶屋・芝居・遊所・医者・ハクチ（博奕）宿ナトハ人ノ出入ヲ不禁也、忍

(60オ) ナトコ」レラノ処ヲ伺フ也、

一、他國ノ説可聞《きくべき》処ノ事 ●他国のことを聞くによい場所

三十三所ノ札所・参宮芝居、如此《かくのごとき》処ハ諸国入會《いりあい》ノ処ナレハ、人尤《もっとも》集ル也、

一、鶏鳴シヤウ（様）ノ事 ●鶏を鳴かせる方法

コレハ竹ノ節ヲ抜キ、跡先ニフシヲ殘シコレニ止ラセ、

(60ウ) 右」ノ竹ノ中ヱ湯ヲツキ込ム時ハ鳴ク也ト云、又宵ヨリ鶏

ヲ止ラセス、夜ニ入四ツ比《ころ》泊ラスレハ、迷テ鳴モノ也、

一、人之賢愚知様ノ事 ●**人の賢愚を知る方法**

言ハ賢者ハ智有テ行《おこない》正ク遠慮アル故、諸事始終合、愚人ハ行不正遠慮ナケレハ、始終不合モノ也、是ハ何ニテモ
(61オ)了簡」ノ品ヲ以テ賢愚ヲ計《はか》ル也、又藝者ハ其道ニ賢キモノ也、

一、勇者力盡《つく》ル時知事 ●**人は弱い時に本性を現す**

美女美男ヲ見テ恋慕《れんぼ》ノ時、又ハ病後ナト見合ス也、

一、忍形替事 ●**変相すべき事**

言ハ髪ヲソリ眉ヲ直シ角ヲヌキ直シ、凡《すべ》テ形相《ぎょうそう》ヲ改、昼
(61ウ)寝」テ夜不寝《ねず》、衣服ナトヲ長短ニスレハ、形カワルモノ也、故忍ハ別テ常ノ身持第一也、

一、忍身持様ノ事 ●**忍びの身持**

言ハ忍間者ハ常ニ實ヲ可尽《つくすべし》、不實ナレハ例ノコトト心得、人不信アラワル、モノ也、扨《さて》形ハ常ニ髪ヲアツク眉ヲ不切《きらず》
(62オ)角ヲ不抜《ぬかざる》コト也、コレ忍ニ入テ」顕ントスル時、俄《にわか》ニ形ヲ改ルノ便リ也、

一、人之内縁シリヤウノ事 ●**人の内縁を知る方法**

コレハ聞ント思フ家ニ出入ノ人、又ハ家来ナトニ金銀ヲ与へ、或ハ盲女座頭ナトニ便レハ知レ安キモノ也、

一、人之心シハリ様ノ事」 ●**人の心の縛り方**

(62ウ)言ハ其人ノ不依何事《なにごとによらず》大切ニ思ヒ居ルコトヲ、此方ヨリ世間ノ沙汰ニハ麁略《そりゃく》ニイサル、抔《など》ト云、或ハ役人ナラハ依怙《えこ》贔屓《ひいき》ノト思テ其コトニ心ヲトラレ、何事モ思ノ外ノコトニハ心ヲトラレ、心ノ不付《つかざる》モノ也、忍間者ハ如此《かくのごとき》ノコトニテ人ノ心ヲ縛ルコトアリ、」

(63オ)一、忍早ク納ル事 ●**忍びは事を速やかに行う**

凡《すべ》テ忍間者ハ事ヲ速《すみやか》ニ行テ早ク納ルモノ也、尤上手ナラテハ不成《ならざる》コト也、故ニ人不知《しらざる》也、下手ハ事ヲ行ニ遅々《ちち》スル故ニ早クアラワル、モノ也、故右ノ如ク心ヲシハリテモ、人其偽《いつわり》ヲシリテ功ナラサルモノナリ、」

(63ウ) 一、天変地動之事●虚をついて忍び込む
爰《ここ》ニ天変ト云ハ雷、地動ハ地震也、忍ハケヤウ（斯様）ノ変ニ乗シテ忍フコトアリ、藝ニテ云ハ上ヲ見セテ下ヲ打、右ヲ指テ左ヲ突ノ類也、コレハ心ノ虚ヲトルコト也、忍ニ此心持アルコト也、

一、言語神心一如ノ事」●言語心神一如が大事
(64オ) 言ハ世間ノ人言語心神不一如ノコト多シ、依テ真ニ偽ヲ不云《いわず》トモ、偽ノコトク先ニモ思ヒ疑フ也、言ント思寸《とき》ハ言語心神一如ニシテ可云《いうべし》、心ト語トニ如ナレハ、始終不語《かたらず》迷惑スルモノ也、忍ニハ此心専一也、タトヱ忍入テ捕《とらわ》レタリトモ、白状セサルコト一如ト決スレハ、不云《いわざる》モノ也、」

(64ウ) 一、忍用本事●情報の出所にのっとって情報を得るべし
言ハ忍ノ者他国ナトヘ行諸事ノ沙汰ヲ聞ントスルニ、本末ヲ用テ聞コトアリ、コレ何事ニテモ将ヨリ出タルコトハ将ニタヨリテ聞、下ヨリ出タルコトハ下ニテ聞クコト也、トカク其本ニテ聞コト也、本ヨリ出タルコトヲ末ニテハ
(65オ) 不知《しらざる》モノ也、」凡《すべ》テ物ノ了簡モ本末ノ利ヲトル心第一也、

一、忍用末事●末から情報を得ることもある
是ハ前ノケ条ニ反テ、其末ニタヨリテ聞ヲ云、物ノ了簡本ヲステ末ヲ用テスムコトアリ、コレヲ忍ニ用ル本末ト云、

一、利不紛《まぎれざる》事」●利は紛れやすし
(65ウ) 言ハ利ハ必マキレ安キモノ也、道理ハ不紛《まぎれざる》モノ也、利ハ云紛ラサル、コトアル故、タトヱハ悪キコトニテ刑ニ行程ノコトニテモ、利ノ付ヤウニテ善トモナル也、依之《これにより》利ハ後ニハ紛乱スルモノ也、是ハ忠孝二ツノ曲尺《かねじやく》ヲ本ニシテ利ヲ付見レハ云紛《まぎらわ》スコト不成モノ也、何コトモ上ヘノ利ニテ
(66オ) ハマキレ安シ」故、本ヲ考ルコト也、

一、利紛乱似水《みずににたる》事●利の紛れやすきは水に似る
言ハ利ハ前ノ如クマキレ安キ故ニ水ニ論《あげつらう》、水ハ方円ノ器ニ随テ一定ノ形ナキモノ也、此心ヲ用ルコト也、

一、利道理有別《べつある》事●利は道理により虚実現る
(66ウ) 言ハ利ハ右ニ云通リニテ紛」レトモ、道理ヲ以テ押ス時ハ、其虚実アラワル、モノ也、タトヱハ主君ニ忠、親ニ孝、師ニ随、老タルヲ尊ミ、兄ニ仕、弟ヲ慈《いつくし》ム、コレ本然ノ理

ナリ、此曲尺《かねじやく》ヲ根本トシテ合セミレハ、違ハナキモノ也、
コレ分明ノコト也、併《しかしながら》 忍間者ハ皆利計ヲ以テ行コトナ
レハ、ヨクエ夫シテ可考《かんがうべき》コトナリ、」

(67オ) 一、利挫事●**利をくじく事**

言ハ人ノ生レ付ニテ利ヲ云ニ、クツ々トシテ不分《わかれざる》モノア
リ、ケ《(斯)》様ノ人ハ、見ヘタル利ヲ聞トリテ、先ノ人ノ云処ヲ
挫《くじ》キ、シカリ付テ事ノスムヤウニスルヲ利ヲ挫《くじく》ト云也、諸
事諸藝ニモアルコト也、忍ノ者ハ別テ知ルヘキ也、先ヨリ
(67ウ) 利ヲ挫」ク寸《とき》ハ不挫《くじかざる》ヤウニ心ヱヘシ、

一、利奪事●**利を奪う事**

人ニ利ヲ云ワセテ、能《よく》利ナラハ此方不知《しらざる》コトモ知タルヤ
ウニ挨拶シテ利ヲ奪トル也、又此方ノ利ヲ人奪カケタル時
ハ、不當《ふとう》ノコトヲ云テ否ヲ可見《みるべし》、利ニ不限咄《かぎらずはなし》ニモアルコト
也、」

(68オ) 一、利附事●**利に付す事**

コレハ人ニヨキ利ヲ云セテ、其利ニ付尤々ト云テ人ニサ
スルコト也、

一、無門一関心智事　口傳
一、利非車之大事　口傳」
(68ウ) 一、起請文之事　於口決巻傳之
一、諸藝知位《くらいをしる》事　於復性似水巻傳之
一、忍有妙不思議《みようふしぎある》事　於微妙禄傳之
一、仁道可貴《たつとぶべき》事　於巻懐禄傳之
一、神道有威徳《いとくある》事　於神極巻傳之」
右此五ケ条ハ傳受無之《これなき》事、

(69オ) 一、形相見ヤウノ事●**形相により性格を判断する事**

言ハ怒ルニ色赤キハ勇相也、青キハ怯《おびえ》有也、赤眼大ナル
ハ偽ヲ云、常ニ歯ノ見ルハ貪相也、下唇平世クヒシメタル
ハ、人ノ心ヲタメ見ル相也、其外相法《そうほう》品々アレトモ爰ニ用
ル処ハ、勇怯虚実ヲシルハカリ也、」

(69ウ) 一、心相見ヤウノ事●**心の内を見る方法**

君道要法ニ傳ル通、寒暑苦楽ヲ以心相ヲ可見《みるべし》、

一、神道佛道妙術不離《はなれざる》事

一、忍道貫諸藝《しよげいをつらぬく》事

一、節忍之習」

（70オ）右三ケ条傳受無之《これなき》事、

右百三十九箇條以口傳授之《くでんをもつてこれをさずく》、更不許他見《たけんをゆるさざる》者也、」

（70ウ）所傳之一軸當流之秘事、雖為印證之後、察其人而可授、

勿傳妄軽浮之人、恐者奸佞邪曲之有謀策焉矣、

執筆者プロフィール

吉丸雄哉（よしまる・かつや）
現職　三重大学人文学部准教授
研究分野　日本近世文学
＊主要著書
『武器で読む八犬伝』（新典社、二〇〇八年）、『式亭三馬とその周辺』（新典社、二〇一一年）、『鳥獣虫魚の文学史　虫の巻』（三弥井書店、二〇一二年、共著）

山田雄司（やまだ・ゆうじ）
現職　三重大学人文学部教授
研究分野　日本古代・中世信仰史
＊主要著書
『崇徳院怨霊の研究』（思文閣出版、二〇〇一年）、『跋扈する怨霊—祟りと鎮魂の日本史—』（吉川弘文館、二〇〇七年）、『日本思想史講座1　古代』（ぺりかん社、二〇一二年、共著）

尾西康充（おにし・やすみつ）
現職　三重大学人文学部教授
研究分野　日本近代文学
＊主要著書
『北村透谷研究—「内部生命」と近代日本キリスト教』（双文社出版、二〇〇六年）、『田村泰次郎の戦争文学—中国山西省の従軍体験から』（笠間書院、二〇〇八年）、『『或る女』とアメリカ体験—有島武郎の理想と叛逆』（岩波書店、二〇一二年）

池田裕（いけだ・ひろし）
現職　大阪府立枚方津田高等学校教諭
研究分野　忍者史
＊執筆・著書
「伊賀忍者篇」（『歴史読本』二〇〇四年八月号・特集　忍びの戦国史）、「コラム　七方出」（『図説・日本武器集成決定版』学習研究社、二〇〇五年）、『忍者の教科書　新萬川集海』（伊賀忍者研究会編、笠間書院、二〇一四年）

石井直人（いしい・なおと）
現職　白百合女子大学児童文化学科教授
研究分野　児童文学
＊主要論文
「現代児童文学の条件」（『日本の児童文学4　現代児童文学の可能性』日本児童文学学会編、東京書籍、一九九八年）、「ヤングアダルト文学」（平成21年度国際子ども図書館児童文学連続講座講義録『いつ、何と出会うか〜赤ちゃん絵本からヤングアダルト文学まで』二〇一〇年）

井上稔浩（いのうえ・としひろ）
現職　三重大学人文学部教授
研究分野　アメリカ文学
＊主要論文
"Steinbeck's Man-made Man," *John Steinbeck's Global Frameworks*, Yoshifumi Kato et al eds., Osaka Kyoiku Tosho, 2007.、「アタの親族はあなた方を待っている—「書く」という行為の目論見—」（大井浩二監修『異相の時空間』英宝社、二〇一一年）

小澤純（おざわ・じゅん）
現職　慶應義塾志木高等学校教諭、早稲田大学・恵泉女学園大学非常勤講師
研究分野　日本近現代文学
＊主要論文
「イコンとアイコン—太宰治と〈現代文学〉試行—」（斎藤理生・松本和也編『新世紀　太宰治』双文社出版、二〇〇九年）、「「田舎者」が〈故郷〉を書き散らすまで—初期太宰文学における〈葛西善蔵〉表象の考察—」（『昭和文学研究』64号、二〇一二年）、「可能世界からの〈太宰治〉—高橋源一郎『官能小説家』試論」（『太宰治スタディーズ』別冊1号、二〇一三年）

関 立丹（かん・りったん）
現職　北京語言大学外国語学院日本語科教授
研究分野　日本近代文学
＊主要著書・論文
『武士道と日本近現代文学』（中国社会科学出版社、二〇〇九年）、「日本国民文学における「道」」（『社会科学戦線』二〇〇九年五月号）、『日本古典文学史』（共著、北京語言大学出版社、二〇一三年）

クバーソフ・フョードル（Feodor Kubasov）
三重大学人文学部研究生
研究分野　日本武芸の文化・民俗

佐藤至子（さとう・ゆきこ）
現職　日本大学文理学部教授
研究分野　日本近世文学
＊主要著書
『江戸の絵入小説』（ぺりかん社、二〇〇一年）、『山東京伝』（ミネルヴァ書房、二〇〇九年）、『妖術使いの物語』（国書刊行会、二〇〇九年）

秦 剛（しん・ごう）
現職　北京外国語大学北京日本学研究センター副教授
専門分野　日本近代文学
＊主要論文
「原発建設時代の日本のSFアニメ」（『大衆文化』二〇一二年四月）、「芥川龍之介上海観劇考」（『芥川龍之介研究』第五、六合併号、二〇一二年九月）、「『戯曲蟹工船』と中国東北部の「留用日本人」——中日戦後史を結ぶ「蟹工船」」（『多喜二の文学、世界へ』、小樽商科大学出版社、二〇一三年三月）

谷口 基（たにぐち・もとい）
現職　茨城大学人文学部准教授
研究分野　日本近現代文学
＊主要著書
『戦前戦後異端文学論—奇想と反骨』（新典社、二〇〇九年）、『戦後変格派・山田風太郎—敗戦・科学・神・幽霊』（青弓社、二〇一三年）、『変格探偵小説入門—奇想の遺産』（岩波書店、二〇一三年）

延広真治（のぶひろ・しんじ）
東京大学名誉教授
研究分野　舌耕文芸
＊主要著書
『落語怪談咄集』（岩波書店、『新日本古典文学大系　明治編』、二〇〇六年）、『江戸落語』（講談社、二〇一一年）、『円朝全集』五巻（岩波書店、二〇一三年、二村文人氏と共編著）

牧 藍子（まき・あいこ）
現職　鶴見大学文学部日本文学科専任講師
研究分野　日本近世文学
＊主要論文
「連句における「ぬけ」—談林俳諧を中心に—」（『国語国文』第七十九巻第五号、二〇一〇年五月）、「元禄俳諧における付合の性格—当流俳諧師松春を例として—」（『連歌俳諧研究』第一二一号、二〇一一年九月）、「享保期の不角の月次興行の性格」（『国語と国文学』第九十巻第九号、二〇一三年九月）

光延真哉（みつのぶ・しんや）
現職　東京女子大学現代教養学部准教授
研究分野　日本近世文学・歌舞伎
＊主要著書
『江戸の声—黒木文庫でみる音楽と演劇の世界—』（東京大学出版会、二〇〇六年、共著）、『江戸歌舞伎作者の研究　金井三笑から鶴屋南北へ』（笠間書院、二〇一二年）、『大学生のための文学トレーニング　古典編』（三省堂、二〇一三年、共編著）

■取材協力
一般社団法人 伊賀上野観光協会

編集後記

吉丸雄哉

本企画は、もともと三重大学人文学部の伊賀連携フィールドが平成24年に開設されたことをきっかけとする。上野商工会議所および伊賀市とが協力して、教育・文化振興・研究の推進を図ることが目的であり、いくつかのプロジェクトのなかに忍者研究が選ばれたのである。人文学部では中世史の山田雄司、近世文学の筆者、近現代文学の尾西康充が中心となった。忍者をテーマとした市民講座の実施や、忍者博物館所蔵の資料調査のほか、本書の刊行もまた企画のひとつである。忍者を愛好する多くの方々から熱意ある論文をいただくことができた。

私自身、主に戯作文学を研究してきたため、忍者についてはとおりいっぺんのことしか知らなかった。しかし、忍者というテーマでいろいろな人と接するなかで、忍者が多くの人に愛され、また自分自身もとても忍者が好きであることが発見できた。本書が忍者がどのように描かれてきたかを伝えることで、さらに多くの人に忍者の魅力を伝えられれば幸甚である。

なお、本書の出版にあたって「三重大学人文学部出版助成（二〇一二年度）」の援助を受けた。

忍者文芸研究読本《にんじやぶんげいけんきゆうどくほん》

2014年4月30日　初版第1刷発行
2014年6月20日　初版第2刷発行

発行者　池田圭子
装幀　笠間書院装幀室
発行所　笠間書院
〒101-0064　東京都千代田区猿楽町 2-2-3
電話 03-3295-1331　FAX03-3294-0996
http://kasamashoin.jp/　mail：info@kasamashoin.co.jp

ISBN978-4-305-70732-1

印刷／製本　シナノ

伊賀忍者研究会【編】
山田雄司（三重大学）【監修】

忍者の教科書

新《しん》萬《まん》川《せん》集《しゅう》海《かい》

伊賀・甲賀に伝わる忍術書『萬川集海』を紐解きながら、忍者の歴史、術や道具など、多くのカラー写真とともにやさしく解説します。

目次

定価：本体600円（税
A5判・並製・48頁フルカ
ISBN978-4-305-70724-6 C
笠間